사이페딘 아모스의 경제학 수업

Original Title : Principles of Economics
© 2023 by Saifedean Ammous

All rights reserved.
Original first edition published by The Saif House
The Korean Language edition © 2025 Giant's Garden
The Korean translation rights arranged with Saifedean Ammous through
Enters Korea Co., Ltd.

이 책의 한국어판 저작권은 ㈜엔터스코리아를 통한 저작권사와의 독점 계약으로 거인의정원이 소유합니다. 저작권법에 의하여 한국 내에서 보호를 받는 저작물이므로 무단 전재와 무단 복제를 금합니다.

PRINCIPLES OF ECONOMICS

사이페딘 아모스의 경제학 수업

사이페딘 아모스 지음 | 장영재 옮김

거인의 정원

일러두기
* 저자와의 협의를 통해 한국어판의 경우 원서의 각주를 모두 미주로 표기하였습니다.

내가 글을 읽기도 전에
이 책의 가장 중요한 교훈을 가르쳐 주신 아버지와
마찬가지로 배울 수 있을 아들에게

서문

오늘날 대학에서 가르치는 교과서는 대부분 케인스-새뮤얼슨Keynes-Samuelson 주류 경제학의 전통을 따르는데, 학생들에게 필요한 지식을 알려주기보다 오히려 더 많은 혼란을 초래한다. 나는 여러 해 동안 이들 교과서를 가르쳤다. 수많은 똑똑한 학생이 자신이 공부한 모호한 방정식의 중요성을 이해하려 애쓰거나, 얻어진 결과를 믿기 위한 설득력 있는 이유를 찾으려 애쓰면서 수업에 들어왔을 때보다 더 많은 의문을 품은 채로 떠나는 것을 목격했다. 지난 몇 년 동안 비슷한 경험을 말하는 수십 명의 아주 똑똑한 학생 및 졸업생과 이야기를 나눴다. 그들은 원하는 성적을 얻기 위해 필요한 일을 했으나, 그 어떤 내용도 이해할 수 없었다. 학생들은 시험에 통과하기 위해 관련성 없는 방정식을 이해하는 데 필요한 논리의 놀라운 도약을 시도하기 위해 자신을 설득하려는 회의적인 노력을 기울였다. 하지만 그런 후에 다시는 그 과목에서 공부한 아이디어를 생각하지 않게 되었다. 학생들이 주류 교과서에서 배우는 것은 현실과의 연결고리가 미약한 이론적 모델을 이해하는 방법이다. 강의의 성공은 현실이 아니라 모델의 이해에 달려 있다.

경제학을 가르치는 동안 나는 오스트리아 경제학파Austrian school of

economics의 통찰을 강의 내용에 포함하곤 했다. 학생들은 항상 이 부분이 강좌에서 가장 실용적이고 지적으로 흥미롭고, 학위 취득 이상의 지속적인 가치를 제공한다는 것을 알게 되었다. 현대 경제학 교과서에는 오스트리아학파에 대한 언급(그들의 아이디어를 자세히 설명하는 것은 말할 것도 없고)이 거의 없다. 나는 끊임없이 다양한 주제에 관한 다양한 독서에 의존해야 했다. 미제스Mises의 《인간 행동Human Action》과 로스바드Rothbard의 《인간, 경제, 국가Man, Economy, and State》 같은 오스트리아학파의 가장 유명한 교과서와 논문은 대부분 오늘날의 독자들이 소화하기 어렵고, 슬프게도 주류적 사고와의 논쟁을 시도하는 데 너무 많은 시간을 소비하여 어느 시점부터는 오스트리아학파의 관점을 명확히 하는 데 방해가 된다.

나는 항상 확장된 화폐시장 질서의 문명적 중요성을 이해하는 데까지 이어진 오스트리아학파 전통의 주요 경제적 아이디어를 명확하고 간결하고 읽기 쉽게 다루기를 원했다. 그래서 레바논 아메리칸대학에서 가르친 대학원 및 고급 과정을 위한 교과서의 개요를 개발하기 시작했다. 《달러는 왜 비트코인을 싫어하는가The Bitcoin Standard》를 출간하고 경제학에 관한 내 글을 높이 평가하며 수용하는 독자층을 찾은 후에는 항상 가르치고 싶었던 교과서를 집필하는 데 집중하기로 했다. 2019년에는 대학교수 일을 그만두고 saifedean.com이라는 웹사이트에서 독립적으로 가르치고 출판하기로 결정을 내렸다. 2019년과 2020년에는 ECO11과 ECO12라는 두 경제학 원리 강좌를 개발하여 훗날 이 책으로 구체화될 아이디어를 더욱 발전시켰다.

전 세계 수백 명의 학생을 가르치고 그들과 교류하면서, 그리고 점점 신비롭고 난해해지는 학술 출판계의 학술지와 출판사로부터 해방되면서 이제 나는 학계의 위원회가 아니라 독자를 위한 글쓰기에 집중할 수 있게 되었다. 20년 동안 대학 수준의 경제학을 배우고 연구한 후에 나온 이 책은 내가 열일곱 살 때 알았으면 좋았을 경제학 지식을 대변한다. 내 아이들이 경제학에 호기심을 갖게 될 때 꼭 읽었으면 하는 책이다.

이 책은 경제학 원리와 경제적 사고방식(이해하면 누구에게나 유용한 정신적 계획의 강력한 도구)에 대한 입문서다. 대학에서라면 나는 두 학기에 걸쳐서 이 책을 가르치면서 학생들에게 경제학과 경제적 사고방식이라는 주제에 대한 광범위한 관점을 소개할 것이다. 이 책은 단지 대학 교과서를 넘어서 경제적 아이디어에 관심이 있는 일반 독자를 위해 쓴 책이다. 대학에서 경제학을 공부하지 않더라도, 당신은 평생 매일 경제적 결정을 내린다. 독자에게 경제적 사고방식에 관한 가장 유용하고 실천 가능한 통찰을 간결하게 요약하여 제공하는 이 책을 통해 개인과 비즈니스의 의사결정에 도움이 되기를 바란다.

이 책은 거리낌 없이 오스트리아학파의 접근방식을 따른다. 역사를 통해서 수많은 경제학자가 찾아낸 경제 현상을 이해하는 가장 강력한 방법을 쉬운 말로 설명한다. 오스트리아학파 경제학자들의 작업을 기반으로 경제학에서 가장 중요한 개념과 주제를 설명하기 위해 인간 행동에 주목하는 접근법을 적용한다. 주요 경제 개념과 주제를 독립적으로 다루지만, 개인적·사회적 수준의 경제학에 대한 이해와 경제학이라는 주제의 광범위한 시사점을 독자에게 전달하는 것을 목적으로 논리적 순서를 따른다. 1부는 경제학의 기본 개념과 이 책에서 다루는 오스트리아학파의 방식을 소개한다. 2부 '경제'에서는 사람들이 절약하기 위해 수행하는 행동을 소개한다. 3부 '시장 질서'는 사회적 맥락에서 절약하기, 자본주의 경제가 발전하는 이유, 그리고 화폐의 역할을 검토한다. 4부 '화폐 경제학'에서는 시간, 이자, 그리고 화폐 및 금융 경제학을 살펴본다. 5부 '문명'은 폭력과 보안의 경제학을 살펴보고 인류 문명의 발전 가능성에 대한 시사점을 검토한다.

이 책의 각 장은 중요한 경제 개념을 논의하며 해당 주제에 대한 독립적 에세이로 읽을 수 있다. 이 책은 이러한 개념을 논리적 순서로 배열하는 논문적 서술로 구성된다. 1장은 경제학에 대한 오스트리아학파의 방법론적 접근법을 소개하고 예를 제시함과 동시에 자연과학의 방법론적 접근법과의 비교를 제시한다. 2장에서는 가치의 기본 개념을 소개하고, 오스트리아학파의 아버지라고 불리는 칼 멩거Carl Menger의 연구를 바탕으로 가치의 주관적 특성과 효용 및 한계분석의 개념을 설명한다. 3장은 경제학에서 시간의 중요성, 시간 절약의 독특한 특성, 그리고 모든 절약 행위가 어떻게 지구상에서 우리에게 주어진 시간의 양과 주관적 가치를 늘리려는 시도로 이해될 수 있는지, 그리고 기회비용과 시간 선호라는 핵심적 개념을 소개한다.

2부에서는 인간이 개인적인 절약을 위하여 수행하는 주요 행동을 소개한다. 2부의 각 장은 인간이 절약하기에 참여하는 이유, 절약이 해결하는 문제, 그것이 시간의 절약에 어떻게 도움이 되는지에 대한 핵심적 개념을 소개하고 분석한다. 첫 번째이자 가장 기본적인 개념은 4장의 주제인 노동이다. 5장은 소유의 경제학, 재산이 출현하는 이유와 그것이 해결하는 문제, 그리고 자기 소유권의 개념을 설명한다. 6장에서는 다른 재화의 생산에 사용되는 재화로 구성되는 특별한 유형의 자산인 자본을 소개하고 자본의 비용, 생산성, 시간 선호와의 연관성을 논의한다.

7장에서는 경제적 개념으로서의 기술과 기술이 노동 생산성을 높이는 이유, 그리고 부족하지 않은 비물질적 경제재로서 기술의 독특한 지위에 대하여 논의한다. 이 장은 지적 재산의 개념과 정보가 비희소성으로 인해 다른 생산재와 어떻게 다른지에 대한 논의로 마무리된다.

8장의 주제인 에너지는 대부분 경제학 교과서에서 일반적인 주제가 아니다. 그러나 나는 에너지의 경제학에 대한 이해가 경제학을 이해하는 데 필수적이라고 생각한다. 특히 짧은 시간에 대량의 에너지를 동원하는 능력이 실질적으로 늘어나지 않으면 현대의 자본 집약적이고 기술적으로 진보된 시장경제가 불가능할 것이기 때문이다. 더욱이 한계분석을 통해 오스트리아학파의 방식으로 경제학에 접근하는 것은 오늘날 세계 에너지 생산의 현실을 이해하는 데 필수적이다.

2부에서 개인의 절약 행위를 살펴본 후 3부에서는 다른 사람들을 분석에 도입하고 그 시사점을 탐구하면서 사회적 맥락에서의 절약 행위에 주목한다. 다른 사람이 존재하면 거래가 가능해지고, 거래에 참여하는 인센티브가 생겨서 거래 당사자 모두에게 이익이 된다. 9장에서는 거래의 근거, 이점, 그리고 노동의 분업이 발생하는 시장의 성장에 함축된 의미를 설명한다.

10장에서는 화폐의 개념을 소개하고, 화폐가 해결하는 문제를 통해서 어떻게 화폐의 바람직한 특성이 형성되는지, 그리고 인간이 시간의 가치와 생산성을 절약하고 증대하는 데 화폐가 어떻게 도움이 되는지를 설명한다. 경제학 교과서에서 흔히 잘못 가르치는 것처럼 화폐가 국가의 산물이 아니고 시장의 산물이라는 것도 설명한다. 이 장에서 화폐를 소개하지만, 화폐 경제학에 대한 더 폭넓은 논의는 화폐 경제학의 핵심적 주제인 자본시장에 관한 논의로 이어질 수 있도록 4부에서 다룰 것이다.

사람들이 앞서 언급된 모든 절약 행위에 평화롭게 참여하는 사회 질서를 시장 질서market order라고 한다. 11장에서는 개인의 선호와 절약 행위가 어떻게 가격을 형성하는지 살펴보고 시장에 대한 가격의 본질적 중요성을 설명한다. 12장은 미제스의 전통을 따른 자본주의라는 용어와 자본주의가 어떻게 사유재산 및 경제적 계산과 분리될 수 없는 기업가적 시스템인지를 설명한다. 그리고 사회에 시장경제가 존재하는지를 알아내기 위한 미제스의 리트머스 테스트와 그것이 우리가 경제사를 이해하는 데 어떻게 도움이 되는지를 살펴본다.

4부 '화폐 경제학'은 오스트리아학파의 관점에서 화폐의 주제에 접근한다. 따라서 13장은 14장의 주제이자 신용과 금융을 가능하게 하는 저축, 화폐, 그리고 자본 축적과 시간 선호의 관계로 시작한다. 14장에서는 이자율과 이자를 없앨 가능성에 대해서도 설명한다. 15장은 경기순환의 근본 원인이 되는 유통신용 발행을 통한 통화의 확대를 살펴봄으로써 오스트리아학파가 이해한 경기순환에 대해 검토한다.

앞부분에서 자본주의 시장경제의 기능과 형태, 그리고 자본주의 시장경제가 어떻게 사유재산을 존중하는 체제에서만 작동할 수 있는지를 설명했고, 이 책의 마지막 부분인 5부 '문명'에서는 폭력적인 공격성에 맞서는 자본주의 문명의 생존 가능성을 검토한다. 16장은 민간 및 정부 주도 형태 폭력의 경제학을 살펴보고, 17장에서는 방위의 경제학을 살펴봄과 아울러 방위 또한 오늘날 시장에서 대부분 공급되는 또 하나의 시장재에 불과하다는 것을 보여준다.

마지막 18장에서는 경제적 관점에서 문명의 개념을 논의한다. 문명은 사회가 세대 간 생활 수준 향상을 지속할 수 있을 정도로 평화롭고,

생산적이고, 시간 선호도가 낮고, 협동적이고, 혁신적인 상태를 유지할 수 있을 때 나타나는 질서로 여겨진다. 이 기념비적인 위업의 비용과 아울러 가공할 만한 위협에 직면한 자본주의 문명의 지속 가능성을 논의한다.

이 책을 보완하는 웹페이지 saifedean.com/poe에는 책에 나열된 참고 자료에 대한 라이브 링크가 포함된 전체 참고문헌 목록이 있다. 나는 인터넷이 널리 보급된 오늘날 참고문헌에서 url을 제거하고 saifedean.com/poe에 완전한 참고문헌 목록을 유지함으로써, 독자를 위해 종이책의 크기를 최적화하는 것이 합리적이라는 결정을 내렸다. 책을 마친 후에는 이 내용을 더 깊이 연구하기 위한 온라인 강좌를 saifedean.com에 개설할 것이다(2025년 8월 기준, 온라인 강좌를 이용할 수 있는 상태-역주).

로스 스티븐스, 제프 다이스트, 페르 빌룬드, 데이스트, 콘자, 알렌 패링톤, 조나단 뉴먼, 피터 영, 토마스 세만의 피드백은 이 책을 더 좋게 만드는 데 큰 도움을 주었다. 피터 영과 토마스 세만은 이 책을 쓰는 동안 매우 귀중한 연구 지원을 제공했다. 철저하고 꼼꼼한 편집을 통해 원고를 엄청나게 개선한 훌륭한 편집자 알렉스 맥세인, 스티브 로빈슨, 체이 알렌, 레나타 실레키, 마그다 보이칙, 에반 매닝, 엘리자베스 뉴턴에게도 심심한 감사를 드린다. 그래픽을 제작한 타마라 미클러와 오디오북을 편집한 맥스 다마르코에게도 감사한다. 또한 웹사이트 운영과 출판 준비에 기울인 모든 노력에 대해 파바오 팔리나, 마르코 팔리나, 도리안 안타지키, 플로라 폰테스, 발렌티노 크나피의 saifedean.com 팀에게도 깊이 감사한다.

이 책은 내가 운영하는 온라인 학습 플랫폼 saifedean.com 회원들의 지지와 격려, 그리고 피드백이 없었다면 나올 수 없었을 것이다. 책을 마무리하는 동안에 생산적으로 작업할 수 있도록 해 준 회원들에게 감사한다. 특히 선주문 서명본을 구입하여 이 책의 출판을 지원해 주신 215명의 독자 여러분에게 심심한 감사를 드린다.

차례

서문　　　　　　　　　　　　　　　　　　　　6

1부 ──────────── 기초

1장 인간 행동

행동, 목적, 그리고 이성　　　　　　　　　25
경제 분석　　　　　　　　　　　　　　　28
정량적 분석　　　　　　　　　　　　　　29
대조적인 접근방식　　　　　　　　　　　37

2장 가치

효용과 가치　　　　　　　　　　　　　　45
가치평가: 서수와 기수　　　　　　　　　49
가치와 가격　　　　　　　　　　　　　　52
자유 교환　　　　　　　　　　　　　　　53
가치의 결정 요인　　　　　　　　　　　54
한계 이론　　　　　　　　　　　　　　　56
한계효용　　　　　　　　　　　　　　　57
한계효용체감의 법칙　　　　　　　　　59
가장 가치가 낮은 용도에 따른 가치평가　60
물-다이아몬드 역설　　　　　　　　　　63

3장 시간

궁극적 자원	66
기회비용	68
물질적 풍요	69
사이먼의 내기	79
시간 선호	81
시간 절약하기	82
경제적 행동	84

2부 — 경제

4장 노동

노동과 여가	90
생산	94
노동 생산성	95
실업	98
언젠가는 일이 끝날까?	101
노동은 착취인가?	104

5장 소유

희소성과 소유	110
재산의 유형	113
자기 소유권	114
소유권의 중요성	118

6장 자본

생산구조의 연장	123
절약	124
생산성 향상	126

높은 자본 비용	132
자본과 시간 선호	138
저축의 오류	140
자본의 한계	143

7장 기술

기술과 노동	150
기술과 생산성	159
기술 혁신과 기업가정신	163
소프트웨어	166
아이디어의 소유권	168

8장 에너지와 동력

인류 역사 속의 에너지	181
에너지의 풍부성	183
동력의 희소성	187
탄화수소를 대체하는 동력	200
에너지와 자유	203

3부 ─ 시장 질서

9장 거래

주관적 가치평가	216
절대우위	219
비교우위	222
전문화와 노동 분업	226
시장의 규모	229

10장 화폐

화폐가 해결하는 문제	238
판매 가능성	241
시간에 따른 판매 가능성	247
왜 한 가지 화폐인가?	254
화폐와 국가	257
화폐의 가치	260
화폐의 특이성	263
얼마나 많은 화폐가 있어야 할까?	264

11장 시장

소비자 상품시장	272
균형	281
생산자 상품시장	286
시장 질서 안에서의 절약	288
소비자 주권	289
접근방식의 대조	291

12장 자본주의

자본시장	299
자본주의는 관리자가 아니고 기업가다	302
이익과 손실	305
경제적 계산의 문제	306
현대 경제학과 계산	312
기업가적 투자의 효과	315

4부 — 화폐 경제학

13장 시간 선호

시간 선호와 돈	327
시간 선호와 저축	329
시간 선호와 문명	335
시간 선호와 비트코인	343

14장 신용과 금융

금융	348
신용	349
상품 신용	351
이자율	352
이자를 없앨 수 있을까?	359

15장 통화의 확대

유통 신용	370
미제스의 화폐 유형학	373
경기순환	379
도표로 보는 경기순환	385
자본시장의 중앙계획	394

5부 ─────── 문명

16장 폭력

비공격성 원칙	405
정부의 강압	408
정부 폭력의 근거	415
경제학의 합리성	429

17장 방위

방위시장	437
법과 질서의 시장	442
방위와 사법의 국가 독점	445
국가 독점의 실패 유형	451
방위의 자유시장	457

18장 문명

문명의 비용	472
문명을 위한 변명	476
문명의 대안으로서의 법정 노예제	482
이성의 승리	490

참고문헌	496
부록	497
찾아보기	502
주석	507

PRINCIPLES
OF
ECONOMICS

1부

기초

1장

Human Action

인간 행동

"경제학은 유형의 물질적 대상이 아니라 인간, 인간의 의미, 그리고 행동에 관한 학문이다. 재화, 상품, 부wealth와 기타 모든 행동의 개념은 자연의 요소가 아니고 인간적 의미와 행동의 요소다. 그런 요소를 다루려는 사람은 외부 세계를 바라보지 말고 행동하는 인간의 의미에서 찾아야 한다." [1]

- 루트비히 폰 미제스 Ludwig von Mises

루트비히 폰 미제스의 대표작 《인간 행동》은 재화가 부족한 상황에서 인간의 행동과 선택을 연구하는 학문 분야로 경제학을 명쾌하게 재정의했다. 미제스는 경제 현상에 대한 적절한 추론과 분석은 물질적 대상과 그 속성 또는 집합적이고 추상적인 단위를 분석하는 것이 아니라, 인간의 행동을 분석하는 데 기반을 두어야 한다고 믿었다. 미제스의 관점이 처음에는 현학적이고 비생산적으로 보일 수 있지만, 이 장에서는 인간의 행동이 어떻게 경제 현실을 이해하는 데 매우 강력한 도구가 되는지 설명할 것이다.

　미제스는 철학자들이 오랫동안 역사, 신, 또는 자연이 인간을 위해 무엇을 의도했는지에 대한 이해를 바탕으로 인류의 진화와 운명을 분석하려 했다고 주장한다. 그러한 분석은 인류 전체를 다루거나 국가, 인종, 또는 교회와 같은 집단주의적 개념을 분석한다. 그리고 역사에서도 자연과학과 비슷하게 철통같은 법칙을 찾을 수 있는 것처럼 그러한 개체의 행동과 결과를 설명하는 법칙을 찾으려 노력했다.

　칼 멩거는 1871년에 《경제학 원리Principles of Economics》를 저술하면서 경제 문제에 대한 한계분석marginal analysis 기법을 개척했다. 멩거의 '한게 혁명'은 인간을 분석하는 기존의 방법과 완전히 다른 대안을 제시했다. 한계분석은 역사를 신이나 자연의 의지 또는 국가, 인종, 교회를 통해서 분석하기보다 역사의 주요 원동력인 개별적 인간의 선택과 행동을 분석함으로써 인간 사회를 더 잘 이해할 수 있다는 것을 보여주었다. 오스트리아 경제학파는 빈에서 멩거를 중심으로 형성되었다. 그로부터 몇 년 뒤에 레옹 발라스Léon Walras는 일반균형general equilibrium의 개념으로 표현된 한계 이론의 독자적 개념을 발전시키게 된다. 발라스의 일반균형은 수학화와 집합체 간의 관계에 의존하는 현대 경제학에서 지배적인 전통이 되었다.

행동, 목적, 그리고 이성

미제스는 인간의 행동을 본능적, 충동적, 감정적 행동과 구별하기 위해 '목적의식이 있는 행동purposeful behavior'으로 정의한다.[2] "행동은 행위자에 의하여 실행되는 의지이고, 목적과 목표를 지향하며, 자극과 환경 조건에 대한 자아의 의미 있는 반응이고, 자신의 삶을 결정하는 우주 상태에 대한 인간의 의식적 적응이다."

미제스의 학생인 머리 로스바드Murray Rothbard는 인간의 행동을 "미래의 어떤 시기에 다른 방법으로는 충족할 수 없는 욕구의 충족을 포함하는 목표를 달성하기 위한 목적의식이 있는 행동"으로 정의한다.[3] 미제스는 행동이 일어나기 위해서는 인간에게 현재의 상태가 있고, 현재보다 만족스러운 상태를 상상해야 하고, 목적의식이 있는 행동이 불안감을 완화할 수 있다는 기대가 필요하다고 가정한다.[4]

합리적인 행동은 인간과 다른 동물을 구별하는 인간의 본질적 특성이다. 이성을 부여받은 인간은 목표를 충족하기 위해 이성을 활용함으로써 의도적으로 행동한다. 인간은 주변 세계에서 인과관계를 인식할 수 있고, 그러한 이해에 따라 보다 바람직한 상황을 조성하기 위해 행동할 수 있다. 우리는 또한 다른 사람들도 이성이 있고, 자신의 목표를 위해 행동할 수 있음을 이해하고 있다. 이에 대해 미제스는 다음과 같이 설명한다.

> "인간은 가장 절박하게 만족을 요구하는 충동에 굴복할 수밖에 없는 존재가 아니다. 자신의 본능, 감정, 충동을 억제하고 합리적으로 행동할 수 있는 존재다. 인간은 다른 욕구를 충족하기 위해 불타는 듯한 충동을 만족시키기를 포기한다. 인간은 식욕의 꼭두각시가 아니다. 남자는 자신의 감각을 자극하는 모든 여자를 강탈하지 않는다. 인간은 자신을 유혹하는 모든 음식을 먹어치우지 않는다. 죽이고 싶은 모든 사람을 쓰러뜨리지도 않는다. 자신의 소망과 욕구를 척도에 따라 배열하고 선택한다. 간단히 말해서 인간은 행동한다. 인간과 짐승을 구별하는 점은 바로 인간이 자신의 행동을 신중하게 조정한다는 것이다. 인간은 억제력이 있고, 충동과 욕구를 다스릴 수 있고, 본능적 욕망과 충동을 억누를 수 있는 존재다."[5]

인간 행동의 우위를 설명하는 데 유용한 정신적 이미지는 추론과 상상력을 바탕으로 손으로 주물러서 주변의 물리적 세계를 다른 모양과 물체로 성형할 수 있는 놀이용 점토로 생각하는 것이다. 활기가 없는 물체는 죽은 물질이다. 그런 물질을 재배열하고 가치, 의미, 목적을 부여하는 것이 인간의 행동을 형성하는 이성이다. 인간의 이성과 행동의 산물로 연구하면 물질세계를 훨씬 더 잘 이해할 수 있다. 물리적 대상, 추상명사, 또는 집단주의적 독립체에 대한 언급을 통해 사회적 현상을 설명하려는 것은 궁극적으로 부질없는 일이고, 인간의 선택과 행동의 관점에서 생각하는 것보다 확실히 열등하다. 행동하는 것은 별star도, 추상명사나 집단도 아닌 개인이다. 물질세계의 상황을 이해하고 싶다면 그 상황을 빚어내는 인간의 행동을 연구하는 것이 가장 유용하다.

미제스와 오스트리아학파의 전통은 인간의 행동을 합리적인 행동으로 이해하고 정의한다. 이 문맥에서 '합리적rational'이라는 말은 객관적 기준에 따른 행동의 정확성이나 행동하는 사람의 목적을 달성하기 위한 행동의 적합성을 의미하지 않는다. 또한 행동에 대한 도덕적 판단을 제시하는 것도 아니다. 오히려 여기서 합리적이라는 말은 신중한 이성의 산물로 정의된다. 인간은 추론하고 행동할 때마다 합리적으로 행동한다. 그러한 행동이 자신의 목적을 달성하는 데 도움이 되는지와 행동을 평가하는 다른 당사자의 승인을 얻을 수 있는지는 미제스가 이해하고 정의한 '합리성'과 무관하다. 사람은 자신의 행동을 후회하고 목적 달성에 역효과를 냈다는 것을 깨달을 수도 있지만, 옳든 그르든 신중한 이성의 산물이라는 의미에서 행동의 합리성은 변하지 않는다. 다른 사람들이 그의 행동을 평가할 수는 있다. 그러나 아무리 잘못된 점을 발견하더라도 그 역시 행동의 합리적인 본성에 손상을 주지 않는다. 합리성에 대한 오스트리아학파의 개념은 "행동의 반대는 비합리적인 행동이 아니라, 개인의 자유의지로 통제할 수 없는 신체 기관과 본능에 가해진 자극에 대한 대응적 반응"이라는 미제스의 설명으로 더욱 분명해진다. 더 나아가, "원하는 목적에 부적합한 행동은 기대에 못

미치는 결과를 낳는다. 그런 행동은 목적에는 어긋나지만 합리적이다. 즉 결함이 있고, 효과가 없지만, 확실한 목표를 달성하기 위한 신중한 시도의 산물이다.[6]

경제 분석

경제학을 결핍 상태에서의 인간 행동에 관한 연구로 생각하면 인간의 욕구와 행동의 관계, 즉 인간이 어떻게 욕구를 형성하고, 이성이 욕구를 어떻게 다루는지를 기반으로 경제학의 가장 중요한 용어를 정의할 수 있다. 인간의 행동이라는 렌즈를 통해서 설명하고, 정의하고, 이해하면 경제용어가 더 명확해지고 경제 분석이 더욱 알차게 된다. 한스헤르만 호페Hans-Hermann Hoppe는 다음과 같이 설명한다.

> "모든 진정한 경제 정리定理는 (a) 행동의 의미에 대한 이해, (b) 주어진 것으로 가정되거나 식별되고 행동의 범주라는 관점에서 설명되는 상황이나 상황적 변화, 그리고 (c) 다시 그러한 범주의 관점에서 상황이나 상황의 변화로 행위자에게 초래되는 결과의 논리적 추론으로 구성된다."[7]

경제학에 대한 오스트리아학파 접근방식의 핵심에는 경제활동의 인과 과정과 결과를 **이해하려는** 목표가 있다. 그리고 경제적 과정의 의미를 이해하기 위해 논리적 추론, 사고실험thought experiment, 현실에 대한 상식적 친숙함이 활용된다. 처음에는 이런 접근방식이 수학적 분석에 의존하는 현대 주류경제학의 지배적인 접근법보다 진부하고 효과가 없는 것처럼 보일 수 있다. 그러나 자세히 살펴보면 정량적 분석이 경제의 이론적 틀을 구축하는 데 적합하지 않은 이유를 알 수 있다. 또한 경제활동의 동기를 부여하고 그 결과를 이해하기 위한 논리적 추론이나 결론 없이는 정량적 분석이 의미 없어지는 이유도 알게 될 것이다. 경제 분석의 정량적 접근법에 대한 오스트리아학파의 비판에 발맞춰, 이 책에서는 수학 방정식이 아니라 평이한 언어로 경제적 행동을 제시하고 분석하고자 한다. 방정식과 정량적 분석이 아니라 논리적 추론과 사고실험을 통해서 인간의 행동을 이해할 것이다.

정량적 분석

정량적 분석에 대한 오스트리아학파의 비판은 미제스의 《인간 행동》에 제시된 경제학에 대한 정량적 방법 적용에 대한 비판으로 요약된다.

"경제 문제에 대한 모든 정량적 접근법에 내포된 근본적 결함은 이른바 경제적 차원이라고 불리는 것들 사이에 일정한 관계가 없다는 사실을 무시하는 것이다. 다양한 상품의 가치를 평가하고 교환 비율을 결정하는 데는 불변성이나 연속성이 없다. 모든 새로운 데이터가 가격구조 전체의 재편을 초래한다. 관련된 사람들의 마음속에서 무슨 일이 일어나고 있는지를 파악하려는 노력을 통한 이해가 있어야 미래의 상황을 예측하는 문제에 접근할 수 있다. 우리는 그런 방법이 만족스럽지 못하다고 말할 수 있고, 실증주의자들은 오만하게 비웃을 수도 있다. 하지만 그러한 자의적 판단이 미래 상황의 불확실성을 다루는 데 유일하게 적절한 방법이 이해라는 사실을 가릴 수도 없고 가려서도 안 된다."[8]

이는 현대 경제학의 방법론에 대한 심오한 비판이다. 부록에서 자세히 논의하겠지만, **경제적 가치를 측정하고 비교하는 표준 단위는 존재하지 않는다.** 2장에서 논의한 것처럼 가치는 주관적이다. 개인이 상품에서 얻는 효용 역시 주관적이며 사람과 가치를 평가하는 시점, 재화의 상대적 풍부함에 따라 끊임없이 변한다. 집단을 이루는 개인 간의 효용을 비교할 가능성이 없으므로, 효용의 수학화는 항상 가상적이고 이론적이며 결코 정확하거나 재현될 수 없다.

효용을 측정하고 비교하는 공통 단위 없이는, 예를 들어 가격이 1퍼센트 상승하면 수요량이 일정 비율 감소한다고 단정하는 법칙처럼 가격 변화에 따른 수요와 공급의 변화에 대한 정량적 법칙을 공식화하는 것이 불가능하다. 특정한 가격 변화가 상품에 대한 개인의 수요에 미치는 영향은 개별적으로 평가된 효용 변화의 인과 메커니즘을 통해 나타난다. 그런 요소는 측정하거나 정량화할 수 없다.

경제 문제에 관하여 재현할 수 있는 실험 또한 불가능하다. 자연과학의 연구 대상은 물리적 세계의 구조와 행동이다. 처음부터 규칙적이고 반복할 수 있는 실험을 통해서 물리적 세계의 구조나 행동의 특성을 분리하고 관찰할 수 있고, 수학을 통해서 적절하고 완벽한 모델을 만들 수 있다고 가정한다. 이러한 방법론의 유일하고 전반적인 목적이 **인과관계** causation를 엄밀하게 규명하는 것임은 명백하다. 무엇이 다른 무엇의 원인이 될까? 왜 사건이 유일하고 정확한 방식으로만 일어날까? 그러나 사회과학의 연구 대상은 인간의 아이디어와 행동이며, 측정할 수 없고 정량화할 수 없다. 불규칙한 현상에 대해 불분명한 단위를 사용한 실험으로는 비교하고 재현할 수 있는 결과를 얻을 수 없기 때문에 정량적 법칙을 생성하지 못할 것이다. 정량적 법칙을 표현할 단위가 존재하지 않기 때문이다.

측정과 재현이 가능한 실험 없이는 규칙성을 찾고, 상수를 도출하고, 수학적 관계와 과학적 법칙을 공식화하는 것이 불가능하다. 경제학에서는 정확한 실험 또한 연구 대상이 현실 세계의 인간 행동이고, 경제적 결정으로 현실 세계에서 초래되는 결과를 실험실 조건으로 재현할 수 없으므로 불가능하다. 경제적 의사결정을 형성하는 실제 조건을 근사할 수 있는 유일한 실험실은 현실 세계지만, 자연과학에서 사용되는 과학적 방법을 활용한 현실 세계의 실험은 불가능하다.

측정과 실험의 문제 외에도, 경제학에 대한 정량적 접근방식의 더욱 심각한 논리적 문제는 **측정할 수 있는 요소와 우리의 주변 세계를 형성하는 원인이 되는 요소를 융합한다는 것**이다. 집단적 측정 사이의 관계를 설정하는 정량적 방법은 측정할 수 있다는 사실에 지나지 않는 근거와 일관성을 이유로 집합체를 인과관계 유발의 원동력으로 간주한다. 자연과학에서는 반복적인 공개실험을 통해서 규칙성과 상수가 발견되는 반면, 경험경제학자empirical economists는 단순히 자신의 데이터가 규칙적이라는 가정을 바탕으로 법칙을 추론한다. 자연과학에서는 예를 들어, 분석 정확도의 손실이 전혀 없이 기체를 구성하는 원자의 복잡성을 압력, 온도, 부피의 집합적 척도로 줄일 수 있다. 원자는 자신의 의지나 마음이 없고, 인간처럼 추론하거나 주변 상황에 반응하여 행동할 수 없다. 이성이 없는 물리적 대상의 행동은 정량적으로 연구하고 정확하게 예측할 수 있다.

그러나 경제 문제를 검토할 때는 주관적 고려와 개인적 선호에 따라 동기가 부여되는 인간과 인간의 행동이 경제 상황을 형성하는 인과관계의 요소라는 현실에 직면하게 된다. 수학적으로 예측 가능한 방식으로 반응하는 무생물과 달리 인간은 더 이상 단순화할 수 없는 복잡한 방식으로 반응한다. 경제 현상의 피상적인 집합적 척도만을 검토하여 수백만 인간 행동의 복잡성을 가리려는 것이 거시경제학과 전염병학 같은 실패한 현대 사이비 과학pseudosciences의 핵심적 실수다. 이들 분야는 연구하는 현상의 실제적 인과관계 요소를 무시하는 대신에 무엇이든 측정할 수 있는 집합체에 기초한 가설을 세우려고 시도한다. 하이에크Hayek는 다음과 같이 설명한다.

"물리과학의 입장과는 달리, 본질적으로 복잡한 현상을 다루는 경제학 같은 분야에서는 설명할 사건의 양상에 관하여 얻을 수 있는 정량적 데이터의 제한이 불가피하며, 중요한 데이터를 포함하지 않을 수 있다. 물리과학에서는 일반적으로, 아마도 훌륭한 이유로, 관찰된 사건을 결정하는 모든 중요한 요소 자체를 직접 관찰하거나 측정할 수 있다고 가정한다. 반면에 수많은 개인의 행동에 의존하는 시장과 같은 복잡한 현상을 연구할 때는 과정에 따르는 결과를 결정할 모든 상황을 완전히 알거나 측정하기가 (나중에 설명될 이유로) 거의 불가능하다. 그리고 물리과학에서는 연구자가 일단 진실로 여겨지는 이론에 기초하여 중요하다고 생각하는 것을 측정할 수 있다. 반면에 사회과학에서는 종종 측정할 수 있는 것이 중요하게 취급된다. 이는 때로 우리의 이론이 측정할 수 있는 크기만을 언급하는 용어로 공식화되어야 한다는 요구에까지 이른다."[9]

단지 실업, 국내총생산, 소비, 투자 및 기타 경제적 양의 척도를 만들어 낼 수 있다고 해서 이러한 요소들을 정량화할 수 있고, 검증 가능한 크기에 기초하여 과학적으로 미리 정해진 관계에 따라 인과적으로 연관시킬 수 있다는 의미는 아니다. 실제로 이들 척도의 실질적 동인drivers은 개인의 행동이기 때문에 조사된 관계를 추동하는 인과적 메커니즘과 관련 없는 피상적인 부수 현상을 넘어선다고 가정할 이유가 없다.

이러한 집합적 척도로부터 의미를 공식화하려는 시도는 기체를 연구하는 과학자가 서로 다른 용기의 색상, 사용된 용기의 수, 제조업체의 브랜드brand, 실험자 이름의 첫 글자, 그리고 실험에 인과적 영향을 미치지 않는 다양한 부수 현상을 기반으로 법칙을 공식화하려는 것과 비슷하다. 과학자가 실제로 이들 (무관한) 매개변수 사이의 관계를 공식화할 수는 있겠지만, 독립적인 과학자들의 반복된 검증이 이루어진 뒤에도 그러한 관계가 성립되기는 불가능할 것이다. 연구 중인 인과 과정과 아무런 관련이 없는 매개변수들이기 때문이다. 이름이 다른 실험자가 이름이나 색상이 다른 용기를 사용하여 같은 실험을 반복하더라도 동일한 결과가 나올 것이므로, 원래 실험자가 세운 이론이 무의미해진다. 온도, 압력, 부피가 연구 대상 시스템의 제어 손잡이가 되는 것은 무생물인 기체 입자이고 용기의 색상이나 실험자의 이름은 관계없다. 마찬가지로, 경제적 결과를 형성하는 것은 인간의 행동이지 정부의 통계 부서에서 만들어 낸 집합적 척도가 아니다.

이는 모든 통계적 측정값이 무의미한 잡음이라는 말이 아니다. 이러한 집계를 검토하면 경제 현상의 가까운 근사치로 주관적인 가치를 찾을 수 있기 때문이다. 오스트리아학파가 반대하는 것은 경제통계 자체가 아니라 통계적 집합체로부터 과학적으로 보이는 이론을 구축하려는 시도다. 경제학에서 자연과학의 방법론을 모방하려는 가장 어처구니없고 해로운 시도는 거시경제학 macroeconomics에서 볼 수 있다. 물리학을 선망하는 거시경제학자들은 한 세기 동안, 물체의 움직임을 설명하고 예측하는 방식으로 경제의 역학을 설명할 수 있는 방정식 시스템 찾아내기에 박차를 가했다. 프리드리히 폰 하이에크 Friedrich von Hayek는 이처럼 적용할 수 없는 곳에 과학의 방법과 언어를 노예처럼 모방하는 것을 '과학주의 scientism'라고 부른다.[10] 과학주의의 희망은 경제의 작동 과정을 이해할 수 있는 정확하고 과학적인 방정식 시스템이 있으면 바람직한 목표를 달성하도록 경제 활동을 관리할 수 있으리라는 것이다. 화학자의 방정식이 엔진과 펌프의 작동을 완벽하게 최적화하려는 엔지니어들에게 도움이 된 것과 같은 방식으로, 과학주의는 경제학자들이 '경제'의 상태를 개선하는 데 도움이 되는 경제방정식을 찾는다.

거시경제학에서 집합체는 국가 회계 national accounts로부터 구성되고, 상호 간의 수학적 관계가 추구된다. 그러한 관계는 실험이 아니라 인과 메커니즘이 기능하는 방식을 선언한 일부 경제학자의 권위에 기초하여 이론으로 확립된다. 영국의 경제학자 존 메이너드 케인스 John Maynard Keynes의 거시경제 시스템이 가장 두드러진 예다. 수십 년 동안, 경제학자들은 케인스의 이론적 가설에 기초한 방정식을 만들어 왔다. 경제 상황은 주로 지출의 규모를 반영한다. 산출물에 비해 지출이 너무 많으면 인플레이션과 성장이 이루어지고, 너무 낮으면 실업과 경기 침체를 유발한다. 현대 거시경제학 방정식은 실업률이 너무 높은 경우에 정부 지출을 늘리거나, 신용을 확대하는 정책을 통해 집단적 지출을 늘리는 방법으로 문제를 해결할 수 있음을 시사한다. 반면에, 인플레이선이 높으면 세금 인상이나 신용 긴축 정책을 통해서 집단적 지출을 줄임으로써 해결할 수 있다.

그러나 회계상의 요소는 실제 세계의 인과관계를 나타내지 않는다. 거시경제학에는 자연과학에서처럼 인과관계를 실험적으로 확립하는 메커니즘이 없다. 하나의 집합적 지표가 다른 지표에 미치는 영향을 예측하려는 케인스의 방정식은 실제 세계의 인과관계와 아무런 관련이 없다. 그중 어느 것도 측정하고 테스트하고 검증할 방법이 없기 때문이다. 개별적인 삶의 계획이 있는 수백만 명의 인간으로 구성되는 경제 전체를 대상으로 실험할 수 없기 때문에 케인스의 가설을 검증할 수 있는 연구는 없다. 동일한 사람들이 서로 다른 상황을 경험하도록 적절하게 통제할 수도 없다.

그리고 케인스 이론의 지지자들이 수집한 정부 통계를 관찰하더라도, 실제 세계의 경험은 수십 년 동안 이론과 모순되었다. 케인스주의 시스템은 필연적으로 실업률과 인플레이션의 상충관계trade-off를 나타내는데 이 관계를 필립스곡선Phillips curve이라고 하며, 이 관계를 설명하기 위해서는 하향 기울기의 곡선이 되어야 한다. 그러나 실제 세계의 경험은 60년간의 미국 정부 통계 데이터를 나타낸 [그림 1]에서 그런 추세가 나타나지 않는 것처럼 상충관계를 보여주지 않는다.

그러나 이러한 이론은 세계가 작동하는 방식에 대한 정확한 설명이 아니라는 수십 년 동안 축적된 증거에도 불구하고 오늘날까지 지속되고 있다. 1970년대에는 전 세계적으로 인플레이션과 실업률이 동시에 증가하면서 케인스주의의 상충관계가 의심의 여지 없이 전면적으로 반박되었다. 그러나 경제학의 장점은 체계적이고 재현할 수 있는 실험 및 검증 방법이 없다는 것이다. 따라서 이론이 실패한 뒤에는 언제나

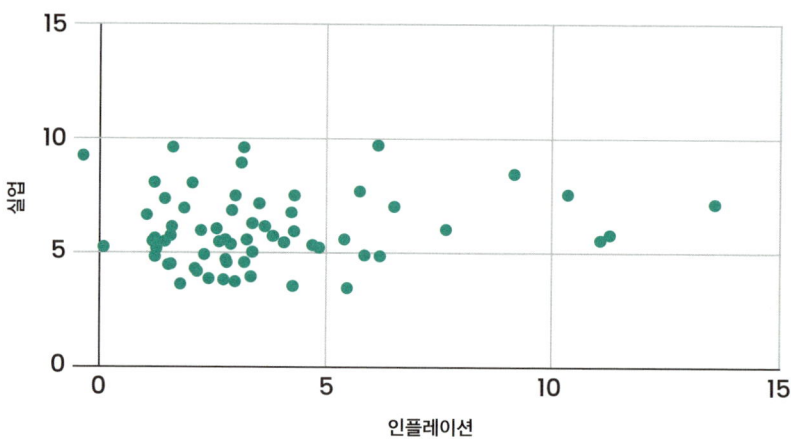

[그림 1] 실업과 인플레이션[11]

이론과 맞지 않는 실제 세계 관찰 결과를 정당화하기 위해 이론을 조정할 수 있다. 이것이 사이비 과학의 본질이다.

우습게도 케인스주의자들은 단순히 '공급충격supply shock'이라는 새로운 용어를 포함해서 이론을 수정했다. 공급충격은 실업과 인플레이션의 증가가 어떻게 동시에 일어날 수 있는지를 설명하기 위한 사후 정당화로 만들어진 비논리적 용어다. 그 이후로 세계 경제가 인플레이션과 실업률의 상상할 수 있는 모든 조합을 목격했지만, 케인스주의자들은 실업과 인플레이션 사이에 그런 상충관계가 존재한다는 망상을 유지하는 데 성공했다. 이러한 관계에서 벗어나는 모든 전환은 공급충격이나 다른 다양한 대체 개념을 들먹여서 설명할 수 있으므로, 관찰을 통해서 이론이 틀렸음을 증명할 수는 없다. 이런 이론은 모든 것을 설명하고, 따라서 아무것도 설명하지 못한다. 경제학이 정확하고, 정량적이고, 경험적인 과학이라는 환상은 경제 이론에 대한 실제 세계의 경험적 검증을 면제받음으로써만 유지된다.

한 세기 동안 물리학을 모방하고 고전적인 방법론 기반을 버린 후에 경제학은 독립적으로 검증되고 재현될 수 있는 단 하나의 정량적 법칙이나 공식도 내놓지 못했다. 거시경제학 방정식들은 현대 사상계의 유행에 따라 오고 갔지만, 그 중 어느 것도 과학적 법칙이라고 부를 수 있는 방식으로 평가되고 재현되지 못했다. 중앙정부에 힘을 실어주고, 학자들을 부자로 만들었다는 사실이 거시경제학이 지금까지 버텨온 이유를 설명하는 데 도움이 될지도 모른다.

대조적인 접근방식

경제학에서 인간 행동 중심의 접근방식을 설명하고, 현대의 정량적 경제학 방법론과 비교하기 위해 정부가 의무화한 최저임금 문제를 예로 들 수 있다. 최저임금은 고용주가 고용인에게 지급할 수 있는 임금의 하한선을 정한 제도이다. 세계의 대부분 지역에서 인기 있는 정책적 개입인 최저임금에 반대하는 관점은 인간의 행동과 집합체라는 경제학을 생각하는 두 가지 틀에서 객관적인 교훈을 제공한다.

최저임금법이 없는 국가에서 선거에서 승리하려는 정치인을 상상해 보자. 인류 역사상 모든 시대와 장소에서 그랬듯이, 근로자들이 벌어들이는 임금에는 차이가 있다. 이 정치인은 최저임금을 의무화함으로써 사회에서 가장 가난한 구성원들의 생활 수준을 개선하는 데 선거 운동의 초점을 맞추기로 한다. 그는 최저임금이 수혜자들에게 남부럽지 않은 삶을 보장한다고 생각한다. 야심 찬 지도자는 집합체 중심의 거시경제학적 틀에 기초하여 시간당 10달러의 최저임금을 의무화하기로 결정한다. 이 경제학자는 전체 근로자의 20퍼센트, 즉 전체 인구의 35퍼센트를 부양하는 사람들이 현재 시간당 10달러 미만을 받고 있다는 결론을 내린다. 최저임금 부과의 총체적 효과는 연간 100억 달러의 임금 인상으로 이어질 것이다. 정교한 역사적·이론적 모델에 기초하여, 이 얼치기 fiat 경제학자는 더 나아가 급여가 100억 달러 증가하면 소비 지출이 80억 달러 늘어날 것으로 추산한다. 그의 이러한 모델은 소비 지출 증가가 4만 개의 새로운 일자리 창출, 산업 생산 12퍼센트 증가, 수출 4퍼센트 증가, 국내총생산 160억 달러 증가로 이어질 것으로 추산한다.

경제 분석에 대한 이러한 집단주의적 접근법에 따르면 집합체가 경제 현상의 원인 행위자 causal agents이며, 물리학자와 화학자들이 과학적 법칙을 확립하는 것과 비슷한 방식으로 얼치기 경제학자가 수립한 이론적 관계에 따라 행동한다. 이러한 결론은 이상기체 법칙 ideal gas law과 크게 다르지 않게 과학적으로 보이는 방정식을 이용하여 도출되었다. 집합체 경제 분석의 틀을 사용하면 최저임금법이 사회에 큰 혜택을 줄 것처럼 들린다. 가장 가난한 근로자들의 생활 수준이 크게 향상되고, 추가적 지출의 결과로 일부 실업자가 일자리를 찾고, 사회 전체가 더 생산적이 된다. 게다가 수출이 증가하여 국가 경제의 외화 획득에도 도움이 될 것이다.

너무 좋은 이야기여서 사실이 아닌 것처럼 들리는 이유는 이것이 사실이 아니기 때문이다. 건전한 경제학자의 미제스 색안경 렌즈를 통해서는 상황이 다르게 보인다. 인간 행동이 인간사의 진정한 원동력이라는 것을 아는 건전한 경제학자는 집합체의 총량을 통해 세계를 분석하지 않는다. 대신에 그는 새로운 법칙의 영향을 받는 실제 인간의 결정을 분석한다. 고용은 고용주와 고용인이라는 두 개인 간의 계약이다. 건전한 경제학자는 누군가를 고용하는 사업주의 선택이 단순한 계산에 기초한다는 것을 이해한다. 사업주는 회사의 수익에 대한 기여가 임금을 초과하는 사람을 고용할 것이다. 법정 최저임금이 고용인이 창출하는 한계수익을 초과한다면 고용에 사업비용의 부담이 따르고, 기업이 근로자에게 기부하는 것과 비슷한 결과가 된다. 사업주는 그러한 고용이 값비싼 실수라는 것을 안다. 이를 모르는 고용주는 머지않아 감당할 수 없는 임금으로 계속해서 돈이 새 나가면서 사업이 실패하는 것을 목격하게 된다. 이러한 경제 현실을 이해하는 고용주만이 고용주로 남을 것이고, 그렇지 못한 사람은 사업을 잃게 될 것이다. 감정적인 정치인의 협박으로는 이러한 현실의 아무것도 바꿀 수 없다.

시장의 모든 가격과 마찬가지로 임금은 단지 탐욕스러운 고용주가 임의로 선택한 숫자가 아니다. 임금은 근로자의 한계생산성 marginal productivity을 반영한다. 근로자에게 시간당 10달러의 임금을 지급해야 한다고 법으로 규정한 상황에서는 고용주가 근로자를 고용할 가치가 있는지를 재고해야 한다. 정부가 최저임금을 의무화한다고 해서 고용주의 계산이 마술처럼 바뀌지도 않고, 근로자의 생산성이 마술처럼 높아지지도 않는다. 고용주는 여전히 임금보다 생산성이 높은 근로자만을 고용할 것이다. 따라서 최저임금법은 한계생산성이 시간당 10달러 미만인 사람의 고용을 불법화한다. 이제 생산성이 최저임금에 미달하는 모든 근로자는 그들을 고용하여 최저임금을 지급하는 기업에 낭비 요소가 된다. 그런 근로자는 해고되거나, 아니면 그들을 고용한 기업은 손해를 보고 파산하게 될 것이다. 이제 모든 업종에서 이러한 일자리가 사라진다. 생산성이 시간당 10달러에 미달하는 사람은 합법적으로 고용될 수 없고, 실업자가 되거나 불법 취업자가 되어야 한다.

인간 행동이라는 렌즈를 통해서 볼 때, 최저임금법의 효과는 생산성이 낮은 근로자의 취업을 불법화하는 것이며, 이들 근로자 중 다수가 일자리를 잃게 될 것이다. 인간 행동의 렌즈를 통해서 계속 살펴보면 일자리를 잃는 근로자가 사회에서 가장 생산성이 낮은 사람들임을 알게 될 것이다. 이들은 일반적으로 가장 가난하고, 젊고, 경험이 적은 근로자들이다. 그들이 일하는 것을 불법화하면 사실상 직업을 통해서 배우고, 귀중한 현장 근무 경험을 습득함으로써 생산성을 높이는 기회를 불법화하는 것이다. 따라서 최저임금법은 특히 가장 많이 일해야 하는 사람들에게 해를 끼치고, 대규모 실업의 출현과 고용 감소의 원인 요소가 된다.

또 다른 가능한 시사점은 일부 기업, 특히 저임금 근로자에 의존하는 기업들이 더 높은 임금을 지급하면서 재원을 마련하기 위해 상품가격을 올리게 된다는 것이다. 그러면 소비자가 더 높은 가격으로 더 적은 양의 상품을 소비하면서 대가를 치르게 된다. 이런 시나리오에서는 저임금 근로자의 소득이 증가하는 모든 가능성이 소비해야 하는 상품의 비용 증가로 상쇄될 것이다.

임금법을 분석하고 합리적으로 행동하는 사람들에게 미치는 영향을 평가하는 건전한 경제학자는 최저임금법의 이러한 모든 결과를 추론할 수 있다. 그의 추론은 수학적 지표를 검토하여 생각해 낼 수 있는 그 어떤 추론보다도 상황에 대해 훨씬 더 유용하고 정확한 평가로 판명된다. 가격은 인간 행동으로 주도되는 근본적인 시장 현실의 반영이다. 반영을 변경함으로써 근본적인 시장 현실을 바꾸려는 시도는 실행될 수 없다. 이런 유형의 중앙 주도 계획은 인간 행동의 역할을 무시하기 때문에, 가격을 인위적으로 통제하려는 모든 시도가 역효과를 낳았다.

가격 통제는 경제학을 마치 인간의 행동이 아닌 물질적 대상에 관한 학문인 것처럼 취급한다. 슈팅거Schuettinger와 버틀러Butler의 《가격 통제의 40세기Forty Centuries of Price Controls》는 바로 이런 역학이 문화권과 국가를 불문하고 어떻게 반복되었는지를 설명하면서, 우울할 정도로 재미있는 가격 통제의 역사를 기술했다.[12] 왕, 황제, 정치인, 관료들은 경제적 거래의 세계를 자신의 필요에 맞게 바꿀 수 있는 비인간적 과정으로 본다. 그들은 시장과 관련하여 관찰되는 부수 현상이 허용할 수 있는 범위 안으로 들어오도록 할 것을 명령한다. 사람들은 그저 법률이 지켜지도록 행동을 조정할 것으로 가정한다. 그러나 현실에서 사람들은 관료를 만족시키기 위해서가 아니라 자신의 행복을 최적화하기 위해 행동을 조정한다. 상인은 손해를 보고 팔기보다는 차라리 팔지 않을 것이다. 자유시장 가격이 형성되거나, 아니면 시장가격이 전혀 존재하지 않는다. 후자의 경제에서는 실질가격이 암시장에서 나타난다.

진짜 경제학자는 관찰할 수 있는 경제 현상과 지표는 기저에 있는 인간의 행동을 나타내는 것뿐임을 이해한다. 끊임없이 삶의 상황을 개선하려는 사람들에게 자신의 이익에 반하여 행동하도록 명령하는 것은 소용없는 일이다. 이기적 본성에 반하는 법을 강요한다고 해서 인간의 본성이 바뀌지는 않는다. 합법적으로 행동하는 인센티브를 줄여 법에 대한 사회의 존중을 파괴할 뿐이다. 이러한 본질적 깨달음이 건전한 경제학자가 개인의 경제적 자유를 지지하고 정부에 의한 자유의 제한을 반대하는 이유다. 인간의 정신은 불굴의 정신이며, 자신에게 해로운 방식으로는 행동하지 않을 것이다.

건전한 경제학자는 인간이 삶에서 자신의 몫을 개선하기 위해 끊임없이 행동한다는 것을 이해한다. 무엇이 되었든 그들이 선택할 수 있는 평화로운 경제활동에 처벌을 부과하는 것은 단지 가용한 행동의 선택을 제한하고 축소할 것이기 때문에 삶의 개선으로 이어질 수 없다. 집합체 분석은 자유가 제한되는 사람들에 대한 법의 의미를 보지 못하도록 얼치기 경제학자의 눈을 가린다. 집단주의 경제학자는 사회 현상의 수학적 척도를 공식화한 후에 이런 척도가 인간사를 결정하는 인과적 요소라고 가정한다.

세상에는 이미 사이비 과학의 정량적 전통을 따르는 경제학 교과서가 너무 많다. 하지만 이 책이 그중 하나가 되지 않을 것은 분명하다. 이 책은 경제학을 자연과학의 언어로 설명하려고 시도하지 않을 것이며, 정교한 집합체 방정식을 포함하지도 않을 것이다. 이런 접근법은 많은 것을 약속하지만, 신뢰할 수 있고 유용하며 실천 가능한 통찰의 측면에서는 제공하는 것이 거의 없다.

2장

Value

가치

"가치는 재화에 내재하는 것도, 재화의 특성도 아니고, 자체적으로 존재하는 독립적인 것도 아니다. 가치는 삶과 행복을 유지하기 위해 이용할 수 있는 재화의 중요성에 대한, 절약하는 사람들의 평가다. 그러므로 가치는 인간의 의식 밖에서 존재하지 않는다."[13]

- 칼 멩거

1장은 경제학이라는 주제에 대한 방법론으로, 인간의 행동을 중심으로 한 오스트리아학파의 접근방식을 설명했다. 2장에서는 경제학 분야의 구성 요소, 기본 개념 그리고 경제학이 다루고자 하는 주요 문제를 살펴본다.

    현대 경제학의 토대를 마련한 사람은 19세기 후반 오스트리아의 경제학자 칼 멩거였다. 탐구하는 분야로서 경제학은 아리스토텔레스 시대부터 있었지만, 가치value와 경제적 결정의 주관적 특성에 대한 멩거의 설명과 한계분석marginal analysis의 도입은 경제학 분야에 혁명을 일으켰다. 그리고 탄탄한 이론적·방법론적 기반을 제공하여 인간이 절약하고 행동하는 방식에 대한 체계적 분석이 가능하도록 했다.

    멩거의 획기적인 연구는 인간의 경제적 행동이 어떤 결과를 초래하는지에 대해 더 풍부한 이해를 제공했다. 1871년에 저술한 《경제학 원리》는 아마도 여전히 읽을 만한 의미가 있는 가장 오래된 교과서일 것이다.

    이 장은 멩거의 책에 제시된 몇 가지 주요 개념을 요약하는 것으로 시작하며, 멩거의 정의를 사용하여 이어지는 장들에서 다루는 주제를 분석하는 기반을 마련한다. 그런 다음에 경제 분석을 구축하는 기반으로서 가치와 한계분석이라는 멩거의 기본적 개념을 논의한다.

효용과 가치

재화

멩거는 재화good를 인간의 욕구를 충족시키는 데 유용한 사물로 정의한다. 무언가가 재화가 되려면 첫째, 인간의 필요가 존재해야 한다. 둘째, 재화의 속성이 인간의 필요를 만족시킬 수 있어야 한다. 셋째, 사람들이 그러한 인과관계를 알아야 한다. 그리고 넷째, 해당 재화를 지배하는 것이 인간의 욕구를 충족하기에 충분해야 한다.

효용

효용utility은 인간의 욕구를 충족시키는 재화의 능력이다. 효용은 재화와 재화가 충족시키는 욕구 사이의 연관성을 이해하는 우리의 능력에 달려 있다. 효용은 사물이 재화가 되기 위한 일반적 전제조건이다. 효용을 제공할 수 있는 사물만이 재화로 간주한다.

희소성

재화는 경제재와 비경제재의 두 가지 범주로 나눌 수 있다. 양자를 구별하는 것은 **희소성**scarcity이다. 경제재에 대한 수요는 항상 공급되는 양보다 큰 반면에, 비경제재의 공급은 인간이 요구하는 양을 초과한다. **비경제재**non-economic good는 수요를 초과하는 양으로 가용하며, 재화를 확보하기 위한 경쟁이 배제된다. 가장 좋은 예는 인간의 생존에 필수적이지만 사는 곳이 어디이든 풍부하게 존재하는 공기다.[14] 따라서 공기는 경제적 재화가 아니다. 희소성이 있는 **경제재**economic good는 공급보다 수요가 크기 마련으로 재화에 대한 접근을 둘러싼 경쟁을 유발하고, 해당 재화와 다른 재화 사이의 선택을 강요한다.

경제재의 희소성은 인간에게 부족한 대안적 재화 중에서 선택하면서 **절약하기**economize를 강요한다. 멩거에 따르면 '절약하기'는 자신의 욕구를 충족할 수 있는 재화를 가능한 한 많은 수량으로 유지하고, 재화의 유용한 기능을 보존하고, 덜 시급한 것보다 가장 시급한 욕구를 우선시하고, 재화의 수량으로부터 가장 큰 만족을 얻고자 하는 인간의 성향을 의미한다.

경제학

학문 분야로서의 경제학은 **부족함을 겪는 인간의 선택을 연구하는** 학문이다. 경제학은 인간이 가진 것과 원하는 것 사이의 불균형 문제에 대한 해결책을 찾기 위해 시도하는 방법과 그들의 선택에 따르는 결과에 초점을 맞춘다.

결핍scarcity이 존재의 영구적인 조건이기 때문에 인간은 끊임없이 다양한 행동 경로, 다양한 재화, 그리고 충족시켜야 하는 다양한 욕구 중에서 선택한다. 이러한 선택의 필요성은 우리가 정보에 입각한 선택을 할 수 있도록 다양한 재화에서 도출한 효용을 서로 비교할 것을 강요한다.

가치

가치는 재화로부터 얻거나 얻을 것으로 기대하는 만족의 주관적 평가로서 우리가 경제적 결정을 내릴 수 있도록 해 준다. 멩거는 가치를 "우리가 수요의 충족을 위해 재화에 대한 지배에 의존한다는 것을 의식하기 때문에 개별 재화나 재화의 양에 부여하는 중요성"으로 정의한다.[15] 멩거에 따르면 가치는 또한 "우리가 먼저 수요의 충족, 즉 우리의 삶과 행복에 귀속시키는 중요성이고, 결과적으로 수요의 충족을 위한 배타적인 원인으로서의 경제재로 연결되는 중요성"이다.[16]

주관적 가치

경제 분석의 기초이자 멩거의 연구에 따른 획기적인 통찰의 하나는 **가치가 주관적이라는 것**이다. 가치는 평가하는 사람의 마음속에만 존재한다. 멩거가 말했듯이 "가치는 재화에 내재하는 것도, 재화의 특성도 아니고, 자체적으로 존재하는 독립적인 것도 아니다. 가치는 삶과 행복을 유지하기 위해 이용할 수 있는 재화의 중요성에 대한 절약하는 사람들의 평가다."[17]

재화가 우리에게 소중한 것은 재화의 본질적 특성이 아니라 우리의 수요를 충족하는 적합성에 대한 평가일 뿐이다. 우리의 욕구를 충족시키는 능력이 변함에 따라 재화의 가치도 변한다. 그렇다면 가치는 경제적 재화의 물리적 또는 화학적 특성이 아니라, 인간이 평가할 때만 얻을 수 있는 심리적 특성이다. 멩거의 유명한 말대로 **"가치는 인간의 의식 밖에서 존재하지 않는다."**[18]

가치의 주관적인 특성을 설명하기 위해 내가 가장 즐겨 사용하는 예는 석유다. 19세기까지 석유가 있는 땅은 가치가 떨어졌다. 농업, 상업, 또는 주거용으로 활용하기 전에 석유를 제거해야 하는 비용이 많이 들었기 때문이다. 인간의 의식이 석유를 더러운 골칫거리로 보는 한, 석유의 경제적 가치는 부정적이었다. 정제된 석유가 내연기관에서 연소되어 운송, 전기, 열 생산에 대한 인간의 수요를 충족시키는 기계에 동력을 공급할 수 있다는 것을 깨닫게 되자, 석유가 비용이 많이 드는 골칫거리에서 엄청난 가치가 있는 필수 상품으로 변했다. 이제 현대 세계에서 그 누구도 석유 없이는 살아갈 수 없게 되었다. 2020년의 석유가 화학적·물리적으로 1620년의 석유와 다를 것이 없지만, 석유의 가치는 부정적 가치에서 긍정적 가치로 바뀌었다. 우리의 수요에 대한 의식적 평가가 석유의 물리적·화학적 특성을 바꿀 수는 없지만, 경제적 가치는 바꿀 수 있다. 인간이 석유의 유용성을 인식하면서 석유의 가치가 부정에서 긍정으로 바뀌었다. 멩거가 말했듯이 "재화의 가치는 자체적으로 내재하는 것이 아니고 우리의 수요와 재화의 관계에서 발생한다. 이 관계가 변함에 따라 가치가 오르기도 하고 사라지기도 한다."[19]

이 책을 쓰고 있는 2020년의 시점에서 이 점을 더 자세히 설명하자면, 세계적으로 많은 인구가 이동과 경제 생산에 심각한 제한을 가하는 정부의 통제를 받고 있다. 석유는 즉각적인 소비를 위해서 생산되고, 엄청난 양이 소비되는 것에 비해 저장할 수 있는 여유 용량이 매우 작다. 산업과 운송이 사실상 멈춰 서면서 과잉 생산된 석유가 갈 곳을 잃고, 석유 가격이 급락하여 심지어 며칠 동안은 마이너스 가격이 되기도 했다. 수요에 비해 공급 과잉이 크고 저장 능력이 부족함에 따라 석유의 소유가 산업화 이전 시대와 마찬가지로 부채로 되돌아갔고, 소유주는 다시 처분을 위한 비용을 지불해야 했다. 그러나 유가는 곧 플러스 영역으로 회복되었고, 상승을 계속했다. 가격이 마이너스와 플러스 사이를 오가는 동안에 석유의 고유한 특성에는 변함이 없었지만, 사람들의 상황이 바뀜에 따라 주관적인 평가도 바뀌었다.

석유의 예가 보여주듯이, 가치는 인간의 선호도를 반영하는 평가와 선택 밖에서 존재할 수 없다. 가치는 사물의 변하지 않는 속성이 될 수 없으며, 우리 마음속에 있는 의식적 현상이다. 가치가 실제적이 아니라는 의미는 아니다. 가치는 실제적이고 의미가 있으며, 우리의 행동과 결정을 형성하여 우리 세계의 실제 물질적 재화의 생산, 소비, 활용으로 이어진다.

가치의 주관적 특성에 대한 멩거의 인식은 경제적 사고에 있어서 매우 중요한 전환점이었다. 이전의 경제학자들은 재화의 가치가 결정되는 방식과 특정한 재화가 다른 재화보다 더 가치가 있는 이유를 설명하려고 애를 먹었다. 가치의 평가를 둘러싼 모든 수수께끼와 역설은 주관적 가치평가와 한계분석에 대한 멩거의 통찰을 통해서만 해결되었다.

가치평가: 서수와 기수

가치의 주관적 특성에 함축된 첫 번째 중요한 의미는 가치를 객관적으로 측정하거나 표현할 수 없다는 것이다. 가치의 평가가 평가자의 주관에 의존하고, 우리의 욕구와 수요를 충족하는 재화의 능력에 대한 우리의 이해가 바뀜에 따라 끊임없이 변하기 때문에 사람마다 가치의 평가가 다르고, 개인적 평가도 개인의 상황에 따라 끊임없이 변동한다. 측정의 결과를 객관적으로 표현하려면 부록에서 논의한 대로 다양한 대상을 평가하는 표준 측정 막대rod로서의 과학적 단위가 필요하다.

무게, 길이, 온도 등의 과학적 척도는 서로 다른 대상을 정확하게 비교할 수 있도록 객관적으로 정의할 수 있는 단위로 표현된다.

그러나 인간의 가치평가에는 그런 단위가 있을 수 없다. 재화의 가치가 재화에 내재하는 객관적 특성이 아니라 가치를 평가하는 사람에 의존하고, 수요를 충족하는 재화의 유용성을 결정하는 상황이 끊임없이 변함에 따라 달라지는 주관적인 심리적 특성이기 때문이다. 인간 스스로가 가치의 중재자이기 때문에 인간의 만족도를 비교할 수 있는 객관적 기준은 존재하지 않는다. 다시 말해서 한 사람이 특정 재화에서 얻는 만족을 다른 사람이 같은 재화로부터 얻는 만족과 비교하여 객관적으로 측정하는 방법은 없다.

객관적인 표준 단위 없이는 측정을 통해서 평가된 가치를 **기수**cardinal로 나타낼 수 없으므로 경제적 가치를 수학적으로 정확하게 측정하기는 불가능하다. 누구나 확인할 수 있는 가치의 기준이 되는 일정한 단위가 없으면 다양한 재화의 가치를 서로 비교하여 표현하기가 불가능하다. 다양한 물체의 길이 측정이 가능한 것은 모두가 인치inch, 피트foot, 마일mile, 또는 미터meter의 일정한 기준으로 측정되기 때문이다. 주방에 냉장고를 설치하려는 사람은 냉장고에 할당된 공간을 인치 단위로 측정한 후에 냉장고의 치수와 설치할 공간이 맞는지 확인할 수 있다. 이러한 측정은 냉장고 제조업체와 고객 모두 인치가 무엇인지에 대한 매우 정확하고 정밀한 정의를 공유하기 때문에 의미가 있고 유용하다. 공통된 상수 단위에 대한 합의가 없으면, 냉장고를 설치해 보기 전에는 공간에 맞는지 알기 불가능할 것이다.

공통된 상수 단위가 없는 경우에 가치평가를 표현할 수 있는 유일한 방법은 **서수**ordinal로 나타내는 것이다. 즉 재화를 서로 비교하여 개인적 가치평가에 따른 순서를 부여하지만, 정량적 가치를 명시적으로 평가하지 않는 방법이다. 개인은 여러 가지 재화의 비교를 통해서 자신의 선호도를 알 수 있다. 비교를 위한 상수(가치를 평가하는 사람)가 있기 때문이다. 따라서 개인은 자신이 A라는 재화의 가치를 B보다 높게 평가하는지, 그리고 재화 B의 가치를 C보다 높게 평가하는지를 쉽게 결정할 수 있어서 가치의 측면에서 재화를 **비교하는** 것이 가능하다. 그러나 이러한 가치평가는 전적으로 주관적이고, 평가하는 사람이 경험하는 효용의 관점에서 표현된다. 재화 B에 대한 선호도를 표현하는 기준과 동일한 단위의 정확한 수치로 재화 A의 가치를 평가하는 것처럼, 재화에 대한 선호도를 정량적 기수로 나타내기는 불가능하다. 올바른 경제학에서 'A의 가치=14.372x, B의 가치=4.258x, C의 가치=1.273x' 같은 진술은 있을 수 없다. 여기서 x는 개인적 효용을 나타내고, 개인 사이의 비교에 사용할 수 있는 객관적 가치 단위다.

미제스는 다음과 같이 설명한다.

"불안감을 제거하는 데는 정도의 차이가 있겠지만, 한 가지 만족이 다른 만족을 얼마나 능가하는지를 객관적인 방식으로 확인하여 결정할 수 없고 오직 느낄 수 있을 뿐이다. 가치의 판단은 측정이 아니라 척도에 따라 배열하여 등급을 매기는 것이다. 이는 측정과 가중치가 아니고 선호의 순서를 나타낸다. 거기에는 오직 서수만 적용할 수 있고, 기수는 적용할 수 없다."[20]

당신이 개인적으로 사물을 서로 비교하여 평가하는 방식을 생각해 보라. 그 모두를 측정하는 한 가지 단위로 표현할 수 있을까? 물질적 재화로부터 우정, 가족, 그리고 행복에 이르기까지 가치를 평가하는 모든 것을 동일한 단위로 측정할 수 있을까? 가족 구성원과 물리적 재화 사이에 설정된 교환 비율이 있을까? 자녀의 가치를 돈으로 평가할 수 있을까? 아이와 바꾸려면 몇 대의 자동차가 필요할까? 인간의 가치는 하나의 표준화된 단위로 측정할 수 없다. 인간의 가치평가는 비교만 가능할 뿐 더하거나 빼거나 곱할 수 없다. 공통적이고 일정한 단위가 없으면 측정과 수학적 처리가 불가능하다.

가치와 가격

경제적 재화의 가치는 가격price과 구별되며 혼동해서는 안 된다. 경제재의 가격은 해당 재화의 객관적 가치평가가 아니고, 거래 당사자 쌍방의 주관적 평가도 아니다. 매매가 이루어지는 가격은 오직 상품의 가치를 판매자는 가격보다 낮게 평가하는 반면에, 구매자는 가격보다 높게 평가한다는 것만을 보여준다. 그렇지 않았다면 거래가 성립되지 않았을 것이다.

경제학에서 흔히 볼 수 있는 실수는 가치와 가격을 혼동하는 것이다. 그런 실수로 인해 실제로 가치를 객관적으로 측정하고 화폐 단위로 표현할 수 있다는 아이디어가 생긴다. 하지만 그런 가치는 정확할 수 없다. 시장의 가격은 특정한 시간과 장소에 따라 엄밀하게 적용되는 상품 가치평가의 한계bound만을 보여주기 때문이다. 상품을 1,000달러에 파는 데 동의하는 사람은 상품의 가치를 1,000달러 미만으로 평가한다는 것을 보여준다. 그가 상품의 가치를 1,000달러보다 높게 평가했다면 1,000달러와 상품을 교환하는 데 관심이 없을 것이다. 가치를 1,000달러보다 낮게 평가할 때만 1,000달러의 제안에 응하여 판매하게 된다.

마찬가지로 구매자가 해당 상품을 사는 데 1,000달러를 지불할 때 우리가 알 수 있는 것은 상품에 대한 구매자의 가치평가가 1,000달러보다 높다는 것이 전부다. 그렇지 않았다면 그런 금액을 지불하지 않았을 것이다. 거래를 통해서는 개인의 정확한 가치평가를 결정할 수 없고, 가치의 상한선과 하한선을 알 수 있을 뿐이다. 단순한 교환 행위만으로도 가치평가에 대해 많은 것을 알 수 있다.

자유 교환

두 사람이 자유롭게 경제적 재화를 교환하기로 선택할 때는 언제나 양측 모두 교환을 통해서 이익을 얻는다고 믿어야 한다. 그렇지 않다면 두 사람이 교환을 이행하지 않을 것이다. 상호 이익이 되는 교환은 각 당사자가 포기한 것보다 더 가치 있는 무언가를 얻었음을 시사한다. 이런 일이 가능할 수 있는 유일한 방법은 두 사람 모두 교환하는 재화에 대한 주관적 가치평가가 다르다는 사실을 이해하는 것이다. 이들 재화의 가치가 객관적이라면 평가하는 가치가 사람마다 달라지지 않고, 교환도 가능하지 않을 것이다. 누구라도 객관적 가치가 높은 재화와 낮은 재화의 교환을 자발적으로 수용하지 않을 것이기 때문이다. 이 문제는 거래를 다루는 9장에서 더 자세히 논의하여 거래의 이점을 보여줄 것이다.

가치의 결정 요인

오스트리아 경제학파와 다른 학파의 근본적 차이점은 오스트리아 학파는 가치를 주관적으로 보는 반면에, 다른 학파는 가치가 객관적이거나 객관적으로 측정할 수 있다고 생각한다는 것이다. 이러한 주장을 유지하기 위해서 일부 현대 경제학 교과서에서는 가치가 **유틸**util이라는 정의되지 않은 가상의 단위로 측정되는 효용의 함수로 정의된다. 하지만 무엇이 유틸을 구성하는지에 관한 기준은 없고, 무엇이든 유틸을 사용하여 측정하는 방법도 없다.

현대의 몇몇 수리 경제학자mathematical economists는 가치를 화폐 단위로 측정한 명시적 수치로 표현함으로써 가치와 가격을 혼동하고, 두 가지 재화의 가치가 같은 경우 사람들이 교환을 위한 거래를 하는 이유를 설명하지 못한다. 한편으로 마르크스주의자들은 제품의 생산에 투입된 노동으로 가치가 결정된다고 생각한다. 소유를 원하는 사람이 있는지와 관계없이, 생산에 노동이 투입되면 제품의 가치가 생긴다는 터무니없는 주장이다. 보통의 케이크와 진흙으로 만든 케이크를 굽는 데 같은 시간이 소비된다면, 마르크스주의자들은 두 케이크의 가치가 같다고 주장할 것이다.

노동이 가치를 결정한다는 개념에는 직관적인 호소력이 있다. 우리는 경제적 재화가 인간의 수요를 충족하기 위해서는 항상 노동의 요소가 필요하다는 것을 이해할 수 있다. 야생에서 자라는 과일이라도 인간의 수요를 충족하기 위해서는 과일을 따서 먹는 데 필요한 노동을 투입해야 한다. 노동이 투입되지 않고 인간의 수요를 충족하는 재화를 상상할 수 없다는 사실이 노동가치론labor theory of value을 지지하는 사람들을 노동이 재화에 가치를 부여하고 투입된 노동의 양으로 재화의 가치를 측정할 수 있다는 결론으로 몰아간다. 그러나 이러한 결론은 방어할 수 없는 개념이다.

재화는 오직 우리의 욕구를 충족하는 능력 때문에 가치가 부여된다. 제품을 사는 구매자는 제품을 만드는 데 얼마나 많은 시간과 노력이 투입되었는지에는 관심이 없고, 제품이 제공할 서비스와 유용성에만 관심이 있다. 제품의 생산에 노동이 투입되는 것은 소비자에게 가치가 있는 최종 결과물을 생산할 수 있다는 기대 때문이지, 노동이 마술처럼 재화에 가치를 부여하는 것이 아니다. 유용한 제품을 산출하지 못하는 실패한 생산공정에도 노동이 투입될 수 있다. 그런 결과물이 단지 만들어 내는 데 노력이 들었다는 이유로 사람들에게 가치 있는 제품이 되지는 않을 것이다. 그러한 무용성 때문에 제품의 가치를 찾아보려는 사람들의 시도가 쓸데없는 일이 된다.

생산에 투입된 노동의 양과 생산물의 가치 사이에는 보장된 대응 관계가 없다. 노동자는 노동의 가치를 과대평가하거나 과소평가할 수 있지만, 최종적인 판단을 내리고 제품의 가치를 결정하는 것은 오직 시장에서 이루어지는 소비자의 선택뿐이다. 생산자와 노동자는 가치 있는 제품을 생산할 것이라고 믿는 생산 과정에 노동을 투입한다. 생산 과정에 투입된 비용이 산출물의 시장가격보다 낮은 경우에는 생산자가 이익을 얻게 된다. 이는 투입된 총비용이 생산된 산출물의 가격보다 낮아서 생산 과정에 대한 생산자의 투자가 사회에도 생산적이었음을 시사한다. 제품의 시장가격이 생산에 투입된 비용보다 낮으면 생산자가 파괴적인 생산 과정에 참여하고 있는 것이며, 그런 과정이 오래 갈수록 더 많은 자본을 낭비한다는 신호가 된다.

오스트리아학파의 경제학에서 가치는 주관적이고, 평가가 이루어지는 시간과 장소에 따라 달라진다. 재화의 희소성 때문에 요구되는 인간의 선택에서 가치가 도출된다. 가치는 결정을 내리는 시간과 장소에서 사람들이 각각의 단위^{units}에 부여하는 것으로 재화의 보편적 특성은 아니다. 가치의 주관적 개념 없이는 사람들이 나름의 경제적 선택을 하는 이유와 방식에 대한 일관성 있는 설명을 찾아낼 수 없다.

소비자가 재화의 주관적 가치를 어떻게 결정하는지는 그들 자신에게 달려 있다. 서로 다른 시간과 장소에서 다양한 요소에 따라 동일한 개인이 동일한 제품의 가치를 다르게 평가할 것이다. 가장 주목할 만한 요소는 해당 재화의 기존 비축량이다.

한계 이론

경제학에 대한 멩거의 또 다른 중요한 공헌은 한계 이론^{marginalism}의 개념이다. 재화의 가치가 자체적으로 내재하기보다는 주관적이며, 우리의 수요를 충족하는 능력에 달려 있다는 것을 확인한 후에 멩거는 이를 동일한 재화의 서로 다른 단위에 대한 가치 연구에 적용하고, 그 과정에서 현대적 경제 분석의 토대를 마련했다.

우리에게 만족을 제공하는 능력에서 재화의 가치가 도출되고, 서로 다른 만족의 가치가 같지 않기 때문에 동일한 재화라도 서로 다른 단위의 가치가 다를 것이다. 주어진 시점에서 어떤 수요가 충족되는지에 따라 동일한 사람에게 동일한 재화의 가치가 달라진다.

사람들은 재화와 관련된 가장 중요하고 시급한 수요를 충족하기 위해 해당 재화의 첫 번째 단위를 사용한다. 두 번째 단위는 두 번째로 시급한 수요를 위해 사용할 것이다. 소유하는 재화의 양이 늘어남에 따라 충족되는 수요의 가치와 시급성이 줄어든다. 다시 말해 재화에서 도출되는 효용이 같지 않기 때문에 동일한 재화에 대해 느끼는 가치가 달라진다. 첫 번째 단위의 가치가 가장 높고, 소비되는 단위가 늘어남에 따라 각 한계 단위marginal unit의 가치가 이전 단위보다 떨어지게 된다.

따라서 멩거는 우리가 재화에 부여하는 가치가 재화의 총체적·전반적 효용에 의존하지 않고, 재화의 효용은 수량과 관계없이 재화에 내재하는 추상적 특성이 아니라고 설명했다. 오히려 우리가 재화에 부여하는 중요성은 해당 재화의 수량과 처분할 수 있는 기존 비축량과 불가분의 관계에 있다. 인간은 재화의 총체적·추상적인 효용이 아니라 특정한 수량이 제공하는 효용과 서로 다른 욕구를 충족하는 능력에 기초하여 결정을 내린다.

한계효용

멩거 자신은 이 용어를 사용한 적이 없지만, 나중에 그의 학생인 프리드리히 폰 비저Friedrich von Wieser가 재화의 가용한 수량 중에서 단일한 단위가 보장하는 중요성이 가장 낮은 만족에 부여되는 중요성을 언급하기 위해 '한계효용marginal utility'이라는 용어를 도입하게 된다. 미제스는 한계효용을 "우리가 동종 재화의 비축량이 n 단위일 때는 사용하지만, 다른 조건이 동일하고 단지 비축량이 n-1 단위일 때는 사용하지 않는 것을 가장 시급하지 않은 사용 또는 한계사용이라고 하고, 거기에서

도출되는 효용을 한계효용이라 부른다"라는 말로 정의했다.[21]

예를 들어 사람이 먹는 음식의 첫 번째 단위는 아사와 생존을 가르기 때문에 매우 귀중하다. 음식의 두 번째 단위는 단순한 생존과 적절한 영양 섭취라는 차이를 낳을 것이다. 따라서 여전히 매우 귀중하기는 하지만, 두 번째 단위는 첫 번째 단위만큼의 가치가 없다. 추가되는 음식의 단위는 맛을 즐기기 위해서나 사회적 친교를 위해 소비될 것이므로 가치가 있기는 하지만, 생존과 건강을 보장하기 위해 사용된 이전 단위만큼의 가치는 없다. 개인의 식품 소비가 계속해서 증가하면 결국 추가되는 음식의 단위에 아무런 가치를 부여하지 않고, 무료로 제공되더라도 먹고 싶지 않게 되는 지점에 도달한다. 소비되는 단위의 수가 늘어나면 추가되는 단위를 덜 시급한 수요의 충족을 위해 사용하게 된다. 이는 이어지는 각 단위의 효용이 이전 단위보다 낮아짐에 따라 사람들이 평가하는 가치가 낮아진다는 것을 의미한다.

이렇게 중요한 통찰을 통해서 멩거는 재화의 가치가 자체적으로 내재한다는 아이디어가 틀렸음을 입증했다. 그는 가치는 재화가 만족시키는 수요에 달려 있고, 수요는 다시 재화의 풍부함이나 부족함에 따라 달라지며, 가치를 평가하는 사람에게만 의존한다고 설명했다. 재화의 총공급량이나 추상적인 재화의 가치를 평가하도록 요청받은 사람은 아무도 없다. 경제적 결정은 재화의 개별 단위에만 관련되고, 사람들은 언제나 평생 동안 비축한 수량의 재화나 추상적인 재화가 아니라, 기본적으로 소비하기를 원하는 재화의 다음 단위에 대한 결정을 내린다.

한계효용체감의 법칙

가치평가에 대한 멩거의 접근법의 중요한 함의는 한계효용체감의 법칙law of diminishing marginal utility이다. 이 법칙은 보유하는 재화의 수량이 증가함에 따라 개인이 재화에서 도출하는 가치와 효용이 감소한다는 것이다. 사람들은 획득된 재화의 첫 번째 단위를 가장 시급한 수요의 충족을 위해 사용하기 때문에, 모든 재화의 첫 번째 단위를 가장 가치 있게 평가한다. 재화의 보유량이 증가하고, 한계 단위가 점점 덜 시급한 수요를 충족하는 방향으로 나아갈수록 개인이 평가하는 한계 단위의 가치가 낮아진다. 재화의 가치는 언제라도 재화가 충족하는 수요에 따라 달라지므로 더 많이 소유할수록 재화에 부여하는 가치가 낮아진다.

수량이 증가함에 따라 재화의 한계효용이 감소한다는 것은 개인의 의사결정에 대한 중요한 통찰이다. 누구든지 고가의 제품을 구입해 본 사람이라면 공감할 것이다. 새 자동차나 장난감을 갖게 된 첫날에는 압도적인 새로움에 매혹되지만, 시간이 지나면서 여러 가지 기능과 특성에 익숙해지면 새로움에 대한 매력이 줄어든다. 신기했던 것이 평범해지고 실제로 경험하기 전에 느꼈던 매력을 잃는다. 당신은 여전히 자동차를 운전하거나 장난감을 가지고 노는 데 즐거움을 느끼지만, 추가로 사용할 때마다 특별했던 즐거움이 감소한다.

한계효용체감의 법칙은 또한 재화 X의 객관적인 가치 같은 것은 없다는 사실을 상기시킨다. 재화 X의 풍부함과 그것이 충족하는 수요에 따라 가치가 달라지기 때문에, 재화 X의 다음 (한계) 단위에 대한 평가자의 주관적인 가치가 있을 뿐이다. 이 가치는 평가하는 개인의 선호와 재화의 풍부함에 따라 달라진다.

가장 가치가 낮은 용도에 따른 가치평가

가치평가를 이해하는 멩거 접근법의 또 다른 함의는 다음과 같다. 사람들이 보유한 재화를 가장 시급한 수요를 충족하기 위해 사용할 때, 한계 단위에 대한 그들의 가치평가는 해당 재화가 보장하는 가장 덜 중요한 만족에 대한 평가를 반영하게 된다. 따라서 구매 결정을 내릴 때, 개인의 가치평가는 재화가 제공하는 가장 덜 중요한 만족에 대한 평가를 반영한다. 식사비용을 지불하기로 결정하는 사람은 추상적인 음식이나 평생 먹은 음식을 얼마나 소중히 여기는지가 아니라, 이번에 먹을 음식 자체에 부여하는 가치에 따라 비용을 지불할 것이다. 그 사람에 대한 모든 음식의 실제 가치를 고려하는 것은 무의미한 일이다.

이 시점에서 새로운 식사가 필요할 정도로 건강한 삶을 유지하기 위해 평생 충분한 음식을 섭취한 사람은 이번 음식 단위의 가치를 이전에 먹었던 모든 음식과 동일하게 평가하지 않는다. 이번에 먹을 음식을 삶과 죽음의 차이처럼 소중하게 여기지 않는다. 실제로 그렇지 않기 때문이다. 다음 식사에 대한 결정은 식사가 충족할 수요에 따라 평가되며, 한 끼에 불과한 식사의 가치는 일반적으로 삶을 유지하도록 해준 음식의 가치나 오늘날까지 생존을 보장한 이전 모든 식사의 가치보다 상당히 낮을 것이다.

그렇다면 우리는 사람들이 특정한 재화를 선택해야 할 때 어떻게 가장 가치가 낮은 용도를 고려하여 가치를 평가하는지 알 수 있다. 그것이 한계에서at the margin 존재하는 유일한 선택이기 때문이다. 더 가치 있는 다른 모든 용도는 이미 이전의 음식 단위들로 충족되었다.

예를 들어 식당에서 물 한 병 살 것을 고려하는 사람이 생존을 위해서나 일상생활의 기본적 수요 충족을 위해 물에서 얻는 가치에 근거하여 물값을 치르지는 않을 것이다. 그는 단지 소비하는 물의 한계(다음) 단위에 관한 결정을 내리는 것이며, 더 시급한 수요에 대해서는 이미 다른 단위의 물을 할당해 놓았다. 물에 지불하는 가격은 그가 생존에 부여하는 가치에 전혀 미치지 못할 것이다. 현대 도시에서 물 한 병을 구입하는 결정은 생존이 아니라 추가적인 물 한 병의 소비에 관련될 뿐이기 때문이다. 물은 인간의 생존에 필수적이므로, 모든 인간 사회는 사람들의 필수적 수요를 충족할 정도로 물이 풍부한 곳에서만 발전한다.

필수적 수요가 충족되면 한계 단위의 가격이 기본적 수요의 가치보다 덜 시급한 수요의 가치를 반영하게 된다. 이는 물이 필수적인 재화임에도 불구하고 상대적으로 저렴한 이유를 이해하는 데 도움을 준다. 물의 필수적인 특성 때문에 사람들이 대량의 물을 소유하는 것이 보통이고, 한계구매 결정은 덜 시급한 수요를 위한 한계 단위에 기초하여 내리게 된다.

이제 우리는 생존에 필수적인 중요한 재화가 일반적으로 저렴한 이유를 알 수 있다. 오늘날 세계에서 사람들은 물에 의존하는 생존에 부여하는 가치에 따라 물값을 지불하지 않는다. 그들은 이미 물에 대한 가장 중요한 수요를 매우 저렴한 비용으로 해결할 수 있는 시간과 장소에서 살고 있다. 사람들의 개별적 구매 결정은 생존이나 건강에 필요해서가 아니라, 가벼운 갈증을 해소할 수 있는 소량의 물을 획득하는 것과 관련된다. 그러나 며칠 동안 필수적인 소비에 필요한 물을 확보할 수 없는 상황에 놓인 사람이라면 가장 가치가 낮은 물의 용도가 삶과 죽음의 차이일 것이므로, 물을 평가하는 가치가 매우 높아질 것이다. 미제스는 다음과 같이 설명한다.

"행동하는 인간은 세상의 모든 금과 모든 철 사이에서 선택해야 하는 위치에 있지 않다. 특정한 시간과 장소에서 주어진 조건에 따라 엄격하게 제한된 양의 금과 철 사이에서 선택한다. 100온스의 금과 100톤의 철 중에서 선택하는 그의 결정은 세상의 모든 금과 철 사이에서 선택한다는 가능성이 매우 희박한 상황에서 내리게 될 결정에 전혀 의존하지 않는다.

그의 실제 선택에서 유일하게 중요한 것은 현 상황에서 100온스의 금이 제공할 수 있는 직·간접적 만족이 100톤의 철에서 얻을 수 있는 만족보다 크다고 생각하는지의 여부다. 그는 금과 철의 '절대적' 가치에 대한 학문적·철학적 판단을 표현하지 않는다. 금과 철 중 어느 것이 인류에게 더 중요한지를 결정하지 않는다. 철학자나 도덕원리에 관한 책의 저자로서 열변을 토하지도 않는다. 단지 모두 다 얻을 수 없는 두 가지 만족 중에서 하나를 선택할 뿐이다."[22]

균일하게 공급되는 재화 한 단위의 가치에 대한 문제에 직면할 때, 인간은 공급되는 총량에서 가장 가치가 낮은 용도로 사용하는 단위의 가치, 즉 한계효용을 기반으로 결정을 내린다."[23]

물-다이아몬드 역설

멩거 한계분석의 즉각적인 중요성은 한계분석이 수 세기 동안 경제학자들이 설명하지 못했던 물-다이아몬드 역설에 대한 최초의 경제적 해결책이었다는 것이다. 경제학자들은 인간의 삶에 필수적인 물이 공짜는 아니더라도 일반적으로 매우 저렴한 반면에, 인간에게 필수적인 목적과 관계없는 사치품에 불과한 다이아몬드가 대단히 비싸다는 사실을 어떻게 설명할 수 있었을까? 가치가 정말로 주관적이라면 사람들이 다이아몬드처럼 필요하지도 않은 하찮은 재화에 그렇게 높은 가치를 부여하는 반면에, 물과 같은 필수적 재화에는 거의 가치를 부여하지 않는 이유는 무엇일까? 이는 생산하는 데 더 많은 노동이 필요하므로 다이아몬드가 더 가치 있다고 가정하는 노동가치설에 더 들어맞는 것일까?

그러나 앞에서 논의한 것처럼 시장의 가치는 재화의 고유한 특성이나 총비축량이 제공하는 가치와는 관련이 없다. 시장가치는 재화가 충족시키는 가장 덜 중요한 만족에 기초한다. 일반적으로 사람들이 거주하는 곳이라면 어디서나 식수를 대량으로 이용할 수 있으므로 물의 가장 시급한 수요는 이미 충족되었다고 볼 수 있다. 그리고 시장의 선택은 훨씬 덜 시급한 수요를 충족하는 단위에 대해 이루어진다. 현대 도시에 사는 사람이 물 한 병 사는 것을 포기한다면, 특정한 시점에서 물에 대한 작은 수요 하나만을 포기하게 될 것이다. 그는 여전히 생존과 위생이라는 가장 시급하고 중요한 수요에 필요한 물을 이용할 수 있다. 반면에 다이아몬드는 아주 희귀하여 가용할 수 있는 양이 매우 적기 때문에 가장 가치가 높은 용도로 사용하는 사람들이 구입한다.

물과 다이아몬드 모두 매우 부족하고 가용한 한계 단위가 가장 시급한 수요를 충족하는 데 사용되는 시나리오를 상상해 볼 수도 있다. 며칠 동안 물 한 모금 마시지 못하고 사막에서 발이 묶인 사람은 다이아몬드보다 물에 훨씬 더 높은 가격을 지불할 것이다. 삶과 죽음의 차이가 물에 달려 있기 때문이다.

그러므로 다이아몬드가 물보다 가치가 높다는 것은 부정확한 말이다. 물-다이아몬드 역설은 주관적 가치를 평가하는 데 개인적 상황이 얼마나 중요한지를 보여준다. 물이 풍부하고 다이아몬드가 희귀한 상황에서는 가장 가치가 낮은 용도로 사용되는 물의 가치는 다이아몬드보다 낮다. 다이아몬드는 희귀성으로 인해 가장 가치가 낮은 용도로 사용될 때도 여전히 높은 가치가 유지된다. 한계 단위가 생존을 위한 수요를 해결하는 데 사용될 정도로 물이 부족한 상황에서는 의심의 여지 없이 다이아몬드보다 물의 가치가 더 높을 것이다.

3장

Time

시간

"인간은 흐르는 시간의 지배를 받는다. 태어나고, 자라고, 늙어가고, 죽는다. 인간의 시간은 부족하다. 인간은 다른 희소한 요소를 절약하듯이 시간을 절약해야 한다. 시간적 질서의 고유성과 비가역성 때문에 시간의 절약에는 독특한 특성이 있다."[24]

- 루트비히 폰 미제스

궁극적 자원

인간은 시간의 흐름 속에서 행동한다. 모든 경제적 결정이 시간에 걸쳐서 이루어지고, 생산에도 시간이 필요하다. 죽음을 피할 수 없는 인간에게는 지구에서 주어진 시간이 부족하다. 이러한 희소성으로 인해 시간은 경제재가 되고 가치가 부여된다. 되돌릴 수 없는 특성이 있는 시간은 독특한 경제적 재화다. 다른 상품에서처럼 무언가에 소비된 시간은 다시 살 수도 없고, 계속해서 무한정 늘릴 수도 없다. 미제스와 오스트리아학파 경제학자들은 인간 행동의 시간적 차원과 경제적 재화로서 시간의 독특한 특성에 대한 이해의 중요성에 대해 설득력 있는 글을 썼다.

3장에서는 경제학자 줄리언 사이먼Julian Simon의 작업을 기반으로 인간의 시간은 궁극적 자원이며, 인간의 시간이 부족한 결과가 경제적 희소성임을 주장할 것이다. 시간의 절약은 모든 경제적 결정이 발원하는 궁극적 절약 행위다. 인간에게 더 많은 시간이 주어지면 어떤 경제적 재화든 더 많이 만들 수 있다.[25] 경제재의 생산에는 구속력 있는 물리적 제한이 없고, 인간의 노력과 시간을 더 많이 투자하면 어떤 재화든지 생산량을 무한정 늘릴 수 있다. 오직 시간의 희소성만이 우리에게 경제적 재화 사이의 선택을 강요하고, 재화의 희소성을 만들어 낸다.

한 아이가 세상에 태어나면 그의 시간이 시작된다. 그 시간은 불확실하다. 한 시간 정도로 짧을 수도 있고, 한 세기 동안 지속될 수도 있다. 얼마나 오래 살지는 아무도 모르지만 모든 사람이 머지않아 영원히 살기란 불가능하며, 인간의 시간은 완전히 소진될 때까지 줄어들기만 할 뿐이라는 것을 깨닫는다. 그러한 깨달음과 성숙함으로 인간은 시간을 절약한다.

끊임없이 감소하는 물질적 대상의 상대적 희소성과는 대조적으로, 인간에게 시간의 절대적 희소성은 시간이 지남에 따라 증가한다. 이는 개개인에게 직관적인 사실이다. 성장과 노화로 인해 인간은 지구상에서의 시간은 점점 더 부족해지기만 할 뿐임을 깨닫고, 시간에 더 큰 가치를 부여하게 된다. 이는 시간이 지남에 따라 인간의 노동에 대해 지급된 시장가격에서도 볼 수 있다. 인간이 일하고 생산하는 데 더 많은 시간을 소비함에 따라 물질적 재화가 증가하여 풍부해지고, 인간 노동의 관점에서 평가하면 시간이 지남에 따라 물질적 재화의 가치는 떨어지게 된다.

사이먼은 자신의 책 《궁극적 자원 The Ultimate Resource》에서 인간의 시간이나 노동이 모든 경제적 재화와 자원을 만드는 데 쓰일 수 있으므로, 궁극적인 자원이라고 주장한다.[26] 어떤 생산 과정이든 시간을 투자하면 산출물의 공급 증가로 이어지게 된다. 따라서 사이먼은 물질적 재화를 설명하는 데 사용되는 '자원 resource'이라는 용어가 잘못된 명칭이라고 주장한다. 물질적 자원은 사실상 무한히 풍부한 물질을 유용한 경제적 재화로 바꾸기 위해 유일한 궁극적 자원인 인간의 시간이 투입된 결과물이기 때문이다. '자원'이라는 용어는 인간의 소비에 따라 줄어드는 고정된 풀pool을 시사하지만, 실제로는 자원이 소비되기 전에 먼저 생산되어야 한다. 그리고 자원의 생산은 우리가 살아가는 거대한 행성에서의 물리적 풍부함이 아니라, 인간이 생산에 투입하는 시간의 양과 다른 재화에 대한 시간의 기회비용으로 제한된다. 원자재, 금속, 연료는 하늘에서 내려온 만나manna처럼 우리에게 주어진 것이 아니고 인간의 수요를 충족하기 위해 추출하고 활용하는 정교한 생산 과정의 복잡한 산출물이다.

인간의 시간을 궁극적 자원으로 보는 사이먼의 개념은 경제적 희소성의 본질을 명확히 한다. 경제학자들은 일반적으로 물질적 재화의 희소성을 경제 분석의 출발점으로 가정했지만, 인간의 시간이 유한하다는 특성의 함수로 희소성을 이해하는 것이 더 정확할 것이다. 지구상의 물질적 재화가 기술적으로는 부족하지만, 지구에 있는 절대량은 우리가 개발할 수 있는 능력을 훨씬 뛰어넘는다. 그러므로 원자재는 존재량이 아니라 생산에 필요한 시간 때문에 부족하다. 우리에게 매우 생생한 의미로 제한되는 것이 시간이기 때문이다.

기회비용

시간의 희소성은 인간이 모든 활동과 관련된 직접적인 금전적 비용뿐만 아니라 **기회비용**opportunity cost, 즉 참여할 수 있었던 다른 활동에서 포기된 가치까지 고려해야 하는 이유다. 우리의 시간이 부족하다는 사실은 항상 모든 활동에 참여할 수는 없다는 것을 의미한다. 우리는 선택해야 한다. 물리적 자원의 제약을 받지 않더라도 활동을 수행하는 데 필요한 시간이 항상 제한되므로, 인간은 특정한 활동에 참여할 때마다 포기하는 대안을 고려해야 한다.

죽음의 필연성과 시간이 유한함에 따른 시간의 희소성은 끊임없이 기회비용의 고려를 요구하고, 그로부터 인간의 모든 경제적 사고와 행동이 나온다. 모든 인간 행동은 시간을 소비하므로 포기한 행동에 대한 대가를 치르게 된다. 보편적인 희소성을 시간이 부족한 결과로 이해하면, 기회비용과 경제적 사고방식에 항상 포기한 대안 활동의 비용이 포함되어야 하는 이유를 이해하는 데 도움이 된다. 인간의 시간은 부족하기 때문에 귀중하다. 따라서 항상 시간을 가치 있게 사용하는 대안적 방법을 고려해야 한다.

물질적 풍요

자원의 풍부함을 논의하는 가장 일반적인 척도는 '알려지거나 입증된 매장량'으로 특정한 장소에 존재한다는 것이 확실히 알려지고 현재의 기술과 가격으로 추출할 수 있는 자원의 양을 의미한다.[27] 장기적으로 볼 때, 이 척도는 인간에게 알려진 모든 자원에 대해 증가해 왔다. 자원의 소비가 증가하면 용도가 늘어나고 더 많은 수요가 창출되어, 추가적인 탐색을 위한 인센티브가 생기면서 매장량이 증가한다. 사이먼은 몇몇 중요한 산업용 광물의 입증된 매장량이 1950년과 1990년 사이에 어떻게 증가했는지를 설명한다. 1950년에 세계 인구는 약 25억

명이었고, 1990년에는 약 53억 2,000만 명으로 늘어났다.[28] 2011년의 달러 가치로 환산한 세계 GDP는 1950년에 9조 2,500억 달러, 1990년에는 47조 4,000억 달러로 추정된다.[29] 따라서 인구가 2.13배 증가하고 생산이 5배로 늘어난 40년의 기간에 대부분 금속의 입증된 매장량은 고갈되는 대신에 인구 증가보다 높은 비율로 늘어났다. 입증된 매장량은 납은 3배, 아연은 4.21배, 구리는 5.66배, 철광석은 8.27배, 석유는 13.1배, 인산염은 14배, 보크사이트bauxite는 16.6배로 증가했다.[30]

입증된 매장량이라는 척도는 지구의 자원 전체에 대한 합리적인 척도가 될 수 없음이 분명하다. 하지만 자원의 탐색과 탐사에 쏟는 우리의 노력에 대한 척도가 될 수는 있다. 입증된 매장량은 우리가 현재의 기술과 돈을 사용하여 얼마나 많은 자원을 찾고 있는지를 말해 주는 척도다. 이 자원의 활용이 늘어나고 생활 수준이 향상됨에 따라, 더 좋은 채굴 도구를 개발하고 더 많은 지역을 채굴하면서 입증된 매장량이 늘어나게 된다. 그러나 입증된 매장량은 우리가 정확하게 추정할 엄두도 낼 수 없는 지구의 자원 전체라는 물속에 잠긴 거대한 빙산의 일각에 불과하다. 지구는 거대하고, 그 정확한 구성을 표면에서 확인하기 매우 어렵다. 결정적인 재고 조사를 위해서 지구 전체를 파헤치는 것은 아무도 고려해 본 적이 없는 불가능할 정도로 비용이 많이 들고 무익한 작업이다.

지구의 크기에 대한 이해는 사이먼의 주장을 뒷받침한다. 지구의 표면적은 5억 1,010만 제곱킬로미터이고, 2000년부터 2017년까지 채굴에 사용된 면적은 5만 2,277제곱킬로미터, 또는 지구 표면적의 0.011퍼센트로 추산되었다.[31] 예를 들어, 지구의 표면적이 축구장의 규모(105×68미터, 또는 7,140제곱미터)라면 전 세계 모든 광산의 표면적은 대

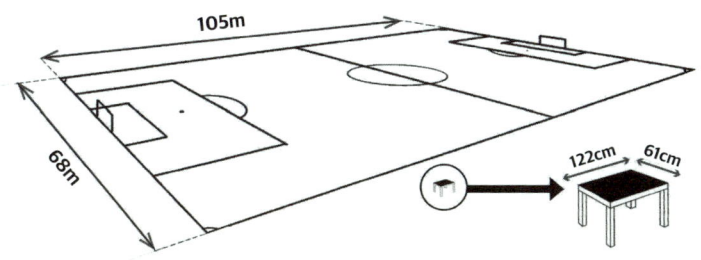

[그림 2] 지구가 축구장이라면 모든 광산은 작은 책상 크기다

략 작은 책상의 크기(122×61센티미터 책상의 표면적은 0.744제곱미터)인 0.785제곱미터에 해당한다.

지구의 지름은 1만 2,742킬로미터다. 그에 반해서 지구상에서 가장 깊은 광산인 요하네스버그 인근의 음포넹Mponeng 금광의 깊이는 '고작' 3.16킬로미터에서 3.84킬로미터, 또는 지구 지름의 0.024퍼센트에서 0.03퍼센트에 불과하다. 예를 들어 지구가 지름이 1미터인 공이라면, 지각에서 가장 깊게 파고들어 간 구멍의 깊이는 이 책의 세 페이지 두께보다 작은 0.027센티미터다. 지구 표면의 대부분은 자원을 찾기 위한 발굴이 이루어지지 않았고, 우리가 파낸 몇 안 되는 곳도 말 그대로 지구의 표면을 살짝 긁은 정도다. 인류가 수천 년 동안 소비하고 활용한 모든 자원은 지구 지름의 0.027퍼센트라는 얕은 깊이에서 얻을 수 있는 보상금의 아주 작은 부분에 불과하다.

대부분 광산은 깊이가 300미터 정도이지만, 논의를 위해 매우 넉넉하게 광산의 평균 깊이를 1킬로미터로 가정해 보자. 이는 2000년과 2017년 사이에 광산의 총부피가 5만 7,277세제곱킬로미터였다는 것을 시사한다. 지구의 부피는 1조 832억 691만 6,845.80세제곱킬로미터 (대략 1조 세제곱킬로미터)다. 그러므로 전 세계 모든 광산의 부피는 지구

[그림 3] 지구가 올림픽 수영장이라면 우리의 모든 광산은 반 컵 정도이다

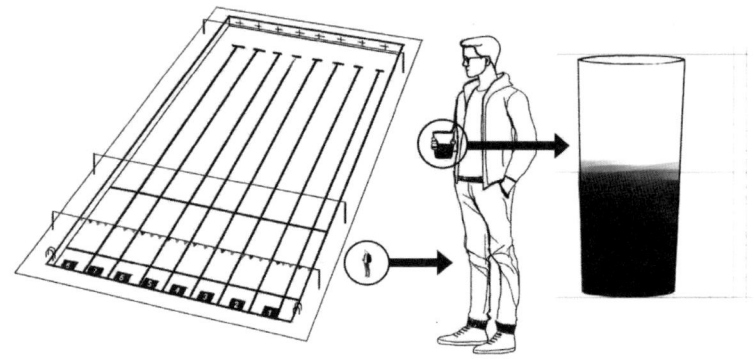

부피의 0.00000529퍼센트다. 다시 말해서 지구는 우리가 모든 자원을 추출하는 지구상의 광산 전체보다 1,891만 1,725.8배 크다. 예를 들어 지구의 부피가 올림픽 수영장과 같다면, 전 세계의 모든 광산은 반 컵 정도의 크기가 될 것이다.[32]

인류가 소비하는 모든 자원이 지구라는 올림픽 수영장의 반 컵에 해당하는 물에서 나온다면 자원의 총량에 대한 걱정이 왜 그렇게 부질없는지가 분명해진다. 80억 명의 사람이 올림픽 수영장의 물 반 컵에 해당하는 양으로 살아갈 수 있다면 수영장에 있는 물의 총량이 인간의 삶과 모든 경제적 고려와는 무관함이 명백하다. 우리가 올림픽 수영장에서 물 한 컵을 뜨려면 지구의 인구가 두 배로 늘어나야 한다. 세계 인구가 엄청나게 증가하더라도 우리는 광대하고 풍요로운 행성의 표면을 거의 긁어내지 못할 것이다.

가장 보수적인 추정조차도 지구의 지각에 있는 특정한 천연물질의 양이 인류가 소비하는 양보다 셀 수도 없이 많은 배수이고, 우리의 소비 수준에 의미 있는 제한이나 구속력 있는 제약을 가하지 않는다고 말한다. 어떤 특정한 금속이든 지각에 존재하는 양이 인류가 수백만 년 동안 소비할 수 있는 양에 해당할 가능성이 크다. 설사 현재의 지속 가능하지 않다는 소비 추세가 수천 년 동안 계속되더라도 지구에 있는 특정한 금속을 모두 파낼 수는 없을 것이다. 특정 연도에 각각의 금속에서 생산할 수 있는 재화의 양에 대한 한계와 제약은 계속해서 우리가 생산에 투입하는 시간과 자원, 그리고 해당 재화의 생산을 위해서 기꺼이 포기하는 다른 재화 및 서비스의 양이 될 것이다.

이 경제학 교과서의 삽화로 사용되는 것 외에도 지구의 자원에 대한 집합적 척도는 어디에 있는 누구이든 경제적 결정을 내리는 데 영향을 미치지 않는 완전히 무의미하고 무관한 지표다. 지구에 있는 금속의 총량과 관련된 경제적 결정은 없다. 자원과 관련된 모든 개별적 결정은 활용할 수 있는 토지의 다음번 한계 단위, 다음 단위를 채굴하는 데 필요한 한계비용, 그리고 판매를 통해서 기대되는 한계수익에 기초하는 한계에서 이루어진다. 어떤 경우에도 개인이나 집단이 지구에 있는 물질의 총량과 관련된 경제적 결정을 내릴 수 없다. 경제적 계산은 항상 한계에서 이루어지고, 기회비용을 수반하는 희소한 자원에만 관련된다. 지구의 지각에 있는 광물은 희소하지 않고 인간에게 아무런 효용을 제공하지 않는다. 반면에 그로부터 사용할 수 있는 물질을 생산하려면 탐사, 발굴, 추출, 생산 과정에 희소한 자원의 한계 단위를 할당하는 실질적 결정을 내려야 한다.

여기서 유용한 비유는 지구의 자원을 암석으로, 자원의 소비를 집을 짓기 위한 암석의 사용으로 생각하는 것이다. 지구상의 암석 총량을 고려해야 하는 경제적 결정은 없다. 경제적 결정은 암석을 발굴하는 과정에 투입되는 희소한 자원, 노동, 자본, 그리고 토지에만 관련된다. 우리의 모든 주택에 필요한 암석은 지구에 있는 암석 중 지극히 작은 부분에 불과한데, 주택 건설업자가 자연에 있는 암석의 가용성을 우려하는 것은 정신 나간 짓일 것이다. 건설업자에게 유일하게 시급한 경제적 관심사는 암석을 주택으로 바꾸는 데 필요한 인간의 노동과 인간이 형성한 자본을 확보할 수 있는가이다.

우리가 정말로 소중하게 여기는 것은 자원이 아니라 자원으로부터 만들어지는 경제적 재화다. 경제적 재화는 시간이 필요하고, 시간은 희소하다. 시간의 희소성이 다른 모든 희소성의 근원이 된다. 원자재는 우리 주변 어디에나 있지만, 그로부터 경제적 재화를 생산할 시간이 부족하다. 인간은 고갈될 수 있는 만나의 수동적인 수혜자가 아니다. 인간은 모든 자원의 생산자이며, 이들 금속에 대한 수요가 증가할 때 희소성의 가장 중요한 결정 요인은 생산에 임하는 인간의 행동과 그들에게 주어지는 인센티브다. 그들이 특정 자원의 더 큰 수요에 직면하면, 생산에 더 많이 투자하여 생산량을 늘리는 인센티브가 생긴다. 생산성이 높아짐에 따라, 우리는 생산에 투입된 시간을 기준으로 더 많은 양의 재화를 공급할 수 있다. 이는 인간의 노동으로 측정된 재화의 실질가격이 계속해서 하락함을 의미한다. 이러한 사실은 수십 년 동안의 상품시장 데이터를 통해 입증된다.

상품의 가격은 국가통화national currency 기준으로 상승할 수 있고 대체로 그렇게 상승하지만, 이는 국가통화의 가치가 하락한 결과다. 임금률이나 인간의 시간 가격을 기준으로 측정하면 모든 상품가격은 소비가 꾸준히 증가하더라도 장기적으로 하락한다. 금본위제와 같은 경화hard money의 세계에서는 갑작스러운 수요 증가와 생산 차질로 인해 때때로 일시적 상승이 촉발되는 것 말고는 모든 상품가격은 시간이 지남에 따라 계속해서 하락할 것이라는 기대가 지극히 정상적이다. 금 또는 무엇이든 화폐로 사용되는 재화는 언제나 가장 느린 속도로 공급이 증가하여, 화폐의 소유자가 공급이 더 풍부해지는 다른 모든 재화에 대해 더 큰 지배력을 갖도록 하는 재화일 것이다.

경제학자 게일 풀리Gale Pooley와 마리안 투피Marian Tupy는 줄리언 사이먼을 기리기 위해 임금을 기준으로 50가지 기본 상품가격을 측정하는 경제지수를 만들었다. 그들은 50개의 상품이 든 바구니를 얻는 데 필요한 시간이 1980년과 2020년 사이에 75.2퍼센트 감소했다는 사실을 발견했다. 이는 2020년의 1시간 노동으로 1980년의 4.03배에 달하는 50가지 기본 상품을 구매할 수 있다는 것을 의미하며, 연간 성장률이 3.55퍼센트이고 20년마다 상품의 풍부함이 두 배로 늘어났음을 시사한다.[33] 40년이라는 기간에 인구가 75.8퍼센트 늘어나 역사상 가장

[그림 4] 50가지 기본 상품의 가격 및 풍요함의 변화(1980 ~ 2020)

50가지 기본 상품 1980-2020	시간 가격 변동률	풍요의 배수	50가지 기본 상품 1980-2020	시간 가격 변동률	풍요의 배수
설탕	-86.2%	7.25	수수	-74.0%	3.85
가죽	-86.2%	7.23	대두	-72.4%	3.62
돼지고기	-86.1%	7.20	LNG, 일본	-71.6%	3.52
커피	-85.9%	7.11	비료	-71.6%	3.52
연어	-85.1%	6.72	코코넛유	-70.8%	3.42
천연가스, EU	-85.0%	6.68	오렌지	-70.8%	3.42
면화	-85.0%	6.65	석탄	-70.5%	3.39
땅콩	-83.0%	5.89	통나무	-70.4%	3.38
코코아	-82.2%	5.63	유채씨	-69.9%	3.32
우라늄	-82.0%	5.54	양모	-69.7%	3.30
알루미늄	-81.3%	5.34	차	-68.3%	3.15
양고기	-81.1%	5.30	제재목	-67.6%	3.09
은	-80.7%	5.19	소고기	-67.0%	3.03
주석	-80.1%	5.03	합판	-63.6%	2.75
원유	-78.2%	4.58	해바라기유	-63.0%	2.70
쌀	-76.4%	4.24	담배	-62.5%	2.67
고무	-76.3%	4.21	납	-60.7%	2.55
밀	-76.1%	4.18	니켈	-58.8%	2.43
보리	-75.7%	4.11	닭고기	-58.2%	2.39
새우	-75.5%	4.11	구리	-44.8%	1.81
천연가스, 미국	-75.2%	4.04	어분	-44.6%	1.81
평균	-75.2%	4.03	금	-43.2%	1.81
팜유	-74.8%	4.04	아연	-42.0%	1.72
백금	-74.6%	4.05	바나나	-37.5%	1.60
제지용재	-74.5%	4.06	철광석	-24.4%	1.32
옥수수	-74.2%	3.88			

큰 폭의 인구 증가와 가장 높은 소비 및 생활 수준을 보여주었지만 50가지 기본 상품의 가격은 구매하는 데 필요한 인간의 시간 기준으로 4분의 3 하락했다. 이러한 데이터는 오직 특정한 재화의 생산을 늘리는 데 필요한 우리의 시간과 기회비용의 제한으로 물리적 한계를 파악하기조차 어려운, 한없이 큰 지구의 맥락에서만 이해할 수 있다.

줄리언 사이먼이 탁월하게 설명하듯이 유일한 희소성은 이들 상품을 만드는 데 필요한 인간의 시간이고, 그것이 전 세계적으로 임금 상승이 계속되고 인간의 노동에 비해 제품과 원재료가 지속적으로 저렴해지는 이유다. 역사를 통해서 가격이 거의 연속적으로 상승한 유일한 자원은 임금으로 측정되는 인간의 시간이다. 우리가 물리적 자원의 생산을 늘리는 더욱 독창적인 방법을 계속해서 찾아내면서 인간의 시간과 비교한 물리적 자원의 가격이 계속해서 하락하고, 시간의 가치는 계속해서 상승한다.

오직 이러한 틀을 통해서만 인류가 수천 년 동안 지구를 착취함으로써 자원의 고갈에 따른 파멸이 임박했다는 예측이 끊이지 않음에도 불구하고, 어떤 자원이든 고갈을 경험해 본 적이 없는 이유를 이해할 수 있다. 사이먼의 데이터에서 볼 수 있듯이 우리가 자원의 고갈을 경험하지 않았을 뿐만 아니라 실제로는 실질가격이 계속해서 하락하고, 사실상 모든 자원의 연간 생산량이 해마다 늘어났으며, 시간에 지나면서 소비가 늘어남에 따라 자원의 입증된 매장량도 증가했을 뿐이었다. 자원이 유한한 것으로 이해해야 한다면 소비가 늘어남에 따라 시간이 가면서 기존의 비축량이 줄어들 것이다. 그러나 우리의 소비가 계속해서 늘어남에도 불구하고 가격은 계속해서 하락하고, 자원을 탐색하고 채굴하는 기술의 발전을 통해서 채굴되지 않은 자원을 더 많이 찾아낼 수 있다.

현대 경제의 필수적 생명선인 석유는 상당히 신뢰할 만한 통계가 있기 때문에 가장 좋은 예가 된다. [그림 5]에서 볼 수 있듯이 석유의 소비와 생산이 해마다 늘어나지만 입증된 매장량이 그보다 더 빠른 속도로 증가한다. 영국석유회사BP가 세계 에너지 통계를 분석한 데이터에 따르면 2015년의 연간 석유 생산량은 1980년보다 46퍼센트, 소비량은 55퍼센트 늘어났다. 반면에 석유 매장량은 생산과 소비 증가의 약 세 배인 148퍼센트 증가했다.

지구의 지각에 분포된 규모가 다른 자원에 대해서도 비슷한 통계를 낼 수 있다. 지각에서 자원을 채굴하는 데 필요한 상대적 비용은 자원의 희귀성으로 결정된다. 철과 구리처럼 널리 분포된 금속은 찾아내기

[그림 5] 석유 소비와 입증된 매장량[34]

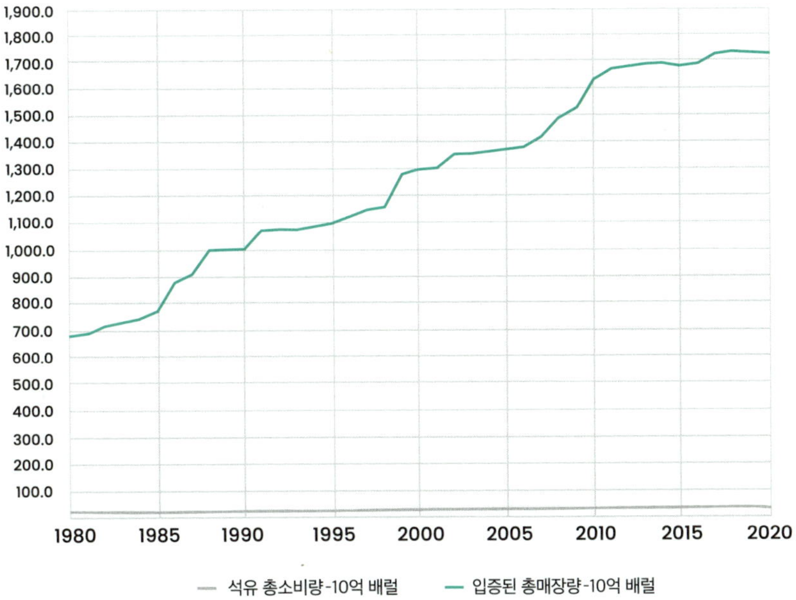

출처: BP 세계 에너지 통계 분석(Statistical Review of World Energy)

쉽고 상대적으로 저렴하다. 금과 은처럼 희귀한 금속은 더 비싸다. 그러나 우리가 이들 금속을 생산할 수 있는 양의 한계는 인간의 주관적 가치평가에 따른 서로 간의 생산에 대한 기회비용에 달려 있다. 이에 대해 지구의 지각에서 가장 희소한 금속 중 하나인 금이 수천 년 동안 채굴되었고, 시간이 가면서 기술이 발전함에 따라 점점 더 많은 양이 계속해서 채굴되고 있다는 사실보다 더 좋은 증거는 없다.

금보다 희귀한 다른 금속이 있다고 해도 모두 최근에 발견된 금속이므로, 매장량을 탐색하고 비축량을 축적하는 데 금만큼 많은 시간이 투자되지 않았다. 그러나 금은 수천 년 동안 탐색하고 채굴했음에도 연간 생산량이 해마다 늘어난다. 따라서 어떤 천연 원소이든 양이 제한되어 있다고 말하는 것은 실질적 의미가 없다. 물질적 자원의 희소성은 상대적일 뿐이며, 추출하는 비용의 차이에 따라 결정된다.

[그림 6] 세계의 연간 금 생산량[35]

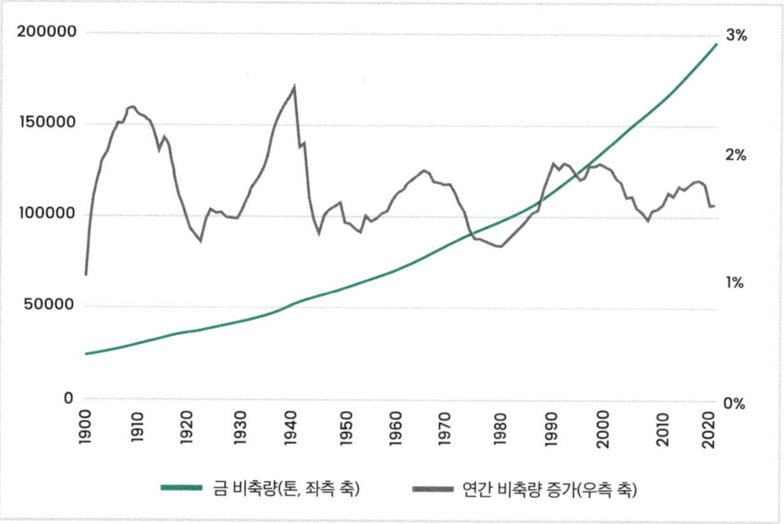

출처: 미국 지질조사국

사이먼의 내기

1971년에 리처드 닉슨 미국 대통령이 미국 달러화의 금 태환을 중단한 후에 모든 가격이 거침없이 오르기 시작한 추세가 오늘날까지 이어지고 있다. 금본위제에서 비교적 안정된 가격에 익숙했던 1970년대 사람들에게는 이러한 가격 상승이 우리의 모든 귀중한 자원이 고갈되고 있다는 인상을 주었기 때문에, 경제적 대재앙의 신호처럼 보였다. 세계가 자원 고갈과 인구과잉에 대한 히스테리에 휩싸이자, 사이먼은 단지 히스테리에 대항하는 글을 쓰는 것으로 만족하지 않았다. 그는 20세기 최고의 히스테리 환자 중 한 사람인 폴 에를리히Paul Ehrlich에게 이 문제에 대한 공개적 내기를 제안함으로써 히스테리의 공허함을 폭로하려고 했다.

에를리히는 이 책의 참고문헌에 포함할 가치 없는 수많은 히스테리성 비판 글을 발표하며 인구과잉으로 인해 인류에게 필수적인 여러 자원이 고갈될 것을 예측했다. 그리고 우생학과 강제 불임수술 등 인구를 줄이기 위한 조치에 대한 비인간적 주장을 덧붙였다. 사이먼은 에를리히에게 1년 이상의 어떤 기간에든 고갈되거나 매우 부족해질 것이라고 확신하는 자원을 특정하도록 요청했다. 그리고 정해진 기간이 끝날 때 해당 자원이 실제로 더 저렴해진다는 데 하나의 자원당 1,000달러를 걸겠다고 제안했다.

에를리히에게 이 내기는 자신에게 주어지는 기부처럼 보였을 것이 틀림없다. 그 정도로 에를리히는 중요한 자원의 고갈이 임박했다는 자신의 경고를 확신했다. 그는 다섯 가지 금속과 1980년부터 1990년까지 가격을 평가할 10년의 기간을 지정했다. 정해진 기간이 끝날 무렵에 다섯 가지 금속의 가격은 실제로 내기를 시작할 때보다 저렴해졌다. 30년 후에는 실질가격이 더 싸졌을 뿐만 아니라, 연간 생산량이 해마다 계속해서 증가했다.

이 모든 금속의 가격이 하락한 이유는 절대적이 아니고, 상대적인 희소성 때문이다. 그들이 부족한 것은 생산에 필요한 시간과 자원을 다른 자원의 생산으로부터 전용해야 하기 때문이다. 사이먼은 인구가 증가하고 수요가 늘어나면서, 이들 금속의 생산에 더 많은 자원이 투입되어 생산량이 증가하고 가격이 하락할 것으로 이해했다. 수요가 늘어나면 가격이 상승하여 생산자에게 더 큰 이익을 제공함으로써 더 많은 돈을 투자하고, 더 많은 투자를 유치할 수 있게 된다. 이러한 투자는 금속의 탐사, 추출, 정련, 유통에 사용되어 생산성 향상, 즉 투입물 단위당 생산량의 증가로 이어진다. 4장에서 더 자세히 논의하겠지만, 더 많은 자본을 투자하면 노동자의 생산성을 높이는 더 길고 복잡한 생산방식을 채택할 수 있게 된다.

지질학자로서 에를리히의 희소성 개념은 매장량 대비 소비량의 추정치에 기초했고, 이들 숫자의 변화를 유발하는 인간의 행동을 고려하지 않았다. 에를리히는 기본적으로 금속의 입증된 매장량과 연간 소비량의 수치를 비교하고, 인류가 매장량을 소진하는 데 걸리는 햇수를 추산했다.

경제학자로서 사이먼은 지질학적 현실에 대한 지식이 거의 없었음에도 불구하고, 이들 금속의 생산을 추동하는 역학을 이해했다. 1장에서 논의한 것처럼 경제학을 인간 행동의 연구로 이해함으로써 사이먼은 이들 금속의 희소성이 궁극적으로 인간이 투입한 시간에 달려 있고, 그 시간은 다시 지질학적 한계가 아니라 인간이 자원을 생산하는 인센티브에 의존한다는 것을 알았다. 금속의 수요가 늘어나더라도 고갈될 수 있는 제한된 풀은 없다. 항상 탐사할 수 있는 다른 땅과 더 깊이 파 내려갈 수 있는 광산이 있다.

시간 선호

인간의 시간이 유한하고 불확실하다는 것은 자신이 얼마나 오래 살지 또는 언제 죽을지를 아무도 확실하게 알지 못함을 의미한다. 이로 인해 인간의 **시간 선호**time preference, 즉 나중의 만족보다 지금의 만족을 선호하는 보편적 성향이 생긴다. 생존이 절대로 확실하지 않기 때문에 사람들은 항상 미래의 시간보다는 지금 소비하고 오늘을 행복하게 보내기를 선호한다. 시간 선호는 항상 오늘의 효용을 내일의 동일한 효용보다 선호하는 양성positive의 가치다. 인간은 또한 내구재의 경우에 자원의 서비스를 더 오래 누릴 가능성이 크기 때문에 나중보다는 일찍 자원을 소유하기를 선호한다.

시간 선호는 항상 양성이지만, 그 가치는 인간이 현재의 효용에 대해 미래의 효용을 할인하는 정도에 따라 달라진다. 상대적으로 낮은 시간 선호도는 미래 효용에 대한 할인 정도가 낮음을 의미하고, 미래에 대한 관심이 상대적으로 더 높다는 것을 나타낸다. 높은 시간 선호는 미래 효용에 대한 할인 정도가 크고, 미래에 대한 관심이 상대적으로 낮으며, 현재 지향성이 강하다는 것을 의미한다.

시간 절약하기

앞에서 논의한 바와 같이, 경제적 희소성은 궁극적으로 인간의 시간의 희소성이다. 그렇다면 우리는 또한 시간의 절약이 인간의 절약하는 행동의 중심이 되는 것으로 이해할 수 있다. 즉 우리는 지구상에서 주어진 시간의 양과 주관적 가치를 늘리려고 노력한다. 시간이 부족하다는 것은 인간이 가장 만족스럽거나 가치 있는 방식으로 사용하기 위해 끊임없이 시간을 절약하려 한다는 것을 의미한다. 미래가 불확실하고 시간 선호가 보편적으로 양성이라는 것은 인간이 끊임없이 현재시간의 가치를 극대화하려고 노력한다는 것을 의미한다.

여가leisure는 사람들이 미래의 보상이나 만족의 대가로 하는 일이 아니라, 자신에게 즉각적인 즐거움을 주는 일을 하면서 보내는 시간을 나타내는 데 사용되는 용어다. 여가는 경제학자들이 좋은 시간을 지칭하는 방식이다. 모든 사람이 좋은 시간을 보내기를 좋아한다. 유한한 인생에서 인간은 자연스럽게 좋아하지 않는 일보다 좋아하는 일을 하면서 살아가기를 원한다. 다시 말해서 시간 선호는 항상 양성일 것이다.

모든 사람이 평생 동안 여가를 즐기면서 살고 싶을 것이다. 그러나 우리는 에덴동산에 사는 영원한 생명체가 아니므로, 너무 많은 여가는 필연적으로 굶주림이나 자연의 힘으로 인한 때 이른 죽음을 의미하게 될 것이다. 우리는 항상 지구상에서 보내는 시간의 질과 양을 개선하는 방법을 상상할 수 있기 때문에 그저 무한정으로 여가를 즐길 수도 없다. 인간이 절약하고자 하는 것은 단지 현재 시간의 가치만이 아니다. 지구상에서 우리에게 주어진 시간의 양도 최대화하고 싶어 한다. 다시 말해 일찍 죽지 않고 오래 살려고 노력한다.

또한 우리는 미래 시간의 가치도 극대화하고 싶어 한다. 인간의 이성은 생존 가능성을 높이고 미래를 준비하기 위해 행동하는 방식을 생각하게 한다. 더 나은 미래를 상상하고, 그것을 위해 일하고, 미래를 위해 현재의 즐거움을 희생할 수 있게 한다. 이성은 또한 미래를 준비하지 못한 결과를 생각하고 다른 행동의 경로와 비교하게 한다. 인간은 삶의 모든 순간을 현재에만 신경 쓰면서 보낼 수도 있지만, 결국에는 과거에 대비하지 못했기 때문에 매우 위태로운 현재의 순간을 맞이하게 될 것이다. 미래를 소중히 여기고, 미래를 위해 일하고 준비하는 사람일수록 미래에 살아남을 가능성이 크다.

궁극적으로 경제적 문제는 현재의 효용을 더 긴 생존 및 미래의 효용과 절충하느냐이다. 개인이 수행하는 가장 중요한 거래는 미래 자신과의 거래다. 가장 단순한 거래는 미래를 준비하는 노동을 위해 즉각적인 즐거움을 포기하는 것이다. 현재를 즐기는 사람이라도 가장 기본적인 수준에서 생계와 안식처에 대한 필요성을 경험하게 된다. 그러나 식량은 사냥하거나 재배하거나 획득해야 하고, 주거도 건설하거나 획득할 필요가 있다. 그러려면 노동을 위해 현재의 즐거움을 희생해야 한다.

인간의 이성은 미래의 자신을 위해 준비하고, 생존 가능성을 높일 수 있음을 깨닫게 한다. 인간은 노동이 비록 당장은 즐겁지 않고 즐거움을 포기하는 대가를 치르지만, 미래의 보상을 수확하게 해 줄 것임을 이해한다. 인간의 이성과 오래도록 잘살고 싶은 욕망은 시간 선호도를 낮추기 위해 공모하고 노동의 어려움을 선택하여 여가를 포기하는 것뿐만 아니라, 현재의 소비를 연기하여 미래를 위해 저축하고 내구재와 생산적 자본을 축적함으로써 미래의 자신을 위해 준비할 것을 요구한다.

문명의 과정을 움직이는 것은 이러한 시간 선호도 줄이기, 미래 지향성, 그리고 미래를 준비하는 과정이다. 한스헤르만 호페가 말했듯이 "저축과 자본, 내구성 소비재의 형성이 허용될 만큼 충분히 낮아지면 시간 선호도가 낮아지는 추세가 시작되고 '문명의 과정'이 수반한다."[36]

사람들이 미래를 위한 준비와 낮은 시간 선호도의 혜택을 누리게 되면 미래를 위한 준비에 참여할 가능성이 커진다. 노동과 자본축적이 생산성 향상으로 이어져 개인 시간의 가치를 높인다. 사람들이 미래를 준비할수록 불확실성이 줄어들고 미래에 대한 관심, 저축, 자본축적을 더욱 부추겨서 지구상에서 보내는 시간의 양과 가치가 늘어날 가능성이 커진다.

경제적 행동

죽음을 통하지 않고는 경제학과 경제적 선택에서 벗어날 수 없다. 사유재산이나 노동 같은 특정한 제도가 마음에 들지 않을 수도 있지만, 참여하지 않는 선택을 하면 더 크고 생산적인 경제활동 영역에서 배제될 뿐이다. 살아 있고, 살아남기 위해 노력한다면 경제적 행동의 도구를 통해서 생존을 추구할 수밖에 없다. 모든 사람은 경제학을 배우지 않고도 매일 경제적 행동에 참여한다. 그러나 경제학을 배우면 우리가 참여하는 행위의 중요성과 그로부터 어떻게 복잡한 구조와 제도가 생겨나는지를 이해하는 데 도움이 된다. 우리 이성의 자연스러운 기능인 절약을 위해 경제학을 배울 필요는 없지만, 인간이 자유롭게 절약하고 서로 협력하여 번영할 수 있는 확장된 시장 질서를 육성하고 유지하는 데는 경제학이 필요하다. 시장 거래에 참여할 수 있는 사람들이 시장 질서의 중요성을 망각하게 되면, 이러한 유형의 경제활동을 억압하는 정치적 구조가 형성되어 파괴적인 결과를 초래할 수 있다.

이 책의 다음 9개 장은 각각 우리 인간이 시간의 양과 가치를 늘리기 위해서 의식적·자발적으로 개발한 중요한 도구에 초점을 맞출 것이다. 도구의 목록은 포괄적이거나 결정적인 것이 아니고 각 범주에 상당한 규모의 실질적 중복이 포함되지만, 이 책에서는 여전히 각각의 개념을 개별적으로 설명하는 데 중점을 둘 것이다. 다음에 이들 도구를 장 번호와 함께 나열했다.

4. 노동	5. 소유	6. 자본
7. 기술	8. 동력	9. 거래
10. 화폐	11. 시장 질서	12. 자본주의

이러한 도구는 본질적으로 우리 인간이 시간을 절약하는 방법이다. 우리가 직면하는 궁극적 절충은 좋아하는 일을 하면서 여가에 시간을 사용하거나, 아니면 주어진 시간의 길이와 가치를 늘리기 위한 경제활동에 사용할 수 있다는 것이다. 이 모든 경제적 도구에는 한 가지 공통점이 있다. 모두가 평화로운 도구이고 관련된 모든 사람이 자신의 의지에 따라 평화롭게 사용한다는 것이다. 16장은 인간의 비평화적인 상호작용 방식, 17장은 인간이 그러한 유형의 상호작용에 맞서 어떻게 방어하는지를 논의한다.

PRINCIPLES
OF
ECONOMICS

2부

경제

4장

Labor

노동

"인간의 생리적 기능과 생명력의 발현을 수단으로 활용하는 것을 노동이라고 한다. 인간은 불안감을 해소함과 더불어 능력과 신경 긴장nerve tensions의 자연적이고 무책임한 방출을 생명력 에너지의 의도적인 활용으로 대체하는 수단으로 자신의 힘과 능력을 이용해 일한다. 노동은 그 자체로 목적이 아니고 수단이다.

모든 개인은 제한된 양의 에너지만 소비할 수 있고, 모든 노동의 단위는 제한된 효과만을 가져올 수 있다. 그렇지 않다면 인간의 노동력을 풍부하게 이용할 수 있어서 부족하지 않고, 불안을 해소하는 수단으로 여겨지지도 않아 노동이 절약되지 않을 것이다."[37]

- 루트비히 폰 미제스

노동과 여가

인간의 시간은 가장 희소한 궁극적 자원이다. 소비를 되돌릴 수 없고 양을 무한정 늘릴 수도 없다. 시간의 희소성과 예측 불가성이 인간의 시간 선호, 즉 미래의 동일한 재화보다 현재의 재화를 선호하는 성향을 만들어 낸다. 시간 선호는 시간 자체에도 적용된다. 인간은 현재의 시간을 미래의 동일한 시간보다 소중히 여긴다. 시간 선호도는 시간에 따라, 사람마다 다르지만, 항상 존재하고 항상 양성이다.

인간은 두 가지 방법으로 시간을 보낼 수 있다. 첫 번째는 우리가 바라고, 좋아하고, 그 자체를 위해서 원하는 일을 하는 것이다. 이러한 활동은 참여하는 개인에게 주관적 가치가 있고, 자체적 효용을 제공한다. 어떤 의미에서는 자체적인 보상이 되는 일이다. 경제학자들이 **여가**라고 부르는 이러한 시간 사용에는 휴식, 사랑하는 사람과 함께 보내는 시간, 오락, 휴양 등 개인의 즐거움을 위한 모든 활동이 포함된다. 여가는 당신이 일하지 않아도 될 때 시간을 보내는 활동이다. 두 번째 방법은 결과와 산출물을 위해 일하는 것이다. 즉 자체적으로는 가치가 있다고 생각되지 않지만, 결과물에 가치를 두는 활동을 하면서 시간을 보내는 방법이다. 경제학자들은 이러한 시간 사용을 **노동**이라고 부르며, 미제스는 노동을 "인간의 생리적 기능과 생명력의 발현을 수단으로 활용하는 것"으로 정의한다.[38]

여가와 노동의 차이는 하고 싶은 일과 해야 하는 일의 차이다. 또는 다르게 말해서, 일 자체를 위한 일과 미래의 결과물을 위한 일의 차이다. 사람이 결과물과 관계없이 그 자체를 즐기기 때문에 참여하는 활동이라면 노동이 아니고 여가일 것이다. 노동 자체는 정의상으로 부정적 효용, 또는 비효용disutility의 활동이다. 노동이 일하는 사람의 만족을 감소시킴에도 불구하고 인간은 미래의 더 큰 효용을 제공하는 산출물의 생산을 기대하기 때문에 노동에 참여한다. 여가의 현재 효용은 노동의 결과에 따르는 미래 효용을 기대함으로써 희생된다. **노동의 기회비용은 포기한 여가다.**

인간이 아주 어릴 때는 즉각적인 기본적 욕구 외에 노동이나 다른 어떤 것도 개념화할 수 없으므로 시간 선호도가 무한히 높다. 성장하고 인지적으로 성숙해지면서, 인간은 단지 현재 시간의 가치를 높이는 것 이상에 관심이 있음을 깨닫게 된다. 아이들은 미래를 생각하고 가치를 부여할 수 있게 되자마자 미래의 보상을 대가로 즉각적인 만족을 연기하기 시작한다. 미래에 대한 가치평가로 인해 나이를 먹으면서 시간 선호도를 낮춰가는 과정이 시작된다. 미래를 상상하는 능력에는 미래에 대해 추론하고, 계획하고, 미래를 위해 일하는 능력이 따른다. 배변 훈련처럼 부모의 보상을 기대하여 수행되는 모든 활동은 아이에게 현재의 노동을 미래의 보상과 교환하는 것을 가르치는 첫 번째 활동이라고 할 수 있다.

성숙한 인간은 즉각적인 만족이라는 폭 좁은 관심사를 초월하고 미래를 위해 절약하기 시작한다. 이는 살아 있는 기간을 늘리기 위한 절약과 미래의 삶을 준비하기 위한 절약의 두 가지 형태를 취한다. 생존과 번영을 위한 인간의 투쟁은 지구상에서 우리에게 주어진 시간의 양과 가치를 늘리기 위한 투쟁이며, 지금 일해야 하는 필요성과 불가분의 관계에 있다. 생존과 번영은 장기적으로 오늘의 즐거움을 희생하면서 일할 것을 요구하고, 우리의 시간 선호도를 낮추도록 장려한다. 인간은 여가를 희생하는 비효용보다 노동의 대가를 더 가치 있게 여길 때 일하게 된다.

인간의 이성은 자신에게 미래의 효용을 제공하고, 미래의 주관적인 행복을 개선하고, 삶을 연장하기 위해 현재의 노동이라는 비용을 치를 수 있다는 것을 깨닫게 한다. 상황이 아무리 호의적이거나, 아니면 불행하더라도 인간은 항상 자신의 상황을 개선할 방법을 생각할 것이다. 열대의 낙원에서, 사막에서, 농장에서, 또는 현대 산업사회에서 이성은 항상 인간의 생리적 기능과 시간이 자신의 상황을 개선하는 쪽으로 향하게 할 방법을 찾을 것이다. 미래 효용의 제단에는 언제나 현재 효용이라는 희생 제물이 있을 것이고, 이성이 항상 인간을 그곳으로 몰아갈 것이다.

현대인이 보기에는 목가적인 열대의 섬이라는 낙원에 발이 묶인 조난자가 이상적인 삶을 살고 있는 것처럼 보일지도 모르지만, 그런 삶은 필연적으로 노동을 수반할 것이다. 해변에서 잠시 행복할 수는 있겠지만, 시간이 지남에 따라 만족감이 줄어들고 다른 욕구가 생겨난다. 일반적인 여가나 긍정적 효용이 있는 모든 재화와 마찬가지로 해변에서의 시간은 감소하는 한계수익 marginal return을 보여준다. 해변에서 보내는 시간이 늘어날수록 해변의 즐거움이 줄어들고, 오랫동안 만족하지 못한 다른 욕구들이 강해진다. 조난자는 곧 배가 고플 것이고, 그의 이성이 식량을 확보하기 위해 일함으로써 배고픔을 해결할 수 있다는 결론으로 이끌 것이다. 이성은 야생동물을 영양가 있는 음식으로 바꾸는 방법을 고안하게 한다. 그는 맨손으로 물고기를 잡으려 시도하고, 토끼와 사슴을 사냥한다. 그의 노고가 가치 있는 결과를 가져온다는 보장은 없지만, 시간이 지나면서 배고픔이 더욱 절실해져서 사냥의 시급성이 증가하고, 노동 없이 얻을 수 있는 여가의 가치가 감소하여 더 많고, 더 나은, 더 똑똑하게 수고할 인센티브가 생긴다.

일을 하는 동기는 궁극적으로 일을 못 하거나 성공적으로 해내지 못하면 조만간 죽음을 맞게 되리라는 것이다. 에덴동산에서 추방된 인간은 생존과 번영을 위해 항상 일해야 했다. 어느 시점에서든 개인은 노동과 여가 사이의 선택뿐만 아니라, 생산성을 높이기 위해서 어떤 종류의 일을 할 것인지에 대한 선택에 직면한다. 노동은 우리에게 주어진 시간의 양과 가치를 늘리기 위한 첫 번째 개념적 도구다. 그렇지만 노동이 인간만의 독특한 도구는 아니다. 동물에게도 즉각적인 보상이 주어지지 않는 활동을 수행하여 현재의 효용과 미래의 효용을 교환하는 본능적 능력이 있다. 새는 둥지를 짓고, 비버는 댐을 건설하고, 포식자는 먹이를 추적하면서 상당한 시간을 소비한다. 그러나 동물의 본능과 달리 인간의 이성은 다음 장에서 논의하는 것처럼 우리의 노동을 절약하고 생산성을 높이는 다양한 방법을 고안해 낼 수 있다.

인간이 주변 환경에 영향을 미치는 주된 방식은 생산 과정을 통한 방식이다. 다음 섹션에서는 이 책의 나머지 논의의 기초가 될 생산과 관련된 주요 용어를 정의한다.

생산

미제스는 **생산**production을 "이성의 설계에 따른 주어진 사물의 변경"으로 정의한다. 미제스에 따르면 "이러한 설계(조리법, 공식, 이념)가 가장 중요하다. 설계는 원래의 요소(인간과 비인간 모두)를 수단으로 변환한다. 인간은 이성의 힘으로 생산한다. 목적을 선택하고 목적을 달성하기 위한 수단을 사용한다. 경제학이 인간 삶의 물질적 조건을 다룬다는 대중적 인식은 완전히 잘못된 생각이다. 인간의 행동은 마음의 표현이다."[39]

노동은 "인간의 생리적 기능과 생명력의 발현을 수단으로 사용하는 것"이다.[40] 사람들은 노동을 통해서 기대되는 이익이 여가의 단축으로 인해 상실하는 만족보다 클 때만 일한다. 노동은 비효용을 수반한다.

소비재, 최종재, 또는 1차재는 다른 재화와 독립적으로 인간의 수요를 직접 충족한다. 생산 과정에서 추구하는 최종 목표이며 생산에 착수하는 이유다.

생산재, 중간재, 생산요소 또는 고차재는 다른 소비재의 생산에 사용되어 인간의 수요를 간접적으로 충족하는 재화다. 인간의 노동도 생산재로 볼 수 있지만, 생산재라는 용어는 일반적으로 **자본**capital을 지칭하는 데 사용된다. 자본재는 소비가 아니라 다른 재화의 생산을 위해 획득하는 모든 재화다. 자본재의 존재는 소비재의 희생을 요구한다.

생산성productivity은 특정한 기간에 한 단위의 투입으로 생산된 산출량으로 이해된다.

교환exchange **또는 거래**trade는 덜 만족스러운 상황을 의도적으로 더 만족스러운 상황과 바꾸려는 대체substitution이다. 생산 자체는 여가 시간 및 자본 투입과 노동 산출물의 교환으로 이해할 수 있다.

가격Price은 교환 과정에서 포기하는 것이다.

비용cost은 가격의 가치, 즉 원하는 목표를 달성하기 위해 포기해야 하는 만족의 가치이다.

이익, 이득, 또는 순수익은 지불한 가격(발생한 비용)과 달성된 목표의 가치 차이다. 이러한 기본적 의미의 이익은 전적으로 주관적이다. 이익은 행동하는 인간의 행복이 증가하는 것이며, 측정하거나 무게를 달 수도 없는 심리적 현상이다.

노동 생산성

인간은 자신을 위한 제품을 만들기 위해 일하거나, 아니면 자신의 시간에 대한 대가를 받고 다른 사람들을 위한 제품을 생산하기 위해 일할 수 있다. **임금노동**wage labor은 보상이 수반되기 때문에 호의나 선물로 타인을 위한 서비스를 제공하는 것과 다르고, 자발적인 노동이라는 점에서 노예노동과도 구별된다. 노동자는 일을 그만둘 수 있고, 고용주는 더 높은 임금과 더 나은 노동 조건, 또는 그와 유사한 비강제적 수단인 인센티브를 통해서 노동자가 자발적으로 돌아오도록 설득함으로써 인력을 유지할 수밖에 없다. 노동은 정의상 고용인과 고용주 상호 간의 합의다.

직원을 고용하는 고용주의 결정은 다른 모든 결정과 마찬가지로 시장의 거래다. 고용과 소비재 거래의 차이점은 노동의 가치가 고용주의 주관적 선호에 기초하여 평가되지 않는다는 것이다. 노동은 고용주를 위한 소비재가 아니기 때문이다. 대신에 노동은 생산재이기 때문에 노동을 통해서 생산할 수 있는 산출물의 수량과 생산된 제품에 대해 시장이 할당하는 주관적 가치평가를 곱한 것에 기초하여 노동의 가치가 평가된다.

고용주와 고용인이 노동과 보상의 교환에 자발적으로 합의하려면 교환 조건이 양측 모두에 만족스러워야 한다. 노동자에게 만족스럽다는 것은 주어지는 보상이 자신의 시간을 다른 용도로 사용하는 것, 즉 여가로 보내는 시간이나 가용한 차선의 일자리에 부여하는 가치보다 높다는 것을 의미한다. 고용주가 고용인의 노동을 평가하는 가치도 지급하는 임금보다 높아야 하며, 그렇지 않으면 고용주는 임금을 지급하지 않을 것이다. 결국 고용주가 근로자를 추가로 고용할지를 결정하려고 할 때 고용하려는 근로자가 임금보다 높은 한계수익 증가분을 제공할 때만 고용할 것이다. 추가로 고용되는 근로자는 한계생산량 증대에 기여해야 한다. 생산량의 한계 증가는 근로자의 한계생산량이라고 한다. 그 숫자에 제품의 가격을 곱하면 한계 근로자 marginal worker가 고용주에게 제공하는 수익의 척도인 **한계수익생산량** marginal revenue product을 얻는다. 임금이 근로자가 평가하는 여가나 다른 용도로 사용하는 시간의 가치보다 높고, 고용주의 한계수익생산량보다 낮으면 쌍방이 상호 이익을 위해 함께 일하기로 합의할 수 있다. 그렇지 않으면 쌍방 간에 노동과 보상의 교환이 이루어지지 않을 것이다.

노동은 미제스가 말한 '비특이성 nonspecific character'으로 인해 우리 세계에서 독특한 위치를 차지한다.[41] 전문화된 자본 설비와 달리, 인간의 시간은 모든 유형의 생산 과정에 투입될 수 있다. 특정한 사업 부문에서 더 이상 생산적이지 못한 자본은 쓸모없게 될 가능성이 크지만, 인간의 시간은 항상 더 생산적인 용도로 돌릴 수 있다. 인간 시간의 궁극적 희소성으로 인해 세상에는 항상 마음과 손을 사용해서 일하는 인간에 대한 더 큰 수요가 있을 것이며, 고용주는 언제든지 한계생산성marginal productivity보다 낮은 임금이 지급되는 근로자를 기꺼이 추가로 고용할 것이다.

생산성은 특정한 기간에 한 단위의 투입으로 생산되는 산출량으로 이해할 수 있다. 이전 장에서 논의한 것처럼, 인간의 시간에 대한 가치는 인류 역사 전반에 걸쳐서 상당히 높게 평가되어 왔다. 노동의 실질 임금은 시간이 지나면서 계속해서 상승한다. 근로자의 생산성이 계속 증가함에 따라 필요한 노동력을 확보하고, 다른 경쟁자에게 넘어가는 것을 막기 위해 고용주가 더 높은 임금을 지불하게 되기 때문이다.

산업혁명 이후 지난 200년 동안 인류가 더 많은 자본을 축적하고, 더 생산성이 높은 기술을 개발하고, 더 강력한 에너지원을 활용하고, 더 큰 시장과 더 많은 참여자에게로 노동 분업을 확대하면서 인간의 시간 가치가 계속해서 상승했다. 인간의 생산성을 높이는 모든 발명품, 도구, 기술이 인간의 삶을 연장하고 시간의 가치를 높이는 결과로 이어졌다. 이제는 우리가 여가를 포기하려면 훨씬 더 많은 돈을 받아야 한다. 절약의 최종 목표는 결국 인간에게 더 좋고, 더 많은 지구상의 시간을 허용하는 것이다.

실업

20세기에는 실업unemployment의 개념이 노동의 개념과 밀접하게 얽히게 되었다. 다수의 경제학자가 실업을 시장경제의 작동에서 불가피한 부분으로 상정했다. 자유로운 노동시장이 통상 임금을 받고 기꺼이 일하려는 사람들 상당수를 실업자로 만드는 방식으로, 필연적인 오작동을 일으키는 이유를 설명하려는 다양한 추론이 제시되었다.

그러나 실업은 식품시장에서 농작물을 불태우는 것이 정상적인 일이 아닌 것처럼, 노동시장의 정상적인 부분이 아니다. 이 책의 4부에서 논의하겠지만, 인플레이션에 따른 신용의 확대와 최저임금법이 실업의 근본 원인이다. 인플레이션이 물가 상승을 초래하면 근로자들은 늘어난 생활비를 충당하기 위해 더 높은 임금을 요구한다. 그러나 화폐 매체가 증가한다고 경제적 자원이 증가하지는 않기 때문에, 고용주들은 종종 근로자에게 더 높은 임금을 지급하면서 운영을 유지할 능력을 잃게 된다. 그렇게 되면 그들은 근로자를 해고하거나, 사업을 접어야 한다. 인플레이션은 근로자와 고용주 모두의 부wealth와 재산을 줄이고, 그들이 구입하려는 시장 상품의 가격을 높인다. 게다가 신용 인플레이션 정책은 경기순환business cycle의 원인이 되기도 한다. 인플레이션 붐boom은 지속 가능하지 않은 투자에 대한 자금 조달로 이어지고, 그러한 투자의 불가피한 붕괴로 인해 경제 전 부문이 파산하게 되고, 수많은 근로자가 해고되면서 수요가 거의 없는 기술만 남게 된다.

인플레이션이 물가 상승과 경기침체를 통해 실업을 유발함에 따라 정부와 정부에 고용된 경제학자들은 시장경제 자체나 탐욕스러운 자본가들에게 책임을 전가하거나, 아니면 다른 허술한 설명을 내놓는다.

문제의 근원에 있는 인플레이션을 다루는 대신에 오늘날의 경제학자들은 항상 최저임금법처럼 역효과를 낳는 조치를 제안한다. 최저임금법은 고용주가 근로자에게 더 많은 임금을 지급하라는 명령이기보다는 자신의 노동을 보상하는 가격에 대한 근로자의 선택을 금지하는 법으로 이해해야 한다. 최저임금법은 시장이 인플레이션에 적응하는 것을 방해하여, 경기순환과 일치하는 지속적인 실업 파동으로 이어진다.

실제로 20세기 이전에는 경제 용어에 실업이라는 개념이 존재하지 않았다는 사실은 의미심장하다. 자유시장에서는 사람들이 제공되는 임금에 따라 일할지 말지를 결정하므로 비자발적으로 실업자가 될 수 있는 사람은 아무도 없다. 통화 인플레이션 정책과 최저임금법이 도입되면서 인구의 일부가 영구적 실업자가 되는 것이 현대 경제의 고정관념이 되었다. 그리고 인플레이션을 유지할 근거를 마련하려는 기득권자들의 지원을 받아 영구적 실업을 시장의 탓으로 돌리는 관행이 오늘날의 학계를 지배하는 사이비 과학 경제학의 고정관념이 되었다.

세계에서 마지막으로 금본위제를 폐지한 스위스가 이러한 역학의 좋은 예를 제공한다. 법정화폐fiat를 채택한 세계가 20세기 전반에 걸쳐서 심각한 실업 위기로 어려움을 겪는 동안에 스위스에는 1970년대 중반에 금본위제를 폐지할 때까지 사실상 실업자가 없었다.[42] 달러 기준을 채택하고 인플레이션 정책에 참여한 후에 스위스는 법정화폐를 사용하는 모든 국가에서 관찰되는 것과 동일한 순환 패턴을 따르는 실업률의 상승을 목격했다(그림 7).

건전화폐sound money가 있는 자유시장에서는 시간이 지남에 따라 저축의 시장 가치가 높아지고, 개인에게는 일하거나 일하지 않을 자유와 얼마가 되었든 원하는 임금을 요구할 자유가 있다. 고용주 역시 원하는

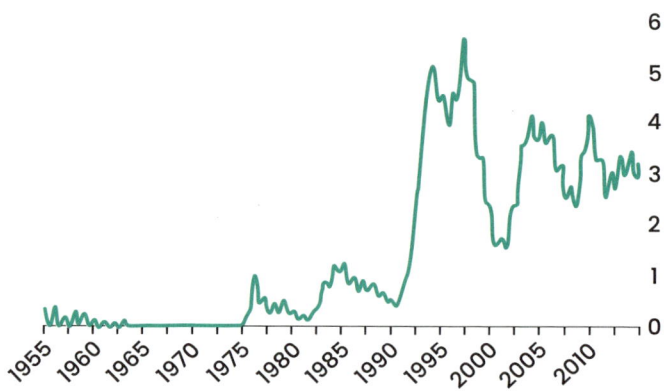

[그림 7] 스위스의 실업률

급여를 지급할 자유가 있다. 그렇게 저축이 가치를 인정받는 세계에서는 많은 사람이 취업을 포기하는 것이 지극히 합리적인 선택이다. 통상 임금으로 일자리를 찾을 수 없는 근로자는 단지 자신이 제공하는 노동의 한계수익생산량의 가치를 스스로 평가하는 여가의 가치보다 높은 가격으로 평가하는 사람을 찾을 수 없을 뿐이다. 대량의 비자발적 실업이라는 현대적 현상은 특정한 임금을 받고 노동에 참여하는 것을 불법으로 규정하고 처벌하는 법률, 규칙, 제한이 있을 때만 발생한다.

자유 교환의 맥락에서는 일하고자 하는 사람들에게 실업 같은 것이 있을 수 없다. 이는 그들이 아무도 지불하려고 하지 않는 임금을 받을 자격이 있음을 시사하기 때문이다. 근로자는 생산성을 높이거나 요구하는 임금을 줄임으로써 언제나 일자리를 찾을 수 있었다. 자유시장 경제 체제에서는 비자발적 실업이 불가능하다. 아무도 지불할 의사가 없는 임금을 요구하는 것은 근로자의 선택이고, 실업자로 남는 것도 그의 선택이다.

언젠가는 일이 끝날까?

자원으로서의 노동은 가장 희소한 자원인 인간의 시간을 놓고 여가와 경쟁한다는 바로 그 이유로 매우 귀중하다. 더욱이 노동으로 생산되는 소득과 효용이 증가하면, 근로자의 재산이 늘어나서 여가를 즐기며 더 많은 시간을 보낼 수 있게 되면서 노동의 비효용이 높아지고, 근로 의욕이 떨어진다. 노동은 가격이 상승함에 따라 공급량이 감소할 수 있는 유일한 경제적 재화 또는 활동일 수 있다. 노동의 가격이 오르면 근로자의 재산이 늘어나서 더 많은 여가를 사고, 더 적은 노동을 팔 수 있기 때문이다. 시간의 희소성은 근로자가 일을 통해서 더 많은 돈을 벌수록 공급되는 노동에 더 가치가 높은 기회비용이 발생한다는 것을 의미한다. 이러한 역학에 따라 많은 사람은 경제 발전이 언젠가는 인간이 더 이상 일할 필요가 없음을 의미하게 될 것으로 추측했다.

우리가 언젠가는 일할 필요가 없는 지점에 도달할 수 있을까? 이는 존 메이너드 케인스와 그의 수많은 추종자처럼 경제적 사고방식에 대한 개념이 없는 정치인과 경제학자 사이에서 흔히 볼 수 있는 환상이다. 1930년대에 케인스는 생산성이 계속해서 향상됨에 따라 2030년에는 인간에게 필요한 재화를 생산하기 위해 주당 15시간만 일하면 될 것이라고 추측했다. 케인스는 기술의 발전이 불러올 기술적 실업 technological unemployment을 상상하고, "노동을 절약하는 수단이 발견되는 속도가 노동의 새로운 용도를 찾을 수 있는 속도를 능가함에 따른 실업"으로 정의했다.[43]

케인스는 경제 문제가 한 번만 풀면 해결되는 수학 문제와 같고, 행복한 삶을 위해서 필요한 특정 재화나 서비스의 확보와 관련되며, 일단 필요한 재화와 서비스가 확보되면 문제가 최종적으로 해결되고 누구든지 더 이상 일할 필요가 없다고 순진하게 상상했다. 때문에 "이 모든 것이 결국 **인류가 경제적 문제를 해결하고 있다는 것**을 의미한다"라고 결론지었다.[44] 그러나 현실에서 우리는 끊임없이 희소한 재화 사이의 선택에 직면하고, 그러한 희소성은 매우 희귀하고 귀중한 시간에서 비롯되기 때문에 경제 문제는 인간 조건의 영구적인 부분이다. 인간이 살아 있고 자신의 시간으로 무엇을 할지 결정해야 하는 한 경제 문제는 존재하고, 사람들은 일을 통해서 문제를 해결하려 한다. 경제 문제에는 최종적 해결책이 있을 수 없고, 단지 나쁜 선택을 더 나은 선택으로 대체하는 방법이 있을 뿐이다.

"나는 경제 문제가 중요한 전쟁이나 인구 증가가 없다고 가정할 때, 100년 안에 해결되거나 적어도 해결책이 눈앞에 있을 것이라고 결론을 내린다. … 따라서 인간의 창조 이래 처음으로 인간은 진정으로 영구적인 문제(현명하고 바람직하게 잘살기 위해 시급한 경제적 관심사에서 벗어난 자유를 어떻게 활용할지, 여가를 어떻게 보낼지, 어떤 과학과 복합적 관심사에 관심을 두게 될지)에 직면할 것이다."[45]

케인스는 경제 문제의 대체물로 상정하는 것이 단지 자신이 읽었던 극소수 경제 서적에서 보았던 것과 약간 다른 선택에 적용된 경제 문제 자체라는 사실을 모르는 듯하다. 시간의 희소성으로 인해 시간을 어떻게 사용할지에 대한 결정 자체가 인간의 영원하고 보편적인 경제 문제이다. 하지만 케인스는 지나치게 단순한 경제학 개념 때문에 시간의 사용이 경제적 선택이라는 것을 인식하지 못했다.

소유한 물질적 재화가 아무리 많더라도, 우리는 항상 한계에서 즉각적인 만족과 미래의 만족 사이에서 선택해야 할 것이다. 언제든지 미래의 더 큰 만족을 위해 현재의 만족을 포기할 수 있다. 인간의 이성은 항상 더 나은 가능성을 예견하고 그것을 위해 노력할 것이므로 결코 완전한 만족이란 없을 것이다. 케인스 시대의 생활 수준으로 오늘을 살아가는 데는 매우 저렴한 비용이 들 것이다. 그렇지만 오늘날 가장 가난한 사람들까지도 케인스가 결코 소유할 수 없었던 많은 것을 소유하고 사용할 수 있다. 그리고 그들은 가장 부유한 사람들도 그렇듯이 계속해서 더 나은 삶을 갈망한다. 절약하는 인간은 다른 사람들이 원하는 새로운 재화와 서비스를 생산하기 위해 이성을 사용한다.

미래에 대한 케인스의 환상적인 비전은 절대적 욕구와 상대적 욕구라는 두 가지 유형의 욕구가 있다는 전혀 근거 없는 주장에 기초한다. 케인스는 절대적 욕구가 '우리 동료 인간의 상황이 어떠하든' 느껴지는 욕구인 반면에, 상대적 욕구는 '욕구의 충족이 동료들 위로 우리를 올리고 우월감을 느끼게 하는 경우에만' 느껴진다고 주장했다.[46] 그리고 후자를 충족시키려는 욕구는 충족될 수 없을지도 모르지만, 전자를 충족시키려는 욕구는 완전히 충족될 수 있다고 상정한다. 케인스는 경제 문제가 항상 인류와 생물 왕국 전체의 가장 중요하고 시급한 문제였으며, 경제 문제의 해결이 인간 삶의 본질에 매우 중요한 변화가 될 것이라고 생각했다. 그는 인간의 시간이 부족하고 선택을 해야 하는 한 경제 문제가 항상 존재한다는 것을 이해하지 못했다. 설사 인간이 원하는 모든 것이 즉시 눈앞에서 실현되는 상상의 세계에 있다고 하더라도, 죽음의 불가피성이 여전히 희소한 시간을 절약하도록 강요하기 때문에 경제 문제는 해결되지 않을 것이다. 인간이 자신의 시간에 대해 사유하고 선택하는 순간마다 경제 문제가 해결되지만, 다음 순간에 새로운 경제 문제가 나타나서 동일한 인간에게 또 하나의 선택을 강요하게 될 뿐이다. 경제 문제의 유일하고 최종적인 해결책은 시간의 할당과 관련된 추가적 선택이 필요 없게 되는 죽음뿐이다.

따라서 케인스처럼 언젠가는 일이 끝날 수 있다거나, 일의 필요성이 사라질 수 있다거나, 노동이 필요 없는 풍요로운 지점에 도달하리라고 상상하는 것은 무의미하다. 우리는 항상 절약하고 대안 사이에서 선택해야 한다. 생활 수준이 향상됨에 따라 우리의 선택도 개선되지만, 선택하는 행위 자체는 적어도 인간이 죽음을 피할 수 없는 한, 계속되어야 한다.

노동은 착취인가?

노동자는 자본주의의 착취를 당하고 있는가? 노동자 착취라는 주제에 대해 수백만 페이지가 쓰였는데, 그 대부분은 자신을 부양할 수 있는 직업을 가져본 적이 없는 반 문맹의 독일인 부랑자 카를 마르크스의 앞뒤가 맞지 않는 횡설수설에 바탕을 두고 있다. 마르크스는 자신의 노동을 통해서 스스로 부양할 능력이 없는 사람들이 운영하는 반 이상향으로 세계를 재설계하기 위해 거창한 주장을 했지만, 부유한 후원자들의 지원에 힘입어 살았다.

마르크스주의 경제 분석은 2장에서 논의한 노동가치론에 기초한다. 모든 경제적 재화에는 우리의 수요에 부응할 수 있는 경제적 재화로 바꾸기 위한 일정량의 노동이 투입되어야 하므로, 마르크스주의자들은 노동이 경제적 재화에 가치를 부여하고, 생산에 투입된 노동량이 재화의 가치를 결정한다는 잘못된 결론을 내렸다. 이는 재화의 가치가 생산에 투입된 노동의 양에 기초한다는 것을 의미한다. 재화의 경제적 가치가 순전히 생산에 투입된 노동량의 함수로 부여된다는 근거 없는 가정에 따라, 마르크스주의자는 자동으로 자본가가 기여하는 가치를 제거한다. 노동자는 나타나서 일해야 하는 반면에, 사회주의자들이 주장하듯이 자본가는 아무것도 하지 않는다. 이런 견해에 따르면, 생산 과정에서 발생하는 이익 전체를 노동자가 받지 못하기 때문에 자본가가 노동자를 착취하는 것이 된다.

이는 명백히 터무니없는 주장이다. 노동자들은 자본가를 위해서 일하기를 자발적으로 선택하기 때문이다. 마르크스주의자들은 이런 사악한 착취에 노동자들이 기꺼이 동참한다는 사실에 아무런 의미를 부여하지 않는다. 자본가가 자신을 위해 일하도록 강제하기 위한 폭력이나 폭력의 위협을 사용하지 않는 한, 노동자는 자발적으로 일하기를 선택하는 것이며, 이는 그 일의 기회가 자신의 시간을 사용하는 최선의 선택지임을 나타낸다. 관찰자나 경제학자는 이러한 현실에 분개할 수도 있지만, 자신의 시간과 교환할 수 있는 최상의 선택지를 노동자에게 제공하는 자본가를 비난할 수는 없다. 이런 방식에 대해 불평하는 마르크스주의자들이 자본주의 '착취자exploiters'가 제공하는 것보다 더 좋은 일자리를 노동자에게 제공할 수 없다는 사실은 의미심장하다.

노동을 착취로 이해하는 것은 경제 생산에서 자본과 자본의 가치가 무엇인지에 대한 심각한 무지를 드러낸다. 자본가는 소비를 연기하고 노동자를 위한 자본을 제공하여 노동자의 생산성을 높인다. 어느 시점에서든 자본가는 노동자의 생산성을 높이는 자본을 제공하기 위해서 소비를 포기하는 것을 선택한다. 자본가는 언제든지 자본재를 청산하고 수익금을 소비를 위한 자금으로 사용할 수 있다. 소비를 포기하고 노동자가 자본을 이용할 수 있게 함으로써 자본가는 노동자가 더 높은 수준의 생산성을 획득하도록 해 주는 것이다. 높아진 생산성으로 인해 노동자는 수익의 일부만을 받기를 기꺼이 수용한다.

　자본가의 착취에 대한 대안은 단순히 노동자가 생산한 상품의 판매를 통한 수익금 전부를 받는 것이 아니다. 자본이 없으면 수익금 자체가 훨씬 적어진다. 마르크스주의자는 택시 운전사가 자신이 운전하는 자동차 소유주에게 착취당한다고 생각할 수도 있지만, 그런 생각은 오직 운전사가 자동차를 사용하도록 해 준 데 대한 자본가의 보상을 거부하면 어떤 일이 일어날지를 생각하지 못하기 때문이다. 수익금을 얻지 못하는 자본가는 자동차를 소비재로 사용하거나 팔아서 수익금을 소비하는 쪽을 선호하게 된다. 차가 없어서 사람들을 업고 다녀야 하는 운전사는 매우 비경제적이고 신체적으로 혹사당하는 직업이 될 것이다. 자본가가 자본(자동차)을 제공하여 운전사를 '착취'하도록 허용해야만, 운전사라는 직업이 노동자에게 괜찮은 삶을 제공할 만큼 충분히 생산적이고 안전한 직업이 된다.

　생산 과정은 노동자의 시간 투입을 요구할 뿐만 아니라, 자본가에게도 이전의 일을 통해서만 획득할 수 있고, 생산 과정 전반에 걸쳐서 소비를 지속적으로 연기해야만 유지할 수 있는 자본의 기여를 요구한다. 만족을 연기하고 투자를 선택하는 자본가의 결정에 대한 보상이 없으면, 자본이 존재하지 않고 노동자의 생산성이 크게 하락할 것이다. 자본가는 생산물의 일부를 강제로 빼앗음으로써 노동자를 착취하지 않는다. 노동자는 훨씬 높은 수준의 생산성을 확보하는 대가로 자신의 생산물 일부를 자발적으로 자본가에게 제공한다.

노동자와 자본가의 관계는 모든 인류 문화권에서 존재했다. 일할 능력은 있으나 필요한 자본을 확보할 수단이 부족한 사람과 스스로 활용할 수 있거나 활용하기를 원하는 것보다 더 많은 자본이 있는 사람 사이의 자연스러운 거래를 반영한다. 이러한 관계가 지속적으로 존재함으로써 사람들이 자본을 축적하는 동기가 부여되었고, 그것을 병리화하고 처벌하는 사회는 재앙적인 경제 파탄을 겪게 되었다.

5장

Property

소유

"도덕률이 형성되는 문제도 오로지 부족함이 존재하기 때문에 생긴다. 재화가 남아돈다면('자유' 재화) 재화의 사용에 관한 갈등이 있을 수 없고 행동을 조정할 필요도 없다. 따라서 올바르게 이해된 모든 윤리는 소유의 이론, 즉 희소한 자원에 대한 배타적 통제권 할당에 관한 이론으로 공식화되어야 한다. 그렇게 해야만 벗어날 수도, 해결할 수도 없는 갈등을 피할 수 있게 되기 때문이다."[47]

- 한스헤르만 호페

희소성과 소유

3장은 인간의 시간이 부족함에 따르는 절약의 과정을 다뤘다. 4장에서는 인간이 여가와 노동 사이의 선택을 통해서 시간을 절약하는 방법을 살펴보고 생산 과정의 기본을 설명했다. 5장에서는 재화의 절약 과정과 재산의 출현에 대한 경제적 근거를 살펴본다. 소유의 경제적 의미를 설명한 후에 다양한 유형의 재산, 자기 소유권에 대한 소유 개념의 적용, 그리고 제도로서의 소유권이 어떻게 인간에게 주어진 시간의 가치와 양을 늘리려는 끊임없는 탐구에 도움이 되는지를 논의할 것이다.

이 책의 첫 장에서 논의된 바와 같이, 희소성은 경제학의 출발점이자 모든 절약하기의 기원이다. 인간이 재화를 조심스럽게 다루고 기능을 발휘할 수 있는 최적의 상태로 유지하려 노력하면서 다른 사람들이 가져가지 못하게 지키는 것은 원하는 재화의 수량과 가용한 수량이 일치하지 않기 때문이다. 희소성이 물건을 소중히 여기도록 강요하는 과정에서 우리는 시간이 지남에 따라 물건에 대한 지배력을 발전시킨다.

그렇다면 희소성은 소유권의 기원이기도 하다. 멩거Menger는 다음과 같이 설명한다.

"그러므로 소유권은 인간의 경제와 마찬가지로 임의적 발명품이 아니라 모든 경제적 재화에 요구되는 수량과 가용한 수량 사이의 불일치로 인해 우리에게 부과되는 본질적 문제에 대해 현실적으로 가능한 유일한 해결책이다."[48]

재화의 소유권을 확보하면 그로부터 파생되는 서비스에 대해 완전한 통제권을 행사하게 된다. 멩거는 재산을 '자신의 욕구를 충족하기 위해 절약하는 개인의 지배력이 미치는 재화의 총합'으로 정의한다.[49]
법학자 A. N. 이아노풀로스Yiannopolous는 다음과 같이 말한다.

"소유권은 경제적 재화를 통제하는 배타적 권리로 정의할 수 있다. … 소유권은 가치 있는 사물과 인간의 관계를 지배하는 권리와 의무, 특권과 제한을 가리키는 개념의 이름이다. 사람들은 언제 어디서나 생존에 필요하거나, 문화적 정의에 따라 가치가 부여되는, 그리고 그러한 수요 때문에 부족하게 되는 재화를 소유하기를 원한다. 조직된 사회에서 시행되는 법률은 다수의 사람이 원하는 재화에 대한 경쟁을 통제하고 적절히 이용할 수 있도록 보장한다. 자신의 소유임이 보장되는 재화가 재산이다. … [재산권]은 소유물에 대한 직접적이고 즉각적인 권한을 부여한다."[50]

재산property은 멩거가 '절약하는 개인의 지배력이 미치는 경제적 재화의 총합'으로 정의하는 부^{wealth}와 구별된다.[51] 재산에는 모든 비경제적 재화가 포함되지만, 부는 경제적 재화만을 가리킨다.

　재산의 소유에 대한 경제적 근거는 간단하고도 분명하다. 사용을 통해 소비되어 쓸모없어지지 않는 경제적 재화라면 같은 목적을 위해 재사용될 수 있고, 사용자가 자연스럽게 다시 필요할 때까지 소유권을 유지하려 할 것이다. 토끼를 사냥하려고 창을 만드는 사냥꾼은 창이 다른 토끼를 사냥하는 데 재사용될 수 있다는 것을 본능적으로 이해하고, 계속해서 소유하는 것을 선택하게 된다. 소유의 본능이 있는 동물은 극소수이고, 아마도 인간이 아닌 동물 종은 자신의 집, 둥지, 굴에 대해서만 소유권을 상정할 것이다. 인간의 우월한 지능 덕분에 우리는 훨씬 더 정교하고 복잡한 방식으로 소유권에 관한 행동을 발전시킬 수 있고 수년, 수십 년, 심지어 동일한 가계의 여러 세대를 통해서 수백 년 동안 재화를 소유한다.

　인간은 가치 있는 재화를 소유함으로써 미래의 작업을 수행하는 데 필요한 시간과 비용을 줄일 수 있다. 내구성 있는 재산의 소유자는 동일한 재산을 소유하지 않은 사람보다 더 적은 노력과 비용으로 원하는 목적을 달성할 수 있다. 튼튼한 집을 짓는 데 노동력을 투자하는 것이 날마다 새로운 임시방편을 찾기보다 주거지를 확보하기 위해 장기적으로 더 효과적인 방법이다. 동물을 길들이고 사육하는 것이 매일 사냥하는 것보다 식량을 얻는 더 믿을 만한 방법이 될 수 있다. 자신의 나무와 작물을 기르는 것이 날마다 식물을 채집해야 하는 것보다 더 생산적이고 믿을 만한 방법이다. 이 모두는 인간이 생존 가능성을 개선하고 시간의 가치를 높이기 위해, 다시 말해 지구상에서 주어진 시간의 양과 가치를 증대하기 위해 절약하는 방법이다.

우리는 또한 소유를 노동에 소비된 시간을 미래의 효용으로 전환하는 방법으로 생각할 수 있다. 내구성 있는 재화의 생산에 노동력을 투입하는 사람은 미래의 지속적인 효용을 제공하는 재화를 생산하기 위해 현재의 만족을 포기하는 것이다. 인간의 가장 기본적인 수요는 내구성이 있는 재산에 투자함으로써 더욱 효과적으로 충족될 수 있다. 땅을 경작하는 노동력의 투입은 그 땅에 머물면서 지속적인 이익을 얻으려는 동기를 창출한다. 토지를 소유하게 되면 소유자가 없이 방치되었을 때보다 더 장기적인 투자와 효용의 향상이 가능하다. 소유권의 부재는 투자를 위축시키기 때문이다.

사회적 맥락에서 소유권의 중요성은 부족한 자원을 둘러싼 갈등을 예방한다는 것이다. 스테판 킨셀라 Stephan Kinsella는 다음과 같이 설명했다.

"논쟁의 여지가 있는 (부족한) 자원에 대한 갈등이 발생할 가능성은 항상 존재한다. 이는 희소하거나 경쟁이 치열한 자원의 본질적 특성이다. 법률 또는 재산권 시스템은 각각의 자원에 소유자를 할당함으로써 공개적으로 식별할 수 있는 객관적 경계를 설정하여 비 소유자가 피할 수 있도록 한다."[52]

재산의 유형

물리적 재화로 구성되는 재산은 부패성 소비재 perishable consumer goods, 내구성 소비재 durabel consumer goods, 자본재 capital goods, 화폐재 monetary goods 의 네 가지 유형으로 분류할 수 있다. 소비재는 경제활동의 궁극적 목적이 되는 인간이 자기 자신을 위해 획득하는 재화다. 내구성 소비재는 장기간에 걸친 소비가 가능하기 때문에 오랫동안 보유된다는 점에서 부패성 소비재와 구별된다. 내구성 소비재의 예로는 주택, 자동차, 텔레비전, 냉장고, 세탁기가 있다. 자본재는 다른 소비재를 생산하는 능력 때문에 획득되는 재화이고, 화폐재는 소비하거나 소비재를 생산하기 위해서가 아니라 나중에 다른 재화와 교환하기 위해 보유되는 재화다.

가능한 한 갈등을 제거하기 위해 노력하고 절약하는 사람들에게 도움이 되는 사회 시스템에서는 소유권의 주장이 호페가 말한 대로 '소유자와 청구된 자원 사이의 객관적이고 상호 주관적으로 확인할 수 있는 연결고리의 존재'에 기초하여 확립될 수 있다.[53] 자유시장이나 강압으로부터 자유로운 사회질서 안에서 로스바드가 설명한 것처럼 개인이 합법적인 재산을 획득하는 세 가지 방법이 있다.

1. 이전에 소유하지 않았던 자가 생산물homestead objects
2. 거기에서 파생된 산출물
3. 정당한 소유자의 자발적 의사에 따른 거래를 통해서나 선물의 일부로 얻은 물건

자기 소유권

인간과 인간의 시간은 희소하므로 경제적 재화의 희소성과 동일한 의미의 희소성이 인간에게도 적용되는 것은 당연하며, 멩거가 말한 대

로 소유만이 '유일하게 현실적인 해결책'이다. 인간의 소유권이라는 아이디어는 거슬리고 도덕적으로 잘못된 것처럼 들리지만 경제적 측면에서 불가피하다. 인간과 인간의 시간은 부족하기 때문에 어떻게 행동하고, 무슨 일을 하면서 시간을 소비할지를 누군가 결정해야 하며, 이것이 소유권의 본질이다. 인간의 신체와 시간으로 무엇을 할지를 결정하는 사람은 경제적 관점에서 **사실상** 그 인간을 소유하는 것이다. 이 문제의 혐오스러운 특성은 소유권의 문제가 당사자가 아닌 다른 사람에게 유리하게 해결될 때만 적절하게 적용할 수 있다.

인간의 소유권을 정리하는 방법은 세 가지뿐이다.

1. **자기 소유권**self-ownership: 사람은 자기 자신을 완전히 소유하고 다른 사람이 그의 신체나 시간에 대한 소유권을 주장할 수 없다.

2. **공동 소유권**communal ownership: 사회의 모든 구성원이 모든 사람의 신체를 공동으로 소유하고 각자가 무슨 일을 할 것인지 공동으로 결정한다.

3. **노예제도**slavery: 사람이 타인의 소유물이 되고 소유주가 소유된 사람에게 신체적 상해를 입히는 작업에 시간을 할당함으로써 노예의 신체와 시간으로 무엇을 할 수 있는지 지시한다. 노예 소유주의 권리는 심지어 노예를 살해할 권리로까지 확대된다. 노예제도가 시행되는 사회에서 일부 사람은 자기 자신과 타인에 대한 소유권이 있는 반면에, 나머지 사람은 자신이나 타인에 대한 소유권이 없다.

두 번째 방안은 서로 친밀하게 아는 소수의 범위를 넘어서면 현실적으로 실행이 불가능하고, 그런 범위 안에서라도 실행하기가 쉽지 않을 것이다. 인간은 타인의 삶과 시간으로 무엇을 해야 할지를 결정하기 위한 지식을 얻기가 매우 어렵다는 것을 알게 된다. 그러한 시스템에서 정보의 소통과 의사결정 및 실행을 위한 메커니즘을 고안하는 복잡성은 어떤 규모의 사회이든 현실적으로 극복할 수 없다.

세 번째 방안은 일관성, 윤리성 그리고 결과에 근거하여 실패한다. 어떤 사람들은 자신을 소유해야 하고, 다른 사람들은 타인에게 소유되어야 하는 이유에 어떤 윤리적 근거가 있을 수 있을까? 재산권 배분에 있어서 이렇게 극단적인 차이를 논리적·윤리적으로 정당화하는 일관된 방법은 있을 수 없다. 게다가 이러한 차이는 갈등의 원인이 될 가능성이 크다. 자신에 대한 소유권이 없는 사람은 그것을 얻으려고 노력할 것이며, 자신을 소유한 사람에 대한 폭력의 행사가 정당하다고 느낄 수 있다. 노예제도는 시스템으로 존재하는 모든 곳에서 갈등을 초래했다.

자기 소유권은 인간의 소유권 문제에 대해 유일하게 논리적·윤리적 일관성이 있는 해결책이며, 폭력적 갈등보다 평화로운 협력을 불러올 가능성이 큰 유일한 해결책이다. 자기 소유권은 개인이 자신의 신체와 시간에 대한 완전한 권리를 소유한다는 것을 의미한다. 일단 자기 소유권의 전제를 받아들이면 권리, 정의, 그리고 비공격성non-aggression을 이해하기 위한 일관성 있는 틀framework이 나타난다. 이 원리는 이러한 선택의 결과로 인간이 만들어 낼 수 있는 것, 즉 재산으로까지 확대된다. 공격성은 다른 사람의 신체나 시간을 통제하기 위해 폭력의 위협을 사용하는 것으로 이해할 수 있으며, 개인에 대한 모든 신체적 공격은 그 사람의 자기 소유권에 대한 침해가 될 것이다.

재산권을 경제적 희소성에 대해 유일하게 실행 가능한 해결책으로 이해하고, 평화와 문명에 주관적 가치를 부여한다면 자기 소유권과 재산권 시스템에 반대하는 주장을 하기는 어렵다. 이런 모든 주장은 명백히 이기적인 위선으로 볼 수 있다. 인간의 이성에서 나오는 지적 논증이기보다는 본능에 전적으로 지배되어 이성을 사용할 수 없는 동물의 관습으로 돌아가자는 호소에 지나지 않는다. 자기 소유권에 반대하는 주장은 재산권을 존중할 수 없고, 문명화된 사회질서의 일부가 될 수 없다는 것을 분명히 밝히기 때문에 사실상 자신의 인간성에 반대하는 주장이다. 다시 말해서 동물로 여겨 달라는 탄원이다. 경제 이론이 정치적 이념을 좌우하지는 않지만, 경제적 희소성을 이해하고 평화와 문명의 가치를 주관적으로 평가하는 사람은 자유 지상주의적*libertarian* 관점을 채택하는 쪽으로 기울어질 것이다. 자기 소유권에 대해 갈등을 확산시키지 않고, 개인과 집단 사이의 적대감과 분노를 초래하지 않는 대안은 존재하지 않는다.

대부분의 이념이 노예제도를 명시적으로 주장하지 않지만, 자유 지상주의자만이 이러한 기준을 논리적 결론에 일관되게 적용한다. 다른 모든 이념은 개인의 신체와 시간에 대한 타인의 합법적 권리를 주장하는 특정한 형태의 노예제도를 지지한다. 과세, 징병, 마약 금지, 의료 명령을 지지하는 사람들은 스스로 노예제도의 지지자로 생각하고 싶지 않겠지만, 사람의 신체에 대한 부분적 소유권을 국가에 부여하는 것이다. 시민의 소득을 강제로 빼앗고, 마약을 사용했다는 이유로 감옥에 가두고, 국가가 명령하는 의약품을 복용하지 않는다는 이유로 취업을 금지하면서 국가가 시민을 재산처럼 다루는 행태를 지지하기 때문이다.[54]

재산권의 중요성

소유의 개념을 이해하는 개인은 더 효과적으로 절약하고 생산성과 시간의 가치를 높일 수 있다. 인간은 내구재의 생산에 노동을 투자함으로써 재화의 서비스를 더 오랫동안 이용할 수 있고, 그 과정에서 시간 선호도를 낮추고 미래를 우선하기를 배운다.

재산권의 인정이 사회의 지배적 규범이 될 때, 다른 사람들과 거래하기 위해 자본재에 투자할 수 있는 사람들의 생산성이 더욱 증가하여, 다음 장에서 논의할 시장경제가 출현한다. 재산권은 소유를 원할 수 있는 다른 사람들과 가까이에서 재산을 보유할 수 있도록 하는 사회적 조정 메커니즘으로 이해할 수 있다. 미제스가 말했듯이 "생산수단의 사적 소유는 시장경제의 기본적 관행이다. 존재 자체가 시장경제를 특징짓는 관행이 바로 생산수단의 사적 소유다. 그것이 없이는 시장경제를 논할 수 없다."[55]

시장경제와 문명 자체도 재산권의 존중을 기반에 둔다. 재산권이 보장되어야만 사람들이 소박하고 기본적인 수요를 위해 확보할 수 있는 것보다 더 많은 자본을 축적할 수 있기 때문이다. 재산권이 존중되지 않는 사회는 갈등이 만연하고, 사람들이 미래를 위해 자신의 가치 있는 노동을 투자할 여유가 없는 사회다. 가치를 저장하는 모든 재산의 소유가 위험하기 때문이다. 문명사회는 오직 자기 자신과 재화에 대한 재산권이 널리 존중되고, 사람들이 미래에도 자신의 재산을 유지할 것으로 기대할 수 있을 때만 가능하다.

시장경제의 맥락에서 미제스는 사유재산 제도가 어떻게 자원의 책임감 있는 관리를 보장하는지를 멋지게 설명한다.

"시장 사회에서 사유재산의 의미는 각 가구가 자급자족하는 시스템에서의 의미와 근본적으로 다르다. 각 가구가 경제적으로 자급자족하는 경우에는 사적으로 소유한 생산수단을 소유자만이 독점적으로 이용할 수 있다. 소유자만이 생산수단의 사용에서 파생되는 모든 혜택을 수확한다. 시장 사회에서 자본과 토지의 소유자는 다른 사람들의 수요를 충족하는 용도로 사용할 때만 재산의 가치를 누릴 수 있다. 따라서 자신의 소유로부터 어떤 이익이라도 얻으려면 소비자에게 봉사해야 한다. 생산수단을 소유한다는 바로 그 사실이 대중의 바람에 복종할 것을 요구한다. 소유권은 소비자의 이익을 위해 가능한 최선의 방법으로 사용할 줄 아는 사람들에게만 자산이 된다. 소유권은 사회적 기능이다."[56]

사유재산권의 부재는 사람들 사이의 갈등을 유발할 뿐만 아니라, 경제적 재화와 천연자원의 질적 저하를 초래한다. 경제적 재화에 명확한 소유권이 없으면 우연히 그 재화를 사용하고 지배하게 된 사람들은 미래의 활용을 기대하지 않을 것이고, 자연스럽게 자원의 미래 상태에 대한 우선순위를 낮추게 된다. 이처럼 미래에 대한 과도한 평가절하는 명확한 소유자가 없는 자원의 활용에 내재하는 특성이다. 사유재산권은 소유주에게 재산의 장기적 상태에 관심을 두는 동기를 부여하여 재산을 오랫동안 보존하도록 한다. 미제스는 다음과 같이 설명한다.

"토지가 그 누구의 소유도 아니라면 법률적 형식주의로 공공의 재산이라고 부를 수는 있지만, 결과에 따르는 불이익을 전혀 고려하지 않고 활용된다. 숲의 목재와 사냥감, 수역의 물고기, 땅속에 매장된 광물의 이익을 확보할 수 있는 사람들은 자신의 착취 방식에 따르는 결과에 신경 쓰지 않는다. 그들에게는 토양의 침식, 소진될 수 있는 자원의 고갈 같은 미래 활용에 대한 훼손이 투입물과 산출물의 계산에 포함되지 않는 외부 비용이다. 그들은 새로 나오는 싹이나 숲을 다시 가꾸는 것을 고려하지 않고 나무를 베어 낸다. 사냥하고 물고기를 잡을 때 사냥터와 어장의 재증식을 저해하는 방식을 서슴지 않는다. 인류문명의 초기에 이미 활용된 땅보다 토질이 떨어지지 않는 땅이 풍부하게 남아 있을 때는 사람들이 그러한 약탈적 방식에 아무런 잘못을 느끼지 않았다. 약탈적 방식의 결과가 순수익의 감소로 나타나면 농부는 농장을 버리고 다른 곳으로 이주했다. 국가의 인구밀도가 높아지고 주인이 없는 1등급 토지를 더 이상 전용할 수 없게 되어서야 그러한 약탈적 방식이 낭비로 간주되기 시작했다. 그 시점에서 사람들은 토지의 사유재산 제도를 강화했다. 경작지에서 시작하여 단계적으로 목초지, 숲, 어장을 포함했다."[57]

6장

Capital

자본

"우리는 문명화된 사람들을 볼 때마다 인간의 수요를 충족하기 위한 대규모 사전 준비 시스템을 발견한다. 우리가 겨울 추위를 막기 위해 두꺼운 옷을 입고 있을 때 이미 봄 기성복은 소매점으로 향하고 있다. 뿐만 아니라, 공장에서는 여름옷을 위한 가벼운 옷감을 짜고 내년 겨울에 입을 옷을 만들기 위한 실을 뽑는다. 우리가 아프면 의사의 도움이 필요하다. 법적 분쟁에서는 변호사의 조언이 필요하다. 하지만 그런 우발적 사태에 직면한 사람이 스스로 법률이나 의학 지식과 기술을 습득하거나 전문적 훈련을 준비하려 한다면, 필요한 수단이 있다고 하더라도, 자신의 필요를 충족하기에는 너무 늦을 것이다. 문명국가에서는 사회의 필요에 대해 이러한 서비스가 적기에 제공된다. 여러 해 전부터 전문직을 준비하고 실무를 통해 풍부한 경험을 쌓고 자격을 갖춘 사람들이 사회가 활용할 수 있는 서비스를 제공하기 때문이다. 그리고 이런 방식으로 과거의 선견지명이 낳은 과실을 즐기는 동안에도, 많은 사람이 미래의 유사한 서비스에 대한 사회의 필요를 충족하기 위해 대학에서 훈련받고 있다."[58]

― 칼 멩거

앞 장에서는 경제적 관점에서 소유의 개념을 제시하고, 소유라는 인간의 도구가 시간에 따라 어떻게 발전했는지 논의했다. 경제학은 인간이 소유할 수 있는 재산의 형태 중에 소유자에게 제공되는 효용 때문에 소유하는 소비재와 자체적 효용이 아니라, 소비재를 생산하는 데 사용하기 위해 소유하는 자본재를 구별한다. 자본재 또는 고차재 higher-order goods는 소비되지 않고 소비재나 저차재 lower-order goods의 생산을 위해 사용되는 모든 재화를 말한다. 재화가 소비재인지 자본재인지는 재화에 내재하는 특성이 아니고, 소유한 사람이 재화를 활용하는 방식의 함수다. 동일한 재화라도 상황에 따라 자본재나 소비재로 사용될 수 있다. 영화를 보고 인터넷을 검색하는 데 사용하는 컴퓨터는 소비재지만, 책을 쓰기 위해 사용할 때 그 컴퓨터는 자본재가 된다. 택시로 운행되는 자동차는 자본재가 될 수 있지만, 순전히 휴양을 위해 여행에 사용하면 소비재가 된다. 옥수수를 먹으면 소비재가 되지만, 더 많은 옥수수를 재배하기 위해 밭에 심으면 자본재가 될 수 있다.

이 장에서는 추상적인 의미의 자본을 개념적으로 논의한다. 이어지는 장에서 화폐와 확장된 시장 질서를 소개한 후에 12장에서 현대 화폐경제 질서의 맥락에서 자본에 대해 논의하고, 4부에서는 중앙에서 계획하는 자본시장의 문제를 논의할 것이다.

생산구조의 연장

경제생산에 자본을 도입하면 생산기간의 연장이 필요하다. 자본재가 없을 때는 최종 소비재의 생산에 인간이 직접 참여하지만, 자본재가 도입되면 먼저 자본재를 생산한 후에 소비재의 생산에 사용해야 한다. 자본재를 생산하는 중간 단계를 추가함으로써 시작부터 끝까지 생산 과정이 길어진다.

처음에는 이 말이 반직관적으로 들릴 수 있다. 사람들이 왜 더 긴 생산 과정에 참여할까? 3장에서 논의한 것처럼 시간 선호는 항상 양성이다. 인간은 같은 재화를 나중보다는 일찍 확보하기를 선호한다. 더 짧은 시간에 직접 맨손으로 물고기를 잡을 수 있는데, 왜 물고기를 낚기 위한 낚싯대를 만드느라 몇 시간을 소비하는 것일까? 그 답은 낚싯대의 생산성에 있다. 낚싯대를 만드는 데는 시간이 걸리지만, 완성된 낚싯대를 사용하면 투입된 노력 단위당 더 많은 양의 물고기를 잡을 것을 기대할 수 있다. 당장에는 낚싯대를 제작하는 투자로 인해 물고기의 확보가 지연되지만, 생산성 향상에 따른 장기적 산출물의 가치가 맨손으로 잡아 빨리 확보할 수 있는 적은 물고기라는 산출물의 가치보다 높아진다. 이러한 투자의 성공이 보장되는 것은 아니지만, 자본의 축적과 생산 과정 연장에 참여하고, 더 가까운 필요의 충족을 포기하게 하는 유일한 동기는 잠재적인 추가적 보상이다.[59]

맨손으로 물고기를 잡는 방법을 선택한다면, 물고기를 잡기 위해 바다로 향하는 순간부터 물고기를 잡는 순간까지 생산기간이 지속될 것이다. 이 과정에 두 시간이 걸린다고 가정해 보자. 물고기를 잡는 데 그보다 더 빠르고 직접적인 방법은 없지만, 과정이 더 길기는 해도 더욱 생산적인 방법이 있다. 작살을 만들기로 한다면, 적당한 나뭇가지를 찾아 끝을 날카롭게 다듬고, 사용하는 방법을 익히면서 전체 생산 과정이 길어지게 된다. 우리는 막대기를 찾기 시작할 때부터 물고기를 잡을 때까지 이제 두 시간이 아니라 네 시간이 걸린다고 합리적으로 가정할 수 있다. 그러나 일단 물고기 한 마리를 잡은 후에도 어부의 작살은 여전히 작동할 것이고, 다음 물고기를 잡는 데 걸리는 시간은 작살이 없을 때의 두 시간보다 평균적으로 훨씬 짧아질 것이다.

일단 자본재가 생산되고 나면 전체 생산 과정은 연장되지만, 산출물의 추가 단위를 생산하는 데 필요한 한계 시간marginal time은 짧아지게 된다. 고기잡이에 자본축적 과정이 강화되면서 생산 과정은 더 길어진다. 작은 배를 만드는 일주일 동안에는 물고기를 한 마리도 잡지 못하지만, 일단 배를 타고 물고기를 잡기 시작하면 어부의 한계생산성이 뚜렷하게 증가한다. 자본의 축적이 계속 진행됨에 따라 어부는 물고기를 한 마리도 잡기 전에 만드는 데만 1년이 걸리는 큰 배를 건조할 수도 있다.

절약

"어떤 생산 과정이든 연장하는 데 필수적으로 채택되는 요소는 절약, 즉 현재의 소비를 초과하는 생산이다. 절약은 물질적 복지의 향상과 모든 추가적인 발전을 향한 첫걸음이다."[60]

- 루트비히 폰 미제스

생산 과정에서 초기에 생산자를 유지하는 데 필요한 소비재를 공급하지 않고는 생산기간의 연장이 이루어질 수 없다. 미래를 대비할 수 있어야 더 길고 생산적인 과정에 참여할 수 있다. 그러나 인간은 현재의 필요를 충족시킬 수 있어야만 미래에 제공할 자원을 절약할 수 있다. 농부는 곡물을 심기 전에 자신이 먹을 만큼 충분한 곡물을 생산해야 하고, 그가 심는 모든 곡물은 올해에 소비될 수 없다. 낚싯대를 만들면서 하루를 보내려는 어부는 어제 가능했던 소비를 지연시킴으로써 오늘을 위해 어제 생산분의 일부를 준비해 두어야 한다. 긍정적 효용이 있는 여가나 소비재 생산에 사용할 수 있는 시간을 희생하지 않고는 낚싯대를 만드는 일이 불가능하다. 절약은 자본의 어머니다. 소비를 연기해야만 자본재가 존재할 수 있다.

비행기를 만드는 것처럼 시간이 많이 들고 정교한 생산 과정에서도 마찬가지다. 오늘날에는 판매를 통해서 회사의 수익이 창출되기 전에 엔지니어들은 설계, 생산, 테스트하는 데만 10년 이상의 시간이 걸릴 수 있는 보잉의 차세대 항공기 라인을 설계한다. 비행기 제조업체는 생산 과정이 완료되고 비행기 판매를 통한 수익이 창출되기 전에 생산 과정에서 사용되는 자본재의 소유주에 대한 보상 말고도 근로자들이 살아가는 데 필요한 자원을 제공하기 위한 자본 투자가 필요하다. 시간 선호는 양성이며, 자본의 소유자와 노동자는 생산 과정 중에도 생존을 위해 소비해야 하고, 자본이나 노동을 포기해야 한다. 설사 보잉이 노동자와 장비 판매자들에게 비행기가 완성되면 지급하겠다고 약속함으로써 필요한 모든 자본 설비와 노동을 어떻게든 조달할 수 있더라도, 생산에 필요한 자금은 생산을 위해 만족을 연기해야 하는 노동자와 장비 판매자들이 부담하게 될 것이다.

생산 과정을 연장하려면 어디에선가 누군가는 자원을 생산자에게 제공하기 위해 소비를 포기해야 한다. 단순히 어부의 경제에서는 낚싯대를 만드는 데 시간을 할애할 수 있도록 어부는 전날 식량의 일부를 다음 날을 위해 남겨두는 희생이 이루어졌다. 현대 자본주의 경제에서는 기업가에게 자금을 대기 위해 소비를 포기하는 투자자들이 그런 희생을 담당한다. 기업가는 근로자와 자본 소유자에게 미래에 실현될 결과에 대해 생산 과정에서 노동과 자본을 제공한 것에 대해 보상한다. 연장된 생산 과정은 더 많은 만족의 지연뿐만 아니라 더 높은 인지 능력을 요구하고, 더 큰 위험을 초래할 수 있다. 연장된 구조를 상상하는 기업가와 더 큰 미래 수익의 가능성을 위해 현재의 만족을 희생하는 투자자가 없다면 생산 과정에 필요한 자본과 노동이라는 자원이 조달될 수 없다. 생산을 연장하는 모든 과정은 오직 자본가의 희생과 지연되는 만족 덕분에 가능하다. 외견상 명백해 보이는 이 점은 다시 한번 강조할 만한 가치가 있다. 세계 경제 문제의 상당 부분이 이러한 필요에 대한 예외를 찾았다는 착각 속에서 일하는 괴짜들에게서 비롯되었기 때문이다.

생산성 향상

루트비히 폰 미제스는 자본재를 '노동, 자연, 그리고 비축된 시간'으로 설명했다.[61] 그는 생산의 독립적 요소, 물질적 천연자원, 노동을 자본과 구별했다. 이러한 사고의 틀은 자본의 경제적 기능과 중요성을 이해하는 데 매우 유용하다. 인간은 천연자원과 자신의 노동을 결합함으로써, 시간에 따른 결과물로 자본재를 생산할 수 있다. 자본재를 만드는 데 투입된 시간, 노동, 자원은 생산성을 높이는 결과로 이어진다.

자본재가 사용되는 생산은 자본재를 만드는 데 투입된 노동, 자연, 시간의 도움을 받는 생산으로 생각할 수 있다. 이는 생산성 향상이라는 결과로 이어져 자본이 없을 때보다 최종생산물 한 단위를 생산하는 데 걸리는 시간이 줄어들게 된다. 시간은 단위 시간당 더 많은 생산량을 달성하기 위해 연장된 생산 과정에서 소비된다. 미제스가 설명한 대로, 자본이 인간의 시간을 절약하는 또 하나의 방법이 되는 이유다. "자본재의 도움이 없는 생산과 자본재를 사용하는 생산의 차이는 시간에 있다. … 자본재의 도움을 받는 생산자는 자본재 없이 시작하는 사람보다 한 가지 큰 이점을 누린다. 시간의 측면에서 자신의 궁극적 목표에 더 가까워지는 것이다."[62]

전체 생산 과정의 연장과 최종 제품의 생산시간 단축을 혼동하지 않는 것이 중요하다. 자본의 축적은 생산 과정에 투입되는 고차재를 고려할 때, 제품을 생산하는 데 걸리는 전체 시간의 증가로 이어진다. 그러나 자본의 축적은 또한 각 한계 단위의 생산시간이 감소하는 결과를 가져온다. 단지 생산성을 높이는 것 외에도 자본 없이는 전혀 불가능했던 재화의 생산이 자본재로 인해 가능해진다. 어부가 맨손으로 물고기를 잡는 방식에서 낚싯대나 낚싯배를 사용하는 방식으로 발전함에 따라 생산량이 늘어날 뿐만 아니라, 자본을 확보하기 전에는 손이 닿지 않았던 종류의 물고기를 잡을 수 있게 된다. 자본의 축적이 없었다면 현대 세계에서 우리가 당연하게 여기는 대부분 제품의 생산이 가능하지 않았을 것이다. 그런 제품을 맨손으로 만들어 낼 방법은 없기 때문이다.

자본재는 노동 생산성을 높이기 위해 구축하거나 획득되며, 그 과정에서 필연적으로 전체 생산 과정을 연장한다. 자본은 맨손으로 물고기를 잡는 방식과 낚싯대나 작은 낚싯배, 또는 세계 최대의 저인망 어선 **아넬리스 일레나** Annelies Ilena로 물고기를 잡는 방식의 차이다. 당신이 맨손으로 물고기를 잡으며 하루를 보낼 때는 운이 좋아야 몇 마리를 잡을 수 있을 것이다. 낚싯대를 사용하면 하루에 10여 마리, 낚싯배와 그물을 사용하면 수백 마리의 물고기를 잡을 수 있다. 반면에 당신이 아넬리스 일레나의 승무원 약 70명 중 한 사람이라면 매일 전체 약 350톤, 또는 작업자 1인당 5톤의 물고기를 잡게 된다. 같은 날, 같은 시간을 소비하는 같은 인간이지만 작업에 투입할 수 있는 자본에 따라 물고기 한 마리를 잡거나 5톤을 잡을 수 있다.

이러한 생산성 향상은 많은 자본과 함께 일할 수 있는 사람과 그렇지 못한 사람, 맨손으로 물고기를 잡는 사람과 아넬리스 일레나에서 잡는 사람, 대규모 산업 자본이 있는 국가와 그렇지 않은 국가 사이의 생활 수준 차이를 초래하는 궁극적 원인이 된다.

이렇게 증대된 생산성이 우리의 현대생활을 가능하게 한다. 사고 연습 thought exercise 삼아 당신이 자본재를 전혀 사용하지 않고 생존을 확보하려 노력한다고 상상해 보라. 모든 생산 과정을 맨손으로 수행해야 한다면 생존이 매우 어려운 시련이 된다. 사냥이나 채집을 통해 일반적 생존에 충분한 식량을 확보할 수 있을지가 불확실할 것이다. 맨손으로 지은 피난처는 허술하고 자연의 파괴에 취약할 것이다. 그런 상황에서는 생존이 불확실하게 된다. 그러나 당신이 살아남는다면 생산

[그림 8] 생산성과 자본

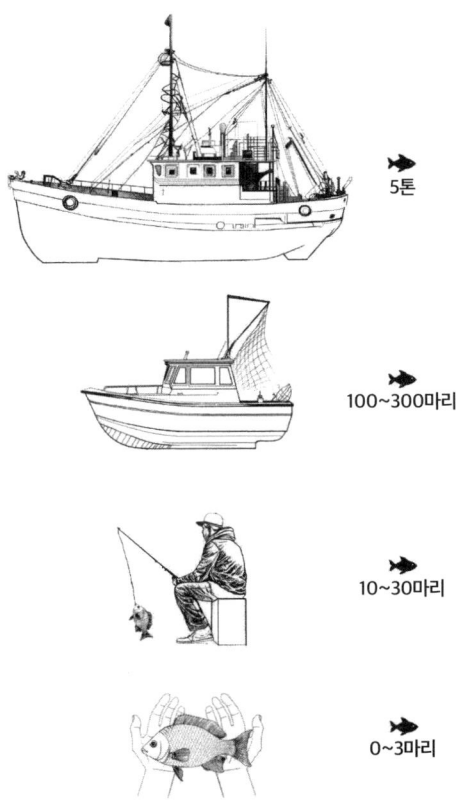

과정에 투입된 시간의 산출물을 늘리는 재화 생산에 투자하는 것의 엄청난 가치를 인식하지 못할 리 없다. 동물과 싸우거나 동물을 사냥하기 위해 돌멩이와 나뭇가지를 사용하는 불가피한 상황 그 자체가 자본을 이용하는 한 가지 형태다. 자본의 폐해를 비난하는 사람들의 이념은 목적을 달성하기 위해 도구를 사용하는 인간 정신의 필연성을 무력하고 무지하게 매도하는 것이다.

이러한 투자가 당신의 생산성을 높이는 데 성공한다면, 하루의 식량을 확보하는 일이 덜 힘들고 덜 불확실하게 된다. 기본적 생존을 확보하기 위해 소비해야 하는 시간이 줄어들고, 생산성을 더욱 높이고 더 많은 자본을 생산하는 데 더 많은 시간을 할애할 수 있다.

인간의 삶의 질을 높이는 가장 확실하고 중요한 방법은 자본재의 축적을 통한 방법인데, 자본재가 노동 생산성을 증대하는 역할을 하기 때문이다. 자본에 대한 투자가 생산성 향상으로 이어진다는 보장은 없다. 이는 자본의 축적 과정에 내재하는 위험이다. 그러나 생산성 향상으로 이어지지 않는 자본을 생성하는 투자는 실패한 투자이고, 투자의 결과물이 자본으로 활용되지 않는다. 소비할 수 있는 결과물이면 소비되고, 그렇지 않으면 폐기될 것이다. 고기잡이의 생산성을 증대하는 자본재를 생산하기 위한 수많은 시도가 있었다는 데는 의심의 여지가 없지만, 오직 성공한 시도만이 살아남았다. 다른 모든 시도는 오래 전에 잊혔고, 거기에 투입된 투자는 낭비되었다. 자본은 단순히 생산 과정 연장을 위한 모든 투자의 산물이 아니다. 자본은 더 높은 생산성을 낳는 생산 과정 연장에 대한 투자만으로 이루어진다. 낭비의 위험은 자본의 높은 비용의 한 측면일 뿐이다.

생산 과정이 길수록 더 많은 자본이 성공적으로 투입되고, 노동 생산성이 높아지고, 기본적 생존을 확보하기 위한 하루의 노동량이 줄어들고, 굶주림에서 벗어나는 안전성이 높아진다. 세계 인구의 대부분이 하루치 임금에서 일부분의 돈으로 영양가 있는 음식을 살 수 있는 것은 바로 자본의 축적과 연장된 생산 과정 덕분이다. 현대적 자본이 없다면 하루 노동의 산출물은 대략 개인이 하루 동안 살아남는 데 필요한 정도에 그칠 것이며, 생존이 위태롭고 불확실하게 될 것이다. 오늘날 극심한 빈곤은 자본이 부족하고 사람들이 생존을 위해서 매일 일해야 하는 곳에서만 존재한다. 반면에 현대적 자본이 있으면 대부분 근로자가 매일 스스로 필요한 식량의 몇 배를 생산할 수 있어서 빈곤과 굶주림으로부터 보호되는 안전성을 확보하고, 다른 많은 재화를 소비할 수 있게 된다.

자본의 중요성을 이해하기 위해 자본 없이 일하면서 생산성의 변화를 측정해 보라. 당신이 농부라면 트랙터나 삽의 도움 없이 맨손으로 농사짓기를 시도해 보라. 엽총이나 창, 또는 활과 화살 없이 사냥해 보라. 자동차가 없는 택시 운전사가 되려고 시도해 보라. 현대적 주택을 건설하고, 난방을 제공하고, 폭풍우로부터 보호하는 자본 설비 없이 겨울을 견뎌내기를 시도해 보라. 빈곤은 자본의 결핍으로 이해하는 것이 정확하다.

조지 오웰George Owell의 《파리와 런던의 밑바닥 생활Down and Out in Paris and London》은 자본의 가치에 대한 훌륭한 문학적 예시다.[63] 오웰은 1920년대와 1930년대에 유럽의 주요 도시 두 곳에서 저소득층 노동자들과 함께 오랜 시간을 보냈다. 빈곤한 삶에 대해 그의 가장 예리하고 심오한 관찰 중 하나는 가난한 사람들에게는 모든 것이 비싸다는 것이었다. 생존의 필수 요소를 모두 갖춘 집을 소유한 부자는 하루의 생존을 당연하게 여길 수 있다. 적어도 가난한 부랑자가 기본적 필요를 확보하기 위해 감내해야 하는 것과 비교하면 그렇다. 주방이 없으면 매끼의 식사가 비싸진다. 차가 없으면 걷는 데 오랜 시간이 걸린다. 옷장이 없으면 괜찮은 직업에 어울리는 좋은 옷을 찾는 데 비용이 많이 든다. 자본을 소유하면 많은 것이 저렴해진다. 빈곤을 극복할 수 없는 것처럼 보이는 주된 이유는 자본의 부재다. 작은 규모의 자본은 낮은 생산성을 유발하여 생산성을 높이기 위해 저축하고 자본에 투자할 소득을 거의 남기지 않는다. 이런 악순환에서 벗어나려면 이미 소비 수준이 매우 낮고 생존이 위태로운 상황에서도 소비를 더 미뤄야 한다. 세계의 수많은 가난한 사람이 이런 빈곤의 덫에서 벗어나려고 애써왔다.

자본의 높은 비용

주류 언론, 학계, 기타 경제적 문맹economic illiteracy의 원천에서 자본과 자본 소유자를 폄하하는 말을 흔히 들을 수 있다. 그들은 자본이 노동을 착취하는 수단이고, 자본의 소유자가 나머지 사회에 대해 불공정한 이득을 얻는 수혜자라고 말한다. 자본을 소유하는 데 필요한 실제 비용과 자본의 소유가 시사하는 책임에 대해서는 거의 말하지 않는다. 자본의 소유자가 되려면 먼저 자본을 벌어야 한다. 그런 뒤에는 소비를 자제하고 절약해야 한다. 그리고 자본을 유지하기에 충분한 수익을 기대할 수 있을 정도로 시장에서 잘 운용해야 한다. 자본의 경제적 비용은 다양한 방식으로 나타난다.

지연된 만족

자본축적의 단점은 비용이 많이 들고 불확실하다는 것이다. 자본을 축적하려면 미래가 되어서야 결실을 맺을 수 있고, 어쩌면 전혀 그렇지 못할 수도 있는 자원에 투자하기 위해 현재의 소비를 희생해야 한다. 자본은 계속해서 만족을 지연시키고 소비를 미룰 것을 요구한다. 자본의 기회비용은 항상 포기된 소비다. 자본을 소유한 사람은 언제든지 자본을 팔아서 현재의 소비재와 바꿀 수 있다. 낚싯대가 완성되는 순간, 어부는 상당한 양의 물고기와 낚싯대를 교환할 사람을 찾을 수 있다. 낚싯대의 소유자가 더 생산적으로 고기잡이를 계속하려면 매일 물고기와 낚싯대를 바꿀 기회를 거부해야 한다. 지구상의 모든 생산적인 기계의 소유자는 기계를 팔아서 더 즉각적인 즐거움을 제공하는 소비재와 교환할 수 있다. 아넬리스 일레나의 소유주는 배를 팔아서 수익금을 소비한다면 몇 년 동안 흥청대면서 잘살 수 있겠지만, 미래에 수십 년 동안 소득의 흐름을 창출할 자본을 유지하기 위해 현재의 화려한 삶을 희생한다.

자본이 축적되려면 사람들이 시간 선호도를 낮춰야 한다. 현재를 희생하여 미래를 대비할 수 있을 정도로 미래에 대한 할인을 줄여야 한다. 자본가를 노동자의 기생충이라고 비난하는 경제적 문맹자들은 이 점을 유념할 가치가 있다. 자본을 소유한 사람이 미래의 보상을 대가로 현재의 소비를 희생하는 것은 노동자가 미래의 보상을 대가로 여가를 희생하는 것과 경제적으로 아무런 차이가 없다. 자본가가 실제로 생산 과정에 아무것도 기여하지 않는다면, 자본재를 노동자에게 제공하는 대신에 소비하더라도 노동자의 생산성에 아무런 영향을 미치지 않을 것이다. 하지만 어느 노동자에게든 자본이 없으면 그들의 생산성이 어떻게 될지 물어보면, 자본을 증오하는 것이 얼마나 터무니없는 일인지가 분명해진다.

마르크스주의자와 숙고하지 않는 케인스주의 경제학자들이 시간 선호 같은 개념과 시간 선호가 자본축적에 대해 시사하는 바를 다룰 지적 능력을 개발한 적이 없다는 것은 주목할 만하다. 그들은 또한 희소성이 존재하지 않고, 정부와 개인에게 어떤 선택도 강요하지 않는 에덴동산을 위해 수립된 정책을 제안하는 데서 알 수 있듯이 기회비용의 개념을 이해한다는 것을 보여준 적도 없다. 희소성과 기회비용을 이해하지 않고는 자본축적의 어려움과 중요성을 이해할 수 없다는 것이 사회주의 정부가 사회적 자본의 대대적인 파괴로 끝나는 이유를 설명해 준다.

파괴

자본의 생산은 비용이 많이 들고 불확실하지만, 자본을 파괴하기는 아주 쉽다. 자본은 생존을 위해 환경으로부터 지속적으로 투입물을 받아들이고, 환경에 산출물을 생산해야 하는 살아 있는 유기체와 같다. 자본은 가장 생산적인 용도와 방식이 가격을 통해 결정되는 시장에서 운영되어야 한다. 가격은 자본가에게 자본을 어디에 할당할지를 알려주고, 기업가에게는 생산 과정을 어떻게 관리할지를 알려준다. 자유시장이 없으면 가격이 자본가나 기업가에게 자원을 어디에 어떻게 할당할지를 알려주지 않아서 잘못된 배분, 낭비, 그리고 비축된 자본의 감소로 이어진다. 적절하게 유지하고 사용하지 않는 기계는 오작동을 일으키고 성능이 저하된다. 생산 과정이 중단되면 자본재에 매우 큰 비용이 들고 종종 회복할 수 없는 피해를 초래할 수 있다. 우리의 어부가 낚싯배를 만드는 데는 오랜 시간이 걸리지만, 바위가 많은 해안에 부딪혀 산산조각 나 돌이킬 수 없이 배의 통제력을 잃는 데는 몇 초의 시간이면 충분하다. 이것은 작은 낚싯배와 거대한 원양 저인망 어선도 마찬가지다.

감가상각

사용되면서 시간이 지남에 따라 가치가 하락하는 것 역시 자본의 특성이다. 자본은 영원하지 않고, 일상적으로 사용됨에 따라 마모와 마손으로 손상을 입는다. 자본재에 투자한 생산자는 자본재가 동일한 수준의 생산성으로 무한정 소비재 생산을 계속하기를 기대할 수 없다. 자본의 생산성은 사용에 따라 점차 감소하고, 자본과 자본의 생산성을 유지하는 데 더 많은 자본 지출이 필요하게 된다. 바다의 짠물에 들어가는 작살은 시간이 가면서 성능과 효율성이 떨어진다. 작은 낚싯배도 사용 시간이 늘어나면서 성능이 떨어지고, 수리하는 데 더 많은 시간 투자가 필요하게 된다. 가장 발전된 현대식 저인망 어선의 운영을 위해서도 지속적 유지관리가 필요하다. 중요한 부품을 주기적으로 검사하고, 마모된 부품을 교체하고, 기어에 기름을 치고, 필요한 연료를 보충하는 전문 엔지니어와 작업자로 구성된 대규모 지원팀을 보유해야 한다.

위험

자본축적은 본질적으로 위험하고 불확실하다. 앞에서 논의한 파괴의 위험 외에도 투입된 자본이 원하는 품질과 수량의 최종재 생산에 실패하는 데는 셀 수 없이 많은 이유가 있다. 자본은 새로운 제품과 생산 방식의 발명으로 쓸모없게 되는 위험이 있다. 잘못이 전혀 없음에도 기업가는 경쟁자가 자신의 제품보다 우수한 제품이나 훨씬 더 저렴하게 제품을 생산하는 방식을 개발할 때, 자신의 전체 투자가 쓸모없게 되었음을 알 수 있다. **자본축적은 미래를 위한 현재의 희생뿐만 아니라 불확실성을 위한 확실성의 희생을 요구한다.** 자본가는 항상 자신의 투자가 미래에 긍정적인 수익을 낼 것이라고 추측하지만, 그런 추측은 틀릴 수 있다.

자본가가 되려면 먼저 다른 사람들이 돈을 지불할 수 있을 만큼 가치 있는 무언가를 생산해야 한다. 그런 다음에 자신의 수요 충족을 위해 그 돈을 사용하는 것을 자제하고, 사람들이 평가하는 주관적 가치가 생산 과정에 투입된 재화의 시장가격보다 높은 산출물을 생산하여 다른 사람들의 수요를 충족하는 것을 목표로 하는 사업에 투자해야 한다. 이러한 가치를 제공하지 못하면 언제든지 매출과 수익성의 붕괴를 초래할 수 있고, 자본의 손실과 파산으로 이어지는 것이 불가피하다. 이러한 실패의 원인은 게으름, 무관심, 불운, 더 나은 경쟁자 등 끝이 없다. 하지만 자본의 손실이라는 결과는 항상 동일하다.

이것이 바로 자본의 소유가 그토록 가치 있고 생산적이며, 노동자들이 계속해서 자본가를 위해 일하기를 선택하는 이유다. 머리 로스바드 Murray Rothbard는 다음과 같이 설명한다.

"원하기만 한다면 모든 노동자가 임금을 받기 위해 일하기를 거부하고, 대신에 자신들의 생산자 협동조합을 결성하여 제품이 소비자에게 판매될 때까지 임금의 수령을 몇 년 동안 기다릴 수 있다. 그들이 그렇게 하지 않는다는 사실은 생산된 제품이 판매되기 훨씬 전에 노동자가 돈을 벌 수 있게 해 주는 자본 투자 및 임금 지급 시스템의 엄청난 이점을 보여준다. 자본 투자와 이자수익 시스템은 노동자의 착취가 아니라 노동자와 사회 전체에 엄청난 혜택이 된다."[64]

자유시장 경제 체제에서 개인은 자신의 자본을 유지할 수 있을 만큼 충분히 사람들에게 봉사할 수 있는 정도의 자본을 소유한다. 그 이상의 특권이나 상속은 없고, 매우 큰 부도 없다. 고객에게 서비스를 제공하지 못하는 자본은 기능을 잃고 폐기해야 하는 쓰레기가 될 때까지 가치가 하락할 것이다. 미제스가 설명했듯이 자본의 소유는 특권이 아니라 부담스러운 책임이다.

"자본가와 토지 소유자는 가능한 최선의 소비자 만족을 위해 자신의 재산을 사용하지 않을 수 없다. 의무의 수행이 느리고 서툴면 손실이라는 벌을 받게 된다. 교훈을 배우지 못하고 행동을 개혁하지 않으면 재산을 잃게 된다. 영원히 안전한 투자는 존재하지 않는다."[65]

현대 경제학자들은 인간의 행동을 연구하는 경제학의 현실을 가르치지 않는다. 따라서 그들의 지지자들은 자본의 소유자가 되는 데 필요한 노고와 희생, 위험을 이해하지 못한다. 원인과 결과를 이해하지 못하는 무능력은 자본이 특별한 종족에게 부여된 일종의 천상의 특권이라는 상상으로 이어진다. 당신은 그 종족에 속하거나 그렇지 않거나 둘 중 하나다. 자본을 축적하고 성공적으로 유지하는 데 필요한 행동에 대한 이해나 인정은 거의 없다. 결과적으로 많은 사람이 자본을 획득하기 위해 일하고, 생산성과 생활 수준을 높이기보다는 자본에 대해 심하게 불평하면서 노동의 성과와 시간을 낭비하게 된다. 이러한 경제적 무지는 권력을 획득하고, 자본 소유자의 자본을 빼앗는 데 이용하는 선동 정치인들의 돛에 불어주는 바람이다.

케인스주의자와 마르크스주의자들의 자본 소유에 대한 폄하와 비방, 그리고 자본축적의 비용에 대한 몰이해는 이러한 이념의 영향을 받은 정부가 기존의 저축 없이 투자 자금을 조달하려는 시도를 너무 자주 하게 되는 결과로 이어졌다. 실물화폐 physical money 찍어내기든, 신용의 확대를 통해서든 근본적으로 망상은 동일하다. 자본에 대한 청구권의 창출이 자본을 생산하기 위한 저축의 필요성을 대체할 수 있다는 착각이다. 이러한 역학과 그 참담한 결과는 이 책의 4부에서 더 자세히 살펴볼 것이다.

자본과 시간 선호

"시간 선호가 저축과 자본 또는 내구성 소비재의 형성을 허용할 만큼 충분히 낮아지면 '문명의 과정'을 수반하는 시간 선호도의 하락이 시작된다."[66]

- 한스헤르만 호페

　자본축적의 비용은 미래 재화의 생산에 자원을 투자하기 위해 감수해야 하는 현재 재화의 희생에 있다. 사람들이 미래에 대해 현재의 가치를 높이 평가할수록, 즉 시간 선호도가 높을수록 미래의 수익을 위해 현재의 소비를 포기할 가능성이 줄어들게 된다. 시간 선호도가 하락하고 미래에 대한 가치평가가 높아지면, 미래의 수익을 추구하여 현재의 소비를 포기할 가능성이 커진다. 우리가 아는 한, 자본재는 시각화하거나 희망적인 생각을 통해 허공에서 만들어 낼 수 없다. 자본재를 만드는 유일한 방법은 현재 재화의 소비를 미루는 것이다. 모든 경제 현상과 마찬가지로, 자본은 인간의 행동과 그것을 실현하는 데 필요한 행동의 관점에서만 이해할 수 있다. 자본축적의 제약은 자연적이거나 물리적인 조건이 아니라 인간이며, 현재의 소비에 비해 미래의 생산에 투자하여 얻기를 원하는 산출물의 양이 얼마나 되는지에 달려 있다. 다시 말해 **자본 생산의 제약조건은 시간 선호다**. 호페가 설명했듯이 "시간 선호도가 낮을수록 자본이 형성되는 과정이 일찍 시작되고, 우회적 생산구조가 더 빨리 연장될 것이다."[67]

　따라서 시간 선호를 자본 생산의 한계로 이해하면 자본 가격이 시간 선호를 반영하게 된다. 개인의 시간 선호도가 낮을수록 현재 대비 미래의 할인이 감소하여 미래의 보상을 위한 현재 소비의 희생이 더 저렴해진다. 반면에 개인의 시간 선호도가 높을 때는 현재 소비의 희생이 미래의 보상에 비해 매우 비싸게 느껴질 것이다. 따라서 자본의 가격은 시간 선호도의 함수다. 이는 다음 장에서 화폐, 기업가정신, 그리고 화폐시장의 경제적 질서를 소개한 후에 이 책의 4부에서 자세히 논의할 '이자율의 순수 시간 선호 이론pure time preference theory of interest rates'의 직관적 기초가 된다.

시간 선호도가 긍정적이므로 오직 실질 수익에 대한 긍정적 기대만이 저축을 부추긴다. 자본재의 가치는 전적으로 자본재가 생산하는 재화에서 파생된다. 따라서 자본에는 산출물과 독립적인 가치가 존재하지 않는다. 소비재로서 직접적인 효용을 제공하지 않기 때문이다. 자본에는 효용이 있는 재화를 생산할 수 있는 효용만이 있다. 따라서 효용과 최종재의 측면에서 긍정적인 수익을 제공하는 활동에만 투자가 이루어진다. 로스바드가 설명한 대로 우리는 자본을 형성하는 활동을 수행할지 말지를 결정하는 행동 전체를 행위자의 시간 선호와 불확실성 요소에 의해 '평가절하된discounted', 상대적 효용의 균형 잡기로 설명할 수 있다.[68]

생산 과정에서 시간 선호와 불확실성을 고려하여 평가절하된 미래 산출물의 가치를 요구되는 초기 투자보다 높이 평가하는 사람은 투자를 통해서 자본재를 구축하거나 획득할 가능성이 크다. 투자가 성공을 거두면 더 많은 자본재를 획득하기 위해 더 많은 자원을 사용할 수 있고, 이익과 생산성을 더욱 늘릴 수 있다. 시간이 가면서 비축된 자본과 생산성이 증가함에 따라 재정적 미래에 대한 불확실성이 감소하고, 시간 선호도가 낮아져서 더 많은 자본축적이 촉진된다. 사회 전반에 더 많은 자본이 축적되고, 시간 선호도가 감소하면 자본의 가격(이자율로 결정되는)도 하락한다. 이렇게 시간 선호도를 낮추고 투자를 늘리는 과정을 문명의 과정으로 이해할 수 있다.

저축의 오류

현대의 모든 경제학 교과서는 자본의 축적 과정에 거의 초점을 맞추지 않는다. 사람들이 자본주의 체제를 생각할 때, 자본축적보다는 자유무역을 자본주의의 특징으로 생각할 가능성이 크다. 개발도상국의 경제성장을 지원하는 국제개발기구 역시 무역의 역할과 무역정책의 개혁을 강조하지만, 자본의 축적에는 거의 가치를 부여하지 않는다. 자본축적이 언급되는 경우에도 실제로는 정반대임에도 불구하고, 마치 자본의 축적과 차입이 동등한 것처럼 공공 및 민간 차입을 정당화하는 구실로 사용된다. 국제적 금융기관들은 개발도상국을 위해 더 많은 대출을 만들어 내는 데 기득권을 갖고 있지만, 국내의 저축이 늘어나는 것을 지켜보는 데는 별로 관심이 없다.[69]

오늘날의 경제학 교과서에서는 저축에 대한 논의, 특히 경제적 생산물의 창출에 있어서 저축의 필수적인 역할에 관한 논의가 거의 이루어지지 않는다. 소비하는 대신에 금융상품에 저축하는 행동은 경제 생산에 투입하기 위해 현재의 소비에서 경제적 자원을 절약하는 행동이나 여가 즐기기를 미루고 노동에 참여하는 행동과 다르지 않다. 투자보다 저축이 선행되어야 하는 불가피성에 대한 논의도 찾아볼 수 없다. 전형적인 케인스주의 교과서는 저축을 만족을 지연시키는 모든 행동의 공통점과 경제성장 및 발전에 필수적인 역할을 강조하기보다는 소시오패스sociopath의 경계선에 있는 반사회적 성격 특성으로 묘사한다.

케인스주의 분석의 출발점은 사회의 소득이 미리 정해진 수학 공식에 따라 지출과 저축으로 나누어진다고 가정하는 것이다. 사회의 저축 수준을 결정하는 요소에 대한 논의는 거의 없고, 저축을 선택하는 인간이라는 행위자의 중요성에 관한 인식도, 선택의 결과에 대한 논의도 없다. 케인스주의 모델은 고도로 작위적인 저축의 정의를 사용하는데, 그에 대한 설명과 반박은 이 책에서 각주 이상으로 포함될 가치가 없다.[70] 그저 케인스주의 분석이 장황하게 정의적·수학적 허튼소리를 늘어놓은 후에 저축과 투자가 완전히 다른 두 가지 개념이자 회계 항목이고, 우연이 아니고는 같아질 이유가 없음에도 저축과 투자의 양이 같을 때만 평형에 도달한다는 결론을 내린다고만 말해 두자. 이 모델에 따르면 총저축이 총투자를 초과하는 경우는 사회가 충분히 소비하지 않는다는 것, 다시 말해 저축이 너무 많다는 것을 의미해야 한다. 케인스주의 모델에서는 사람들이 지출을 줄이는 대신에 현금을 보유하고 저축하기를 선택하면 경제가 둔화하여 광범위한 실업과 파산이 발생한다.

케인스주의 교과서는 저축이 경제질서를 파괴하고 실업을 유발한다고 말한다. 이는 케인스의 권위에 대한 존중과 전혀 타당하지 않은 최신 수학 방정식이나 수학 모델의 적용을 바탕으로 한 주장이다. 케인스주의 교과서는 또한 저축이 디플레이션deflation의 악순환에 빠진 경제로부터 시장의 회복을 방해할 것이라는 결론을 내린다. 지출의 감소가 고용의 감소를 초래하고, 고용의 감소가 다시 지출의 감소를 초래하는 끝없는 하향의 소용돌이로 이어진다는 것이다. 이런 터무니없는 시나리오는 케인스가 최종 제품이 할인 판매되고 수익성 없는 생산요소가 더 생산적인 새로운 생산라인에 배치되는 시장경제에서 가격이 어떻게 기능하고 조정되는지를 이해하지 못했기 때문이라고 할 수 있다. 케인스에 따르면 사람들이 책임 있게 행동하고 소비 지출에 나서는 대신에 저축을 통한 이기적 이익 추구를 계속한다면 시장의 조정이 실패하게 된다.

케인스주의자들에 따르면 오직 전지전능하고 강압적인 정부의 개입을 통해서만 시간 선호도가 낮은 절약가들이 현재를 희생하고 미래를 준비하면서 초래한 재앙으로부터 시장을 구원할 수 있다. 정부는 신용의 확대와 재정 지출에 자금을 조달하기 위해 구두쇠들의 저축 가치를 떨어뜨림으로써 즉각적으로 사회의 총지출과 투자 금액을 늘리고 저축을 줄일 수 있다. 그리고 덤으로 절약가들에게 교훈을 주고 미래의 저축 의욕을 떨어뜨리는 전례를 만들 수 있다. 그들은 중앙계획을 통해서 모든 것이 가능하다고 가정한다. 이는 결국 시간 선호도가 너무 높고 미래에 대한 관심이 거의 없어서 "결국에는 우리 모두 죽는다"를 좌우명으로 삼은 인간의 신조였다. 저축이 미래를 준비하는 수단임을 생각할 때, 일관되게 저축을 폄하하고 의욕을 꺾고 기반을 훼손하려 한 케인스의 경제학은 18장에서 논의하는 것처럼 그의 개인적 도덕성과 일치한다.

오늘날의 대학에서는 케인스 경제학의 승리가 저축과 그 주변 문화의 파괴에 반영된다. 수십 년간의 절약과 자본축적 덕분에 산업혁명과 현대 자본주의의 혜택을 경험한 서구사회의 저축률은 현재 한 자릿수로 낮고, 수십 년 동안 그 수준에 머물렀다. 케인스주의자들이 경제성장의 동력으로 내세우는 인플레이션 통화정책은 사람들의 저축 의욕을 꺾는다. 그에 따른 인플레이션이 이 책의 마지막 장에서 논의할 필연적인 위기로 이어질 때 케인스주의자들은 위기를 저축의 탓으로 돌리고, 인플레이션의 결과를 바로잡기 위한 추가적 인플레이션을 제안한다.

자본의 한계

다른 요소가 일정하게 유지되는 동안에 자본이 특정한 규모를 넘어 축적되면 자본의 한계생산성이 감소한다. 근로자를 위해 기계를 확보한 직물공장은 조달된 첫 번째 기계를 통해 매우 빠른 생산성 향상을 목격하게 될 것이다. 손을 사용하는 대신에 재봉틀을 사용하는 작업자들의 생산성이 증가한다. 그러나 추가된 기계의 한계이익marginal benefit은 이전의 기계보다 낮을 것이다. 여분의 기계는 다른 기계의 고장에 대비하는 예비용으로 운영되므로, 정규적으로 사용되는 기계보다 한계 기여도가 감소하게 된다. 기계의 증가에 상응하는 근로자나 생산요소의 증가와 기술의 개선 없이 더 많은 기계가 축적되면 각 단위의 한계생산성이 줄어든다. 맨손으로 물고기를 잡다가 낚싯대를 사용하게 되면 낚시꾼의 생산성은 낚싯대를 한 대 쓰다가 두 대를 쓰게 될 때 보다 더 높아진다.

이러한 관계로 인해 일부 경제학자는 자본의 축적에 한계가 있다거나, 자본축적이 장기적인 경제성장을 견인할 수 없다는 가설을 세우게 되었다. 다른 생산요소가 고정된 상태에서 자본이 성장하는 세계라면 엄밀한 사실이겠지만, 우리 주변의 현실 세계를 대충만 둘러보더라도 이러한 가설이 얼마나 현실과 동떨어져 있는지 알 수 있다. 현실 세계에서는 기술적 지식이 끊임없이 발전하여 단지 더 많은 자본이 아니라 더 나은 자본이 축적될 수 있기 때문에 자본의 축적이 수익의 감소로 이어지지 않는다. 기술적 진보 자체도 증가하는 자본축적의 함수다. 다시 말해서 더 많은 자본을 축적할수록 더 많은 기술을 시도할 수 있고, 더 많은 기술이 발견될 것이다. 자본의 가용성은 생산구조를 연장하고 새로운 기술을 도입하기 위한 전제조건이다. 신기술에 대한 아이디어는 값싸게 얻을 수 있지만, 아이디어의 실행에는 값비싼 자본이 요구되기 때문에 비용이 많이 든다.

현실 세계의 어부는 한계생산성이 감소하면서 점점 늘어나는 낚싯대를 축적하는 데 계속해서 투자하지 않는다. 대신에 그는 고기잡이 그물, 낚싯배, 그리고 궁극적으로는 아넬리스 일레나 같은 더 생산적인 기술에 투자할 것이다. 우리가 지나치게 많은 자본을 소유할 수 있는 것처럼 보일 수도 있지만, 어부의 생산성이 아넬리스 일레나보다 떨어지는 한, 설사 아무런 혁신이 이루어지지 않더라도 수산업에는 여전히 자본축적의 여지가 많다. 아넬리스 일레나조차도 수산업에서 자본 생산성의 정점에 달한 것으로 볼 수 없다. 이 선박에 고기잡이를 위한 최고 수준의 생산성을 부여하는 특성은 아무것도 없다.

더 많은 자원이 있는 자본가라면 설계, 제작, 운영으로 이어지는 생산 과정이 더 길고, 생산성이 더 높은 선박의 건조를 의뢰할 수 있다. 더 큰 엔진은 속도를 높일 수 있고, 더 큰 냉장고는 저장 용량을 늘릴 수 있으며, 더 많은 그물은 포획 능력을 증대할 수 있다. 가장 경험이 풍부한 세계 최고의 선박 엔지니어들에게 자본과 시간이 주어진다면, 아넬리스 일레나보다 더 생산적인 선박을 만들어 낼 것이라는 데는 의심의 여지가 없다. 아넬리스 일레나보다 생산적인 선박이 없는 이유는 단순히 우리의 저축 능력과 시간 선호에 따라 축적이 제한되는 자본을 어선의 건조에 더 많이 투입하지 않았기 때문이다. 우리가 자본축적의 끝에 도달한 것도 아니고, 기존의 어선을 개선하기 위한 아이디어가 고갈된 것도 아니다.

자본 투자의 한계는 현재의 재화에 대한 현재의 기회비용이다. 우리가 지나치게 많은 자본을 소유함에 따르는 자본의 높은 기회비용은 결코 고갈될 수 없다. 아넬리스 일레나보다 더 생산적인 선박이 건조되지 않는 것은 잠재적 투자자들이 그런 대형 선박을 만드는 위험을 감수하기보다 다른 투자 기회나 소비를 더 중요하게 생각하기 때문이다. 더 많은 자본이 축적될수록 우리 시간의 생산성이 높아지고, 시간의 가치가 높아질수록 여가의 가치도 높아져 노동과 자본을 위해 여가를 희생하는 비용이 늘어난다. 시간이 지나고 자본이 축적되면 더 새롭고 좋은 선박이 건조될 것이다. 더 발전된 저인망 어선은 단순히 덜 발전된 어선을 사용하는 어부들이 잡을 물고기를 빼앗는 것이 아니다. 대신에 바다 깊숙이 도달하여 다른 어부들이 전혀 잡을 수 없는 물고기를 찾아냄으로써 더 많은 물고기를 시장에 공급해 더 많은 고객의 수요를 충족하게 된다.

7장

Technology

기술

"우리 시대의 잘못된 점은 바로 지난 200년간의 기술 진화에 있어서 경제적 자유 정책이 수행한 역할에 대한 광범위한 무지다. 사람들은 생산 방식의 개선이 단순한 우연의 일치로 자유방임 정책과 동시대에 이루어졌다는 오류의 희생물이 되었다."[71]

- 루트비히 폰 미제스

경제적 생산 과정은 현실 세계에 자리 잡기 전에 생산에 임하는 개인의 마음속에서 계획된다. 인간의 이성은 우리가 경제적 성과를 달성하기 위한 개념과 아이디어를 개발하게 해 준다. 기술은 경제적 행동을 위한 계획이자, 인간의 목적을 달성하기 위한 메커니즘으로 생각할 수 있다. 기술은 음식을 요리하는 레시피recipe와 비슷하다. 레시피는 음식의 물리적인 부분이 아니라 모든 것을 하나로 모으는 인지적 지식이다. 아이디어, 레시피, 그리고 기술은 생산 과정의 생산성을 높인다는 점에서 자본의 형태를 취한다. 그러나 비물질적 형태이기 때문에 풍부하게 존재하는 자본이다. 기술이나 아이디어를 사용하는 사람은 다른 사람들이 그것을 사용할 능력을 줄이지도 않고, 기술이나 아이디어의 생산성을 줄이지도 않는다. 이러한 형태의 자본이 비물리적이라는 의미는 매우 중요하다.

기술의 발전 과정은 더욱 새롭고 좋은 아이디어와 방법을 지속적으로 개발하고 생산 과정에 적용하여 단위 시간당 생산량을 점진적으로 늘리는 과정이다. 기술의 발전 없는 자본의 축적은 빠르게 수익의 감소로 이어질 것이다. 어부가 낚싯대를 사용하기 시작하면 산출량이 증가한다. 계속해서 더 많은 낚싯대에 투자하는 동안에 기술의 발전이 없다면, 더 이상 낚싯대가 쓸모없게 되는 시점에 이르게 된다. 그리고 추가적인 투자는 결코 사용할 일 없을 낚싯대를 제공하는 데 그치게 될 것이다. 물론 어부는 그 시점에서 투자를 중단할 것이다.

그러나 어부가 창의적으로 자본을 투자할 수 있는 새로운 기술의 아이디어를 생각하고 찾아낸다면, 낚싯대보다 더 생산적인 새로운 자본재를 만들 수 있다. 그러면 수익의 감소로 이어지지 않는 생산성 향상을 위한 자본축적의 과정이 계속될 것이다. 어부의 이성은 해변보다 낚싯배를 타고 나가 물고기를 잡을 수 있다면 생산성이 더 높아지지 않을까 하는 의문을 갖게 한다. 그는 자신의 시간과 산출물 일부를 배 만드는 데 투자하고, 낚싯배를 사용해 본다. 앞 장에서 논의한 것처럼, 이러한 투자는 비용이 많이 들고 불확실하다. 소비를 미뤄야 하고, 감가상각을 겪게 되며, 실패의 위험을 수반한다. 그러나 투자가 성공한다면 어부의 생산성은 증가할 것이다.

같은 배를 더 많이 만드는 데 계속해서 투자한다면 역시 수익의 감소로 이어지게 된다. 하지만 인간의 이성은 활용할 수 있는 새로운 기술을 계속해서 추구할 것이다. 새로운 기술과 발명에 따라 생산의 새로운 한계가 나타나고, 한계를 개선하기 위한 자본이 투입될 수 있다. 자금을 공급할 자본이 축적되는 한, 더 좋고 더 크고 더 빠르고 더 안전한 배와 새로운 특수장비가 계속해서 발명될 수 있다. 새로운 기술은 더 많은 물고기를 잡는 것뿐만 아니라, 전에는 잡을 수 없었던 종류의 물고기까지 잡게 해 준다.

기술과 노동

"효율이 떨어지는 생산방식을 보다 효율적인 방식으로 대체하더라도 인간의 복지를 늘리는 데 활용할 수 있는 물질적 요소가 남아 있는 한, 노동력이 풍부해지지는 않는다. 오히려 생산량이 증가함에 따라 소비재가 늘어난다. '노동절약labor-saving' 장치는 공급을 늘리지만, '기술적 실업technological unemployment'을 초래하지는 않는다."[72]

- 루트비히 폰 미제스

산업화가 부상하고 대규모 동력이 경제 생산에 이용되면서 기술이 노동을 대체한다는 불만이 끊임없이 제기되었다. 직관적·피상적 수준에서는 의미가 있어 보이는 불만이다. 생산량과 생산성을 높이기 위해 더 많은 기계를 사용할수록 생산자가 동일한 수량의 생산에 대해 근로자에게 덜 의존하게 된다. 그들은 공장에 기계를 조달하면서 불필요한 근로자를 해고한다. 아마도 일자리 상실의 두려움에 대응하여 기계에 대한 분노를 표출한 가장 유명하고 특이한 예는 러다이트Luddites 운동일 것이다. 그들은 기계가 영국 섬유 노동자의 생계를 파괴할 것이라고 주장하면서 자동화된 직기를 파괴하는 조직적 캠페인을 벌였다.

기계화 농업으로 농민이 일자리를 잃게 되었다는 주장도 제기되었다. 증기기관은 상당수의 근로자를 불필요한 인력으로 만들 참이었다. 전화가 처음 발명되어 보급되었을 때는 통화를 연결해 주는 교환원이 필요했지만, 자동교환기가 발명되면서 교환원의 수요가 붕괴되었다. 최근에는 많은 패스트푸드 식당에서 직원을 줄이기 위해 점점 더 정교해지는 자동입출금기를 설치하고 있다. 이러한 사고방식은 또한 마르크스주의 신조의 핵심이기도 하다. 마르크스는 기계화에 따르는 이익이 노동자의 희생을 통해서 자본가에게 돌아갈 것이며, 임금은 오르지 않고 탐욕스러운 자본가에 의해 실업으로 내몰리며 노동자의 지위가 하락할 것이라고 주장했다.

러다이트 운동이 옳았을까? 지속적인 자동화로 인해 인구의 상당 부분이 실업자가 되면서 끔찍한 사회적 결과를 초래했을까? 그들의 불만과 마르크스 이론 사이의 공통점이 그와는 반대라는 것을 가리키는 명백한 경고 신호다. 게다가 경험적 관찰도 러다이트 운동의 주장을 뒷받침하지 않는다. 그러나 확실한 답은 경제적 사고방식을 통해서만 얻을 수 있다.

2세기가 넘도록 자동화와 산업화가 진행된 후 우리는 취업을 원하는 영국의 대다수 성인이 일자리를 찾을 수 있고, 러다이트 운동이 쟁취하려던 것보다 훨씬 높은 임금을 받는다는 사실을 알게 되었다. 극소수의 영국인이 18세기에 조상들이 했던 비천한 일을 하고 있는 것은 사실이지만, 어쨌든 그들에게도 일자리는 있다. 영국의 인구가 계속해서 증가하는 동안에도 더 많은 일자리가 계속해서 나타났고, 오늘날의 영국인은 18세기의 조상들보다 훨씬 좋은 환경에서 일하면서 더 많은 돈을 벌고 있다. 러다이트 운동과 마르크스주의자들이 옳았다면 두 세기의 기술적 진보로 인해 더 나은 일자리를 제공하는 것은 고사하고, 그 누구를 위한 일자리도 남아 있지 않았을 것이라고 상상할 수 있다.

러다이트 운동이 초래한 혼란의 근원은 노동을 소비재의 생산을 위해 취득하는 생산재가 아니라, 제공되는 효용을 위해 취득하는 소비재처럼 취급했다는 것이다. 우월한 대안을 찾을 수 있는 소비재는 컴퓨터가 발명된 후의 타자기처럼 더 이상 필요하지 않게 되면서 경제적 가치를 잃을 수 있다. 그러나 생산재의 수요는 반드시 구매자에게 제공되는 효용에 달려 있지 않다. 생산재의 수요는 생산을 위한 재화의 유용성에 달려 있다. 생산 과정에서 대체된 생산요소라도 다른 생산 과정에 활용될 수 있다면 여전히 가치가 있을 것이다.

특히 노동은 다른 일자리나 산업으로 전용될 수 있는 구체성이 가장 낮은 생산요소다. 인간의 시간으로 구성되는 노동은 궁극적 자원이며, 노동의 희소성이 다른 모든 자원의 희소성을 뒷받침한다. 모든 재화는 인간의 노동이 투입되어 생산되고, 우리는 항상 더 많은 상품과 서비스에 대한 수요가 증가하는 결핍의 세계에 살고 있다. 기술의 발전으로 노동 생산성이 향상되면 노동의 가치가 높아지고, 더 많은 경제적 재화를 생산할 수 있게 되어 희소성이 완화된다. 그러나 기술의 발전은 결국 인간의 시간 자체의 희소성을 제거하지 않고, 제거할 수도 없다. 충족되지 않은 인간의 필요가 있는 한, 필요 충족을 위한 인간의 노동에 대한 욕구가 있을 것이다. 생산성이 아무리 향상되더라도 인간의 욕구가 더 늘어날 수 있고, 인간의 이성이 계속해서 희소성 문제의 더 나은 해결책을 고안해 낼 수 있다.

인간의 이성은 항상 더 좋은 제품, 더 좋은 기술, 더 안전한 생산방식을 찾아내고 새로운 수요를 창출할 수 있다. 우리의 '일자리가 소진되는' 일은 결코 없을 것이다. 계속해서 증가하는 다른 사람들의 욕구를 충족하기 위해 언제나 더 많은 사람이 부족한 제품을 더 많이 만들게 할 수 있기 때문이다. 시간이 항상 부족하기 때문에 희소성은 절대로 제거될 수 없다. 일은 결코 끝날 수 없고, 어떤 일에 우선순위를 둘지를 선택할 수 있을 뿐이다. 인간이 더 많은 작업을 기계에 위임할수록, 하고 싶지만 시간이 부족해서 할 수 없는 수많은 일 중에 상당 부분을 수행할 수 있는 시간을 얻게 된다.

다른 사람을 고용해서 사람이나 짐의 운반이 가능했던 시절이 있었다. 건강하고 튼튼한 사람은 다른 사람이나 수십 킬로그램의 짐을 운반해 하루에 수 킬로미터를 이동시킬 수 있었다. 자본의 지원 없이 무거운 물건을 나르는 일은 생산성이 매우 낮고, 수행하기도 너무 힘들어서 주로 노예들의 전유물이었다. 노예를 소유할 수 있는 사람만이 이런 노동을 감당할 수 있었다. 그러나 인구의 대다수는 자신의 몸과 소유물을 걸어서 옮길 수 있는 만큼의 거리와 속도로 이동시킬 수 있을 뿐이었다.

인간이 바퀴를 개발하면서 무거운 물건의 이동 가능성이 좋아졌다. 바퀴가 달린 수레를 끄는 노동자는 이제 더 무거운 물건을 먼 거리로 옮길 수 있게 되었다. 다시 말해 생산성이 향상되었다. 바퀴가 달린 수레와 말을 결합하면서 노동자의 생산성이 더욱 높아졌다. 산업혁명이 시작되고 기차, 자동차, 트럭, 선적 컨테이너, 그리고 비행기가 발명되면서 현대적 운송의 생산성이 산업화 이전 수준을 훨씬 뛰어넘었다. 이제 트럭 운전사 한 사람이 5만 킬로그램에 달하는 중량을 시속 100킬로미터의 속도로 하루에 16시간씩 운반할 수 있다. 300톤의 짐을 실은 총중량 575톤의 에어버스 A380을 소수의 승무원이 운행할 수 있다. 20~40명의 승무원이 있는 세계 최대의 컨테이너선 HMM 알헤시라스*Algeciras*는 무게가 2만 5,400킬로그램에 달하는 20피트 컨테이너 2만 4,000개를 실을 수 있고, 선적 총중량이 약 67만 2,000톤에 달하는 화물을 15.2노트 또는 시속 28킬로미터의 속도로 운반할 수 있다.

말의 가축화로부터 HMM 알헤시라스를 건조하기까지 일련의 발명품(바퀴, 마차, 말 없는 마차, 트럭, 기차, 그리고 비행기)이 있었지만, 웬일인지 운송업의 일자리는 아직 사라지지 않았다. 그뿐만 아니라, 오늘날의 운송 부문에는 바퀴가 발명되기 전에 존재했던 것보다 더 큰 비율의 정규직이 있다. 바퀴가 발명되기 전의 원시사회에서는 모든 사람이 일하는 시간의 대부분을 자신의 기본적 필요를 위해 소비했으므로, 운송업에 종사하는 수준의 전문화가 다양한 직종에서 이뤄질 수 없었다. 낮은 수준의 자본, 비인간 에너지 자원의 낮은 활용도, 그리고 원시적인 기술 발전으로 인해 노동의 산출물이 기본적 생존에 필요한 수준에 가까웠다. 그런 세상에서는 사람들 대부분이 자신의 식량을 생산하기 위해 일해야 하고, 극소수의 사람만이 다른 일을 전문으로 할 수 있다. 바퀴가 나오기 전에 운송 기술의 생산성이 매우 낮았다는 것을 감안하면, 많은 사람이 운송일을 하는 사람을 고용하기에 충분한 잉여 경제 생산력을 보유했을 가능성은 작다. 왜냐하면 고용될 사람의 기회비용은 운송일을 하지 않았다면 스스로 생산했을 식량의 상당 부분에 해당할 것이기 때문이다. 노예가 되어 자유의지가 없는 사람만이 이런 종류의 일에 내몰렸을 것이다.

기술이 발전하고 생산성이 향상됨에 따라 각 개인의 생산량이 일상적 생존에 필요한 양을 넘어서게 된다. 그러면 더 많은 근로자가 다른 사람의 노력을 통해서 식량을 공급받을 수 있고, 생계를 위한 노동에서 벗어나 보다 정교한 재화를 생산할 수 있는 전문화의 영역이 나타난다. 운송업의 생산성이 향상되면서 노예가 아닌 사람이 자발적으로 운송업에 종사하기를 원할 수 있게 되었다. 기술과 생산성이 지속적으로 향상됨에 따라 운송 분야 일자리의 조건과 임금도 계속해서 개선되었다.

운송의 생산성이 향상되면 더 많은 사람이 운송 부문에서 일자리를 찾게 된다. 한 명의 노동자가 한 사람을 운반하는 대신에, 이제는 한 명의 작업자가 수천 명을 태운 배나 수백 명을 태운 비행기를 몰게 되었다. 수행되는 일의 양은 생산성 증가에 비례하여 증가한다. 더 많은 사람이 여행하고, 더 많은 일이 수행되고, 더 많은 거래가 이루어지고, 더 많은 수요가 충족된다. 운송 부문에 더 많은 자본이 투입될수록, 운송 노동자의 생산성이 향상되고 임금도 높아진다.

러다이트 운동가와 마르크스주의자들에게 바퀴의 발명은 완전한 재앙으로 보였을 것이다. 그저 '고통스러울 정도로 무거운 짐을 운반하는 산업'에서 사라진 모든 일자리를 생각해 보라! 그러나 실제로는 인간이 무거운 짐을 운반하는 일에서 해방되어 보다 생산적인 일에 집중하도록 했다는 점에서 바퀴의 발명은 인류에게 큰 혜택을 제공했다.

2장에서 논의한 바와 같이, 재화의 가치는 인간의 수요를 충족하는 적합성에서 나온다. 이동과 운송에 대한 수요가 더 효율적으로 충족된다고 해서 사라지지 않는다. 이동성이 큰 인간은 같은 장소에 오랫동안 머물기를 좋아하지 않는다. 같은 장소에 머물면 수익이 감소하기 시작하여 이동을 추구하게 된다. 거래에는 상품의 이동이 필요하고, 거래의 범위가 넓을수록 더 큰 생산성의 이득을 얻을 수 있다. 이러한 경제 현실로 인해 모든 시대와 장소에서 운송이 필요했고, 빠르게 운송이 사라질 것을 예상할 이유는 없었다. 운송 분야의 개별 직종은 항상 그 시점까지의 운송 문제에 대해 가용한, 즉 가장 생산적이고 기술적으로 발전된 해결책을 나타낸다. 새롭게 개발된 기술은 운송의 필요성을 제거하는 것이 아니라, 노동이 운송에 대한 보다 생산적인 해결책으로 유도될 수 있게 한다.

그러므로 기술의 발전에 따라 인류의 경제 상황이 계속해서 개선되는 것은 우연이 아니다. 우리는 기술의 생산성이 향상될수록 더 잘살 게 된다. 인류가 러다이트 운동에 귀를 기울이고 기술의 발전과 싸웠 다면, 그 누구도 오늘날 현대사회에서 우리가 수행하는 매우 생산적인 일을 할 시간이 없었을 것이다. 무거운 짐을 나르는 것 같은 원시적인 일에 매달리느라 너무 바빠서 다른 일을 할 수 없었을 것이다.

러다이트 운동가들에게 나쁜 소식은 상대가 그들이 상상하는 것보 다 훨씬 더 강력하다는 사실이다. 그들이 맞서는 상대는 노동자를 속 이려는 탐욕스러운 자본가가 아니다. 그들은 경제 현실과 경제적 인센 티브에 반응하는 인간 행동에 맞서 싸우고 있다. 입법을 통해서나 기 계 파괴자들이 극복하기에는 새로운 발명을 통해 인류에게 누적된 가 치가 너무도 중요하고 매력적이다. 러다이트 운동가는 항상 기술의 가 치를 인정하는 사람에게 패배할 수밖에 없다. 기술을 채택하는 사람들 이 기술을 이용하여 훨씬 높은 생산성을 얻을 수 있기 때문이다.

19세기 초 러다이트 운동가들이 많은 기계와 몇몇 공장을 파괴하는 데 성공하기는 했지만, 이처럼 인류의 진보에 맞선 승리는 매우 드물었 고 아주 드물게 이루어졌다. 기술의 발전이 계속해서 모든 사람의 삶 을 더 풍요롭게 만드는 동안, 그들의 운동은 위축되었고 아이디어는 농 담거리가 되었다. 그들에게는 우리 모두의 삶을 더 좋게 만들려는 수 십억 인간의 창의력을 막을 힘이 전혀 없었다.

바퀴, 직기, 자동차, 비행기, 또는 소프트웨어 프로그램이 발명되면 사람들이 생산성 향상 측면에서 제공되는 가치를 인식하게 된다. 폭력 적인 제한이 이러한 기술을 지연시키는 데 성공할 수도 있지만, 그 또 한 제한을 우회할 수 있는 사람들의 수익을 높여주는 역할을 한다. 다 른 곳에서는 사용되지 않는 생산기술을 활용하는 개인, 기업, 지역은 더 낮은 가격으로 생산할 수 있다.

기술이 발전한다고 노동의 수요가 사라지는 것은 아니지만, 기술의 진보가 노예제도를 없앤다는 강력한 증거가 있다.[73] 자본의 축적과 함께 전문화와 생산성 향상이 진행되면 노동자가 생산하는 재화의 가치가 점점 높아져서 노동에 대해 더 가치 있는 보상을 받게 된다. 시장이 노동자를 '착취'하는 대신에 최고의 생산성으로 생산에 임할 수 있게 한다면 고용주에 대한 노동자의 가치를 높이고, 그들을 노예로 삼는 데 따르는 수익을 줄인다. 노동자의 생산성이 향상되면 상호 협력의 이점도 커진다.

노예제도와 생산성 높은 자본재는 공존하지 않는다. 생산성이 높은 자본재를 투입하면 노동자의 자발적 협력이 더욱 중요해진다. 노동자들이 자신에게 지급되는 임금의 수백, 수천 배 이상의 가치가 있는 값비싼 장비의 작동을 고의로나 부주의로 방해할 수 있기 때문이다. 자발적으로 일하기를 원할 만큼 충분한 임금을 지급하지 않는 한, 노예에게 값비싼 장비를 관리하도록 강제하는 것은 큰 위험을 수반한다. 자본주의는 이런 방식으로 노예제도 같은 강압적 제도 대신에 상호 이익이 되는 교환이 늘어나도록 장려한다.[74]

자본의 축적과 노동의 분업은 또한 고급 동력원을 개발하는 결과로 이어져, 우리가 수요 충족을 위해 더 많은 에너지를 이용할 수 있게 했다. 다음 장에서 논의하겠지만, 탄화수소를 사용하는 현대의 자본 집약적 에너지원이 나오기 전에는 인간이 소비하는 에너지가 인간이 생산하는 에너지와 비슷했다. 자본주의 이전 세계에서는 인간이 통제할 수 있는 에너지 대부분을 팔과 다리로 생산했다. 그런 세상에서 다른 사람의 도움을 받는 것은 매우 가치 있는 일이다.

인간의 수요를 충족하기 위해 이용할 수 있는 에너지가 거의 없어서 두 번째 인간이 생산하는 에너지에 엄청난 한계 가치가 생김에 따라 노예제도가 매력 있는 제도가 되고, 노예가 귀해졌다. 그러나 새로운 기술과 함께 에너지 소비가 증가하면서, 이제 부유한 국가의 평균적 시민이 노예 200명이 생산하는 양만큼의 에너지를 소비할 정도로 노예가 하던 일의 대부분을 훨씬 더 생산적이고 신뢰할 수 있고 정확한 기계에 위탁할 수 있게 되었다. 수백 대의 기계 노예가 에너지를 공급하게 되면 추가되는 인간 노예 한 명의 한계 가치가 점점 낮아진다. 보유하는 기계의 수가 늘어남에 따라 노예제도의 경제적 논리가 점점 설득력이 떨어지게 된다. 기술 혁신과 자본축적이 노예제도를 무용지물로 만들고, 노예를 해방했다고 해도 과언이 아니다.

자본이 거의 또는 전혀 없었을 때, 운송은 노예만이 할 수 있는 일이었다. 마차가 나왔을 때는 자발적으로 운송업에 종사하려는 자유인이 생겼다. 그들의 시간을 보상하기에 충분할 정도로 운송의 생산성이 높아졌기 때문이다. 따라서 그들은 식품 생산을 전문으로 하는 사람들로부터 생존에 필요한 식품을 충분히 구입할 수 있었다. 자동차가 도입되면서 택시나 트럭 운전사가 더 큰 보상을 받게 되고, 운전사로 일하는 것이 전 세계 수백만 명에게 매력적인 직업이 되었다. 기술이 발전할수록 더 많은 자본이 일자리에 투자되어 일자리의 생산성이 향상되고, 보상이 늘어난다. 오늘날 해운업과 운송업에 종사하는 고도로 숙련된 수많은 엔지니어, 기술자, 기타 다양한 전문직 종사자들은 향상된 생산성에 힘입어 높은 생활 수준을 유지할 수 있다.

기술과 생산성

"우리는 조상으로부터 물질적 부의 원천인 다양한 상품의 재고만을 물려받지 않았다. 그에 못지않게 우리의 사고가 생산성에 빚지고 있는 아이디어와 생각, 이론과 기술을 물려받았다."[75]

- 루트비히 폰 미제스

더 좋은 기술이 활용됨에 따라 생산성이 향상되고 생활 수준이 상승한다. 그리고 기술은 희소성이 없다는 특성으로 인해 인간의 시간 가치를 높이는 독특한 수단이 된다. 노동, 재산, 자본, 에너지, 그리고 돈은 부족하지만 아이디어는 그렇지 않다. 바퀴를 발명한 사람은 바퀴를 사용해 생산성을 높였다. 그를 모방한 이웃들도 발명자의 생산성을 낮추지 않고 자신의 생산성을 높일 수 있었다. 사람들이 발명을 모방하면 그것을 모방한 사람들이 이익을 얻을 뿐만 아니라, 모든 사람의 생산성이 증가한다. 바퀴의 발명으로 더 많은 사람이 혜택을 받을수록 그들이 바퀴에 혁신을 추가할 가능성이 크고, 그러한 혁신이 가져오는 더 높은 생산성의 혜택을 모두가 누릴 수 있다.

희소성이 없는 특성으로 인해 기술은 장기적 경제성장의 근본적인 원동력이 된다고 할 수 있다. 여가를 희생해야 하는 노동은 소득이 늘어날수록 더 많은 여가를 즐길 여유가 생기기 때문에 값이 비싸다. 자본 역시 가치 있는 소비를 희생해야 하기 때문에 값이 비싸고, 기술의 발전이 없으면 불가피하게 수익의 감소로 이어지게 된다. 당신이 활용할 수 있는 낚싯대의 수량에는 한계가 있다. 그런 한계가 없고 경제적 생산성의 무한한 증가를 허용하는 기술 발전과 결합하지 않는다면 거래와 전문화에도 한계가 있을 것이다.

    바퀴가 발명된 후 바퀴를 기반으로 구축된 수많은 기술에 의해 혁신의 추가적 가능성이 열렸다. 마차, 손수레, 밀대, 자동차, 버스, 트럭, 기차, 그리고 비행기가 바퀴와 함께 개발되었다. 이러한 장치와 바퀴 자체도 사용자와 엔지니어들에 의해 지속적으로 개선되었다. 하지만 그중에서 생산성을 높이는 개선만이 채택되고, 그렇지 않은 것은 폐기된다. 기술의 발전은 새롭고 더욱 집약적인 노동 분업을 창출하여, 전문화를 강화하고 생산성을 높인다.[76] 절약하는 인간의 이성은 계속해서 인간의 문제에 대한 더 나은 해결책을 찾는 데 전념할 것이다.

    우리는 인구가 많을수록 경제성장이 빨라진다는 경험적 관찰이 장기적 성장의 원동력이 기술 혁신이라는 주장을 뒷받침한다는 것을 알 수 있다. 경제성장이 자원 가용성의 산물이라면 인구가 적은 지역은 1인당 자원이 더 풍부하여 인구가 밀집된 지역보다 빠르게 생산성과 생활 수준이 높아질 것으로 예상할 수 있다. 자원만이 경제적 복지를 이끈다면 인구밀도가 낮은 지역이 높은 지역보다 소득이 높을 것을 기대할 수 있다. 그러나 기술 혁신이 장기적 경제 성장의 원동력이라면 그 반대가 사실일 것임을 예상할 수 있다.

    인구가 많을수록 더 많은 사람이 생산적인 아이디어를 떠올리게 되고, 경쟁의 대상이 아닌 아이디어가 인구집단 전체로 퍼져나가서 더 높은 생산성 향상으로 이어지게 된다. 인구가 1억 명인 사회는 인구가 100명인 사회보다 바퀴와 같은 새로운 아이디어를 고안할 수 있는 사람이 훨씬 더 많을 것이다. 해마다 100명 중 한 사람이 혁신을 생각해 낸다고 상상해 보라. 작은 사회에서는 매년 1건의 혁신이 이루어지지만, 큰 사회에서는 해마다 100만 건의 혁신이 이루어진다. 혁신은 경쟁의 대상이 아니므로 사회의 모든 구성원이 모방하여 혁신에 따르는 생산성 향상의 혜택을 누릴 수 있다.

이 논의가 경제학자 마이클 크레머 Michael Kremer가 쓴 논문의 핵심이다. 그는 시간에 따른 인구 증가율과 인구 규모 사이에 양의 상관관계가 있다는 것을 발견했다.[77] 경제성장의 원동력이 물리적 자원의 가용성이라면 인구가 적어서 1인당 자원이 많은 사회가 빠르게 성장할 것으로 예상할 수 있다. 그러나 경제성장의 원동력이 기술 발전이라면 그 반대의 경우도 예상할 수 있다. 인구가 많은 사회는 더 많은 기술적 발견에 힘입어 더 빠른 경제성장과 인구 증가가 이루어진다.

동일한 가설에 대한 또 하나의 테스트에서 크레머는 역사적으로 고립되었던 여러 지역에 대해 인구밀도와 경제성장률을 비교한다. 크레머의 데이터는 인구밀도가 높은 지역의 경제성장이 인구밀도가 낮은 지역보다 빠르다는 것을 보여주면서, 다시 한번 경제적 자원이 아니라 기술의 혁신이 경제성장을 주도한다는 생각을 뒷받침한다. 더 높은 인구밀도는 더 많은 비경쟁적 혁신과 기술이 인구집단 전체로 확산함으로써 생산성과 생활 수준의 향상이 이루어진다는 것을 의미한다.

아이디어와 기술 혁신의 또 다른 특이한 측면은 물리적 재산이나 자본과 달리 파괴하기가 매우 어렵다는 것이다. 일단 바퀴가 발명되고 나면, 어느 특정한 바퀴를 파괴한다고 해서 바퀴라는 아이디어가 파괴되지는 않는다. 바퀴를 본 모든 사람의 마음속에 아이디어가 살아남아서 무한정 재현될 수 있다. 자연재해와 반달리즘 vandalism, 절도 그리고 정부 같은 인위적 재해는 헤아릴 수 없이 많은 양의 자본을 파괴할 수 있고, 수천 년 동안 파괴해 왔다. 그러나 기술과 아이디어를 파괴하기는 매우 어렵다. 기술과 아이디어는 관찰한 사람들의 마음속이나 그들이 쓴 글 속에 살아 있다. 글은 파괴할 수 있지만 사람의 마음속에 있는 것은 통제할 수 없다. 사람을 죽이거나 물건을 파괴하기보다 아이디어를 파괴하기가 더 어렵다. 아이디어를 비난하기 위해 사람을 폭행하고 죽이거나 고문을 가할 수는 있지만, 아이디어를 생각하는 것까지 막을 수는 없다. 인간의 자유를 지키는 최후의 보루는 지구상의 그 어떤 힘으로도 지배할 수 없는 마음속에 있는 생각이다.

물리적 자본 역시 앞 장에서 논의한 대로 물리적 특성의 필연적인 결과인 감가상각의 문제를 겪는다. 물리적 자본은 파괴의 위험에 직면할 뿐만 아니라 끊임없이 쇠퇴한다. 물질적 재화는 아이디어에 기원할 뿐만 아니라, 개별적인 물리적 구현물이 쇠퇴하고 파괴됨에 따라 장기적으로는 아이디어로만 살아남는다. 교량, 건물, 엔진, 컴퓨터, 바퀴, 의약품을 만드는 데 사용되는 아이디어, 기술, 지식은 모두가 기술의 개별적 구현물보다 경제적으로 중요하다.

인쇄기의 도입은 아이디어를 대량으로 인쇄하고 수많은 사본을 통해서 퍼져나가도록 하여 아이디어를 파괴하기가 더 어려워지도록 했기 때문에, 인류에게 엄청나게 중요한 사건이었다. 디지털 미디어와 인터넷의 발명은 정보의 복사본을 훨씬 더 저렴하게 생산할 수 있게 함으로써 아이디어와 기술을 보존하는 인류의 능력에 또 다른 지원이 되었다. 몇 달러짜리 또는 한두 시간 노동의 임금에 해당하는 간단한 디지털 저장장치에 세계에서 가장 큰 도서관의 장서를 저장할 수 있다.

기술 혁신과 기업가정신

이러한 선택과 변화의 진화 과정은 기술과 함께 무한정 계속되며, 멈출 것이라고 예상할 이유가 없다. 회피할 수 없는 영원한 문제, 즉 절약하려는 인간의 욕구가 궁극적으로 진화 과정을 주도하기 때문이다. 인간은 항상 절약한다. 그러기 위해서는 생산 과정을 개선하기 위해 이성을 적용해야 한다. 기술의 혁신은 생산성을 높이지만 절약하는 행동을 끝내지는 못한다. 인간은 여전히 절약해야 하고, 생산성을 개선할 방법을 찾아야 하며, 새로운 혁신은 단지 더 새로운 혁신을 찾는 넓은 지평을 열어줄 뿐이다.

기술 혁신을 이해하는 지배적인 모델은 과학자들이 발견한 과학적 진보의 산물이라는 것이다. 그런 모델이 가르치는 대학에서 인기가 있는 것은 이해가 가지만, 기술 혁신의 실상을 자세히 살펴보면 매우 역동적이고 시장 주도적인 과정을 볼 수 있다. 기술 혁신은 시장의 테스트를 통과하고 생산성을 높여 혁신을 채택한 생산자에게 보상하기에 충분한 시장가격을 요구할 수 있을 때만 혁신이 된다. 시장에서 성공하지 못한다는 것은 기술의 생산성 향상이 초기 비용을 정당화하지 못함을 의미한다. 호기심이나 장난감과 기술 혁신의 차이는 순전히 생산성을 높이는 후자의 능력에 있다.

《과학연구의 경제법칙 The Economic Laws of Scientific Research》에서 테렌스 킬리 Terence Kealey는 시장과 기술 혁신의 밀접한 관계를 보여주는 매우 강력한 예를 제시한다.[78] 킬리는 학계의 과학적 성과가 적용되어 기술의 혁신이 이루어진다는 기술 발전의 선형 모델 linear model을 거부하고, 오히려 기술의 혁신이 과학의 성과를 유도한 수많은 사례를 제시한다.

18세기 섬유산업의 생산성 향상은 학계에 아무런 빚이 없는 장인들의 발명을 통해서 이루어졌다. 19세기 영국의 농업 생산성 향상은 농업 연구개발에 대한 정부의 지원에서 비롯되지 않고 농민과 발명가들에 의해서 이루어졌다. 가장 중요한 것은 산업혁명이 과학자의 실험실이 아니라, 때로는 문맹이었던 노동자들의 작업장에서 탄생했다는 사실이다.

최초의 상용 증기기관을 발명한 토머스 뉴커먼Thomas Newcomen은 문맹을 겨우 면한 시골 대장장이였고, 산업용 엔진에 영감을 주었다고 여겨지는 과학적 진보에 대해서는 아무것도 몰랐다. 그는 펌프를 사용하는 작업을 하면서, 10년간의 실험 끝에 엔진을 만들기 위해 펌프의 작동 과정을 뒤집었다. 펌프는 기계적 동력을 이용하여 유체를 움직이는 반면에, 엔진은 움직이는 유체를 이용하여 기계적 동력을 생성한다. 그것은 이론적으로 과학적 발견이 아니라, 엔진의 생산에 따르는 막대한 경제적 보상에 고무된 단순한 아이디어였다. 킬리는 제임스 와트James Watt, 리처드 트레비식Richard Trevithick, 조지 스티븐슨George Stephenson 등 엔진을 개척한 사람들의 사례도 마찬가지라고 설명한다.

"따라서 산업혁명을 가장 잘 구현하는 산물인 증기기관의 개발이 과학에 의존하지 않았음을 알게 될 것이다. 증기기관은 기존의 기술에서 나왔고, 자신을 괴롭히고 해결책을 찾는다면 확실한 경제적 보상을 안겨줄 기계적 문제를 다루기 위해 실용적인 상식과 직관을 적용한, 교육받지 않은 사람들이 종종 고립된 상태에서 만들어 냈다.
전반적으로 산업혁명을 되돌아보면, 과학이 기술에 많은 도움을 제공할 수 없었다는 사실을 알 수 있다. 과학 자체가 너무 초보적이었기 때문이다. 플로지스톤phlogiston(모든 가연성 물질에 들어 있고 연소 과정에서 소모된다고 생각된 가상의 입자-옮긴이) 이론이나 열heat이 물질이라는 견해를 지지하거나 영구운동 기관을 만들려고 애썼던 화학자는 기술자들에게 별로 도움이 되지 않았을 것이다. 실제로 19세기 대부분 기간에 그 반대가 사실이었다. 과학자가 기술자를 따라잡기 위해 허둥댔다. 예를 들어, 열역학 법칙에 대한 카르노Carnot의 설명은 와트가 개선한 증기기관에 대한 좌절감에서 나왔다. 와트의 증기기관이 당대의 모든 물리학 법칙을 깨뜨렸기 때문이다. 와트의 엔진은 이론이 가능하다고 말하는 것보다 더 효율적이었고, 카르노는 이론을 바꿔야 했다."[79]

열역학이 증기기관을 만들었다기보다 증기기관의 발명으로 열역학이 태어났다는 것이 더 정확한 말이다. 비행기의 발명에서도 비슷한 사례를 볼 수 있다. 20세기 초의 대다수 과학자는 실제로 비행이 이루어진 후에도 단호하게 비행이 불가능하다고 주장했다.[80] 비행에 성공할 수 있었던 사람은 과학적 훈련을 전혀 받지 않은 자전거 가게 주인 형제였다. 그러자 물리학에는 비행을 설명하고 합리화하기 위한 혁명이 일어났다. 기술의 혁신은 목적을 달성하고 사람들에게 봉사함으로써 이익을 얻으려는 열망에서 탄생한다.

킬리는 더 나아가 산업혁명의 기술적 진보가 공적 과학official science에 막대한 자금을 지원한 프랑스 같은 국가가 아니라, 과학에 대한 정부 지원이 거의 없었던 영국에서 일어났다는 사실을 지적한다.

소프트웨어

인간의 지식이 발전하면서 우리의 아이디어는 가치 있는 산출물을 생산하기 위해 점점 더 복잡한 기계를 만들어 내는 결과를 낳았다. 기계의 작동이 점점 더 반복적이고 예측 가능해지면서 인간은 기계에 필요한 명령을 자동화하는 방법을 고안하기 시작했다. 직물을 생산하는 직기에는 의식적이고 지속적인 인간의 감독이 필요 없는, 신뢰할 수 있는 패턴을 생산할 수 있는 지침 패턴guiding patterns과 펀치카드punch cards가 장착되었다. 사람보다 더 빠르고 안정적인 속도로 수학 계산을 수행하는 데 활용된 기계장치도 있었다.

1822년에 영국의 박식가이자 발명가인 찰스 배비지Charles Babbage는 다항식 함수를 계산하는 데 사용되는 '차분엔진difference engine'을 개발하려 했다.[81] 엔진을 완성하지는 못했으나 배비지의 디자인은 살아남았고, 1991년에 런던과학박물관에서 그의 디자인에 기초하여 실제로 작동하는 기계가 제작되었다. 현대의 컴퓨터 제조업체가 상업적 성공을 거두기 한 세기 전인 1883년에 배비지는 '해석엔진Analytical Engine'이라는 현대 컴퓨팅의 여러 핵심적 특성을 포함하는 보다 일반적인 디자인을 연구하기 시작했다.

아마도 배비지의 디자인에서 가장 흥미로운 측면은 펀치카드를 사용하여 프로그램할 수 있었다는 점일 것이다. 바이런 경의 딸인 에이다 러브레이스Ada Lovelace는 1842년에 배비지의 기계에서 베르누이 수열을 계산하는 알고리즘을 개발하여 세계 최초의 프로그래머라는 타이틀을 주장할 수 있는 유력한 후보가 되었다.[82] 상용 컴퓨터 개발에는 성공하지 못했지만, 배비지와 러브레이스는 20세기에 결실을 보기까지 컴퓨터 개발의 과학과 기술을 발전시키는 데 중요한 역할을 했다. 배비지의 해석엔진은 19세기의 산업과 기술의 실상을 감안하면 제작하고 운영하여 상업적 성공을 거두기에는 너무 어렵고 비용이 많이 들었지만, 20세기에 상업적 성공이 가능하게 되었다.

이들 기계의 운영에 전기가 도입되면 생산성과 복잡성이 증가하게 된다. 기계를 제어하기 위해서 매우 정교한 배선기판과 회로가 필요하다. 정교하고 새로운 종류의 전기기계는 어려운 수학 문제를 계산할 수 있었기 때문에 '컴퓨터'라고 불렸다. 1941년에 독일인 엔지니어 콘라트 주제Konrad Zuse는 프로그램이 가능한 세계 최초의 컴퓨터로 여겨지는 Z3를 설계했다.[83]

초기의 컴퓨터 장치를 작동시키는 지시는 전기회로나 펀치카드를 통해서 코드화되었다. 초기의 컴퓨터가 약간 다른 기능을 수행하도록 하려면 일반적으로 하드웨어 및 프로세스의 조정과 아울러 정교한 재배선이 필요했다. 1940년대 후반에 에니악ENIAC, Electronic Numerical Integrator and Computer이 나오면서 이러한 지시를 컴퓨터 안에 전자적으로 저장할 수 있게 되었다. 1950년대와 1960년대에는 컴퓨터의 구조와 무관하게 추상적인 방식으로 프로그램을 구체화할 수 있는 컴퓨터 프로그래밍 언어가 개발되었다. 이렇게 표준화된 프로그래밍 언어가 개발되고, 세계적으로 프로그램을 읽고 이해하고 작성할 수 있는 사람의 수가 늘어나면서 매우 혁신적인 의미를 지닌 완전히 새로운 유형의 경제적 재화가 나타났다.

소프트웨어는 기술적 재화의 가장 순수한 형태로 생각할 수 있다. 전적으로 데이터로 구성되고 물리적 형태가 없지만, 생산성을 엄청나게 향상시키는 재화다. 소프트웨어는 현대의 통신 수단을 통해서 매우 빠르게 전 세계로 전달될 수 있고, 경쟁적이지도 희소하지도 않다. 산업 프로세스에 소프트웨어를 적용하면 기계 기능의 자동화를 늘릴 수 있고, 인간의 감독과 노동의 필요성을 줄일 수 있다. 소프트웨어는 자원과 공급망을 더 잘 조직하여 비용을 줄이면서 효율을 높일 수 있게 해 준다.

이러한 경제 발전은 지난 70년 동안 세계에 큰 영향을 미쳤다. 이제 아이디어와 기술이 추상적인 문자와 숫자로 코딩되어 기계의 작동을 제어하고 더욱 복잡한 작업을 수행할 수 있는 소프트웨어에 코딩될 수 있다. 매우 복잡하고 용도를 알 수 없는 기계에 삽입되는 펀치카드는 19세기 영국인 대부분에게 이해할 수 없을 정도로 하찮게 보였을 것이다. 오늘날에는 표준화된 언어로 프로그램되어 기계가 기능을 수행하도록 지시하는 소프트웨어가 세계의 모든 산업에 침투했다. 소프트웨어로 작동하는 기계를 활용하여 생산성을 높이지 않은 경제적 생산방식을 한 가지라도 상상하기는 불가능하다.

아이디어의 소유권

아이디어와 기술을 재산으로 간주할 수 있을까? 이 질문에 답하기 위해 우리는 경제적 재화와 비경제적 재화를 구별했던 2장의 논의로 돌아간다. 두 가지 유형의 재화가 모두 사람들에게 유용성을 제공하지만, 경제적 재화는 부족하기 때문에 가치가 있다. 희소한 재화는 수요를 충족하기 불가능할 정도로 공급이 제한되는 재화다. 그런 재화는 배분하고 소비하는 방식의 선택을 강요한다. 다시 말해서 재화에 가치를 부여하도록 강요하는 것은 희소성이다. 비물질적 아이디어는 공급의 제한이 없으므로 가용한 공급량으로 어떤 수요든 충족할 수 있다. 아이디어의 소유자가 접근을 차단하여 아이디어의 시장을 창출하지 않는 한, 이런 특성이 시장 가치가 형성되는 것을 막는다. 아이디어의 시장 가치를 창출하기 위해 아이디어에 대한 접근성을 제한하는 데는 두 가지 방법이 있다. 첫 번째는 지식을 소유한 사람이 공개적으로 밝히지 않고 대가를 지불하는 사람에게만 공개하는 방법이다. 영업 비밀, 비밀 레시피, 독점적 기술 프로세스는 이렇게 기술과 아이디어의 소유권을 설정하는 자발적이고 평화로운 방법의 예다. 두 번째는 지식을 공개하되 국가의 강제력을 이용하여 다른 사람들이 영리 목적으로 사용하지 못하게 하는 방법이다. 이에 해당하는 예로는 저작권과 특허 같은 지적재산권법이 있다. 킨셀라는 다음과 같이 설명한다.

> "특허는 다른 사람들의 재산이 특정한 방식으로 사용되는 것을 금지하기 위해, 즉 특허에 기술된 특정한 패턴이나 디자인에 따라 재산을 재구성하거나 특허에 기술된 특정한 단계의 순서에 따라 재산(자신의 신체를 포함하여)을 사용하지 못하도록 하기 위해, 특허권자가 국가의 법원 시스템을 이용할 수 있게 하는 국가의 승인이다.
> 저작권은 책, 기사, 영화, 컴퓨터 프로그램 같은 '원본 작품original works'과 관련된다. 저작권은 다른 사람들이 잉크와 종이 같은 재산을 특정한 방식으로 사용하는 것을 저작권자가 막을 수 있도록 하는 국가의 승인이다.
> 두 경우 모두 국가가 A에게 B의 재산을 통제할 권리(A가 B에게 B의 재산으로 특정한 일을 하지 말라고 지시할 수 있다)를 부여한다. 소유권은 통

제할 수 있는 권리이므로 지적재산권은 A에게 B의 재산에 대한 공동소유권을 부여하는 것이다."[84]

스테판 킨셀라의 《지적재산권 반대Against Intellectual Property》는 이 주제를 법률적·경제적 관점에서 탁월하게 다루고 있다.[85] 킨셀라의 핵심적인 통찰은 특정한 생산 과정에 대한 정보와 지식이 공개적으로 알려졌을 때 다른 사람들이 그것을 사용하지 못하게 하는 유일한 방법은 그들이 재산을 사용할 수 있는 방식에 제한을 가하는 방법이라는 것이다. 출판된 정보에 저작권을 부여하는 유일한 방법은 출판된 상품의 소유자가 자신의 재산인 잉크와 종이를 사용해 저작권이 있는 출판물을 재창조하는 것을 불법화하는 방법이다. 마찬가지로 특허는 특허에 기술된 것과 유사한 방식으로 자신의 장비를 사용할 수 있는 생산자에게 정부 폭력의 위협으로 제한을 가함으로써만 효과를 볼 수 있다.

특허와 저작권 모두 평화로운 경제 생산에 참여하는 사람들에게 폭력적인 위협을 가할 것을 요구한다. 두 경우 모두 정부가 저작권이나 특허권 보유자에게 다른 사람의 재산을 통제할 수 있는 권리를 부여한다. 법률적 관점에서 볼 때, 지적재산권법에는 다른 사람의 물리적 재산에 대한 소유권이나 통제권 주장이 포함되어야 한다. 저작권이나 특허권 보유자는 지구상에서 자기 소유의 재산을 사용할 수 있는 모든 사람의 재산에 대한 통제권을 주장한다.

웬디 맥엘로이Wendy McElroy는 〈다시 저작권 반대Contra Copyright, Again〉에서 다음과 같이 설명한다.

"나의 아이디어는 침입하여 훔치지 않고는 얻을 수 없는, 금고에 보관된 돈다발과 같다. 그러나 내가 금고를 열어서 바람에 날려 보낸 돈을 길에서 주운 사람들이 도둑이 될 수 없듯이, 내가 공공 영역으로 던진 말을 집어 들어 사용하는 사람들도 도둑이 아니다."[86]

5장에서 멩거는 소유권이 어떻게 "임의적인 발명품이 아니라 모든 경제적 재화에 요구되는 수량과 가용한 수량 사이의 불일치로 인하여 자연스럽게 발생하는 문제의 유일하게 현실적으로 가능한 해결책"이 되는지를 자세히 설명했다.[87] 인간의 행위가 어떻게 소유권 제도의 발전을 이끄는지 이해하면 지적재산권 개념의 자의적이고 실행 불가능하며 모순적인 특성을 설명할 수 있다. 아이디어는 희소하지 않으므로 결코 수요가 공급을 초과할 수 없다. 바퀴의 아이디어로 생산할 수 있는 바퀴의 수에는 제한이 없다. 희소성이 없는 아이디어에는 소유의 틀을 적용할 수 없다. 희소성에 대한 갈등을 피해야 하는 문제가 존재하지 않기 때문이다. 따라서 지적소유권과 재산권은 양립할 수 없다.

이러한 문제에 경제적 관점으로 접근하면 지적재산권법의 개념이 지적으로 옹호될 수 없고, 위반할 수 있는 모든 사람의 재산에 법을 강요하는 측의 공격에 지나지 않음을 알 수 있다. 지적재산권법을 폐지한다고 해서 생산자가 영업 비밀을 유지할 수 없는 것은 아니다. 단지 생산자에게 비밀을 유지하는 비용을 부과하고, 비밀을 유지하기 위해 평화로운 방법에 의존할 것을 요구할 뿐이다. 16장에서 더 자세히 논의하겠지만, 아이디어의 희소성을 비공격성 원칙에 대한 수용 가능한 예외로 강제할 근거는 아무것도 없다. 설사 사회의 일부분이나 사회 전체의 이익이 증가하더라도, 평화로운 사람들에 대한 공격의 시작을 정당화할 수는 없다.

그렇지만 지적재산권의 이점에 관한 주장을 면밀히 살펴보면 엄청나게 과장되었음을 알 수 있다. 지적재산권법은 한계에서 혁신가들이 소비자의 요구를 충족하기 위한 혁신을 희생하면서 독점 라이선스를 획득하도록 점점 더 많은 인센티브를 제공한다. 이러한 법률은 국가적 독점 라이선스 획득에 대한 보상을 확대해 혁신가들이 소비자 만족을 추구하기보다 독점 라이선스를 확보하기 위해 더 많은 자원을 투입하도록 유도한다.

이런 현상은 대규모의 관료적 기업이 점점 더 거대해지는 특허 괴물로 여겨지는 제약과 소프트웨어 산업에서 가장 분명하게 나타난다. 이들 산업에서는 변호사 고용, 특허 출원, 소송 및 소송에 대한 방어에 주로 초점이 맞춰지고, 소비자 소프트웨어와 의약품 개발은 점점 더 부차적인 문제가 되고 있다.

우리는 혁신 자체에 가치를 부여하도록 배웠지만, 가치 있는 혁신은 수익성을 확보하기에 충분한 가치를 소비자가 부여하는 혁신이다. 지적재산권법이 없을 때, 아이디어와 혁신을 수익으로 연결하는 유일한 방법은 소유자의 아이디어가 소비자에게 가용한 대안보다 더 큰 가치를 제공하도록 보장하는 것이다.[88] 지적재산권법이 있으면 기업가가 경쟁자와의 경쟁을 합법적으로 금지할 수 있고, 아이디어보다는 독점력에 힘입어 성공할 수 있다. 따라서 소비자 요구의 충족은 부차적인 문제가 된다. 정부가 집행하는 지적재산권법은 시장에서 공급자의 수를 제한함으로써 사실상 소비자 만족을 희생시키는 대가를 치르게 된다.

지적재산권을 지지하는 사람들에게서 흔히 들을 수 있는 주장은 혁신가에 대한 일정 기간의 독점적 보상을 보장하면 그렇지 않은 경우보다 더 많은 생산을 장려할 것이라는 주장이다. 혁신가를 보호하고 새로운 아이디어의 고안을 장려하기 위해 평화적인 재산 소유자들에 대한 지적재산권 형태의 공격을 허용함으로써 사회 전체가 더 잘살게 된다는 것이다. 그렇지만 지적재산권법에 힘입어 사회가 얻는 혜택이 늘어난다는 이론적·경험적 주장은 매우 약하다. 특허와 지적재산권 제도에 대한 탁월한 연구에서 레빈Levine과 볼드린Boldrin은 지적독점법이 혁신에 역효과를 낳는다는 강력한 증거를 제시한다. 특허에 초점을 맞추는 기업의 에너지는 혁신에서 벗어나 소송과 특허의 군비경쟁으로 향하게 된다. 경쟁하는 기업들은 고소당하는 것을 피하기 위한 협상카드로 사용하고, 소송을 통해 서로를 탈선시키기 위해 가능한 한 많은 특허를 확보하려고 한다. 독점적 이익의 타당한 근거로 흔히 언급되는 의약품 개발의 높은 비용은 주로 약물의 승인과 특허를 확보하는 데 필요한 소송과 규제 승인regulatory approval 비용에서 비롯된다.

지적재산권 관련 법률을 조사한 레빈과 볼드린은 지적재산권이 더 큰 혁신이나 성장으로 이어진다는 아이디어를 뒷받침하는 경험적 근거를 거의 찾지 못했다.

> "승인된 특허 건수(증거가 보여주듯이, 측정된 생산성과 아무런 상관관계가 없는)가 생산성의 기준이 되지 않는 한, 지적재산권이 혁신과 생산성을 늘리는 데 도움이 된다는 경험적 증거는 없다. 이른바 '특허 퍼즐patent puzzle'의 뿌리에는 이러한 단절이 있다. 특허 건수와 특허 보호의 강도가 엄청나게 증가했음에도 불구하고, 미국의 경제는 기술의 발전 속도가 극적으로 가속되지도 않았고 연구개발의 지출 수준이 크게 증가하지도 않았다.
> 1983년에 미국에서 5만 9,715건의 특허가 발급되었고, 2003년에는

18만 9,597건이 발급되었다. 그리고 2010년에는 24만 4,341건의 새로운 특허가 승인되었다. 30년이 안 되는 기간에 특허의 수가 4배 이상으로 늘어났다. 그에 반해서 혁신, 연구개발비 지출, 요소 생산성factor productivity(투입물에 대한 산출물의 비율로 측정되는 생산성-옮긴이) 모두 특별한 상향 추세를 보이지 않았다. 노동통계국Bureau of Labor Statistics에 따르면 1970~1979년까지 10년 동안 총요소 생산성의 연간 증가율이 약 1.2퍼센트였고, 1990~1999년과 2000~2009년의 기간에는 연간 증가율이 1퍼센트보다 약간 낮았다."[89]

지적재산의 독점권에 대한 단순한 견해는 독점권이 혁신가에게 인센티브를 제공한다는 것이다. 그러나 자세히 살펴보면 반대의 효과가 있음이 분명하다. 혁신은 항상 자체적 추진의 강력한 동기가 있고, 다른 사람들의 혁신을 기반으로 촉진된다. 지적독점법은 혁신가가 다른 사람들의 작업을 기반으로 삼지 못하도록 방해하는 것에 비길 만한 추가적 인센티브를 제공하지 않는다. 대부분의 발명가는 자신의 가려운 곳을 긁으려고 발명하게 되고, 그의 발명은 다른 사람들이 그것으로 무엇을 하든 상관없이 자체적인 가치를 제공할 것이다. 더욱이 가장 먼저 혁신을 발견한 사람으로서 발명가에게는 강제적인 지적재산권법에 의존하지 않더라도 발명품을 마케팅하고 판매할 수 있는 엄청난 이점이 제공된다.

여러 세기에 걸쳐서 가장 위대한 발명은 문학, 음악, 미술의 가장 혁신적인 작품과 함께 저작권이나 특허가 필요 없이 이루어졌다. 실제로 저작권법이 없었던 덕분에, 영감을 주고 새로운 창조의 기반을 제공한 사람들의 작품에 값싸게 접근할 수 있어서 위대한 작품이 만들어졌다고 주장할 수도 있다. 지적재산권법을 옹호하는 사람들은 일반적으로 발명가에게 더 큰 수익을 안겨주는 혜택에 초점을 맞추지만, 훨씬 더 많은 잠재적 발명가가 과도한 수수료를 지불하지 않고는 아이디어에 접근하거나 아이디어를 기반으로 삼을 수 없는 데 따르는 엄청난 비용에 대해서는 침묵을 지킨다.

아이디어는 유일하게 부족하지 않은 자산이다. 기술과 통신이 저렴해짐에 따라 생산적인 아이디어를 복사하기가 더 쉽고 저렴해진다. 좋은 아이디어를 복사하고 전파하는 비용이 낮아질수록 더욱 생산적인 세계가 된다. 지적재산권법은 아이디어의 이전에 높은 비용을 부과한다. 이는 오늘날의 세계에서 주로 지적재산 분야에서 일하는 사람들에게 이익이 되지만, 창작자나 생산자 그리고 모방자나 사회 전체에는 이익이 되지 않는다.

"내가 더 멀리 볼 수 있었던 것은 거인의 어깨 위에 올라섰기 때문이다"라는 말은 아이작 뉴턴이 배움을 얻은 많은 사람에게 경의를 표한 방식이었다. 당시에는 다른 사람의 지식에 접근하려면 값비싼 필사본을 얻기 위해 많은 돈을 지불해야 했다. 인쇄기, 산업화, 그리고 인터넷은 지식을 획득하는 비용을 크게 줄였고, 누구든지 20달러짜리 전화기와 인터넷만 연결되면 사실상 인류의 모든 지식에 접근할 수 있게 되었다. 지적재산권법은 이 비용을 다시 높여서 지식의 소통 비용을 줄인 여러 세기의 기술 발전을 역전시키고, 수많은 천재와 생산자가 더 높은 생산성을 추구하기 위해 사용할 수 있는 지식을 박탈당하게 했다. 지난 수백 년 동안의 진보가 지구상 대다수 인간에게 아주 많은 거인의 어깨 위에 올라설 기회를 주었다면, 지적재산권법은 거인의 어깨 위에 올라서기 위한 세금이 되었다. 전 세계의 모든 책을 온라인에서 무료로 이용할 수 있다면 인류가 얼마나 더 창의적이고 생산적이 될지는 상상만 할 수 있을 뿐이다.

8장

Energy and Power

에너지와 동력

에너지의 사용은 경제학자들이 자세히 검토할 가치가 있는 경제 행위다. 지구상에서 우리에게 주어진 시간의 질과 양을 늘리는 방법으로써 거래, 자본축적 그리고 화폐와 유사하기 때문이다. 주류 경제학과 오스트리아학파 경제학 교과서 모두 일반적으로 에너지의 경제학을 주요 주제로 논의하기를 피한다. 하지만 나는 현대 세계의 경제 현실에 비추어 모든 경제학 책에서 에너지의 생산과 사용에 관한 논의가 필요하다고 믿는다. 에너지 생산과 활용의 역할에 대한 이해는 현대 세계의 모든 경제적 의사결정에 필수적이다. 늘어난 에너지 소비에 대한 고려 없이는 노동 분업과 자본축적(모두 필연적으로 에너지 소비를 수반하고 에너지가 없으면 가능하지 않은)의 경제학을 이해할 수 없다.

    놀랍게도 현대 과학은 에너지가 정확히 무엇인지에 대해 별로 명확하지 않다. 에너지라는 말은 저명한 물리학자 리처드 파인만Richard Feynman이 "오늘의 물리학에서 에너지가 무엇인지 우리가 알지 못한다는 사실을 깨닫는 것이 중요하다. 우리에게는 에너지가 일정한 양의 작은 덩어리로 나타나는 그림이 없다"라고 말했을 정도로, 명확한 정의를 거부한다.[90] 유누스 셴겔Yunus Çengel과 마이클 볼스Michael Boles가 집필한 세계에서 가장 인기 있는 열역학 교과서는 이 주제에 대해 다음과 같이 말한다. "열역학은 에너지의 과학으로 정의할 수 있다. 모든 사람이 에너지가 무엇인지에 대한 느낌을 갖고 있지만, 에너지에 대한 정확한 정의를 내리기는 어렵다. 에너지는 변화를 초래하는 능력으로 볼 수 있다."[91]

혼히 볼 수 있는 에너지의 정의는 '일을 하는 능력' 또는 '일을 하고 열을 전달하는 능력'이다. 위키피디아에는 보다 정확한 정의가 있다. "물리학에서 에너지는 물체에 일을 수행하거나 가열하기 위해 물체에 전달해야 하는 정량적 특성이다." 에너지는 당신이 원하는 일을 하게 해 주는 음식, 전기장치에 전원을 공급하는 배터리, TV에 전원을 공급하는 전기 소켓에 있다. 나는 에너지를 물체를 움직이거나 가열할 수 있는 활력animating force으로, 에너지에 대한 접근을 인간에게 가치 있는 작업을 수행하기 위해 이 활력을 사용하는 능력으로 생각하고 싶다. 에너지는 이 책의 부록에서 논의한 국제표준 단위를 기반으로 일이나 열로 정의할 수 있다.

일work은 힘이나 열을 통해서 생성된 일로 측정할 수 있다. 1킬로그램의 질량에 작용하여 $1m/s^2$의 가속도를 생성하는 힘을 물리학자이자 만물박사인 아이작 뉴턴(공교롭게도 영국이 금본위제를 채택한 데도 책임이 있는)의 이름을 따서 명명된 1뉴턴newton이라고 한다. 1미터의 거리로 작용한 1뉴턴의 힘은 1줄joule의 에너지를 생성한다. 줄은 물리학자 제임스 줄James Joule의 이름에서 명명된 에너지 측정 단위다. 1킬로그램의 물체를 (해수면에서 $9.81m/s^2$의 가속도로 측정되는) 중력에 반하여 1미터 높이로 들어 올리려면 9.81줄의 힘이 필요하다. 열을 통한 에너지 측정은 물 1세제곱센티미터를 섭씨 1도 높이는 데 필요한 열의 양을 1칼로리

calorie로 정의하여 이루어진다. 이 모두가 정확하게 정의된 과학적 상수로 1칼로리는 정확히 4.184줄에 해당한다. 줄은 칼로리보다 더 일반적인 에너지의 과학적 척도가 되었다. **일률** power(일의 효율을 나타내는 양)은 특정한 시간 동안 프로세스에 가해진 에너지의 양으로 정의된다. 일률의 단위는 1초당 1줄로 정의되는 와트watt다.

인간의 몸은 주로 음식물을 통해서지만, 햇빛에서도 에너지를 얻는다. 에너지는 인간이 인지적·육체적으로 기능하여 활동할 수 있게 해 준다. 그리고 우리는 신체 에너지를 넘어서 수요를 충족하고 목적을 달성하기 위해 외부 에너지원을 사용할 수 있다.

알렉스 엡스타인Alex Epstein은 《화석연료의 도덕적 근거The Moral Case for Fossil Fuels》에서 에너지를 '기계 칼로리machine calories'로 이해하는 직관적인 방법을 제시한다.[92] 에너지는 기계가 가치 있는 산출물의 생산을 위해 소비해야 하는 것이다. 인간이 행동하는 데 에너지를 소비해야 하는 것과 마찬가지로, 기계가 작동하려면 자체의 에너지가 필요하다. 고대로부터 인간은 자신을 위해 일함으로써 더 높은 생산성을 달성하게 해 주는 에너지원을 이용하는 방법을 고안하기 위해 이성을 활용했다. 에너지원의 활용은 우리의 목표를 달성하는 시간을 절약하고 생존 가능성을 높이는 데 도움이 되었다.

인간 행동의 영속적인 특징인 운송의 예를 들어보자. 가상의 인간이 버터 500킬로그램을 자신의 농장에서 마을로 운반하여 판매한다고 가정하자. 이 사람은 자신의 몸과 버터를 마을로 옮기는 데 필요한 에너지를 얻기 위해 음식을 섭취해야 한다. 인간이 생산할 수 있는 동력power의 양을 고려할 때, 그는 열 번 이상 버터를 운반해야 할 것이다. 그리고 한 번에 왕복 두 시간이 걸려서 꼬박 이틀의 작업 일수가 필요할 것이다. 그에게 말과 마차가 있다면, 목적을 달성하기 위해 이용할 수 있는 동력의 양이 늘어난다. 말에게 먹이를 주고 건강하게 유지했다면 사람과 버터 전부를 단 한 번에 마을로 옮길 수 있고, 소요되는 시간은 사람이 운반할 때 필요한 시간의 약 10분의 1인 두 시간이 될 것이다. 자동차를 이용할 수 있을 때는 몇 분 만에 운반을 끝낼 수 있다. 자동차는 말의 100~500배, 또는 인간의 1,000~5,000배의 동력을 생산하는 기계로서 작업을 완료하는 데 필요한 인간의 시간을 최소화한다.

경제학에서 동력의 역할은 자본과 기술의 역할과 비슷하다. 실제로 이 세 가지는 종종 서로 얽혀 있고, 심지어 의미가 중첩되기도 한다. 자본의 축적은 일반적으로 행위에 사용되는 에너지양의 증가와 기술의 발전을 동반하는 과정이다. 버터를 도보로 운반하는 방법에서 말로, 그리고 다시 자동차로 운반하는 방법으로의 발전에는 작업에 소비되는 에너지의 증가, 기술의 개선, 투입되는 자본의 증가가 포함된다.

인류 역사 속의 에너지

농업사회 이전의 유목사회에서 인간은 자연의 에너지를 그대로 사용했다. 태양은 추위를 피하고 식량을 키우는 데 도움이 되었고, 흐르는 강물이 그들의 몸을 씻어주었다. 한곳에 머물러 정착하게 되면서, 인간은 더욱 강력하고 정교하고 신뢰할 수 있는 동력원에 투자하는 능력을 발전시켰다. 동물의 가축화는 짐을 운반하고 밭을 가는 수요를 충족하기 위해 동물의 힘을 이용하는 능력을 제공했고, 가축화된 동물의 지방은 불을 밝히는 데 사용되었다. 인간은 물레방아를 이용해 흐르는 물의 에너지를 활용하고, 바람의 에너지를 유용한 동력으로 바꾸는 풍차를 건설하기 위해 강 근처에 정착했을 가능성이 크다. 벌목한 나무는 난방과 요리에 필요한 열을 제공했다. 이러한 에너지원을 통해서 인간의 노동 생산성이 향상되었고, 에너지원이 제공한 보호에 힘입어 생존 가능성이 커졌다.

두 번째 밀레니엄의 중반쯤에 인간이 나무보다 에너지 함량이 높은 석탄을 채굴하고 태우기 시작하면서, 더 작은 무게의 연료에 더 많은 에너지를 담을 수 있게 되어 생산성이 향상되었다. 19세기에는 지구에 있는 원유와 천연가스의 에너지를 활용하는 방법도 배우게 되었다. 이러한 연료가 제공한 믿기 힘들 정도로 혁신적이고 가치 있는 동력에 대한 가장 분명한 증거는 지난 2세기 동안 이들 에너지원의 활용이 전 세계로 확산한 속도다. 석유와 천연가스는 접근할 수 있는 근로자에게 제공하는 높은 생산성으로 전 세계적으로 매우 바람직한 연료가 되었고, 가용한 모든 곳에서 생활 수준을 향상시켰다. 20세기에는 탄화수소 연료보다 단위 무게당 에너지 함량이 훨씬 높은 연료에 접근할 수 있는 원자력이 발명되었다. 그러나 금세기 들어 원자력은 대중의 반대와 안전성에 대한 두려움 때문에 제한적으로 이용되었다.

역사를 통해서 기술의 진보는 단위 질량당 더 많은 에너지가 포함된 동력원을 제공해 왔다. 에너지 함량이 16MJ/kg인 목재에 비해 화석연료인 석탄의 24MJ/kg은 상당한 도약이었다. 액체 탄화수소인 석유의 에너지 밀도는 44MJ/kg이고, 탄화수소 중에 에너지 밀도가 가장 높은 천연가스는 55MJ/kg이다. 반면에 에너지 밀도가 390만MJ/kg인 원자력은 차원이 완전히 다른 연료다.[93]

에너지의 풍부성[94]

에너지에 관하여 가장 흔한 오해 중 하나는 에너지가 제한적이고 부족하다는 것이다. 대중의 상상에 따르면 지구가 공급할 수 있는 에너지(무언가를 가열하거나 움직일 때마다 소비되는)는 한정되어 있다. 이러한 희소성의 관점에서 에너지 소비는 나쁜 것으로 간주된다. 무엇이든 에너지를 소비하면 우리 행성의 유한한 에너지 공급량을 고갈시키기 때문이다. 그러나 현실은 전혀 다르다.

인간이 활용할 수 있는 에너지 자원의 총량은 사실상 무한하며, 소비하는 것은 고사하고 우리가 정량화할 수 있는 능력을 넘어선다. 매일 지구에 도달하는 태양에너지는 세계적으로 하루에 소비되는 에너지의 수백 배에 달한다. 쉬지 않고 흐르는 강물도 세계의 에너지 소비량보다 많은 에너지를 포함하고 있다. 이제 겨우 이용하기 시작한 핵연료는 말할 것도 없고, 불어오는 바람과 땅 밑에 있는 탄화수소 연료도 마찬가지다.

가장 확실한 에너지원부터 시작하자면, 태양만 해도 매년 385만 엑사줄 exajoule의 에너지를 지구에 쏟아붓는다. 인류가 해마다 소비하는 에너지의 6,000배가 넘는 양이다. 실제로 2시간 동안 지구에 도달하는 태양에너지가 한 해 동안 전체 인류가 소비하는 에너지보다 많다. 전 세계에서 얻는 풍력에너지의 양만 해도 세계에서 소비되는 에너지 총량의 약 4배에 달한다. 일부 추정에 따르면 잠재적 수력발전의 연간 발전 용량은 52페타와트시 PWh로, 세계에서 소비되는 에너지 총량의 3분의 1이다. 지구에 존재하는 탄화수소 연료의 총량을 정확하게 추정할 수는 없지만, 가장 근접한 추정치(입증된 석유 매장량)에 따르면 매장량이 계속해서 늘어나고 있다. 3장에서 논의한 것처럼 석유의 소비가 증가하는 것보다 더 빠른 속도로 새로운 발견이 이루어지기 때문이다.

자원이 부족하고 한정되어 있다는 믿음은 경제학의 핵심 개념인 희소성의 본질을 잘못 이해한 것이다. 지구상에 존재하는 모든 원자재의 절대량은 인간이 측정하거나 이해하기에는 너무 크기 때문에 인간이 생산할 수 있는 양의 실질적 한계가 될 수 없다. 우리는 필요한 광물을 찾아서 겨우 지구의 표면을 긁었을 뿐이다. 더 널리 탐사하고 더 깊이 파고들어 갈수록 더 많은 자원을 찾아낼 수 있다. 모든 자원의 양에 대한 현실적·실용적 한계는 생산에 투입되는 인간의 시간이다. 인간의 시간만이 유일하게 희소한 자원이기 때문이다. 하나의 사회로서 우리에게 유일하게 부족한 것은 사회의 구성원이 재화와 서비스를 생산하기 위해 사용할 수 있는 시간의 총량이다. 인간의 시간을 투입한다면 언제든지 어떤 재화이든 더 많이 생산할 수 있다. 따라서 재화의 실제 비용은 항상 해당 재화를 생산하기 위해 포기한 재화의 기회비용이다.

인류 역사를 통틀어 단 하나의 원자재나 자원도 소진된 적이 없고, 사실상 모든 자원의 가격이 과거 역사의 어떤 시점보다도 낮다. 기술의 발전을 통해서 우리의 시간 측면에서 더 낮은 비용으로 생산할 수 있게 되었기 때문이다. 원자재가 고갈되지 않았을 뿐만 아니라, 우리의 소비가 증가하면서 각 자원의 확인된 매장량도 시간이 지남에 따라 늘어났다. 자원이 한정된 것으로 이해한다면, 소비가 늘어남에 따라 시간이 가면서 기존 비축량은 줄어들 것이다. 그러나 우리가 항상 소비를 늘리고 있음에도 가격이 계속해서 하락하고, 자원을 탐색하고 발굴하는 기술의 발전을 통해서 점점 더 많은 자원을 발견하게 된다.

현대 경제의 필수적 생명선이며 상당히 신뢰할 만한 통계가 있는 석유를 가장 좋은 예로 들 수 있다. [그림 5](77쪽)에서 볼 수 있듯이, 영국 석유회사BP의 통계 리뷰 데이터에 따르면 1980년에 비해 2015년의 석유 연간 생산량은 46퍼센트, 연간 소비량은 55퍼센트 증가했다. 반면에 석유의 매장량은 생산량과 소비량 증가의 약 3배인 148퍼센트 늘어났다. 로버트 브래들리Robert Bradley는 《에너지: 마스터 자원Energy: The Master Resource》에서 석유의 확인된 매장량이 대개 연간 소비량의 20배 범위 안에 있을 것이라고 주장한다. 그 수준을 넘어서는 매장량을 추측할 인센티브가 거의 없어 보이기 때문이다.[95] 시간이 지나면서 소비가 증가하면 항상 더 많은 매장량이 발견된다.

해가 뜨고, 강물이 흐르고, 바람이 부는 한 에너지가 고갈될 수 없기 때문에 에너지가 부족하다는 문제는 존재하지 않는다. 에너지는 우리 인간이 원하는 대로 활용할 수 있도록 끊임없이 제공된다. 우리가 사용할 수 있는 에너지양의 유일한 제한은 에너지원이 풍부한 곳에서 필요한 곳으로, 필요한 시간대에 에너지를 전달하는 데 시간을 얼마나 많이 할애할 수 있는지이다. 모든 에너지는 궁극적으로 무료지만, 에너지의 비용은 사용 가능한 형태의 에너지를 필요한 곳으로 운반하는 공급망에 있는 사람들과 기업에 지불하는 비용이다. 따라서 에너지 자체를 희소한 자원으로 논의하는 것(인간이 수동적으로 소비해야 하는, 신이 정해준 고정된 양이 있음을 시사)은 의미가 없다.

사용할 수 있는 형태의 에너지는 인간이 자연의 힘을 필요한 곳으로 전달하여 생성한 산출물이다. 비트코인을 제외한 모든 경제적 재화와 마찬가지로 에너지 생산에는 자연적인 제한이 없다. 유일한 제한은 인간이 에너지의 생산에 얼마나 많은 시간을 투입하는지에 달려 있고, 생산자에게 신호를 보내는 가격 메커니즘을 통해서 결정된다. 사람들이 더 많은 에너지를 원하면 더 높은 비용을 기꺼이 지불하게 되어 다른 재화 대신에 더 많은 에너지를 생산할 수 있는 인센티브가 생긴다. 따라서 더 많은 사람이 원할수록 더 많이 생산할 수 있다. 에너지의 희소성은 비트코인 이전 모든 유형의 희소성과 마찬가지로, 다른 자원에 대한 기회비용으로 인한 상대적 희소성이다.

희소성이 없다는 에너지의 특성은 2장에서 논의한 것처럼 에너지가 경제적 재화일 수 없다는 것을 의미한다. 또한, 멩거의 연구에 따르면 재화는 인간의 수요를 충족하는 데 사용할 수 있는 유용한 사물이다. 그런 의미에서 추상적인 에너지원은 재화로 볼 수 없다. 지구상에서 사용할 수 있는 에너지의 총량은 그 무엇과도 관련되는 척도가 아니다. 에너지의 총량은 부족하지도 않고, 우리의 수요를 충족하는 데 투입될 수도 없다. 인간의 수요를 충족하는 데 사용되지 않는 태양광, 풍력, 탄화수소, 원자력, 또는 수력 에너지는 멀리 있는 별의 에너지와 마찬가지로 재화가 아니다. 우리의 수요 충족에 사용될 때만 에너지원을 재화로 간주할 수 있고, 에너지는 우리의 수요를 충족시켜야만 희소해짐으로써 경제적 재화가 된다. 그러므로 에너지는 경제적 재화가 아니지만, 전력은 경제적 재화이다.

인간은 총체적 에너지원의 가치를 평가할 수 없고, 오직 한계에서만 가치를 평가한다. 즉 다가오는 기간에 자신의 수요를 충족하는 데 투입될 다음 단위 에너지의 가치만을 평가한다. 에너지를 이해하기 위해 한계에서의 주관적 가치평가라는 틀을 적용하면 에너지 시장의 본질을 보여주는 강력한 설명 도구가 된다.

동력의 희소성

에너지는 일을 할 수 있는 능력으로 이해할 수 있는 반면에, 동력(또는 일률)은 일할 수 있는 능력을 일이 수행되는 기간으로 나눈 척도다. 동력은 인간의 수요를 충족하는 데 유용한 에너지원이 되기 위해 필요한 시간에 따른 에너지의 강도를 측정한다. 시간이 유한하고 부족하기 때문에 동력은 시간에 민감하고 시간 선호도가 양성이 된다. 하루 동안 당신의 집에 도달하는 태양과 풍력에너지의 총량은 집 아래에 묻혀 있는 탄화수소 에너지의 총량과 마찬가지로, 당신의 경제적 수요와 무관하다. 소비자는 이러한 에너지원에 비용을 지불하지 않으며, 지불해서도 안 된다. 인간에게 가치 있는 작업을 수행하지 않는 에너지원이기 때문이다.

한계 가치평가 marginal valuation에 대한 미제스와 멩거의 설명은 에너지 시장에 대한 고려에도 적용할 수 있다. 미제스는 세상의 모든 철과 금 사이에서 선택해야 하는 사람은 아무도 없다고 설명했다. 사람들은 소비하기를 원하는 물질의 한계 단위에서만 선택하면 된다. 인간에게 철이 금보다 더 유용할 수 있지만, 그것이 시장에서 더 높은 가격으로 반영되지는 않을 것이다. 그 누구도 평생 동안 금을 매수할지, 아니면 철을 매수할지 선택할 필요가 없기 때문이다. 사람들은 오직 다음 한계 단위에 대해서만 선택하고, 정상적인 시장 상황에서는 금이 철보다 상대적으로 부족하므로 일반적으로 금의 한계 단위가 철보다 더 소중하게 여겨진다.

인간의 수요 충족을 위해서 직접 투입할 수 있는 경제재라기보다는 모호한 개념에 더 가깝다는 점에서 에너지는 금과 철의 총공급량과 비숫하다. 사람들은 철의 공급량 전체를 구매하는 것이 아니라, 특정한 시간과 장소에서 한계 수요를 충족하는 데 필요한 한계 수량만을 구매한다. 마찬가지로, **사람들은 에너지의 총량을 구매하지 않는다. 일이 수행되기를 원하는 시간 동안에 원하는 강도로 전달되는 한정된 양의 에너지를 구매한다. 그들은 한계 시간 단위의 에너지, 즉 동력을 산다.**

'에너지 시장'이나 '에너지 구매'를 말하는 것은 거의 의미가 없다. 재화로서의 에너지는 인간의 수요를 충족하는 데 필요한 작업을 수행하는 시간과 분리될 수 없다. 일주일 동안 당신의 집에 불어오는 산들바람만으로도 저녁에 집의 조명을 켤 수 있지만, 문제는 일주일 동안 조명을 켤 수 있을 정도로 바람 에너지를 집중시키는 방법이다. 바람은 공짜로 불지만, 불을 켜는 에너지로 바꾸는 것은 공짜가 아니다.

에너지의 희소성은 절대적 가용성에 있지 않고, 필요한 시간과 장소에서 필요한 형태로 충분한 양을 사용할 수 있는지에 달려 있다. 자연적 형태의 에너지는 경제적 재화가 아니다. 매우 풍부할 뿐만 아니라, 한계에서 생산적인 용도의 동력으로 전환되지 않고 자연적으로 발생하는 수준에서는 유용성이 거의 없기 때문이다. 자동차, 비행기, 컴퓨터, 전화기, 스피커, 환풍기 등 현대 세계의 중요하고 보편적인 수많은 기술 장치를 작동하려면 초당 특정한 양의 에너지를 전달해야 한다. 장치의 운용에서 발생하는 경제적 가치는 요구되는 속도로 장치에 전달되는 연속적인 에너지 흐름, 즉 동력 공급 장치 power supply에 의존한다. 인간에게 효용을 제공할 수 있는 에너지는 한계에서 동력의 형태로 공급되는 에너지다.

재화의 가치를 한계에서 평가하듯이, 인간은 초당 공급되는 에너지의 양인 동력의 형태로 에너지의 가치를 평가한다. 한계에서 가치를 평가함으로써 우리는 짧은 시간 동안 대량의 에너지를 공급할 수 있는 에너지원, 특히 탄화수소에서 발견되는 엄청난 가치를 이해할 수 있다. 탄화수소는 또한 엔진을 사용할 수 있는 거의 모든 곳에서 대량의 동력을 제공할 수 있는, 이동성이 매우 높은 형태로 에너지를 저장한다.

탄화수소는 화학적으로 안정되고, 가볍고, 운반이 용이해 어디서든 대량의 동력이 요구되는 목적을 위해 사용할 수 있기 때문에 인간에게 엄청난 가치를 지니고 있다. 세계 어디서나 개인, 소집단, 또는 대규모의 인구가 탄화수소 연료를 구입하여 점점 더 저렴하게 널리 보급되는 엔진에 투입함으로써 필요에 따라 대량의 동력에 접근할 수 있다. 조명, 난방, 운송, 생산, 건설, 기타 다양한 인간의 수요를 충족하기 위해 전 세계적으로 다양한 용량의 엔진 수십억 대가 배치되어 있다.

바츨라프 스밀Vaclav Smil의 《에너지와 문명Energy and Civilization: A History》에서 자세히 설명되었듯이, 탄화수소 연료의 도입은 동력 생산에 대한 인류의 잠재력을 엄청나게 증가시켰다.[96] 에너지와 동력 소비의 역사적 진화에 대한 스밀의 분석은 노동 분업과 생산성의 기술적 가능성, 그리고 탄화수소의 개발로 그러한 가능성이 얼마나 향상되었는지를 살펴보는 데 도움이 된다.

튼튼한 남자가 바퀴를 밟아서 생산할 수 있는 동력은 약 200와트다. 맷돌을 돌리는 로마식 물레방아는 1,800와트를 생산한다. 16세기 무렵 독일의 풍차는 씨앗을 분쇄하는 데 6.5킬로와트를 공급할 수 있었다. 1750년에는 네덜란드의 대형 풍차가 12킬로와트를 생산하여 간척지의 물을 뺄 수 있었다. 1832년에는 최초의 수력터빈이 38킬로와트를 생산할 수 있었다. 18세기 초에 물을 끌어 올리기 위해 뉴커먼의 대기 엔진atmospheric engine이 발명되면서 인류는 연료를 태워서 작업을 수행하는 방법으로 3,750와트를 사용할 수 있게 되었다. 소박한 출발이지만 탄화수소 연료를 사용하는 기계의 도약이 시작된 것이었다. 1800년에는 제임스 와트의 초대형 증기기관이 100킬로와트를 공급했다. 1900년의 증기터빈은 1메가와트를 공급했다. 1970년에는 파이프라인 압축기에 동력을 공급하는 가스터빈이 10메가와트를 생산하게 된다. 2022년에 세계에서 가장 강력한 가스터빈인 지멘스에너지Siemens Energy의 SGT6-9000HL은 410.9메가와트를 생산했다.

말 한 마리는 약 780와트의 동력을 생산할 수 있고, 일류 자전거 선수는 1시간 동안 400와트 정도를 생산할 수 있다. 1908년에는 전속력으로 달리는 포드 모델-T가 14.9킬로와트를 생산했다. 오늘날 기아 피칸토Kia Picanto 같은 소형차는 약 45킬로와트를 생산한다. 세계에서 가장 강력한 스포츠카인 리막 네베라Rimac Nevera는 1.4메가와트 이상의 동력을 생산한다. 1890년에는 최고 속도로 달리는 대형 증기기관차가 850킬로와트를 생산했다. 1950년에 독일의 강력한 디젤기관차는 2메가와트의 동력으로 달렸고, 2015년에 일본의 고속열차는 17메가와트의 동력으로 운행되었다. 1960년에는 일본의 디젤엔진을 사용하는 상선이 30메가와트의 동력으로 운항했고, 1969년에는 보잉 747기가 60메가와트의 동력으로 비행하고, 초음속 콩코드기의 4개 엔진이 시속 2,400킬로미터 순항속도에서 10메가와트의 동력을 생산하게 된다. 세계 최대의 컨테이너선 HMM 알헤시라스의 엔진은 60메가와트를 공급한다. 말에서 HMM 알헤시라스와 보잉 747에 이르기까지 인류가 운송에 사용할 수 있는 동력이 8만 배로 증가했다.

스밀은 또한 시대에 따른 밭일의 최대 동력을 비교했다. 양배추밭에서 괭이질하는 농부가 50와트를 생산하는 반면에, 작은 말 두 마리와

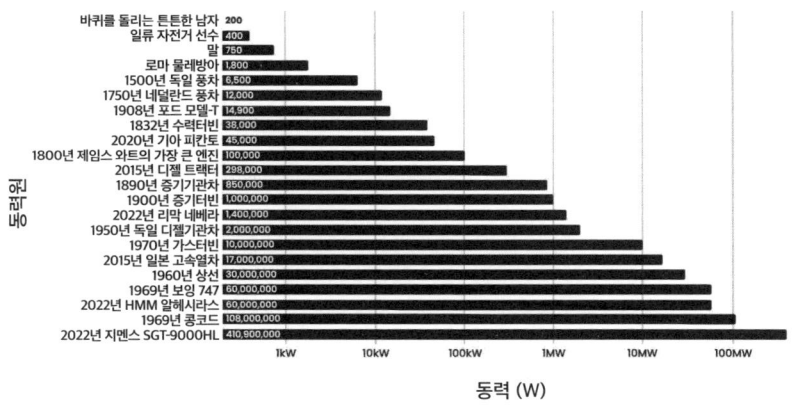

[그림 9] 지난 3000년 동안의 동력 최고치

함께 쟁기질하는 농부는 1,000와트를 이용할 수 있다. 1950년에는 소형 트랙터를 사용하는 농부가 50킬로와트의 동력을 사용하여 추수 작업을 할 수 있었다. 그리고 2015년에 대형 디젤 트랙터를 사용하는 농부는 298킬로와트의 동력을 이용할 수 있었다. 3세기 동안 기술이 발전하면서 농부가 이용할 수 있는 동력의 양이 6,000배로 늘어났다.

탄화수소 이전의 인류는 가용한 동력의 제한된 양에만, 그리고 물레방아와 풍차 근처에서만 접근할 수 있었다. 탄화수소와 함께 언제 어디서든 대량의 동력을 생성할 수 있게 됨에 따라 인구 중심지가 늘어나고, 인구 중심지 사이의 교역 연결이 증가하고, 노동 생산성이 높아졌다.

알렉스 엡스타인은 탄화수소 연료가 어떻게 현대적 번영의 근원이 되었는지에 대한 설득력 있는 사례를 제시한다.[97] 16세기까지 모든 곳에서 에너지를 공급하기 위해 주로 나무를 태우는 방법에 의존했다. 나무는 오늘날의 탄화수소에 비해 단위 중량당 에너지 함량이 매우 낮다. 16세기 석탄의 활용이 시작되고 석유와 천연가스로 이어지며, 1인당 가용한 에너지의 양이 엄청나게 늘어나면서 우리 삶의 질도 높아졌다. 우리의 삶에 대한 에너지의 진정한 이점을 시각화하기 위해 엡스타인은 오늘날 우리가 소비하는 에너지를 우리를 위해서 일하는 인간의 에너지 소비 측면에서 상상해 보기를 요청한다. 이러한 척도에 따라 엡스타인은 평균적인 미국인이 날마다 93명에 해당하는 에너지인 18만 6,000칼로리를 이용한다는 사실을 발견했다. 현대의 연료가 나오기 전에는 누구라도 이 정도의 에너지를 사용할 수 있는 경우가 거의 없었다. 가장 부유한 왕들만이 가연성 목재나 노예를 통해 매일 그런 정도의 에너지를 얻는 것을 꿈꿀 수 있었다.

전 세계적으로 생활 수준을 변화시킨 산업혁명은 증기기관의 발명과 근로자의 생산성을 높이기 위한 석탄 동력의 대규모 활용과 불가분

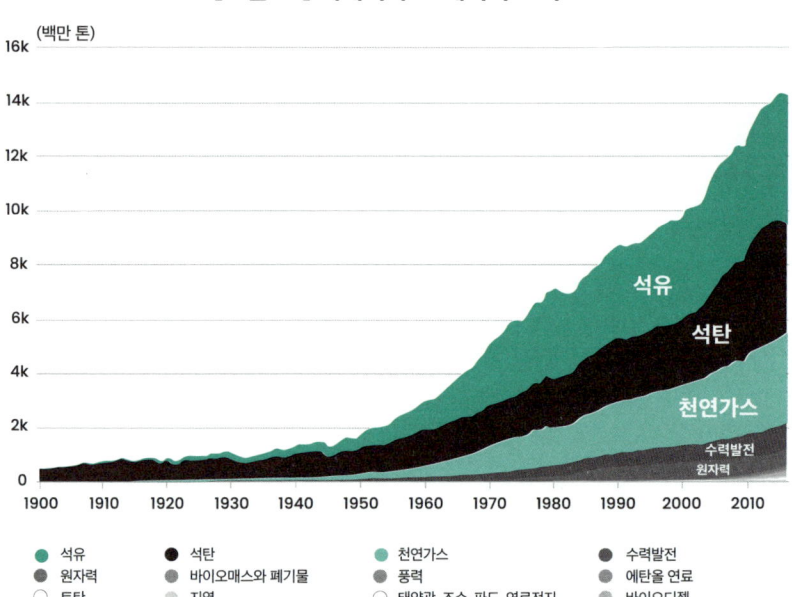

[그림 10] 세계의 주요 에너지 소비[98]

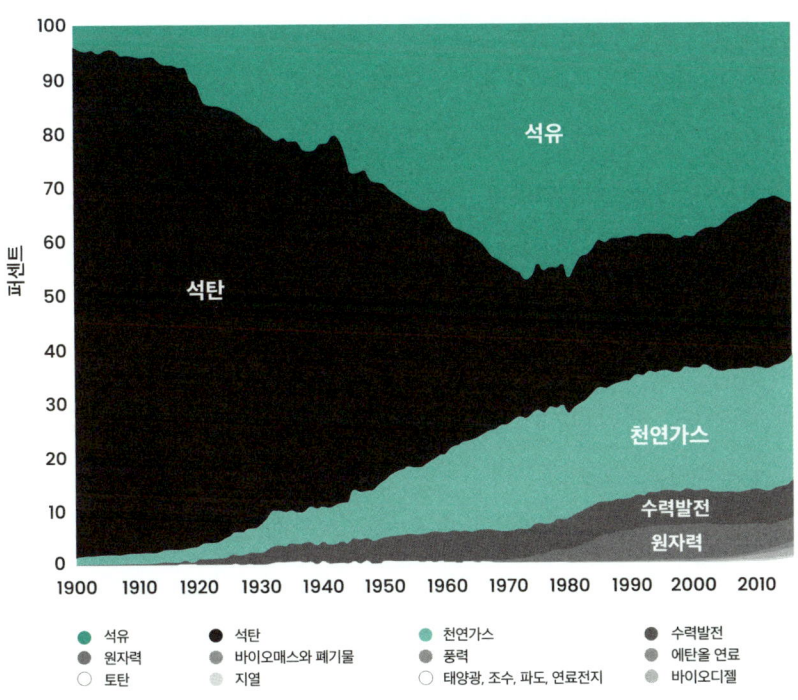

[그림 11] 백분율로 본 세계의 주요 에너지 소비[99]

의 관계가 있다. 석탄은 내연기관이 발명되어 석유를 대량으로 활용하게 된 20세기 초까지 지배적인 동력원이었다. 단위 무게당 에너지 함량이 석탄보다 높은 석유는 더욱 효율적으로 운반하는 운송에 사용할 수 있었다. 20세기에는 전 세계적으로 석유 사용량이 급격하게 증가했고, 20세기 후반에는 천연가스 동력이 가장 빠르게 늘어났다. 오늘날 세계 에너지 소비의 약 80퍼센트가 이 세 가지 탄화수소 연료에서 나온다.

기술이 발전하고 생활 수준이 향상됨에 따라, 에너지 생산을 위해 더 많은 천연가스가 사용될 것으로 예상된다. 세 가지 탄화수소 연료

중에 천연가스가 오염물을 가장 적게 생성하기 때문이다. 그러나 현실적으로는 여전히 석탄 동력에 대한 엄청난 수요가 있을 것이다. 전 세계 많은 사람에게 석탄 동력의 유일한 실질적인 대안이 간헐적이고 신뢰할 수 없는 저동력 에너지원이기 때문이다. 석탄은 값이 싸고, 석탄에서 에너지를 생산하는 데 사용되는 기술이 수십 년에 걸쳐 완성되었다. 그리고 현대의 청정기술을 통해 석탄의 소비로 생성되는 해로운 방출물의 양을 대폭 줄일 수 있다. 신뢰할 수 있는 동력의 이점은 석탄발전소와 안정적인 전력이 없는 지역을 떠나 석탄발전소와 안정적인 전력이 있는 지역으로 이주한 사람들 대다수가 수용할 수 있는 것으로 입증되었다.

1802년에 리처드 트레비식은 석탄을 태워서 열차를 운행하는 최초의 철도 증기기관차를 만들었다. 비슷한 시기에 같은 원리로 작동하는 증기선도 발명되었다. 1885년에 자동차, 1902년에는 비행기가 발명되었다. 2세기 이상의 기간에 탄화수소 동력 기술은 운송의 비용을 절감하고 가용성을 높였다. 오늘날 상품을 옮기는 데 드는 비용은 탄화수소 에너지가 나오기 전에 들었던 비용의 극히 일부분에 불과하며, 결과적으로 교역 능력이 크게 확대되고 세계적 노동 분업이 엄청나게 성장하여 인간의 생산성을 더욱 높이게 되었다.

노동 생산성을 크게 높이고 생활 수준을 향상시킨 탄화수소 에너지원이 도입되지 않았다면 19세기에 출현한 근대적 자본주의와 세계적 노동 분업이 불가능했을 것이다. 근대적 엔진과 기계에 동력을 제공하는 에너지원이 없었다면, 노동자가 자신의 생존에 필요한 것보다 훨씬 더 많은 가치를 생산하여 다른 사람들과 거래할 자원을 상당량 확보할 수 있을 정도로 노동 생산성이 향상되지 않았을 것이다. 자본의 축적 또한, 탄화수소 연료에 힘입어 급격히 증가하는 양의 동력이 가용되면서 근본적으로 다른 방식으로 도약하기 시작했다.

오늘날 세계의 지역적 비교와 시대에 따른 비교를 통해서 강력한 동력에 접근함에 따르는 엄청난 가치를 생생하게 보여줄 수 있다. 우리의 현대 세계는 주로 증가하는 에너지양에 일상적으로 접근할 수 있게 하는 기술 발전의 산물이다. 역사적 기준으로는 완전한 이상치^{outlier}로 볼 수 있는 수준의 에너지 소비가 없었다면 현대 문명과 그 성취의 대부분이 가능하지 않았을 것이다.

2005년에 인구가 400만 명 이상이었던 118개 국가의 데이터는 1인당 에너지 소비와 개선된 물 접근성, 기대수명, 유아 사망률, 평균 교육 기간, 전기 사용률 그리고 국민 총소득 사이의 상관관계를 보여준다.[100] 관계는 매우 명확하다. 더 많은 에너지를 이용하고 소비할 수 있는 사회일수록 현대생활의 기본적 수요를 더 많이 제공할 수 있다.

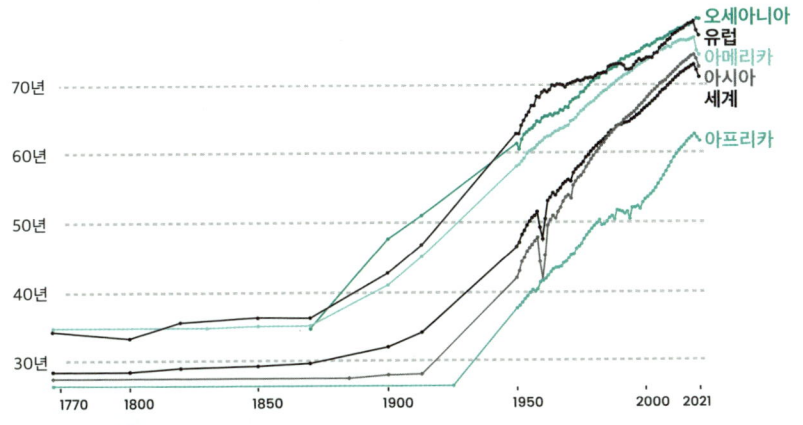

[그림 12] 글로벌 기대수명, 1770~2021년

출처: UN WPP (2022); 지더만 등 (2015); 라일리 (2005)
OurWorldinData.org/life-expectancy · CC BY
주: 도표는 '기간 기대수명(period life expectancy)'을 나타낸다. 이는 한 해의 연령별 사망률이 신생아의 평생 동안 동일하게 유지될 때 신생아가 살게 될 평균 햇수다.

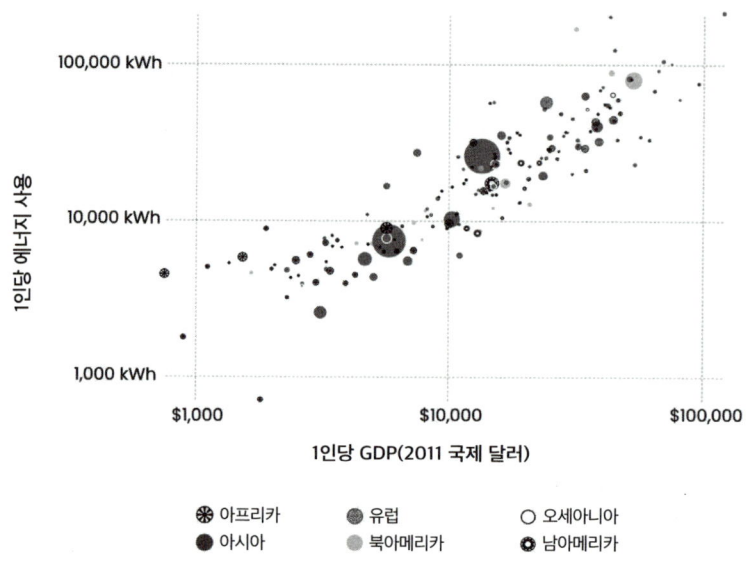

[그림 13] GDP 대비 1인당 에너지 사용량, 2015[101]

출처: 세계은행을 통한 국제에너지기구
OurWorldInData.org/energy-production-and-changing-energy-sources/·CC BY-SA

GDP를 자세히 살펴보면 이런 관계가 매우 명확하고 오랫동안 유지되었음을 알 수 있다. [그림 13]에서 볼 수 있듯이 더 큰 동력 소비는 더 높은 경제 생산과 강한 상관관계가 있으며, 결과적으로 더 나은 생활 수준과 관계가 있다.

[그림 14]는 1인당 에너지 소비와 극심한 빈곤에 처한 인구 비율 사이의 관계를 보여준다. 연간 1인당 1만 킬로와트시kWh 미만을 소비하면서 극심한 빈곤을 퇴치한 국가는 없고, 연간 1인당 1만 킬로와트시 이상을 소비하면서 극빈층이 인구의 20퍼센트를 넘는 국가도 없다.

인류의 진보를 이끈 원동력은 탄화수소 연료에 잠재된 에너지를 활용하는 기술의 발전이었다. 오늘날 대다수 인간이 자연의 해악으로부

[그림 14] 2018년 극빈층 인구 비율 대비 1인당 에너지 사용량[102]

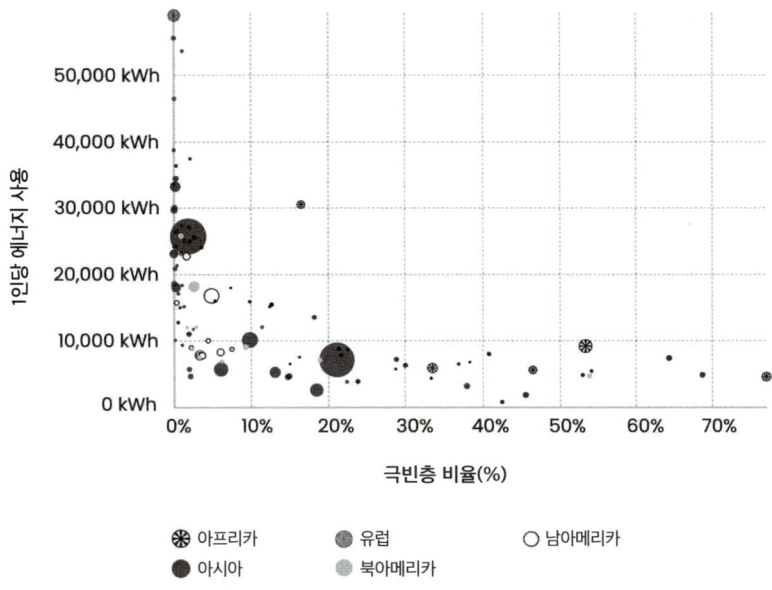

출처: 세계은행을 통한 국제에너지기구
OurWorldInData.org/energy-production-and-changing-energy-sources/ · CC BY-SA

터 보호받고, 겨울에 따뜻하게 지낼 수 있고, 자신이 달리는 속도보다 빠르게 이동할 수 있다는 사실은 세 가지 주요 탄화수소 연료인 석탄, 석유, 천연가스 에너지에 접근하는 다양한 형태의 엔진을 우리에게 제공한 산업혁명이라는 혁신의 결과다. 필립 크로스Philip Cross는 다음과 같이 설명한다.

"경제 발전의 역사는 인간이 통제하게 된 에너지의 역사다. 경제사학자들은 우리를 위한 일에 더 많은 에너지가 투입됨에 따른 경제 성장과 에너지 소비 사이의 밀접한 관계를 관찰해 왔다. 미국의 경제학자 디드러 맥클로스키Deirdre Mc-Closkey는 1800년경에 시작된 에너지 사용의 급증을 '대풍요Great Enrichment'라고 불렀다. 대풍요는 기대수명을 연장하고, 급증하는 인구를 유지하기 위한 식량 생산을 늘리고, 불과 몇 세기 전만 해도 왕실조차 꿈꿀 수 없었던 수준으로 사람들의 생활 수준을 높이면서 인류에게 엄청난 혜택을 제공했다.

고인이 된 이탈리아 경제사학자 카를로 치폴라Carlo Cipolla는 수천 년 전의 농업혁명과 18세기 말에 시작된 산업혁명의 업적을 에너지 동력을 활용한 사람들에게 돌렸다. 농업혁명에서 인간은 수렵과 채집으로부터 식물과 동물의 에너지를 재배하고 길들이는 쪽으로 진화했다. 비록 대부분 식물과 동물이 그다지 효율적인 에너지 변환장치는 아니지만 말이다. 불, 바람, 물 또한 인간이 이용할 수 있는 에너지를 증가시켰다. 시간이 지나면서 사람들은 초보적인 농기구, 관개시설, 벽난로, 수력 방아, 그리고 범선을 통해서 이 모든 에너지원을 보다 효율적으로 사용하게 되었다.

산업혁명 이전에는 에너지 공급에서 화석연료가 담당한 역할이 미미했다. 지구상의 모든 것이 에너지원이 될 수 있지만, 화석연료는 산업화에 따르는 에너지 수요를 충족하는 데 특히 효율적이고 편리하다는 사실이 입증되었다. 치폴라의 말에 따르면 산업혁명은 '무생물 변환장치를 통해서 새로운 에너지원의 대규모 활용이 시작된 과정'으로 볼 수 있다. 석탄은 최초로 광범위하게 사용된 무생물 에너지원이었다. 1560년에 영국의 에너지 공급량의 10퍼센트를 차지했던 석탄의 비율이 1750년에는 60퍼센트로 늘어났고, 그 과정에서 영국의 삼림 벌채가 종식됐다. 그래서 증가하는 에너지 공급이 추가적인 경제 성장을 촉진하고, 경제 성장이 새로운 에너지원(특히 다른 화석연료)의 발견을 견인하는 교육을 활성화하는 누적적 과정이 시작되었다.

상업적 용도로 사용된 최초의 화석연료는 등유로 빛을 생성함으로써 해가 지고 나면 어둠 속으로 빠져들 수밖에 없었던 상황을 종식했다(등유는 그때까지 실내조명의 주요 원천이었던 고래 기름을 얻기 위한 고래의 광범위한 도살도 중단시켰다). 미국은 19세기의 석유 개발을 선도했고, 셰일shale 광산을 개발하는 혁신적 기술에 힘입어 오늘날 그러한 역할을 다시 주장하게 되었다. 1860년에 이르러 펜실베이니아에서 시추 기술이 발전하면서 본격적인 석유 시대가 시작되었다."[103]

인간의 목적을 달성하기 위해 동력을 활용하는 기술이 계속해서 발견됨에 따라 동력의 실질적 비용이 지속적으로 하락한다. 1300년부터 2000년까지 7세기 동안 영국의 에너지 가격에 대한 연구에서 푸케Fouquet는 난방비용이 80퍼센트 이상, 동력비용이 94퍼센트, 화물 운

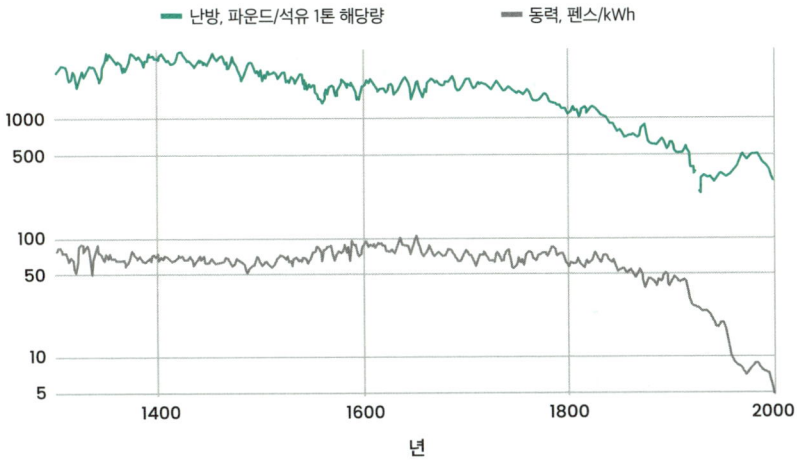

[그림 15] 영국의 난방 및 동력비용(1300~2000년)

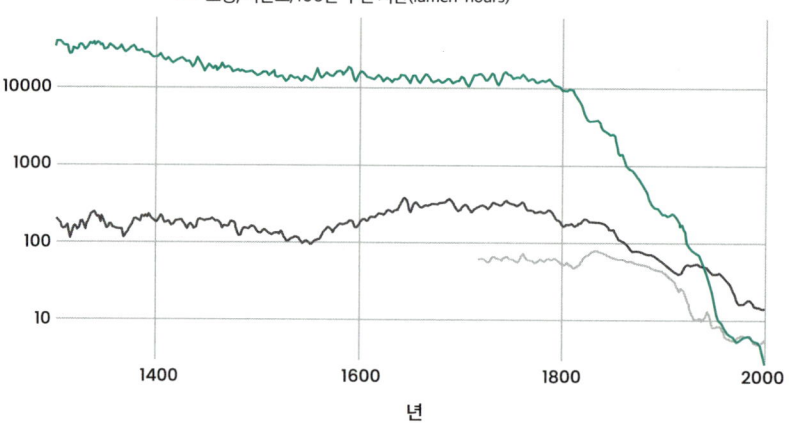

송비용이 95퍼센트, 승객 운송비용이 91퍼센트, 그리고 조명비용이 99.98퍼센트 감소한 것으로 추산했다. [그림 15]와 [그림 16]에서 이러한 비용의 감소를 볼 수 있다.[104]

탄화수소를 대체하는 동력

고출력 탄화수소가 우리 세계에 가져다준 놀랍고도 부인할 수 없는 이점에도 불구하고, 대다수 경제학자와 대중은 대체 에너지원으로 탄화수소를 대체해야 하고 그렇게 될 것이라고 믿는다. 이러한 적대감은 원래 1970년대의 인플레이션 통화정책으로 인한 탄화수소 연료 가격의 상승과 믿기 힘들 정도로 풍부한 연료가 고갈될 위기에 처했다고 예언하는 종말론 숭배자들의 대중화에 기반한 것이었다. 수십 년 동안 생산량이 계속해서 증가하고 확인된 매장량이 그보다 더 늘어나면서 이러한 히스테리는 사라졌지만, 탄화수소에 반대하는 새로운 히스테리의 근거가 등장했다. 온실가스 방출이 지구의 기후를 좌우하는 조절판이라는 일관성 없고 검증할 수 없는 사이비 과학적 미신이 이제 우리가 탄화수소를 없애고 풍력, 태양광, 바이오연료 같은 '지속 가능한sustainable' 대안으로 전환해야 하는 이유가 되었다.

나는 《더 피아트 스탠다드The Fiat Standard(비트코인 화폐의 미래)》에서 정부의 지원을 받는 현대 과학의 탄화수소 연료에 대한 적대감이 필수 연료의 가격을 올림과 동시에 정부가 과학에 자금을 지원하고 지시할 수 있도록 하는 인플레이션 통화정책에 뿌리를 둔다고 주장했다. 정부는 연료가 없는 대안을 홍보하려 할 것이다. 연료가 없는 대안이 세계 시장에서 대량 생산되는 고출력 연료보다 인플레이션에 덜 민감하기 때문이다.

풍력과 태양에너지를 옹호하는 사람들은 햇빛이나 바람은 요금이 없어서 연료가 무료이기 때문에 탄화수소보다 저렴하다고 주장하는 것이 일반적이다. 그러나 이는 한계에서의 결정을 분석하지 않는 잘못된 경제적 추론의 좋은 예다. 한계분석은 우리가 탄화수소의 대안으로 삼는 풍력과 태양에너지의 돌이킬 수 없는 문제를 이해하는 데 도움이 된다. 에너지는 총체적이나 추상적으로 구매되지 않는다. 한계에서 일정한 기간에 대한 특정한 강도와 양으로 구매된다. 실제로 거래되는 경제적 재화는 에너지가 아니고 동력이다. 현대 문명을 가능케 하는 생산성 높은 기계류에는 필요에 따라 특정한 강도로 공급되는 동력이 필요하다. 풍차와 태양광 패널이 제공하는 동력은 바람이 불고 태양이 빛날 때만 이용할 수 있기 때문에 간헐적이고 예측할 수 없다. 그에 반해서 탄화수소 동력원은 손쉽게 운반하고 저장할 수 있어서 필요한 때와 장소에 대량으로 공급할 수 있다. 일단 현대의 기계류와 기반 시설이 건설되면, 요구되는 정확한 강도의 탄화수소 동력을 필요에 따라 아주 적은 한계비용으로 이용할 수 있다.

전력망, 병원, 아기 인큐베이터, 냉장고, 난방과 냉방, 인터넷 서버, 수많은 온라인 서비스, 공항, 또는 다양한 형태의 사회기반시설 등 현대 문명에는 날씨 조건과 무관하게 계속해서 작동하는 기계들이 필요하다. 오늘날 날씨의 변덕에 맞춰서 공장, 서버server, 또는 사무실을 운영하는 기업은 없다. 생산성 높은 기계류가 작동하려면 단지 낮기만 한 에너지 한계비용이 아니라, **때를 가리지 않고** 낮은 에너지 한계비용이 필요하다. 태양이 빛나고 바람이 불 때는 재생 가능 에너지의 한계비용이 실제로 무료지만, 그렇지 않을 때는 한계비용이 무한대다. 아무리 많은 자본을 투자하더라도 기계가 필요로 할 때마다 계속해서 태양이 빛나고 바람이 불도록 할 수는 없다. 태양이 빛나지 않을 때 태양광발전의 한계비용은 무한대이고, 바람이 불지 않을 때 풍력발전의 한계비용도 무한대다. 풍력과 태양광이 정말로 탄화수소를 대체하여 사용된다면, 현대 산업사회는 더 이상 가능하지 않을 것이다.

막대한 보조금으로 풍력과 태양광발전을 장려하는 정부 정책에 따라 사용이 늘어나기는 했지만, 풍력과 태양광의 의존은 특정한 사용처에 대한 예측 가능한 부하의 최대치를 줄이는 재앙적 결과를 낳았다. 이제는 연료 중 일부를 이용할 수 없을 때도 최대 부하가 발생할 수 있기 때문이다. 전체 최대 부하 용량을 감당하려면 탄화수소에 의존해야 하므로, 풍력과 태양광 인프라에 대한 값비싼 투자가 거의 무용지물이 된다. 재생 가능 에너지가 실제로 화석연료의 사용을 줄일 수는 있지만, 재생 가능 에너지의 간헐성과 예측 불가성으로 인해 탄화수소 발전소와 전력망을 유지하고 관리하는 비용이 더 늘어나서 결과가 크게 상쇄된다. 풍력과 태양광발전이 정부 지출을 통한 보조금을 받는 정도로만 존재하는 것도 그 때문이다.

절약하는 인간은 생산성을 높이는 방법을 끊임없이 모색한다. 에너지의 맥락에서 이러한 모색의 결과는 항상 목적을 달성하기 위해 적용되고, MJ/kg으로 측정되는 동력원의 에너지 밀도를 늘리는 형태로 나타났다. 태양광과 풍력을 현대 생활에 적합한 동력원으로 만들려면, 석유나 천연가스 에너지 밀도의 약 1퍼센트에 해당하는 0.5MJ/kg 범위에 있는 에너지 밀도가 매우 낮은 배터리 기술을 사용해야 한다. 배터리는 또한 매우 비싸기 때문에 주로 엔진이 실용적이지 못한 분야에서 사용된다.

에너지와 자유

인간의 생산성이 매우 낮고 기술이 원시적이었을 때는 목적을 달성하기 위해 일을 수행하는 방법이 노동력 외에는 거의 없었다. 가장 효과적인 에너지원 중 하나는 다른 인간의 노동력이었다. 그러나 인간의 생산성이 매우 낮았다는 것은 생존을 위해서 자신의 노동이 필요하므로 다른 사람들이 자신을 위해 일하도록 대가를 지불할 여유가 거의 없었고, 다른 사람들 역시 그에게 대가를 지불할 여유가 거의 없었다는 것을 의미한다. 이러한 환경에서는 상호 이익이 되는 고용의 기회가 매우 드물었을 것이다.

자신의 수요를 충족하기 위해 타인의 에너지를 확보하려면, 그 사람이 자신의 수요를 희생하면서 에너지를 제공하도록 강요하는 수밖에 없었을 것이다. 제도로서의 노예제도는 원시적 에너지원의 세계에서 더 흔했다. 다른 인간의 에너지를 이용한다는 것은 자신의 수요를 충족하는 데 사용할 수 있는 에너지의 총량이 거의 두 배로 크게 증가함을 의미했기 때문이다. 낮은 생산성으로 인해 생존이 중요하고 불확실한 시련이 되고, 다른 사람의 노동력이 엄청난 가치를 지니게 되면서 노예를 만드는 것에 수익성이 생겼다.

기술의 발전으로 생산성이 향상되고 비인간 에너지원이 증가하면서 다른 사람의 노예 노동보다는 에너지 집약적 자본의 투입으로 인간의 수요를 충족할 수 있게 된다. 그리고 다른 사람들을 노예화하는 동기가 되는 시급한 노동 수요는 감소한다.

기계는 노예가 하는 일을 대부분 할 수 있고, 끊임없이 자유를 갈망하는 노예보다 문제를 덜 일으킨다. 기계가 노동자의 생산성을 높이기 때문에 노동자는 자신의 수요와 아울러 자본을 제공한 고용주의 수요까지 충족할 수 있다. 기계가 더 비싸지고 경제 생산 과정에서 담당하는 역할이 중요해지면서, 노동자의 중요성과 책임이 커지고 노예제도가 작업을 완수하는 데 전혀 적합하지 않은 방법이 된다. 값비싼 기계를 사용하는 생산성 높은 작업에 고용된 노예 노동자는 기계를 생산적으로 사용할 동기가 거의 없고, 태업행위에 가담할 가능성이 매우 크다. 기계와 에너지가 노동 생산성을 높이면서 노동자가 강제적이 아니라 자발적으로 고용될 가능성도 커졌다.

에너지 빈곤의 맥락에서는 다른 인간이 에너지를 제공하게 하는 것이 매우 중요했다. 그러나 부유하고 산업화한 선진국에서 한 사람이 매일 100명에 해당하는 인간 에너지를 사용하는 오늘날 에너지 풍요의 맥락에서는 노예로서의 인간을 추가하는 것이 한계에서의 동력에 거의 기여하지 못한다. 에너지원이 인간의 삶에 침투하여 우리의 생산성과 생활 수준을 높임에 따라, 인간을 노예로 삼는 것의 한계이익이 현저하게 줄어들었다. 더욱이 자본이 축적되고 현대적 기계가 생산 과정의 중심이 되면서 근로자가 기계를 유지하고 손상시키지 않는 능력이 사람의 손이 제공하는 동력보다 훨씬 더 가치 있게 되었다. 노예가 주인에게 제공하는 에너지는 기계가 사람의 고된 노동에 필요한 양보다 훨씬 큰 에너지를 값싸게 제공할 수 있게 되었을 때 더 이상 가치가 없었다. 기계를 유지관리 하는 노동자의 지능과 성실성이 체력보다 훨씬 더 소중하게 되었다.

산업화와 함께 노예제도의 폐지가 전 세계로 확산한 것은 우연이 아니다. 영국이 노예제도 폐지에 앞장선 것은 바로 세계에서 산업화를 선도하는 나라였기 때문이다. 증기기관과 발전기가 가는 곳마다 노예제도가 빠르게 사라졌다. 오늘날에는 자본축적과 에너지 소비가 거의 없는 원시적 사회에서만 노예제도가 남아 있다. 기계의 경제학은 노예제도의 경제적 유용성을 크게 떨어뜨렸다. 기계는 노예의 노동을 아주 싼 값에 제공할 수 있고, 노동자의 노예 노동보다 자발적 협력이 더 가치 있는 지점까지 노동자의 생산성과 시간의 가치를 끌어올린다.

고출력 기계는 또한 여성 해방의 과소평가된 원동력이기도 하다. 고출력 기계가 거의 없는 원시 경제에서는 인간의 힘이 매우 귀중했고, 가장 강한 인간이 가장 생산적인 인간이었다. 남성이 평균적으로 여성보다 힘이 세고 몸집이 크고 근육량이 많다는 점에서 남성의 노동이 여성의 노동보다 가치가 높았다. 그리고 여성은 생존과 보호를 남성에게 크게 의존했다. 현대의 에너지 집약적 기계가 운반, 들어올리기, 펌핑, 밭 갈기 그리고 자연과 동물로부터의 보호 등 육체적으로 가장 힘든 일을 맡게 되면서 인지적 능력의 필요성에 비해 체력의 중요성이 감소하면서 남성의 힘을 통해 부여된 여성에 대한 우위가 줄어들었다.

에너지가 풍부한 현대 경제에서 가장 생산적이고 보상이 높은 직업에는 더 이상 육체적 힘이 요구되지 않는다. 사회에서 가장 강하고 영향력 있는 사람들은 더 이상 가장 많은 자원을 확보할 수 있는 사람들이 아니다. 힘든 일은 기계가 수행하고, 기계를 관리할 수 있는 인지적 능력을 갖춘 사람들이 가장 높은 보상을 받는다. 산업화·정보화 경제에서는 여성이 독립적으로 자신을 부양할 수 있는 가능성이 원시 경제보다 훨씬 커진다. 산업화와 함께 여성 해방이 이루어졌다는 것은 우연이 아니다. 가장 부유하고 산업화한 사회의 여성은 독립적이고 성취도가 높지만, 산업화 이전 사회에서는 여전히 여성이 광범위하게 억압받았다.

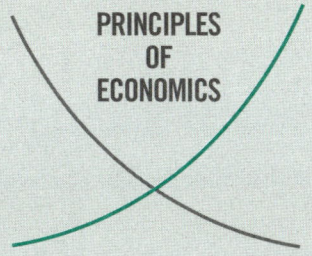

PRINCIPLES
OF
ECONOMICS

3부

시장 질서

9장

Trade

거래

"협력, 사회 그리고 문명을 유발하고 동물적 인간을 인간다운 인간으로 변화시킨 근본적 사실은 노동의 분업으로 수행되는 작업이 고립된 작업보다 생산성이 높다는 것과 인간의 이성이 이러한 진실을 인식할 수 있다는 사실이다."[105]

- 루트비히 폰 미제스

앞에서는 고립된 상태에서 수행되는 절약 행위와 교환에 대해 논의했다. 노동, 자본축적 그리고 생산을 위한 기술적 아이디어는 모두 인간의 행복을 증진하기 위해 노동을 여가와 교환하고, 즉각적 만족을 위한 지연되는 만족의 포기, 새로운 기술과 낡은 기술을 교체함으로써 타인과 상호작용할 필요 없이 할 수 있는 일이다. 그러나 인간은 사회적 동물이다. 가족과 확장된 사회 질서에서 태어나 다른 사람들과 상호작용하면서 일생을 보낸다. 타인과의 교류는 본능적이고 자연스러운 삶의 일부이며, 아이들이 어릴 때부터 하는 일이다. 사람들이 상호작용할 수 있는 경제적으로 가장 주목할 만한 방식은 거래trade 또는 자유교환free exchange이다. 9장에서는 자유교환의 근거와 이점을 검토하고 설명한다. 이어지는 장에서는 9장에 기초하여 화폐시장 질서 안에서 이루어지는 비개인적 교환에 대한 보다 완벽한 그림을 개발한다.

타인과 재화를 교환하는 행위는 경제적 의사결정에서 중요한 복잡성을 초래하는데, 바로 경제적 상호작용의 상대방도 자신의 의지가 있는 사람이라는 아이디어다. 생산, 소비, 자본축적같이 물질적 재화를 절약하는 행동을 하는 사람은 자신의 의지나 의식이 없는 무생물 대상만을 다룬다. 그러나 다른 사람들을 대하는 사람은 자기 나름의 욕망, 선호, 목적, 행동이 있는 또 다른 의지에 직면하게 된다.

사람들 사이의 상호작용 방식은 합의consensual**에 따른 방식과 강압적인**coercive **방식의 두 가지뿐이다.** 합의에 따른 상호작용에 관련된 모든 사람은 자신이 동의할 수 있는 활동에 참여하는 것이다. 그들은 서로에 대한 폭력이나 폭력의 위협에 가담하지 않고 자발적으로 활동에 참여하기로 선택한다. 거래 또는 자유교환이 합의에 따른 상호작용의 대표적인 예다. 거래 당사자 모두가 교환을 통해서 이익을 얻을 수 있다는 것을 확인했기 때문에 재화의 교환에 기꺼이 동의한다. 단지 자발적으로 재화를 교환하는 선택을 했다는 사실만으로도 두 사람 모두 그러한 거래를 통해 이익을 얻기 기대한다는 것을 추론할 수 있다. 교환의 결과가 마음에 들지 않는다면 애당초 교환에 나서지 않을 것이다. 이런 이유로 거래는 종종 포지티브섬 게임positive-sum game이라고 불린다. 모든 거래 당사자에게 누적되는 이익의 총합이 반드시 양수가 되는 것이다. 그렇지 않았다면 그들은 거래에 참여하지 않았을 것이다.

교환은 양측 모두에 이익이 되고, 어느 쪽에도 해를 끼치지 않는 합의에 도달하기 위해 이성을 사용하는 두 개인의 능력이다. 오직 이성을 통해서만 두 사람이 서로에게 이로운 방식으로 상호작용할 수 있다. 협력의 이점을 인식하고, 협력이 자신의 상황을 어떻게 개선할 것인지를 예견하게 해 주기 때문이다.

합의의 유일한 대안은 강압, 즉 폭력이나 폭력의 위협을 통해서 한쪽 당사자의 의지를 다른 쪽에 강요하는 것이다. 인간의 상호작용에 강압이 개입될 때마다 한쪽 당사자의 형편이 상호작용 이전보다 나빠진다는 필연적인 결론을 내릴 수 있다. 그렇지 않다면 자발적으로 참여하는 사람에게 상호작용에 동의하도록 강제력을 행사할 필요가 없을 것이다. 강압은 제로섬 게임zero-sum game으로 생각할 수도 있지만, 네거티브섬 게임negative-sum game일 가능성이 더 크다. 물건을 훔치는 도둑은 피해자의 재산 일부를 빼앗음으로써, 피해자의 희생으로 자신의 행복을 늘릴 수 있다. 계량 경제학자quantitative economists는 이것을 제로섬 상호작용이라고 부를지도 모르지만, 이는 가치가 객관적이고 도둑의 이익이 피해자의 손실과 동등하다는 잘못된 전제에 기초한 판단이다. 가치는 주관적인 현상으로만 이해될 수 있기 때문에 도둑과 피해자가 재화의 가치를 동등하게 평가한다고 가정할 수 없다.

도둑이 몇 푼짜리로 평가하는 가족의 가보가 소유자에게는 엄청난 주관적 가치를 지닐 수 있다. 그러나 도둑이 협상을 통한 교환으로 물품을 구입한 것이 아니기 때문에, 피해자가 생각하는 물품의 가치는 표현되지 않는다. 도둑은 가치가 충분한 대가를 제공하지 않았고, 어느 정도의 가치인지조차 알지 못한다. 따라서 도둑이 얻은 가치는 아마도 주인이 잃은 가치보다 낮을 것이다.

게다가 폭력이 개입되는 경우 가해자나 피해자 또는 모두에게 신체적 상해가 발생하여 고통을 겪을 수 있다. 폭력은 파괴적이며, 폭력을 행사함으로써 발생하는 피해가 실제로 획득되는 전리품보다 클 수 있다. 더욱이 폭력의 시작은 항상 보복의 위험을 수반한다. 또한 타인에 대한 폭력에 가담하는 것은 폭력 정상화의 한계 증가marginal increase를 초래하여 가해자도 피해자가 될 수 있는 가능성을 키운다.

강압의 전리품이 아무리 매력적일지라도 협력을 통해서 얻을 수 있는 보상에는 미치지 못할 것이다. 인간의 동물적 본능은 타인에 대한 두려움을 불러일으키지만, 인간의 이성은 협력의 이점을 식별하여 사실상 문명사회를 창조할 수 있다. 이는 무인도라고 생각했던 섬에서 프라이데이Friday라는 인간과 마주치는 로빈슨 크루소Robinson Crusoe를 예를 들어 설명할 수 있다.

프라이데이와 마주쳤을 때 크루소는 강압이나 합의의 두 가지 선택에 직면한다. 본능적으로는 강압이 매력적으로 보일 수 있다. 크루소는 자신의 의지를 프라이데이에게 강요하고 굴복시켜 노예로 삼거나, 아니면 그를 살해하고 소유물을 빼앗으려 시도할 수 있다. 이러한 선택은 크루소에게는 이익을 안겨주지만 프라이데이로서는 견딜 수 없는 선택이기 때문에 폭력적인 대결로 이어질 가능성이 크다. 그리고 대결의 결과는 두 사람 모두에게 불확실할 것이다.

크루소는 패배하여 노예가 되거나 살해될 수 있고, 승리하더라도 부상을 입을 수 있다. 크루소가 실제로 승리한다면 프라이데이의 모든 소유물과 노예 노동을 획득할 수 있겠지만, 생산적으로 일할 수 있는 프라이데이의 열정적 협력을 확보할 수는 없을 것이다. 자신의 산출물이 주로 크루소에게 이익이 되리라는 것을 프라이데이가 알기 때문이다. 크루소는 가능하면 언제든지 자신을 해치려 시도할 수 있는 프라이데이를 결코 믿을 수 없을 것이다. 죽음에 이르는 갈등과 폭력이 강압의 선택에 따르는 예상되는 결과다.

반면에 두 사람이 서로 협력하기로 하고 쌍방이 수용할 수 있는 조건으로 관계를 맺는다면, 장기적으로 두 사람 모두의 형편이 훨씬 좋아질 것이다. 현재 프라이데이가 소유한 물질적 재산(크루소가 빼앗을 수 있는)이 무엇이든 간에 그가 살아남아서 자유롭게 일하면서 능력이 허용하는 대로 생산성을 높이고 크루소와 함께 노동 분업에 참여할 때 생산할 수 있는 재화에는 미치지 못할 것이다.

크루소와 프라이데이가 서로의 자주권과 소유권을 기꺼이 존중한 다면 모두가 안전하게 생산하고, 생산한 재화를 교환할 수 있다. 협력을 통해서 그들에게 열려 있는 혜택은 적대적이고 전투적인 상태를 유지하면서 확보할 수 있는 그 어떤 이익보다도 크다. 인간이 다른 인간과 교류하면 노동, 자본축적, 기술 혁신만으로도 얻을 수 있는 놀라운 혜택에 더하여 훨씬 더 큰 가능성의 세계가 열린다. 경제학자들은 수 세기에 걸쳐 거래의 중요성과 엄청난 혜택의 잠재력을 이해하는 데 도움이 되는 정신적 도구와 개념을 개발했다. 이 장의 나머지 부분에서는 갈등보다 협력의 가능성이 모든 관련자에게 훨씬 더 바람직한 이유를 예시하기 위해 이러한 도구를 설명한다.

주관적 가치평가

거래라는 경제 현상을 이해하기 위한 기반은 모든 경제적 추론의 기초가 되는 개념인 주관적 가치평가다. 가치가 주관적이라는 점을 이해해야만 거래라는 개념이 성립한다. 가치가 객관적이라면 사람들이 거래에 참여함으로써 무엇을 얻을 수 있을까? 왜 가치가 동등하게 평가되는 두 가지 재화의 교환을 원하게 될까? 교환된 재화의 한계효용은 쌍방 모두에게 증가해야 한다. 각 당사자는 포기한 재화보다 획득한 재화에서 더 큰 만족을 얻어야 한다.

사람들은 같은 재화에 대해 서로 다른 가치를 부여하기 때문에 재화를 교환할 수 있다. 가치는 재화에 내재하지도 않고, 정해진 양으로 획득되는 속성도 아니다. 가치를 부여하는 것은 인간의 마음이고, 가치의 평가는 한계에서 이루어진다. 사람들은 가치를 평가하는 특정한 시간과 장소에서 해당 재화를 얼마나 소중히 여기는지에 기초하여 가치를 부여한다. 주관적 가치평가는 여러 요소에 의존하는데, 가장 중요한 요소는 해당 재화의 기존 보유량이다.

그러므로 크루소는 오렌지보다 사과를 더 소중하게 여기고, 프라이데이는 사과보다 오렌지를 더 소중하게 여기는 것이 전적으로 가능하다. 크루소에게 오렌지가 한 개 있고 프라이데이에게 사과가 한 개 있다면, 두 사람 모두 자신이 소유한 과일을 교환함으로써 이익을 얻을 것이다. 그들의 행동과 아울러 인간의 행동 방식에 대해 우리가 알고 있는 것으로 생각해 보면 이러한 교환을 이해할 수 있다. 프라이데이가 자발적으로 거래를 제안하고 크루소가 기꺼이 동의한다면, 거래를 통해 각자의 행복이 증진한다는 결론을 내릴 수 있다. 프라이데이는 자신의 사과보다 오렌지를 더 소중히 여기고, 크루소는 자신의 오렌지보다 사과를 더 소중히 여기므로 두 사람 모두 교환을 통해서 이익을 얻는다.

거래가 이루어지는 이유를 이해하는 또 다른 방법은 개인 간 상호작용의 맥락에서 한계효용체감 법칙의 의미를 고려하는 것이다. 재화의 수량이 증가함에 따라 각 단위의 한계효용이 감소하기 때문에 사람들은 자연스럽게 많이 가진 재화를 적게 가진 재화와 교환하는 거래의 기회를 찾게 된다. 크루소에게 오렌지나무가 있고 프라이데이에게 사과나무가 있다면, 각자 자신이 소유한 과일은 많고 다른 사람의 과일은 전혀 없을 가능성이 크다. 그들은 자신의 나무에 있는 한계 과일 marginal fruit의 가치를 다른 사람의 나무에서 얻을 수 있는 첫 번째 과일보다 훨씬 낮게 평가할 것이다.

크루소의 사과나무는 자신이 먹을 수 있는 것보다 더 많은 사과를 제공하며, 대부분의 사과를 먹은 후 남은 사과 몇 개는 거의 가치가 없을 것이다. 심지어 더 이상 먹고 싶지 않을 수도 있다. 그러나 프라이데이를 만나기 전에는 오렌지를 먹어보지 못한 크루소가 프라이데이로부터 얻을 수 있는 첫 번째 오렌지에 부여하는 한계 가치는 비교적 높을 것이다. 반면에 프라이데이는 자신의 나무에서 생산된 마지막 오렌지 몇 개에 거의 가치를 부여하지 않고, 크루소의 나무에 열린 사과 한 개를 훨씬 더 가치 있게 평가할 것이다. 두 사람은 거래를 통해 자신이 높게 평가하지 않는 재화를 포기하는 대신에 높이 평가하는 재화를 얻을 수 있다.

경제학에서 흔히 볼 수 있는 오해 중 하나는 가치와 가격을 혼동하는 것이다. 사람들이 자발적으로 교환에 참여한다는 사실만으로도 그런 생각이 잘못되었다는 것을 알 수 있다. 재화에 10달러를 지불하는 사람은 재화의 가치를 10달러로 평가하지 않는다. 재화와 교환하여 10달러를 기꺼이 포기하기 때문에 10달러 이상의 가치로 평가한다. 반면에 판매자는 재화의 가치를 10달러 미만으로 평가할 것이 분명하다. 10달러의 금액으로 기꺼이 재화를 포기하기 때문이다.

주관적 가치평가의 차이는 거래의 근거를 설명하지만, 최종재에 관한 결정에 초점을 맞추기 때문에 거래의 이점과 의미를 완벽하게 포착하지는 못한다. 거래가 생산 과정에 미치는 영향을 고려하면 더욱 중요한 거래의 잠재적 의미가 분명해진다. 개인 간 교환에서 인간 행동을 이해하는 두 가지 중요한 접근법은 절대우위 absolute advantage 와 비교우위 comparative advantage 의 개념이다.

절대우위

거래는 최종재에 대한 주관적 가치평가의 차이에서 발생하지만, 서로 다른 재화를 생산하는 비용의 차이를 나타내는 표현이기도 하다. 재화를 비교할 시장가격이 없는 원시적 환경에서도 사람들은 서로 다른 재화의 경제적 가치 차이를 식별할 수 있고, 생산비용이 높은 재화를 획득하기 위해 생산비용이 낮은 재화를 포기함으로써 거래당사자의 주관적 행복을 증진할 기회를 찾을 수 있다.

크루소와 프라이데이가 처음의 적대적인 본능을 억제하고 서로에게 평화롭게 접근하는 상황을 상상해 보자. 토끼사냥을 아주 잘하는 프라이데이의 동굴에는 토끼 가죽이 풍부하다. 반면에 크루소는 물고기잡이에 능숙하다. 토끼 가죽이 많은 것을 본 크루소는 자신이 토끼 고기를 원한다는 것을 깨닫고, 프라이데이에게 물고기와 토끼를 교환하는 데 관심이 있는지 물어본다. 몇 달 동안 토끼 고기만 먹었던 프라이데이는 크루소의 제안을 열광적으로 환영한다. 물고기잡이가 서툰 그는 시도할 때마다 많은 시간을 소비했지만 배고픔을 채우기에 충분한 물고기를 잡을 수 없었다. 그런데 크루소가 토끼와 물고기를 교환하자고 제안한 것이다.

프라이데이는 심지어 쉽게 잡을 수 있는 토끼의 대가로 귀중한 물고기를 내주는 크루소를 이용한다고 생각할 수도 있지만, 크루소도 같은 생각을 하고 있을 것이다. 크루소는 마침내 찾기 힘든 토끼를 확보하게 되었고, 토끼 한 마리를 얻기 위해서 손쉽게 잡을 수 있는 수많은 물고기 중 한 마리만 제공하면 된다. 이 상황에서 두 사람은 각자 훨씬 더 가치 있게 평가하는 재화를 얻기 위해 낮은 비용으로 생산할 수 있는 재화를 포기한다. 어떤 의미에서 그들은 서로를 이용하고 있다.

이러한 상황은 가상 숫자의 예를 통해서 설명할 수 있다. 우리는 **생산가능곡선**production possibilities frontier(두 가지 재화가 생산될 수 있는 모든 가능한 조합을 보여주는 선)을 사용하여 생산 가능성을 그래프로 나타낼 수 있다. 하루의 작업으로 프라이데이는 토끼 8마리나 물고기 2마리를 잡을 수 있는 반면에, 크루소는 토끼 2마리나 물고기 10마리를 잡을 수 있다고 해 보자. 두 사람이 독자적으로 작업하고 협력하지 않는다면, 이들 숫자가 각자 하루에 소비할 수 있는 양의 한계를 나타낸다.

프라이데이는 스스로 잡을 수 있는 토끼 8마리나 물고기 2마리를 소비할 수 있고, 크루소는 스스로 잡을 수 있는 토끼 2마리나 물고기 10마리를 소비할 수 있다. 고립된 상태에서 두 사람이 각자의 작업시간을 낚시와 사냥에 동등하게 나누기로 결정한다면 [그림 17]에서 점 I로 표시된 것처럼 프라이데이는 하루에 토끼 4마리와 물고기 1마리를 잡고, 크루소는 토끼 1마리와 물고기 5마리를 잡을 것이다. 두 사람이 잡은 것을 합치면 토끼 5마리와 물고기 6마리가 된다.

크루소가 프라이데이를 공격하여 수확물을 강탈한다면, 프라이데

[그림 17] 고립된 상태의 생산 가능성과 거래

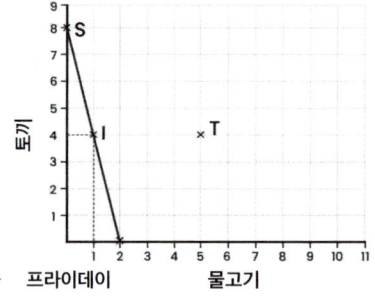 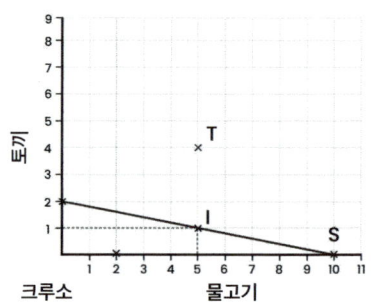

이가 소유한 모든 식량을 빼앗을 수도 있다. 하지만 그렇게 되면 프라이데이가 굶주림으로 사망하게 되고, 크루소에게는 프라이데이를 만나기 전과 마찬가지로 자신의 생산물 외에는 아무것도 남지 않을 것이다. 그러나 두 사람이 협력하기로 결정한다면 각자 수확물의 차이로부터 이익을 얻을 수 있다. 프라이데이에게 토끼가 많고 물고기는 많지 않다는 것을 알게 된 크루소는 자신의 물고기와 프라이데이의 토끼를 교환할 것을 제안한다. 토끼는 남아돌지만 물고기가 부족한 프라이데이에게 토끼와 물고기의 교환은 성공적인 거래가 되고, 마찬가지로 크루소에게도 물고기와 토끼의 교환은 성공적인 거래가 된다.

이러한 교환은 프라이데이에게 토끼를 사냥하여 물고기와 바꾸는 것이 물고기를 얻는 가장 좋은 방법임을 보여주고, 크루소도 물고기를 잡아서 토끼와 바꿈으로써 스스로 토끼를 사냥할 때보다 더 많은 토끼를 얻을 수 있음을 깨닫게 된다. 최종 결과는 각자 더 값싸게 생산할 수 있는 재화의 전문화가 합리적이라는 것이다. 전문화를 통해서 크루소는 물고기만 생산하고 프라이데이는 토끼만 생산한다면, [그림 17]의 점 S가 보여주듯이 두 사람의 하루 생산량이 토끼 8마리와 물고기 10마리가 되어 서로 적대적인 상태를 유지할 때보다 토끼 3마리와 물고기 4마리가 늘어날 것이다. 두 사람의 수확물을 절반으로 나눈다면 점 T가 보여주듯이, 각자 토끼 4마리와 물고기 5마리를 얻게 된다.

단순히 더 값싸게 생산할 수 있는 재화를 전문화함으로써, 그들은 각자가 두 가지 재화의 생산에 시간과 노력을 나누었을 때보다 더 많은 물고기와 토끼를 생산했다. 이 결과는 거의 마술 같은 속임수처럼 보인다. 두 사람이 작업한 시간은 전과 같지만, 각자의 먹거리로 더 많은 토끼와 물고기를 얻고 두 사람 모두의 형편이 나아졌다. 이것은 공격을 통해 획득한 전리품 같은 일회성 이익이 아니라, 서로 우호적인 거래를 통해 각자의 삶이 계속될 수 있는 지속 가능한 개선이다. 실제로 그들은 아침에 깨어날 때마다 협력하고 더 많이 먹을 것인지, 아니면 적대하고 더 적게 먹을 것인지의 선택에 직면한다. 거래는 각자 더 저렴하게 생산할 수 있는 재화에 시간을 투입할 수 있도록 함으로써 두 사람의 생산성을 높인다. 그들 중 한 사람이 다른 사람을 죽인다면, '승자'는 자발적으로 서로 협력하여 얻을 수 있는 만큼의 이득은 결코 얻지 못할 것이다.

비교우위

절대우위의 근거는 직관적이고 이해하기 쉽다. 각자가 더 낮은 가격으로 생산할 수 있는 재화에 전문화하여 모든 재화를 더 많이 생산하게 된다. 그러나 비교우위의 개념은 참여자의 생산성이 차이 나는 특성과 크기에 관계없이 재화의 기회비용 차이에서 발생하는 거래 이득에 대한 보다 일반적이고 강력한 설명이다. 만약 두 가지 재화 모두의 생산성이 한 사람이 더 높더라도, 재화에 대한 각자의 기회비용에 차이가 있기 때문에 거래는 상호 이익이 될 수 있다. 인간의 시간이 궁극적으로 희소한 자원이라는 사실은 두 사람 사이의 협력이 설사 한 사람이 두 가지 재화의 생산성이 더 높더라도 각자에게 이익이 된다는 것을 의미한다. 협력을 통해서 각자 부족한 시간을 가장 생산적인 용도에 투입할 수 있기 때문이다.

앞의 예에서, 크루소가 낚시와 사냥에서 더 생산적이어서 하루에 토끼 6마리나 물고기 12마리를 잡을 수 있고, 프라이데이는 토끼 4마리나 물고기 2마리만 잡을 수 있다고 해 보자. 그렇다고 두 사람이 노동 분업의 혜택을 누릴 수 없다는 것을 의미하는 것은 아니다. 각자가 고립된 상태에서 생산하고 소비하면서 하루의 절반을 사냥에, 나머지 절반을 낚시에 소비한다면 크루소는 토끼 3마리와 물고기 6마리를 잡고 프라이데이는 토끼 2마리와 물고기 1마리를 잡아서 총 토끼 5마리와 물고기 7마리를 잡을 것이다. 그들이 협력하고 전문화한다면, [그림 18]의 점 S가 보여주는 것처럼, 프라이데이가 토끼 4마리를 잡고 크루소가 물고기 12마리를 잡게 된다. 토끼를 더 많이 잡기를 원한다면 크루소가 사냥하는 시간의 일부를 할애함으로써 점 S_2가 보여주는 것처럼 그들은 총 5마리의 토끼와 10마리의 물고기를 얻게 될 것이다. 이 경우에 그들은 전문화를 통해서 물고기 3마리를 하루치 소비량에 추가할 수 있게 된다. 두 사람에게는 취향과 선호도에 따라 생산할 수 있는 토끼와 물고기의 다양한 조합이 있다. 전문화를 통해서 각자가 기회비용이 낮은 재화의 생산에 집중한다면, 그들의 생산물은 고립된 상태에서 생산할 때보다 더 높은 주관적 가치를 지니게 될 것이다.

[그림 18] 고립된 상태와 비교우위 거래의 생산 가능성

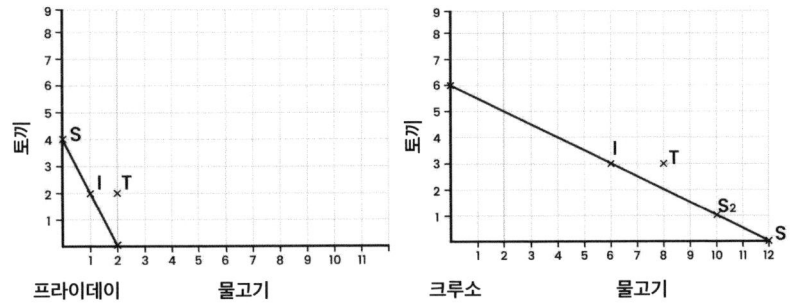

크루소와 프라이데이가 각자 정확히 같은 시간 동안 작업했을 때 사냥과 낚시 모두 크루소의 생산성이 높더라도 두 사람은 이전보다 많은 산출물을 생산할 수 있게 된다. 두 가지 재화에 대한 두 사람의 기회비용이 다르다는 사실은 각자 기회비용이 더 낮은 재화의 생산에 더 많은 시간을 소비함으로써 총생산량을 늘릴 수 있다는 것을 의미한다. 각자가 기회비용이 더 낮은 재화의 생산에 시간을 투입하기 때문에 두 사람 모두 원하는 최종재를 더 많이 생산할 수 있다.

이 예에서 전문화는 토끼 1마리의 기회비용이 크루소에게는 물고기 2마리이고, 프라이데이에게는 물고기 반 마리이기 때문에 이루어진다. 이러한 기회비용은 [그림 18]에서 생산가능곡선의 기울기로 표현된다. 고립된 상태에서 크루소는 토끼 1마리를 확보하는 데 걸리는 시간에 대해 물고기 2마리를 잡는 데 필요한 시간을 포기해야 한다. 그러나 프라이데이의 기회비용은 크루소와 다르다. 그는 특정한 시간 동안 물고기보다 두 배의 토끼를 생산할 수 있으므로 여분의 토끼를 얻기 위해 물고기 반 마리만 포기하면 된다. 누군가가 물고기 1마리를 토끼 1마리와 바꾸자고 한다면, 프라이데이는 기꺼이 제안을 받아들일 것이다. 마찬가지로 프라이데이가 토끼 1마리와 물고기 1마리를 바꾸자고 한다면, 크루소도 기꺼이 제안을 받아들일 것이다. 크루소에게는 스스로 생산하기보다 값싸게 토끼를 얻을 수 있는 방법이기 때문이다.

크루소에게는 여분의 토끼를 확보하기 위한 두 가지 선택이 있다. 첫째, 토끼 1마리를 사냥할 시간을 확보하기 위해 낚시하는 시간을 줄이고 물고기 2마리를 포기한다. 둘째, 프라이데이에게 무엇이든 물고기 반 마리 이상의 가치가 있는 것을 주고 토끼 1마리를 받는다. 첫째 방법은 물고기 2마리의 비용이 들고, 둘째 방법은 기껏해야 물고기 반

마리 이상의 비용을 들이면 된다. 크루소는 자신의 이익을 위해 프라이데이와 협력하기를 선택하고, 같은 논리로 프라이데이도 크루소와 협력할 수밖에 없다. 두 사람 사이에 기회비용의 차이가 존재한다는 단순한 사실이 사전에 합의한 조건에 따라 나누어 가질 수 있는 산출물의 총량을 최대화하는 방법으로 각자의 노동을 할당하기 위해 두 사람이 협력할 수 있다는 것을 의미한다. 기회비용의 차이는 거래의 기회가 있음을 알려준다. 기회비용이 다르다는 것은 두 사람에게 자신이 원하는 재화를 다른 사람이 더 낮은 비용으로 제공할 수 있고, 누군가와의 거래 가능성을 수용하기 위해 자신의 생산을 최적화하면 각자의 생산성이 향상된다는 것을 의미한다.

두 사람의 생산성 차이가 얼마나 되든 기회비용의 차이는 거래를 통해서 각자의 노동력 할당이 변화하고, 생산량이 늘어나게 된다는 것을 의미한다. 이러한 거래의 기회는 경제학자들이 연구하여 거래당사자들에게 자세히 설명할 필요도 없이 현실 세계에 나타난다. 인간은 상호작용을 통해서 다양한 상품에 대해 사람들이 평가하는 가치가 다르다는 것을 알게 된다. 이러한 차이는 양측 모두에 이익이 되는 교환의 기회를 제공한다. 같은 논리가 가족, 마을, 도시, 국가에 속한 사람들과 국가 사이에도 적용된다. 생산의 기회비용 차이가 전문화의 기회를 제공하고, 사람들은 끊임없이 그러한 기회를 활용하려고 노력한다.

선호도와 생산성의 차이는 보편적으로 만연한 교역의 원동력이다. 이 점에서는 수학적 예가 도움이 되지만 현대의 경제교육은 국제무역에 관한 과목에 경제적 이해가 거의 포함되지 않는다. 대신에 요점과 관계가 미약한 수학 연산과 테스트에 초점을 맞출 정도로 수학적 예를 지나치게 강조한다. 무역의 이점에 관한 심오한 통찰은 대부분 교과서의 앞부분에서 간략하게 다루어지는 것이 보통이고, 불필요하게 복잡한 수학 모델이 중앙무대를 차지한다. 수학적 궤변은 손쉬운 표준화 테스트를 보충하고, 이들 교과서를 무역에 대한 정부의 개입을 정당화하기 위한 일련의 복잡하고 어설픈 이론으로 바꿔 놓는다. 일반적인 무역 교과서는 자유무역에 대한 찬양으로 시작하기는 하지만, 무관한 수학 모델을 통해서 케케묵은 중상주의자의 헛소리를 끼워 넣어 재활용하는 것으로 빠르게 변질된다.

전문화와 노동 분업

"교환의 존재와 가능성으로 인해 생산자가 자신이 아닌 '시장'을 위해 생산할 수 있는 길이 열린다. 고립된 상태에서 자신이 사용할 재화를 생산하면서 생산량을 최대화하려고 시도하는 대신에 각자가 교환 가치를 기대하면서 재화를 생산하고 생산한 재화를 자신에게 더 가치 있는 다른 재화와 교환할 수 있다. 이렇게 재화의 유용성에 관한 새로운 길이 열리기 때문에 각자가 생산성을 높일 수 있다는 것은 분명하다."[106]

- 머리 로스바드

앞에서 언급한 것처럼 거래의 동기는 취향과 가치평가의 차이에서 파생될 수 있지만, 확장된 시장 질서 안에서는 궁극적으로 생산비용의 차이로 주도되고 전문화를 통해 강화된다. 고립된 상태의 인간은 자신에게 필요한 재화를 생산하는 반면에, 사회 시스템에서는 다른 사람들의 수요에 대한 예측을 기반으로 생산한다. 자신의 노동을 통해서 다양한 수요를 충족할 필요가 없고, 다른 사람들에게 가장 잘 봉사할 수 있는 생산 영역에 노동을 집중할 수 있다. 자신의 소비를 위한 생산보다는 시장을 위한 재화의 생산에 전문화함으로써 단순히 필요로 하는 분야가 아니라 가장 생산적인 분야에 노동을 투입할 수 있게 된다. 시장경제에서는 가장 잘할 수 있는 일에 전문화하기 위해 자신의 능력을 사용하고, 다른 사람들이 생산한 상품이나 서비스와 교환하는 간접적 방법으로 개인의 수요를 가장 잘 충족할 수 있다. 그러므로 전문화는 생산성을 높이는 또 하나의 방법이다. 거래는 단순한 생산성 향상을 넘어서 사회적 협력과 문명화된 행동으로 이어진다. 노동의 분업을 통해서 평화롭게 사회적 관계를 맺을 수 있는 이점이 매우 크기 때문이다.

《인간 행동》에서 미제스는 개인의 능력과 자연이 부여한 요소의 차이가 전문화를 주도한다고 설명한다. 로스바드는《인간, 경제, 국가》에서 전문화가 (a) 자연이 부여한 요소의 적합성과 산출량 차이, (b) 주어진 자본과 내구성 소비재의 차이, (c) 다양한 유형의 노동에 대한 기술적 숙련도 및 호감도의 차이로 주도된다고 주장한다.

로스바드의 설명이 미제스보다 더 포괄적이지만, 우리는 로스바드보다 더 나아가 특히 현대 경제에서 전문화를 주도하는 것이 자본의 축적이라고 주장할 수 있다.

앞의 예에서 우리는 크루소와 프라이데이 사이에 사냥과 낚시의 생산성이 크게 차이 나는 것을 당연하게 여겼다. 그러나 현실 세계에서는 이러한 차이가 자본의 차이에 의해 주도될 가능성이 크다. 크루소는 낚싯대와 낚싯배에 투자했기 때문에 물고기를 잡는 생산성이 높고, 프라이데이는 덫과 창을 만드는 데 투자했기 때문에 토끼를 더 잘 잡게 된다. 자본의 차이가 없다면 생산성의 차이는 그리 크지 않을 것이다.

시간이 지나면서 기술이 발전하고 자본이 축적됨에 따라 두 사람이 자연적인 조건에서 점점 멀어지게 되고, 사냥과 고기잡이 산업의 생산성과 비교우위가 주로 인적·물적 자본이 축적된 정도에 좌우된다.

지리적·자연적 요소가 농산물과 천연제품의 비교우위에 큰 영향을 미친다는 것은 합리적인 생각이다. 핀란드는 결코 망고 같은 열대과일의 생산을 전문화하지 못할 것이고, 사하라사막에서는 병입한 생수가 수출될 수 없을 것이다. 그러나 현대의 산업화한 경제에서는 경제활동과 개인의 지출에서 천연제품과 농산물이 차지하는 부분이 서비스와 산업재에 비해 점점 덜 중요해졌다. 현대 경제에서 전문화의 원동력은 주로 산업에 대한 자본 투자다. 수십 년 동안 자동차 제조에 투자한 지역은 자동차 생산에 적합한 인적·물적 자본을 개발함으로써 자동차 생산의 우위를 계속해서 유지할 가능성이 크다. 마찬가지로 섬유산업 인프라에 투자한 지역도 그러한 우위를 발전시킬 것이다. 경제가 정교해지고 생산 과정이 연장될수록 자본축적의 차이에 따르는 비교우위가 늘어나고, 자연적 요소에 의한 비교우위는 줄어든다.

현대 세계에서 생산성이 가장 높은 산업은 아마도 모든 산업에 진출하고 침투하여 효율성을 크게 높이면서 엄청난 생산성 향상을 달성하는 컴퓨터와 통신 산업일 것이다. 컴퓨터와 통신 산업의 경쟁력은 자연적·지리적 요소와 거의 완전히 분리된다. 이들 산업의 엔지니어와 프로그래머는 일하는 곳이 싱가포르 같은 열대의 섬이든 스웨덴 북부처럼 얼어붙은 북극 지역이든 관계없이 자본의 인프라만 갖춰지면 생산이 가능하다. 이것이 필자가 현대 경제학이 자본의 축적에 충분히 초점을 맞추지 않고 고립된 상태의 거래와 노동 분업에 너무 큰 중요성을 부여한다고 생각하는 또 다른 이유다. 광범위한 자본축적 없이는 기회비용의 차이를 유발하여 전문화가 필요한 생산성 향상의 여지가 거의 없을 것이다.

거래는 사람들이 교류하면서 다양한 재화에 대한 가치평가가 서로 다르다는 것을 깨달을 때 자연스럽게 나타나는 현상이다. 자신의 수요를 직접 충족하기보다 시장을 위해 생산함으로써 더 많은 수요를 충족할 수 있다는 사실을 깨닫기 시작하면서 사람들은 시장의 요구에 더 잘 대응하게 되고, 자신의 생산적 역량을 사회의 수요 충족으로 돌리기 시작한다. 이는 인구집단에 일자리가 나누어지는 사회 전반의 노동 분업으로 이어진다. 더 많은 사람이 특정한 재화의 생산에 전문화할수록 시간이 가면서 생산성이 향상될 것이다.

시장의 규모

"더욱 발전된 방식의 노동 분업으로 나아가는 모든 발걸음은 모든 참여자의 이익에 부합한다. … 원시사회와 일상적 노동을 점진적 발전으로 이끈 것은 노동의 분업으로 달성되는 높은 생산성에 대한 통찰로 활기를 얻은 인간의 행동이다."[107]

- 루트비히 폰 미제스

이전 장에서 우리는 고립된 섬에 있는 두 사람이 서로 간의 거래와 기회비용이 가장 낮은 재화를 생산하는 전문화를 통해서 이익을 얻는 사례를 살펴보았다. 이 간단한 예는 거래의 근거와 거래에 따르는 이익의 원동력을 보여준다. 시간이 지나면서 거래 당사자의 수가 늘어나더라도 같은 논리가 적용되고, 거래에 참여하는 사람이 증가함에 따라 이익도 증가한다. 더욱 심층적인 전문화, 더 많은 자본축적 그리고 생산성 향상이 가능하기 때문이다.

1인 경제에서 크루소는 자신의 모든 수요를 스스로 해결해야 한다. 사냥하고, 집을 짓고, 포식자를 물리칠 무기를 만들고, 입을 옷을 만들어야 하는 그는 필요한 모든 일을 해낼 시간이 턱없이 부족하다. 크루소에게는 전문화의 여지와 특정한 생산 과정에서 자본재를 개발할 시간이 거의 없다. 수많은 작업에 시간을 쪼개야 하기 때문이다. 섬에 다른 사람이 있으면 각자의 작업을 전문화하고 산출물을 거래할 수 있다. 둘 중 한 사람만 물고기를 잡고 다른 사람은 사냥에 집중하면 된다. 그러면 사냥꾼은 창과 덫을 개발하는 데 두 배의 시간을 투자할 수 있고, 어부는 낚싯대와 낚싯배를 만드는 데 두 배의 시간을 투자할 수 있다. 완수해야 하는 작업이 절반으로 줄어들고 두 사람 모두 각자의 임무에 더 많은 시간을 투자할 수 있어서 작업이 더 능숙해지는 것과 더불어 작업을 위해 더 많은 자본을 축적하게 된다. 자본축적과 전문화의 규모는 더 많은 사람이 시장에 참여하여 서로 거래함으로써 계속해서 증가한다.

크루소와 프라이데이가 섬에 살고 있는 다른 사람 20명을 만난다면 전문화의 범위가 더욱 넓어질 것이다. 다른 사람들이 각자 농사, 옷 만들기, 사냥, 낚싯대 만들기, 사냥용 창 만들기에 집중하는 동안에 한 사람만이 집 짓는 일을 전문적으로 할 수 있다. 크루소와 프라이데이에게 적용되었던 것과 같은 생산량 증가의 논리가 이제는 더 큰 집단에 적용되어 계속해서 생산성을 높이게 된다.

시장의 규모가 커지면 근로자의 생산성이 향상될 뿐만 아니라 사회의 구성원이 이용할 수 있는 상품의 수와 다양성도 증가한다. 시장에 참여하는 사람이 늘어나고 개별 생산자의 생산성이 향상됨에 따라 각 생산자가 점점 늘어나는 사람들의 수요를 충족하기에 충분한 상품을 생산할 수 있다. 이는 가장 기본적인 수요를 넘어서는 새롭고 혁신적인 제품의 생산을 추구하도록 근로자를 풀어주는 효과를 가져온다.

개인의 거래가 이루어지는 범위가 확대됨에 따라 생산성과 가용한 재화가 늘어난다. 시장의 규모에 대한 이러한 관찰은 경제 현상을 설명하는 매우 강력한 도구이며, 시골 지역에서 대도시로 이주하는 경제적 인센티브를 설명하는 데도 도움이 된다. 고립된 시골 지역의 노동자는 소수의 잠재적 구매자를 위해 생산하고, 소수의 생산자로부터 구입한다. 다양한 서비스를 전문적으로 제공하는 사람이 없기 때문에 자신의 수요 중 상당 부분을 스스로 해결해야 한다. 그는 지역에 전문가가 없고, 자신도 전문가가 아니므로 생산성이 상대적으로 낮은 재화를 생산하는 데 작업과 시간의 일부를 소비해야 한다.

예를 들어 그가 제화공이라면 디자인과 제작은 물론 밑창, 끈, 쿠션 등 신발 생산의 모든 단계를 책임져야 한다. 그러나 대도시로 이주한다면 자신이 가장 능숙하고 생산성이 높은 단계를 전문으로 하고, 다른 단계는 다른 사람들에게 맡길 수 있다. 전문적이고 생산성이 높은 디자이너의 디자인을 활용하고, 스스로 만드는 것보다 훨씬 낮은 비용으로 끈과 밑창을 생산하는 전문가에게 구입하면서 신발을 조립하는 데 집중할 수 있다. 제화공은 작고 고립된 시골 지역보다 대도시에서 더 많은 소득을 올리고, 더 생산적인 삶을 살 수 있다.

각 1,000명의 고립된 경제로 나누어진 세계에는 자동차, 컴퓨터, 스마트폰이 있을 수 없다. 1,000명의 사람은 생존의 기본적 수요를 위해 생산하는 데 전념할 것이다. 고립된 공동체들이 서로 교역을 시작하면 전문화의 범위가 늘어나고, 생산 과정의 자본축적이 증가하여 더 많은 사람이 기본적 생존을 위한 노동에서 해방되고, 즉각적인 소비재의 산출이 없는 자본재 생산을 추구할 수 있다. 시장의 규모가 성장하면서 전문화에 따른 보상도 증가한다. 전문화된 생산품을 더 큰 집단에 판매할 수 있기 때문이다. 오늘날의 세계 시장은 지금까지 존재했던 시장 중에 가장 큰 시장이고, 역사상 최고 수준의 생산성을 달성할 수 있게 해 준다.

오늘날 우리가 사용하는 기술적으로 진보된 제품은 현재 인구의 1퍼센트가 있는 세계나 서로 고립된 작은 시장이 있는 세계에서는 도저히 불가능할 것이다. 현대의 자동차 공장이 생산 가능한 가격으로 더 많은 수의 자동차를 생산하기 위해서는 점점 더 구체적이고 난해해지는 작업에 전문화할 수 있는 많은 사람이 필요한데, 이는 생산량이 많고 더 큰 시장에서 판매할 수 있을 때만 가능한 일이다. 현대의 자동차 제조업체에는 앞유리창 같은 자동차 생산의 아주 사소한 부분에 대해 수년간 훈련하고 집중하는 엔지니어가 있다. 자동차 제조업체가 대규모 시장에 자동차를 판매할 수 없다면 필연적으로 전문화의 수준이 하락하고, 그에 따라 제품의 정교함과 가치, 근로자의 생산성도 하락할 것이다.

현대 제품을 만드는 데 필요한 작업이 전문화된 정도를 생각하면 참으로 경이롭다. 레너드 리드 Leonard Read는 유명한 에세이에서 오늘날 연필을 생산하는 데 필요한 협력의 정도를 설명했다.[108] 연필을 조립하여 생산하는 곳임에도 불구하고, 공장에는 처음부터 연필을 생산하는 방법을 아는 사람이 아무도 없다. 연필이 조립되는 공장은 단지 전 세계에서 수많은 전문인력이 참여하는 오랜 생산 과정의 한 단계였을 뿐이다. 나무를 자르는 일부터 지우개로 사용되는 고무의 가공, 지우개 받침으로 들어가는 금속까지 각 재료를 원자재 형태로 확보하여 가공하는 공장으로 운반하고 연필공장에서 조립할 수 있는 부품으로 바꾸기 위해 수많은 사람이 협력해야 했다.

이러한 노동 분업은 오직 이들 생산자가 거래할 수 있는 큰 시장이 있어야만 가능하다. 이 모든 사람이 세상과 거래하지 않기로 결정한다면, 그들의 모든 나날이 기본적 생존을 위해 소비될 것이다. 사람들은 협력과 거래를 통해서 높은 생산성과 함께 고도로 정교한 제품의 생산을 전문화하고, 다른 사람들이 전문화로 생산된 제품을 매우 값싸게 소비할 수 있다. 극도로 복잡한 연필의 생산이 모든 세부 사항을 알고 있는 단 한 명의 중앙계획자도 없이 전 세계에서 이루어진다. 그 결과, 매년 수백억 자루의 연필이 생산되어 점점 더 값싸게 구입할 수 있다.

거래할 수 있는 시장의 규모가 커짐에 따라 개인이 점점 더 많은 생산자 중에서 선택하고, 점점 더 많은 소비자에게 판매할 수 있게 된다. 개인이 점점 더 구체적인 작업에 전문화함에 따라 노동 분업이 증가하고, 더욱 정교한 제품의 개발이 가능해진다. 그는 자신의 작업을 수행하기 위해 점점 더 많은 자본을 축적하고 작업을 수행하여 생산성을 높일 수 있다. 개인이 거래할 수 있는 최고의 시장은 가장 큰 시장, 즉 전 세계다. 무역 관세가 없거나 낮은 국가에서 사는 사람들은 세계에서 최고가를 부르는 매수자에게 판매할 수 있는 매우 구체적인 작업에 전문화하여 생산성을 높일 수 있고, 전 세계의 생산자로부터 가장 우수하고 저렴한 제품을 선택함으로써 생활 수준을 높일 수 있다.

이러한 통찰은 또한 사회가 글로벌 무역에 더 잘 통합됨에 따라 생산성, 소득, 삶의 질이 향상되는 이유를 이해하는 데 도움이 된다. 세인트 헬레나Saint Helena는 아프리카 남서부 해안에서 서쪽으로 1,950킬로미터, 리우데자네이루에서 동쪽으로 4,000킬로미터 떨어진 남대서양에 위치한 인구가 약 4,500명인 작은 섬이다. 세인트 헬레나 주민에게는 다른 세계와의 무역은 높은 운송비용으로 인해 매우 비싸다. 세인트 헬레나로 수입되는 모든 자본도 매우 비싸서 위치가 유리한 다른 지역보다 국내 생산비용이 상승하게 된다. 무역에 따르는 비용 때문에 주민을 위해 수입되는 소비재도 비싸고, 세계로 수출되는 제품 역시 비싸다.

우리는 정부의 관료들이 국가를 사실상 고립 상태인 세인트 헬레나와 비슷하게 만드는 정책, 즉 무역을 제한하는 정책을 시행할 때도 유사한 패턴을 관찰할 수 있다. 정부는 무역에 관세를 부과함으로써 나머지 세계와의 거래비용을 높여서 자국민을 위한 시장의 규모를 사실상 축소한다. 세계의 상품이 더 비싸지고 전문화 가능성이 줄어든다. 지구상에서 가장 고립된 경제 중에는 북한, 쿠바, 에리트레아Eritrea, 그리고 베네수엘라가 있다. 놀랍지도 않게, 이들 나라의 경제는 생산성과 생활 수준이 매우 낮다. 과거에 베네수엘라가 개방된 자유시장 경제였을 때는 세계에서 생활 수준이 가장 높은 국가 중 하나였다.

세인트 헬레나와 고립주의 경제의 반대쪽 극단에는 시민이 경제 규모와 관계없이 매우 큰 세계 시장과 거래할 수 있는 자유로운 교역 경제가 있다. 홍콩, 싱가포르, 뉴질랜드, 그리고 스위스 국민은 세계와의 교역에서 직면하는 장애가 가장 적고, 결과적으로 주민의 생산성과 생활 수준이 세계 최고 수준에 속한다. 고립된 경제의 시민은 사고 싶은 상품을 국내 생산자로부터만 얻을 수 있다. 반면에 개방된 경제의 시민은 전 세계에 판매하는 생산 과정에 참여하여 더 많은 수익을 창출하고, 생산 과정을 연장하여 정교함을 늘리는 데 더 많이 투자할 수 있으므로 훨씬 더 생산적이 될 수 있다.

초기 미국의 주들 사이에 무역 제한이 없었던 것에 힘입어 미국의 경제 성장은 크게 활성화되었다. 북아메리카의 자유무역은 상대적으로 낮은 국제무역 관세에 더해 증가하는 전문화와 함께 많은 인구가 서로 거래할 수 있도록 했다. 19세기 말에 이르러 미국은 산업화한 서구 경제권에서 인구가 가장 많은 국가로서 상당한 경제적 이점을 누리면서 폭넓은 전문화와 생산성 향상을 달성할 수 있었다. 서로 다른 주 사이에 무역 장벽이 있었다면 미국이 그렇게 경제적으로 발전하지는 못했을 것이다.

학문 분야로서의 경제학은 거래의 보편적 확산성을 설명하려고 시도한다. 인간이 끊임없이 서로 간의 거래에 참여하고, 거래가 타인에 대한 인간의 공격성과 적대적 본능을 조절하고 생산적 협력을 추구하도록 장려하는 것은 놀라운 일이 아니다. 가족이나 친척처럼 유대로 연결되지 않는 낯선 사람들이 상호 이익이 되는 교환에 합의할 수 있는 능력은 인류 문명의 기본적 구성 요소 중 하나다. 낯선 사람들이 서로의 신체, 재산, 의지를 존중하면서 평화롭게 거래하기를 기대하는 것이 문명화된 인간 사회에서 살아가는 사람들의 수준을 나타낸다.

10장

Money

화폐

"화폐가 제공하는 서비스는 구매력의 크기로 결정된다. 수가 정해진 지폐나 무게가 정해진 주화를 현금으로 보유하려는 사람은 아무도 없다. 사람들은 일정한 양의 구매력을 지닌 현금을 보유하기를 원한다. 화폐의 수요와 공급이 일치하는 높이에서 시장이 화폐의 최종 구매력을 결정하는 경향이 있기 때문에, 화폐가 너무 많거나 부족하게 되는 일은 결코 있을 수 없다."[109]

- 루트비히 폰 미제스

화폐가 해결하는 문제

거래의 혜택을 보는 사람들은 더 많은 거래를 추구할 동기가 있다. 그러나 사람들 사이의 거래가 확대되는 것을 가로막는 주된 장애물은 서로 간에 수요가 일치하지 않는다는 문제다. 이 문제의 해결책을 찾으려고 노력하는 인간의 행동은 자연스럽게 교환의 보편적 매체로 정의되는 화폐의 출현으로 이어진다. 수요의 일치 문제가 화폐의 사용으로 어떻게 해결되는지를 이해함으로써 우리는 성공적으로 기능을 발휘하는 화폐의 중요한 속성을 식별하고, 결과적으로 시장에서 자연스럽게 출현하는 바람직한 화폐의 속성을 이해할 수 있다.

대가족이나 소규모 부족 안에서는 거래가 간단하고 직접적일 가능성이 크다. 모든 사람이 서로를 알고, 생산의 전문화 수준이 매우 낮으며, 이용할 수 있는 재화와 서비스의 수량이 적기 때문이다. 이러한 원시적 환경에서는 화폐가 등장할 필요성이 별로 없다. 가용한 상품은 소수이기 때문에 사람들이 상품을 직접 거래하면 된다. 사냥꾼은 **물물교환** barter이라고 불리는 거래를 통해 쌍방이 합의한 교환 비율에 따라 여분의 토끼를 어부의 물고기와 교환할 수 있다. 소규모 집단에 속한 사람들 사이에는 강한 유대감이 있어서 즉각적인 교환을 위해 현재의 재화를 제공할 필요도 없다. 현재의 재화와 미래의 재화에 대한 약속을 교환하는 것이 가능하다. 사냥꾼은 몇 개월 후 수확철에 농부에게 곡물을 받기로 하고 오늘 토끼를 줄 수 있다. 오늘 상품을 받고 미래의 상환을 약속하는 것은 **부채**debt라고 불리는 거래다.

물물교환과 채무는 거래를 수행하는 두 가지 방법이지만, 점점 드물어지는 특정한 상황에서만 실용적이다. 물물교환은 한 사람이 재화를 교환하고자 할 때, 교환을 원하는 재화를 소유한 사람이 그 사람의 재화를 원하는 드문 경우에 일어난다. 바로 **수요의 일치**coincidence of wants라고 불리는 경우다. 거래의 양 당사자가 정확히 상대방이 제공하는 재화를 원하는 것이다. 어부는 물고기를 원하는 사냥꾼을 찾아야 하고, 사냥꾼은 토끼를 원하는 어부를 찾아야 한다. 토끼와 물고기가 유일한 재화인 경제에서는 오늘날 수백만 가지 상품과 서비스가 있는 경제보다 훨씬 더 쉽게 서로를 찾을 수 있다.

사회에 사람이 많아질수록, 그리고 가용한 상품과 서비스의 수가 늘어날수록 두 사람이 거래를 위해 서로를 찾아낼 가능성이 줄어든다. 총 100명의 사람과 10가지 재화가 있는 경제에서는 모든 사람이 10가지 중 한 가지 재화의 생산에 고용되고, 모든 사람이 이들 재화를 공급받아야 한다. 경제에 속한 사람 수와 가용한 상품이나 서비스의 수가 증가함에 따라 수요가 일치하는 거래 상대방을 찾을 가능성이 급격하게 감소한다.

매우 다양한 상품과 서비스가 있는 현대사회에서 물물교환은 사실상 존재하지 않는다. 형제자매와 친구들은 가까이 있으므로 직접적 교환의 기회를 식별하고 참여할 수 있다. 그러나 제정신인 사람이라면 재화와 서비스를 다른 사람과 직접 교환하는 방법을 생각하지는 않을 것이다. 그러한 탐색의 비용은 교환으로 얻는 이익을 초과할 가능성이 크다. 재화가 거의 없는 작은 부족보다 규모가 큰 집단은 물물교환을 기반으로 경제를 건설할 수 없다.

채무를 교환의 매체로 사용하는 경우에도 동일한 분석이 적용된다. 사람들이 강한 유대감을 갖고 생존을 위해 반복적 상호작용에 의존하는 소규모 사회에서는 채무를 사용하여 거래를 활성화할 수 있다. 그러나 사회의 규모가 커지고 반복적인 교류 가능성이 거의 없는 낯선 사람들 사이에 상호작용이 일어나기 시작하면 채무를 교환의 매체로 사용할 수 없다. 경제가 성장함에 따라 거래 상대방을 신뢰하기는 더 위험해진다. 다시 볼 수 없을지도 모르는 낯선 사람의 지불 약속을 받아들일 타당한 이유가 없다. 다시 만나지 않을 수도 있는 사람이 자신의 평판을 신경 쓴다고 믿을 만한 이유가 없기 때문이다.

더 많은 사람이 경제에 참여하고 상품의 수가 늘어남에 따라 수요 일치의 문제는 더욱 분명해진다. 인간의 이성은 **간접교환** indirect exchange 을 통해서 문제의 해결책을 찾을 수 있다. 간접교환은 원하는 상품과 교환하는 것이 유일한 목적인 재화를 얻기 위해 상품을 판매하는 방법이다. 간접교환에서는 재화 자체를 원해서가 아니라 정말로 원하는 무언가와 교환하려고 재화를 획득하게 된다. 어부가 자신이 원하는 토끼를 가진 사냥꾼이 물고기에는 관심이 없고 곡물을 원한다는 사실을 알게 된다면, 어부는 물고기를 곡물과 교환한 후 사냥꾼에게 토끼와 교환하는 대가로 곡물을 줄 수 있다. 어부에게 곡물은 소비재가 아니고 **교환매체** medium of exchange다. 교환 매체는 자체적 효용이 아니라 소유자가 정말로 원하는 재화와 교환할 수 있는 효용 때문에 획득하는 재화다.

인간의 추론 능력에 따라 수요의 일치 문제를 해결하기 위한 간접교환 거래가 출현하는 것은 필연적이다. 그러나 인간의 행동은 직접적 추론의 목적을 넘어서는 결과를 낳는다. 시장의 범위가 확대되고 사람들이 점점 더 간접교환에 의존함에 따라, 일부 재화가 간접교환의 기능을 다른 재화보다 더 잘 수행하여 당사자에게 바람직한 결과를 가져오게 되는 것은 당연한 일이다. '판매 가능성salability'은 칼 멩거가 화폐를 바람직한 교환 매체로 만드는 특성에 부여한 용어로, 재화의 판매 가능성이 클수록 화폐로서 성공적인 재화가 된다. 교환 매체의 기능을 이해하면 특정한 유형의 화폐를 바람직한 화폐로 만드는 특성을 이해할 수 있다.

판매 가능성

멩거는 **판매 가능성**을 재화가 시장에서 언제든지 편리한 시간에 통상 가격으로 팔릴 수 있는 용이성으로 정의한다. 재화의 판매 가능성이 클수록 소유자가 판매를 원할 때 할인되지 않은 통상적 시장가격으로 교환할 가능성이 크다. 판매 가능성이 낮은 재화는 소유자가 빨리 팔기를 원할 때 상당한 가격 할인을 제공해야 할 것으로 예상되는 재화다. 판매 가능성이 큰 재화는 상당한 시장 깊이와 유동성liquidity이 있어서 소유자가 판매를 원할 때마다 통상적 시장가격을 받을 수 있는 재화다.

오늘날 판매 가능성이 높은 재화의 대표적인 예는 전 세계의 상거래와 환전소에서 어떤 실물 화폐보다도 자주 통용되는 100달러 지폐다. 100달러 지폐를 소지한 사람은 재화나 서비스와 교환하려 할 때 거래 상대방에게 다른 재화를 제공하기 위해 100달러 지폐를 팔 필요가 거의 없고, 할인된 가격으로 판매할 일도 없을 것이다. 다시 말해, 보통 100달러 지폐를 액면가대로 주저 없이 받아들일 거래 상대방을 찾을 수 있다. 그에 반해서 판매 가능성이 낮은 재화는 시장의 수요가 간헐적이고 변동하기 때문에 신속하게 판매하기 어렵고, 빨리 팔기 위해서는 할인을 제공해야 한다. 이러한 재화의 좋은 예는 집, 자동차, 기타 형태의 내구성 소비재다. 집을 파는 일은 100달러 지폐를 파는 것보다 훨씬 어렵다. 사려는 사람에게 집을 보여주어야 하고 거래비용이 상당할 뿐만 아니라, 판매자가 요구하는 가격으로 집의 가치를 매기는 올바른 구매자를 기다려야 하기 때문이다. 판매자가 집을 빨리 팔려면 상당한 할인을 제공해야 할 수도 있다. 자본시장에서 가장 판매 가능성이 큰 상품은 미국 국채로, 이 책을 쓰는 시점에 총가치는 약 28조 달러였다. 대부분의 대형 투자자나 기관투자자는 가치를 저장하고 재정을 비축하는 자산으로 미국 정부 채권을 사용한다. 시장에 큰 동요를 일으키지 않고 대량으로 현금화하기가 용이하기 때문이다.

판매 가능성에 대한 멩거의 분석에서 중심을 이루는 것은 매수가격과 매도가격의 차이를 나타내는 척도다. 매수가격은 구매자가 기꺼이 지불하는 최고 가격이고, 매도가격은 판매자가 기꺼이 수용하는 최저 가격이다. 대량의 재화가 시장에 공급되면, 매도가격과 매수가격 차이의 폭이 벌어지게 된다. 재화의 수량이 증가하여 한계효용이 감소함에 따라 잠재적 구매자가 더 낮은 가격을 부르기 시작하기 때문이다. 수량이 늘어나서 한계효용이 감소할수록 화폐의 역할에 적합하지 않은 재화가 된다. 재화의 한계효용 감소가 작을수록 대량의 재화가 시장에 공급되더라도 매수-매도 스프레드bid-ask sperad가 덜 확대되고 판매 가능성이 커지며 화폐로 사용하기에 더 적합하게 된다.

우리는 또한 나중에 팔기 위해 재화를 사는 거래자와 상인의 관점에서 이 과정을 이해할 수 있다. 그들에게는 재화의 비축량이 늘어나면 각 한계재화가 판매될 가능성이 줄어들고 가격이 하락하여 판매자가 피해를 입을 위험이 커진다. 따라서 그들은 수량이 증가하는 재화에 대해 낮은 수준의 가격을 부를 것이다. 매수호가와 매도호가의 차이가 빠르게 벌어질수록 재화의 판매 가능성이 작아진다. 호가의 차이가 천천히 증가하는 재화는 판매 가능성이 더 크고, 공간이나 시간에 따라 부를 이전하려는 사람들이 비축하는 재화가 될 가능성이 크다. 다시 말해 판매 가능성이 가장 큰 재화는 시장에 공급되는 수량과 관련해서 변동성이 작은 재화일 것이다.

다음에서 논의하는 여러 요소가 재화의 판매 가능성에 영향을 미쳐 다양한 수준의 판매 가능성으로 이어질 수 있다. 판매 가능성이 가장 큰 재화는 비축량이 증가함에 따라 한계효용이 가장 적게 감소하는 재화다. 늘어나는 재고를 손쉽게 다른 재화와 교환할 수 있기 때문이다. 멩거는 화폐를 판매 가능성이 가장 큰 재화로 정의한다. 시장에서 거래가 이루어지는 자연스러운 과정에서 다른 재화보다 한계효용의 감소가 작고, 판매 가능성이 큰 재화가 나타나기 마련이다. 그리고 사람들이 그런 재화를 더 많이 보유하려 함에 따라 재화의 유동성이 증가하고 판매 가능성이 더욱 커지게 된다. 이런 과정을 통해서 자연스럽게 재화의 판매 가능성이 증폭됨으로써 판매 가능성이 가장 큰 재화에 통화의 역할이 집중된다. 결국에는 판매 가능성이 가장 크고, 한계효용이 가장 작게 감소하며, 교환의 보편적 매체가 되는 화폐에 통화의 역할이 집중될 것이다.

다음 [표 1]의 수치 예가 화폐의 판매 가능성을 이해하는 데 도움이 될 수 있다. 단순화를 위해 사과, 오렌지, 바나나의 시장가격이 한 가지 화폐 단위로 동일하고, 효용이 기수 단위로 표현된다고 가정한다. 그렇지만 앞에서 논의했듯이, 인간이 효용을 서수로만 이해할 수 있다는 점은 충분히 이해해야 한다.

각 재화의 한계효용이 감소할 때 화폐 단위의 한계효용은 재화보다 덜 감소한다. 판매 가능성이 가장 큰 재화인 화폐는 소비재와 교환하기 가장 쉬운 재화이기 때문에 지불을 수락하기에 더 바람직한 선택지가 된다. 즉 지불 수단으로 화폐를 받는 것이 사과, 오렌지, 바나나를 받는 것보다 더 나은 선택이다. 화폐는 미래의 어느 시점에서든 소유자가 가장 가치 있게 여기는 소비재와 쉽게 교환할 수 있기 때문이다. 몇몇 경제재는 다른 재화보다 교환 매체 역할을 수행하기에 더 적합하다. 교환에 사용하기에 적합한 재화일수록 시장성이나 판매 가능성이 큰 재화다.

화폐가 해결하는 문제를 이해하면 좋은 해결책을 특징짓는 속성, 다

[표 1] 화폐의 효용 감소

재화	사과	오렌지	바나나	화폐
1번째 단위 효용	100	90	85	100(1번째 사과)
2번째 단위 효용	80	70	65	90(1번째 오렌지)
3번째 단위 효용	60	50	45	85(1번째 바나나)
4번째 단위 효용	40	30	25	80(2번째 사과)
5번째 단위 효용	20	10	5	70(2번째 오렌지)
6번째 단위 효용	0	0	0	65(2번째 바나나)

시 말해 좋은 화폐가 되기 위해 필요한 요소를 식별하는 데 도움이 된다. 화폐가 해결하는 문제인 수요의 일치 부족은 여러 차원에 걸쳐 나타난다. 우선 앞의 물고기, 토끼, 곡물의 예에서 논의한 것처럼 재화 자체의 수요가 일치하지 않는 경우가 있다. 그밖에 공간에 걸친 수요가 일치하지 않을 수도 있다. 즉 한 지역에서 재화를 파는 대가로 다른 지역에서 다른 재화를 얻기를 원할 수 있다. 당신의 사과를 자동차와 바꾸는 것은 대부분의 시나리오에서도 충분히 어렵겠지만, 거래할 사과를 끌고 1,000마일을 가야 한다면 더욱 어려울 것이다.

수요의 일치 문제 세 번째 차원은 규모에 따른 수요가 일치하지 않는 것이다. 사람들이 서로 다른 크기와 가치의 재화를 교환하려 할 때 부분적 교환이 항상 가능한 것은 아니다. 사과를 팔려는 사람이 사과 한 개마다 누군가가 소유한 작은 자동차 부품으로 교환한 다음에 부품을 조립해 자동차를 만들 수는 없다. 그렇게 다양한 재화를 거래하는 것은 비현실적이고 비효율적이다. 이성은 더 작게 분할할 수 있는 다른 교환 매체가 문제를 해결할 것임을 시사한다.

재화, 공간, 규모의 차원 외에도 수요의 일치 문제에 대한 네 번째 차원, 즉 거래 시간대가 일치하지 않는 문제가 있다. 미래에 다른 재화를 얻기 위해 오늘이나 일정기간에 걸쳐서 물건을 팔고자 할 수 있기 때문이다. 3년에 걸쳐 사과를 팔아서 자동차를 사려는 사람이 있을 수 있다. 그러나 3년 치 사과를 모아서 자동차와 바꾸는 것은 불가능하다. 사과가 상하기 때문이다. 인간의 이성은 자연스럽게 미래에 자동차를 사기 위한 교환 매체(썩지도 않고 벌레가 먹어치우지도 않는)를 축적하기 위해 사과와 교환하는 편리함을 깨닫게 된다.

수요의 일치 문제가 나타나는 여러 차원을 조사함으로써 좋은 화폐 매체가 되기 위한 속성을 식별할 수 있다. 특정한 재화를 좋은 교환 매체로 만드는 특성은 네 가지 차원에서 수요의 일치 문제의 좋은 해결책이 된다. 머리 로스바드가 말했듯이 "상품의 시장성을 높이는 요소는 더 많은 사람이 사용하려는 수요, 가치의 손실 없이 작은 단위로 나눌 수 있는 분할성, 내구성 그리고 장거리 이동성이다."[110]

수요의 일치 문제 세 번째 측면은 금속이 자연스럽게 다른 인공물이나 소비재보다 우월한 화폐 매체로 선택된 이유를 이해하는 데 도움이 된다. 균일한 물질로 구성되는 금속은 많은 양을 작은 액면 단위로 나눌 수 있고, 경제적 가치나 물리적 특성의 별다른 손실 없이 적은 양을 큰 덩어리로 결합할 수 있다. 즉 금속은 분할성과 통합성이 매우 크다. 이는 조개껍데기, 소, 유리구슬 같은 인공물 화폐에 없는 특성이다.

수요의 일치 문제 두 번째, 공간의 측면에서 판매 가능성은 금과 은을 주조하여 화폐의 역할을 부여했던 고대의 적합성과 오늘날 금과 은이 화폐의 역할을 하지 못하는 한계를 이해하는 데 도움이 된다. 불활성 금속인 금과 은은 썩거나 파괴되거나 녹슬거나 분해되지 않는다. 그리고 운송 과정에서 특성이 바뀌거나 무결성이 손상될 염려가 거의 없이 비교적 쉽게 운반할 수 있다. 대량의 경제적 가치가 작은 무게로

[표 2] 수요의 일치 문제의 차원

수요일치 부족	설명	문제를 해결하는 화폐적 특성
상품	내가 가진 것을 원하지 않는 판매자의 상품을 사고 싶다.	가능한 적은 수의 매체에 집중
공간	한 지역에서 무언가를 팔고 다른 지역에서 무언가를 사고 싶다.	이동성
규모	큰 것을 팔고, 작은 것을 사고 싶다.	균일성, 분할 및 통합 가능
시간	미래에 무언가를 살 수 있도록 오늘 무언가를 팔고 싶다.	내구성이 있고 만들기 어려움

응축되기 때문에 금과 은은 다른 화폐 매체에 비해 특히 이동의 경제성이 높았다. 그러나 19세기 산업혁명의 도래와 함께 근대적 통신과 운송 산업이 더욱 정교해지면서 세계가 훨씬 더 가깝게 상호 연결되고, 국제 무역의 공간적 범위가 확대되기 시작했다. 세계화된 장거리 무역이 늘어나면서 물리적 금과 은의 이동이 거래를 수행하는 수단으로써의 경제성을 잃게 되었다. 금과 은에 기초한 신용 자체가 교환 매체로 등장하고 결국 정부가 금융기관을 장악함으로써《더 피아트 스탠다드》에서 자세히 논의한 것처럼 제1차 세계대전에서 정부의 신용이 사실상 금과 은을 대체하게 되었다.

역사적으로 금과 은은 규모에 대한 판매 가능성 측면에서 서로 보완하는 이중 화폐 역할을 했다. 가치가 높은 금은 가치가 낮은 거래를 위해 아주 작은 조각으로 나누기 어려운 반면에, 가치가 낮은 은은 대규모 거래에 별로 적합하지 않았다. 역사적으로 구리도 은보다 낮은 가치 단위로 사용되는 화폐 매체의 역할을 했다. 시간이 지나면서 구리와 은은 다음에서 논의하는 것처럼 시간에 대한 판매 가능성과 관련된 이유로 화폐의 기능을 잃었다. 19세기 말에 시장의 세계화와 전례 없는 수준의 국제 무역이 이루어지면서 세계의 경제는 수요의 일치 문제에 대한 해결책으로 금이라는 한 가지 화폐에 기반을 두게 되었다.

시간에 따른 판매 가능성

수요의 일치 문제 네 번째 측면은 시간에 따라 가치를 교환하는 능력과 관련된다. 시간에 따라 가치를 보존하거나 교환하려면 시간이 지나도 큰 손실 없이 가치를 유지할 수 있는 교환 매체가 필요하다. 시간이 지나면서 가치를 잘 유지할수록 더 적합하고 바람직한 교환 매체가 된다. 이는 일반적으로 내구성이 있는 금속이 화폐의 역할을 하게 되고, 철과 구리 같은 기초 금속보다 귀금속(특히 금과 은 같은)이 더 두드러지고 오래 지속되는 화폐의 역할을 맡게 된 이유를 이해하는 데 도움이 된다. 불활성이고 파괴되지 않는 귀금속의 특성은 시간이 지남에 따라 분해되는 금속에 비해 상당한 우위를 제공한다. 그러나 귀금속의 진정한 이점은 단지 내구성만이 아니라, 공급의 역학에 미치는 영향력에 있다. 귀금속을 다른 모든 형태의 화폐와 구별하는 중요한 특징은 연간 생산량에 비해 비축량이 상대적으로 크다는 것이다. 귀금속은 부식되거나 파괴되지 않기 때문에 시간이 가면서 계속해서 비축량이 늘어나고 고갈되는 경우가 거의 없다. 기술이 발전하고 생산을 늘리는 더욱 창의적인 방법이 발견되어 귀금속의 비축량이 계속해서 증가하면 신규 생산량이 유동성 있는 총비축량의 작은 부분에 지나지 않게 된다.

이러한 특성은 재화의 유동성 있는 기존 비축량을 늘리기 어려움을 뜻하는 경도hardness로 알려져 있다. 그리고 우리는 재고-유입 비율stock-to-flow ratio이라는 간단한 척도를 사용하여 경도를 정량화할 수 있다. 여기서 재고는 통화의 역할로 사용될 수 있고 유동성이 있는 지상의 총비축량을 의미하고, 유입은 새로운 연간 채굴량을 의미한다. 이 척도는 단순히 연간 공급 증가율의 역수지만, 통화의 지위를 결정할 때 이 척도가 매우 중요하다는 것을 이론적 추론뿐만 아니라 역사적 증거를 통해 확인할 수 있다. 부식될 수 있고 산업 현장에서 지속적으로 소비되는 모든 금속은 화학적 특성이 바뀜에 따라 가치 저장 수단의 비축량에서 제거된다. 이런 유동성 있는 모든 금속의 기존 비축량은 연간 생산량과 같은 수준이다.

유동성 있는 가치 저장 수단으로 사용하기 위한 구리, 니켈, 황동, 기타 금속의 비축량은 거의 없다. 재고가 존재하더라도 대량으로 사용할 뿐만 아니라, 생산을 지연시키는 잠재적 공급 문제에도 대비하기 위해 생산자가 보유하게 된다. 이들 금속의 생산은 산업적 용도에 끊임없이 사용되므로 비축량이 크게 증가하지 않는다. 따라서 기존 비축량과 비교한 신규 생산이 중요하고, 가격이 공급 충격supply shocks에 매우 취약해진다. 그런 금속은 시간에 따른 판매 가능성이 공급 충격으로 손상될 수 있고, 통화 매체로의 사용이 필연적으로 통화의 역할을 파괴하는 공급 충격을 초래하기 때문에 화폐의 역할을 하기에 적합하지 않다.

그 이유를 이해하려면 우선 재화에 대한 **시장수요**market demand**와 통화수요**monetary demand를 구별해야 한다. 시장수요는 소비자가 재화 자체의 속성에 따라 보유하거나 소비하기 위한 수요이고, 통화수요는 나중에 다른 재화나 서비스와 교환하기 위한 화폐 매체로 보유하는 수요다. 개인은 어떤 재화든 가치를 저장하고 교환하는 매체로 선택할 수 있고, 그 선택으로 시장수요에 통화수요를 추가하여 시장가격의 상승을 초래할 수 있다. 이는 자연스럽게 해당 재화의 생산에 투입되는 자원, 자본, 노동력의 증가로 이어진다. 여기서 재고-유입이 중요해진다. 재화의 재고-유입 비율이 낮으면 광산업자가 시장에 공급하는 양에서 유동성 공급의 비율이 매우 높아지고, 채굴량이 늘어남에 따라 시장에 공급되는 유동성이 크게 증가해 가격이 하락하고 저축하는 사람들이 피해를 입게 된다. 시장은 광산업자의 생산량 증가에 민감하게 반응한다. 시장의 일일 유동성이 다시 팔기 위해서가 아니라 시장 생산에 사용하기 위해 소비자가 보유한 재화의 비축량이 아닌, 광산업자의 신규 생산량에서 주로 발생하기 때문이다. 이들 금속의 산업적인 특성은 누구든지 화폐로 사용하는 사람이 '쉬운 돈의 함정easy-money trap'이라고 부르는 과정을 통해서 광산업자에게 자신의 부를 기부하게 될 뿐이라는 것을 의미한다. 재고-유입 비율이 낮은 재화에 가치를 저장하는 것은 단순히 재화의 생산자에게 가치가 이전되는 결과를 초래한다.

쉬운 돈의 함정에 저항하고 시간에 따른 판매 가능성이 우수한 상품이 되려면 유동성 있는 비축량이 광산업자의 연간 생산량보다 상당히 많아서 통화수요가 늘어나더라도 광산업자의 생산량 증가는 거래되는 유동성의 작은 부분에 불과하므로 시장 상황에 거의 영향을 미치지 않아야 한다. 재고-유입 비율이 높으면 통화수요의 증가가 가격 상승으로 연결되지만, 재고-유입 비율이 낮으면 광산업자의 이익 증가로 연결된다.

경화hard money는 생산자의 생산량이 기존 비축량의 극히 일부에 불과하기 때문에, 생산자가 무엇을 하든 비축량을 크게 늘리기 어려운 화폐다. 쉬운 돈easy money은 유동성 비축량이 늘어나기 쉬운 화폐다. 이 용어는 상품통화commodity money와 국가통화national currency에 동일하게 적용된다. 쉬운 돈은 전 세계적으로, 특히 나쁜 통화정책에 시달리는 국가에서 흔히 사용되는 용어다. 이들 국가의 국민은 달러나 유로같이 경화인 국가통화가 상대적으로 바람직하다는 것을 알고 있고, 정부와 중앙은행의 카르텔이 더 많은 양을 쉽게 생산할 수 있는 현지 통화는 바람직하지 않다는 것을 충분히 이해하고 있다.

재고-유입 척도는 금과 은을 제외한 모든 금속에 대해 1에 가까운 값이다. 생산된 기초 금속은 산업 용도로 소비되기 때문에 기존의 유동성 비축량이 연간 생산량보다 그리 많지 않다. 이들 금속은 또한 다양한 방식으로 녹슬고 부식되기 때문에 대량을 장기간 보관할 인센티브가 거의 없다. 구리의 3대 교환창고에는 100만 톤 미만의 구리가 보관되는 반면에, 연간 구리 생산량은 약 2,500만 톤이다.[111] 설사 전 세계의 구리 창고에 3대 교환창고보다 20배 많은 구리가 있더라도 여전히 재고-유입 비율을 1 이상으로 올리기에는 충분하지 않다. 2020년 9월에 3대 거래소의 아연 비축량은 총 13만 3,300톤이었고, 연간 생산량은 비축량의 약 100배에 달하는 1,300만 톤 정도로 재고-유입 비율은 0.01이었다.[112]

금은 금속으로 소비되거나 바뀔 수 없고, 주로 유동성 통화자산으로 보유하기 위해 획득된다. 때문에 일반적으로 기존 비축량이 연간 생산량보다 훨씬 더 많다. 효율성이 향상되어 연간 생산량이 늘어나더라도 비축량 역시 계속해서 증가하여 재고-유입 비율이 1보다 훨씬 높게 유지된다. 지난 세기의 데이터를 살펴보면 금의 재고-유입 비율이 연간 공급 증가율의 1.5퍼센트에 해당하는 약 60으로 꾸준하게 유지되었다는 것을 알 수 있다. 시간이 가면서 연간 금 생산량이 계속해서 증가함에 따라 비축량도 증가하여 [그림 6]에서 볼 수 있듯이(78쪽) 재고-유입 비율이 거의 일정한 수준을 유지하게 된다.

은은 재고-유입 비율이 1보다 높다는 점에서 금과 비슷하지만, 점점 더 많은 은이 산업 용도로 사용되어 사실상 유동성 비축량에서 제거됨으로써 역사적으로 재고-유입 비율이 감소해 왔다. 지상에 있는 총 비축량 기준으로 측정할 때, 은의 재고-유입 비율은 30에서 60 사이에 있다.[113] 그러나 산업용으로 사용되는 은은 통화의 역할을 하거나 거래와 채무를 청산하는 데 사용할 수 없기 때문에 유동성 비축량의 일부로 간주할 수 없다. 은을 포함하는 전자제품, 기계류, 식기류, 또는 장신구의 가격은 포함된 은의 화폐 가격(일반적으로 가격 총액의 아주 작은 부분을 차지)이 아니라 소비자가 화폐재가 아닌 소비재나 자본재로서 상품 자체를 평가하는 가치의 함수다. 이들 상품에서 은을 추출하여 막대기나 동전 형태의 화폐자산으로 전환하려는 시도는 지구의 지각에서 은을 추출하는 것과 다를 바 없이 비용이 많이 드는 과정이다. 은 비축량의 척도가 실버 바silver bar, 동전, 그리고 투자 상품 형태의 통화 비축량만을 의미할 때는 재고-유입 비율이 4에 더 가깝다. 이는 여전히 재고-유입 비율이 1보다 낮은 비통화 금속보다 상당히 높은 비율이지만, 통화의 역할을 유지하기에 충분한 가치를 보유할 만큼의 높이와는 거리가 있다. 그렇기 때문에 지난 한 세기 반 동안 금에 비한 은의 시장 가치가 하락하고 은의 비통화적 용도가 늘어나면서 기존 비축량의 대부분을 소비하게 되었다.

산업적 용도로 사용되는 모든 은을 비축량의 일부로 간주한다면 은의 재고-유입 비율이 상당히 높을 것이다. 은은 비통화적 사용이 늘어남에 따라 비축량이 대량으로 소비되어 재고-유입 비율이 낮아졌다. 그와 동시에 은의 실질적 시장 가치도 하락했다.

은의 탈화폐화demonetization는 아마도 은의 낮은 재고-유입 비율과 근대 금융의 발전에 뿌리를 두고 있을 것이다. 19세기에 근대적 금융과 통신 기술이 발전하면서 사람들이 (중앙은행을 비롯한 은행들이 보유한 금으로 뒷받침되는) 지폐, 수표, 신용장 같은 금융상품으로 거래할 수 있게 되었다. 이로 인해 규모와 상관없이 금의 거래가 가능하게 됨으로써 주로 소액 거래에 맞춰졌던 은의 통화 역할이 사라지고, 모든 사람이 재고-유입 비율과 가치를 유지할 가능성이 가장 큰 자산을 보유할 수 있게 되었다.

은의 탈화폐화는 프로이센-프랑스 전쟁이 끝난 후 1871년에 본격적으로 시작되었다. 당시에 최대 경제국이며 여전히 은본위제를 유지하고 있었던 독일은 프랑스에 금으로 배상할 것을 요구했고, 그 배상금을 사용하여 금본위제로 전환했다. 독일에서 은의 수요가 감소하고 금의 수요가 증가함에 따라 금 대비 은의 가치 비율이 약 15:1에서 하락하기 시작했다. 그로 인해 은을 보유한 사람들과 은본위제 국가에 경제적 손실을 초래하고 금과 교환하기 위해 은을 포기하도록 부추겼다. 그 이후로 금과 은의 가격 비율은 계속해서 상승했다. 현재의 비율은 약 80으로 150년 전 비율의 5배가 넘는다. 인도와 중국같이 은본위제를 늦게 폐지한 국가는 자국 통화의 가치 하락으로 심각한 경제적 어려움을 겪었다.

재고-유입 비율이 높은 금은 시간에 따른 최고의 판매 가능성을 제

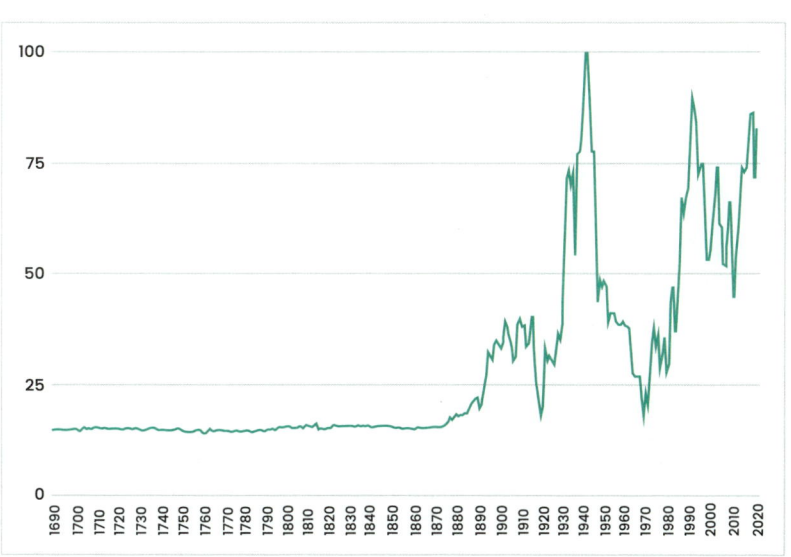

[그림 19] 금/은 비율

공하기 때문에 통화의 역할을 하게 될 운명이었다. 생산량이 기존 비축량에 약간의 증가분을 추가할 뿐이기 때문에 시간이 지나면서 가치가 잘 유지되고, 다른 상품에 대한 가치평가를 통해서 시간이 지남에 따라 저장된 금의 시장 가치가 증가하게 된다. 매체에 저장된 가치의 증가는 시장 유동성의 증가, 매수-매도 스프레드의 감소, 그리고 상품의 시장성 증가로 이어진다. 이를 잘 인식한 사람들이 현금 잔액을 미래의 기대 가치가 가장 높고 매수-매도 스프레드가 가장 작은 상품에 할당함에 따라 이러한 추세가 더욱 증폭된다.

시간에 따른 판매 가능성과 재고-유입 비율의 틀framework은 특히 사전에 프로그램된 공급 일정이 있고, 재고-유입 비율이 무한대가 될 때까지 지속적으로 상승하는 새로운 통화 현상인 비트코인의 부상을 분석하는 데 사용할 수 있는 흥미로운 도구다. 이러한 분석 틀은 필자의 첫 번째 책《달러는 왜 비트코인을 싫어하는가 The Bitcoin Standard》의 기반을 형성한다.

왜 한 가지 화폐인가?

통화의 수요가 증가함에 따라 판매 가능성이 가장 큰 재화의 가치와 가격이 더욱 높아져서 시간에 따른 판매 가능성이 향상되고, 유동성의 규모가 확대된다. 부가 자연스럽게 판매 가능성이 가장 큰 재화에 집중되면서 판매 가능성은 더욱 증폭된다. 판매 가능성이 가장 큰 재화를 보유한 사람은 거래할 수 있는 더 큰 시장과 유동성을 확보하게 된다. 화폐로서의 사용이 늘어나면 재화의 화폐 가치가 더욱 높아지고,

화폐로 사용하는 인센티브가 확대되어 화폐시장의 승자독식 역학으로 이어진다. 역사적 기록은 이것이 사실임을 보여준다.

세계적으로 수천 가지 재화가 화폐의 역할로 사용되었지만, 19세기 말에는 전 세계가 금이라는 한 가지 화폐로 수렴했다. 19세기까지 은의 화폐 역할이 살아남은 것은 소규모 거래에서 우월한 판매 가능성의 결과였지만, 근대적 금융이 이런 장점을 제거하면서 금이 세계의 화폐가 되었다. 가장 시장성이 높은 정부 통화인 미국 달러에 대한 수요를 충족할 수 없는, 정부의 통화를 거래하는 오늘날의 세계 시장에서도 비슷한 일이 일어나고 있다. 수많은 비미국인이 자국 통화가 아닌 달러를 보유하려 할 뿐만 아니라, 사실상 모든 국가의 통화가 달러로 뒷받침된다. 그들 국가의 중앙은행이 국제 무역에 사용하기 위해 대량의 달러를 보유하고 있기 때문이다.

일반적인 교환 매체일수록 판매 가능성이 커지고, 보유자가 판매할 수 있는 잠재적 시장이 커진다. 사람들이 자연스럽게 판매 가능성이 가장 큰 재화 쪽으로 끌리게 되고, 결과적으로 판매 가능성이 더욱 증폭되어 더 많은 사람이 사용하도록 유도하게 된다. 로스바드는 이러한 과정을 다음과 같이 설명했다. "어떤 사회에서든 사람들이 시장성이 더 큰 상품을 교환 매체로 선택하기 시작하면 그들의 선택이 시장성이 가장 큰 소수의 가용한 상품에 빠르게 집중될 것이다."[114]

수요의 일치라는 근본적 문제에는 재화에 대한 욕구의 일치가 포함된다. 경제 규모가 커지면 전문화의 수준과 생산 가능한 재화의 수량이 증가하여 직접교환의 방식이 복잡해진다. 이 문제의 유일한 해결책이며, 시장의 규모가 성장할 수 있는 유일한 방법은 순전히 나중에 다른 재화와 교환할 목적으로 재화를 취득하는 간접교환 방식을 채택하는 것이다. 사람들이 다양한 재화를 간접적으로 교환함에 따라 자연스럽게 다른 재화보다 교환 매체의 역할을 잘 수행하는 재화가 나타나서 이를 사용하는 사람에게 보상을 주고, 교환 매체 역할에 적합하지 않은 재화를 사용하는 사람에게 해를 끼치게 된다. 시간이 가면서 적합한 교환 매체를 사용하는 이점과 나쁜 교환 매체를 사용하는 단점이 더욱 두드러진다. 내구성이 없고, 균일하지 않고, 분할할 수 없고, 운송할 수도 없는 재화를 선택하는 사람들의 부는 시간이 가면서 줄어든다. 반면에 내구성이 있고, 균일하고, 아주 작게 분할할 수 있고, 운송할 수 있는 재화를 선택하는 사람들의 부는 시간이 가면서 늘어날 것이다. 원시적이고 부적합한 화폐 매체는 시간이 지남에 따라 사용자들이 부를 잃게 되면서 무시되거나 폐기되며, 장기적으로 경도나 재고-유입 비율이 화폐의 지위를 결정하는 가장 중요한 척도가 된다.

 화폐 경쟁의 과정은 인간의 행동과 더불어 다양한 재화의 생산을 지배하는 맹목적인 물리적·화학적·지질학적 현실이 주도한다. 현명한 사람들은 이성을 사용하여 가장 좋은 형태의 화폐를 찾으려 노력할 것이다. 하지만 설사 아무도 그런 생각을 하지 않더라도, 경제 현실 자체가 비슷한 결과를 강요하게 된다. 가장 좋은 화폐를 사용하는 사람들은 더 많은 부를 축적하고, 부적절한 화폐를 사용하는 사람들은 부를 잃게 되어 시간이 지남에 따라 부의 대부분이 의식적으로 그런 결과를 원했든 원하지 않았든지 간에 적합한 화폐를 사용하는 사람들에게 집중될 것이다.

 이 분석은 화폐의 본질적 기능, 즉 교환 매체의 역할을 수행하는 적합성을 통해 화폐의 출현을 설명한다. 로스바드는 화폐를 일반적 교환 매체로 사용되는 상품으로 정의했다. 교환 매체의 개념은 정확한 반면에 '일반적 교환 매체 general midium of exchange'의 개념은 그렇지 않다. 교환 매체로 기능하는 재화를 식별하기는 쉽지만, 그것을 **일반적** 교환 매체로 식별하는 것은 주관적 판단의 문제다.

화폐와 국가

인간 행동을 연구하는 경제학에 대한 오스트리아학파의 접근법은 사람들이 교환의 문제를 해결하기 위해 행동하는 방식을 분석하는 것만으로도 화폐의 역할을 할 가능성이 큰 재화를 이해하고 식별하는 데 도움이 된다. 인간은 역사가 기록되기 전부터 직·간접적으로 교환을 했다. 사람들이 간접적인 교환을 통해서 자신의 욕구를 충족하려 할 때는 교환 매체의 역할을 다른 재화보다 더 잘 수행하는 재화가 나타나고, 그런 매체를 사용하는 사람들이 이익을 얻게 된다. 그러면 다른 사람들이 모방하면서 성공적인 해결책이 더 널리 퍼져 나간다. 성공적인 해결책을 모방하지 않는 사람들은 모방하는 사람들에게 부를 빼앗기게 될 것이다. 경제 현실이 항상 그렇듯이 더 나은 해결책을 선택하는 사람들에게 보상하고, 그렇지 않은 사람들을 처벌함으로써 선택하기를 강요한다. 교환 매체를 법제화하고 모든 사람이 받아들이도록 강요하는 중앙의 권위는 필요 없다. 화폐는 중앙정부의 계획이 아니라 시장에서 인간의 행동으로부터 생겨난다.

칼 멩거가 설명한 대로 "화폐는 국가의 발명품이 아니다. 입법 행위의 산물도 아니다. 화폐가 존재하기 위해 심지어 정치 권력의 승인도 필요 없다. 특정한 재화가 국가 권력과 무관한 경제적 관계의 결과로 아주 자연스럽게 화폐가 된다."[115] 다른 재화보다 화폐의 역할을 잘 수행하는 재화가 있기 마련이다. 그런 재화는 시장을 통해 더 널리 화폐로 채택된다. 이 과정은 소비재를 생산하기 위해 특정한 재화를 선택하는 것과 다르지 않다. 신발에는 가죽, 자동차의 추진에는 휘발유, 전자제품에는 실리콘이 사용되는 것처럼 시장을 통해서 판매 가능성이 가장 큰 재화가 화폐로 선택된다.

미제스는 멩거보다 더 나아가 온전히 시장에서 나타나는 화폐의 선택 방식을 **회귀정리**regression theorem로 설명했다. 미제스의 회귀정리는 정상적인 시장재가 통화수요를 획득하고 가치와 판매 가능성을 높여서 화폐재로 발전할 수 있는 방식을 설명한다. 증가하는 통화수요를 획득하는 재화의 가격은 시장수요에 따른 가격 이상으로 상승한다.

화폐가 출현하고 시장에서 선택되는 과정은 전적으로 인간 행동과 관련하여 이해할 수 있다. 화폐 매체를 선택하거나 제조하기 위해 강압적인 권위를 발동할 필요가 없다. 화폐는 모든 재화와 마찬가지로 시장에 나타나 사람들에게 효용을 제공함으로써 가치가 부여된다. 화폐 매체가 정부의 통화 명령보다 선행한다는 것을 분명하게 보여주는 역사적·경험적 기록이 이런 주장을 뒷받침한다. 세계적 통화로서 금의 역할은 어떤 정부 당국이 부여한 것이 아니다. 금은 시장에서 통화의 역할을 얻었고, 성공적인 국가 운영을 원하는 정부라면 금을 시장의 화폐로 받아들여야 했다. 금은 정부 주화로 발행되었기 때문에 화폐가 된 것이 아니다. 정부 주화가 금으로 주조되었기 때문에 화폐가 된 것이다.

역사는 정부의 명령을 통해서 화폐의 역할을 획득한 재화나 자산에 대한 단 한 가지 사례도 보여주지 않는다. 현대의 정부 통화는 권위 있는 명령을 의미하는 라틴어 **피아트**fiat에 기초하여 법정화폐 또는 명목화폐fiat money라고 불린다. 그러나 명령에 의해서 화폐가 된 것이 아니다. 기존의 모든 정부 통화는 원래 자유시장에서 선택된 화폐인 금을 통해서 통화의 역할을 획득했다. 애당초 정부의 통화 마차monetary wagons를 시장의 선택에 연결해야만 정부의 '명목'화폐로 받아들여질 수 있고, 순수한 '명목화폐'는 금으로의 화폐 상환을 사기적으로 취소해야만 '명목'화폐로 존재하게 된다. 금 상환이 궁극적으로 중단되었다는 것이 그 어떤 화폐도 명목화폐로 통화의 역할을 획득한 적이 없다는 사실을 바꾸지는 못한다. 정부가 지속적으로 금융업에 독점권을 부여할 필요성과 법정화폐 관련 법률이 정부가 시행하는 화폐가 자유시장의 경쟁에서 살아남을 수 없다는 것을 보여준다. 화폐의 가치가 금에서 분리되도록 명령할 수 없었던 정부는 금을 강제로 압수하여 축적했다. 그렇지만 금본위제가 끝난 지 100년 이상 지난 지금도 세계의 중앙은행들은 여전히 점점 더 많은 양의 금을 계속해서 비축하고 있다.

국가주의statism 화폐 이론에 대한 또 다른 강력한 반박은 지난 14년 동안 사용을 장려하거나 명령하는 법률적 권위가 전무한 상태에서, 무에서 출발하여 세계 20대 통화의 하나로 성장한 비트코인의 출현에서 볼 수 있다. 엘살바도르가 2021년에 비트코인을 법정화폐로 선언한 것은 비트코인이 이미 총가치 기준으로 세계 10대 통화로 성장한 후의 일이었다. 금, 은, 기타 모든 형태의 화폐에 대한 국가주의적 인정은 경제 현실을 따라간다. 경제 현실을 앞지르거나 지시하지 못한다. 화폐가 국가의 발명품이고 운용을 위해 국가의 허가가 필요했다면, 비트코인이 지금처럼 성공적으로 기능할 수 없었을 것이다.

화폐의 가치

이전의 절약 방법과 마찬가지로, 화폐는 지구상에서 인간에게 주어진 시간의 양과 가치를 늘리기 위해 사용되는 도구다. 경제에 화폐를 도입하면 경제성장과 발전의 세 가지 원동력이 모두 강화된다. 우리는 화폐가 수행하는 세 가지 주요 기능인 교환의 매체, 가치의 저장, 회계의 단위가 되는 기능과 관련하여 화폐의 경제적 중요성을 이해할 수 있다.

1. 노동 분업의 확대

화폐는 수요의 일치 문제를 제거함으로써 서로를 신뢰하거나 자신을 보호하는 정치적·경제적 구조에 속할 필요가 없는 낯선 사람들 사이의 거래 범위를 확대한다. 화폐가 시장에서 확고하게 자리 잡으면 **전문화와 노동 분업**의 범위가 넓어지며 모든 소비자와 제품에 대한 시장이 크게 확장된다. 공간의 측면에서 가치를 유지하는 데 더 효과적인 화폐 매체일수록 사람들이 더 쉽게 보유하여 소유자에게 더 많은 잠재적 거래 기회가 제공되고, 시장의 범위가 확대된다. 타인과 재화를 교환함으로써 더 많은 수요를 충족할 수 있음을 깨닫게 되면서, 두 번 다시 교류하지 않을 낯선 사람들과도 협력과 평화를 추구할 가능성이 커진다. 화폐와 함께 인간의 노동, 자본축적, 기술 혁신, 그리고 거래가 대규모로 확장된 비개인적 교환 시스템에서 이루어진다. 서로 알지 못하고 직접 협력하지도 않는 사람들까지도 복잡한 생산구조를 통해 고도로 정교한 제품을 생산하는 데 협력할 수 있다. 화폐는 인류문명의 필수 도구이며, 화폐의 파괴는 항상 사회와 문명화된 삶의 파괴와 맞물렸다.

2. 경제적 계산 허용

화폐 사용의 중요한 함의는 모든 가격이 하나의 재화를 기준으로 표현된다는 것이다. 화폐가 있는 경제에서는 모든 거래의 절반을 화폐가 차지한다. 10가지 상품이 있는 물물교환 경제는 각각의 상품 가격에 대해 다른 상품 대비 45가지(개별 가격의 수=n(n-1)/2, 여기서 n=상품의 수)의 가격이 필요하다. 그에 반해서 10가지 상품(화폐 상품을 포함하여)이 있는 화폐 경제에서는 단지 9가지 가격만이 필요하다(개별 가격의 수=n-1). 물물교환 경제는 가격의 수가 상품 수에 따라 제곱에 비례하여 늘어나는 반면에, 화폐 경제는 가격의 수와 상품 수의 관계가 선형적이다. 100가지 상품이 있는 물물교환 경제에는 4,950개의 서로 다른 가격이 필요하지만, 100개의 상품이 있는 화폐 경제에는 단지 99가지의 가격만 필요하다. 100만 개의 상품이 있는 물물교환 경제에는 거의 5조 개의 가격이 필요하겠지만, 100만 개의 상품이 있는 화폐 경제에는 단지 99만 9,999개의 가격만 필요할 것이다. 따라서 경제에 화폐를 도입하면 교환을 위해 필요한 가격의 수가 급격하게 감소하여 거래와 시장에 큰 효율성을 제공한다.

모든 상품의 가격을 한 가지 재화의 수량으로 표현하면 12장에서 중점적으로 다루게 될 경제적 계산이라는 매우 중요한 과정을 수행할 수 있게 된다. 모든 가격의 단위가 동일하기 때문에, 기업가가 사업에서 예상되는 비용과 수익을 신중하게 계산할 수 있다. 화폐라는 공통분모를 중심으로 계산하면 로스바드가 말한 대로 "화폐가 정교한 계산을 허용하는 덕분에 원하는 상품에 도달하기 위해 끊임없이 확장되는 생산 단계의 건물을 건설할 수 있다."[116]

현대 세계 경제에 존재하는 수준의 전문화는 오직 화폐의 사용을 통해서만 가능하다. 현대인은 자신의 소비를 전혀 고려하지 않고 상품을 생산할 수 있다. 생산한 제품을 시장에서 나중에 무엇이든 원하는 상품과 교환할 수 있는 판매 가능성이 가장 큰 재화와 교환할 수 있다는 것을 알기 때문이다. 복잡한 생산 과정과 긴 공급망은 오직 화폐가 허용하는 전문화 덕분에 가능하다.

3. 시간 선호도 하락

가치를 교환하는 매체로서의 화폐는 보유자가 더 효율적으로 가치를 보존하고 미래로 이전할 수 있게 해 준다. 앞에서 설명한 대로 다른 시장 상품보다 판매 가능성이 큰 화폐는 자연스럽게 시간에 따른 판매 가능성도 커지므로, 다른 대부분의 상품보다 가치를 잘 유지하게 된다. 화폐의 판매 가능성이 미래를 대비하는 준비를 늘릴 수 있게 해 주기 때문에 미래에 대한 불확실성과 평가절하도 감소한다. 미래에 대한 평가절하의 감소는 3장과 13장에서 논의한 것처럼 곧 시간 선호도의 하락을 의미한다.

따라서 미래를 준비하는 매우 강력한 도구이며, 미래에 대한 불확실성을 줄여서 소유자가 미래를 계획할 수 있게 해 주는 화폐는 인간의 시간 선호도를 낮추는 매우 중요한 기술로 이해할 수 있다. 불확실성에 대한 대비책hedging은 화폐의 주요 기능 중 하나로서,[117] 자본재는 수익을 창출하지만 화폐는 그렇지 않음에도 불구하고 사람들이 자본재만을 보유하기보다는 일정량의 화폐도 보유하기를 선호하는 이유다. 투자는 화폐보다 판매 가능성이 작고 사업적 위험을 수반한다. 화폐는 적어도 자유시장에서는 판매 가능성이 가장 크고, 위험이 가장 낮으며, 언제든지 경제적 가치의 손실이 가장 적은 방식으로 다른 상품으로 전환할 수 있는 상품이다. 화폐는 수익을 창출하지 못할 수도 있지만, 모든 자산 중에 불확실성이 가장 낮은 자산이므로 보유된다.[118] 시간 선호도는 미래에 대한 평가절하의 척도이고, 미래에 대한 평가절하의 주요 요인은 불확실성이다. 화폐에 대한 접근성, 특히 건전한 경화에 대한 접근성이 이러한 불확실성을 완화하는 방법이다.

한스헤르만 호페는 시간 선호도가 낮아지면 문명의 과정이 시작된다고 말했다.[119] 화폐는 그 과정에서 중심 역할을 담당하며, 경도가 높을수록 미래 가치가 더 잘 유지되고 불확실성이 감소한다. 그리고 더 많은 사람이 미래와 장기적 번영을 계획할수록 화폐가 시간 선호도를 낮추고 문명을 번영으로 이끌게 된다.

화폐의 특이성

재화로서의 화폐는 여러 면에서 다른 재화와 구별된다. 첫 번째 차이점은 화폐가 소비재도 자본재도 아니라는 것이다. 소비재는 인간의 수요를 충족하는 역할을 하기 때문에 획득된다. 반면에 자본재는 인간의 수요를 충족하지 않지만, 인간의 수요를 충족하는 재화를 생산하는 데 사용할 수 있기 때문에 획득된다. 그러나 화폐는 어느 쪽에도 해당하지 않는다. 화폐는 인간의 수요를 충족하거나 다른 재화의 생산에 사용할 수 있다는 이유로 획득하지 않는다. 미래에 다른 재화(소비재든 자본재든)와 교환할 목적으로 획득된다.

교환 매체로의 사용이 화폐의 본질적 기능이라는 것은 화폐의 가치를 평가하는 데 직접적인 효용이 필요하지 않음을 의미한다. 화폐의 효용은 화폐와 교환할 수 있는 재화의 효용에서 나온다. 화폐의 한계효용은 모든 재화와 마찬가지로 감소하지만, 다른 모든 재화보다 느리게 감소한다. 각각의 연속적인 화폐 단위가 단지 동일한 재화의 가장 가치 있는 다음 단위가 아니라, 어떤 재화든 가장 가치 있는 다음 단위를 구입하는 데 사용될 수 있기 때문이다. 예를 들어, 화폐와 함께 바나나, 사과, 오렌지의 세 가지 상품만이 있는 경제에서는 바나나, 사과, 오렌지의 효용이 감소함에 따라 화폐의 효용도 감소할 것이다. 그러나 유동성이 있고 다른 재화와 쉽게 교환할 수 있는 화폐는 보유하기에 더 유용한 재화가 된다. 언제든지 가장 가치 있게 여기는 재화와 쉽게 교환할 수 있기 때문이다. 그래서 사람들은 판매 가능성이 제한적인 재화보다 화폐로 지불받는 쪽을 선호한다. 화폐의 높은 판매 가능성은 항상 소유자가 가장 가치 있게 여기는 재화의 효용을 화폐에 부여한다.

얼마나 많은 화폐가 있어야 할까?

아마도 화폐에 대한 주류 경제학자와 오스트리아학파 경제학자 사이의 가장 중요한 차이점은 화폐의 절대량이 중요하지 않으므로 성장하는 경제의 수요를 맞추기 위해 화폐의 공급을 늘릴 필요가 없다는 오스트리아학파의 생각일 것이다. 화폐를 분할할 수 있는 한, 경제에 공급되는 양이 얼마이든 부족하지 않다. 화폐는 모든 재화 중에서 절대량이 소유자에게 중요하지 않은 유일한 재화라는 점에서 특별하다. 다른 재화와 교환할 수 있는 능력을 제외하면 아무런 서비스도 제공하지 않기 때문에 화폐 자체의 보유량이 중요하지 않다. 소유자에게 중요한 유일한 측면은 화폐의 구매력이다. 다른 재화와 교환할 수 있는 능력에 경제적 가치가 있는 화폐의 가치는 보유량이 아니라 구매력에서 나온다. 충분히 작은 단위로 분할할 수 있는 화폐라면, 모든 경제에 어떤 화폐가 얼마만큼 공급되든 충분할 수 있다. 로스바드는 다음과 같이 설명한다.

"화폐는 적어도 한 가지 중요한 측면에서 소비재 및 생산재와 근본적으로 다르다. 다른 조건이 동일할 때, 소비재의 공급이 증가하면 하나 또는 그 이상의 소비자가 혜택을 입기 때문에 사회에 이익이 된다. 궁극적으로 소비재의 공급 증가로 이어지게 되는 생산재의 공급 증가도 마찬가지다. 생산 자체가 천연자원을 소비자가 직접 사용하기를 원하는 새로운 형태와 장소로 변환하는 과정이기 때문이다. 그러나 화폐는 전혀 다르다. 화폐는 소비나 생산에 직접 사용되는 것이 아니라 직접 사용할 수 있는 재화와 교환된다. 그렇지만 일단 화폐로 자리를 잡은 상품이나 재화는 가능한 최대의 교환 작업을 수행할 수 있다. 화폐의 공급이 증가하더라도 화폐의 교환 서비스는 전혀 늘어나지 않고, 화폐 각 단위의 구매력이 단위 공급의 증가로 인해 희석될 뿐이다. 따라서 상품의 공급 증가 때문이든 인구 증가 때문이든, 화폐의 공급을 늘려야 하는 사회적 필요성은 전혀 없다. 사람들은 지출을 줄이고 화폐의 구매력을 높여서 고정적으로 공급되는 화폐의 보유량을 늘리고, 결과적으로 전체적인 실질 현금 잔액을 늘릴 수 있다."[120]

로스바드는 이어서 미제스를 인용한다.

"화폐가 제공하는 서비스는 구매력의 크기에 따라 결정된다. 일정한 수량이나 무게의 화폐를 현금으로 보유하려는 사람은 아무도 없다. 사람들은 구매력이 있는 일정량의 현금을 보유하기를 원한다. 화폐의 공급과 수요가 일치하는 지점에서 결정되는 구매력의 최종 상태가 시장을 통해서 결정되므로 화폐의 과잉이나 부족은 결코 있을 수 없다. 화폐의 총량이 많거나 적음에 관계없이 모든 사람이 간접교환과 화폐의 사용에서 얻을 수 있는 이점을 항상 충분히 누릴 수 있다.

화폐의 구매력 변화는 사회의 다양한 구성원에게 배분되는 부의 변화를 유발한다. 변화를 통해서 부자가 되기를 열망하는 사람들의 관점에서는 화폐의 공급이 불충분하거나 과도할 수 있고, 이득에 대한 욕구가 화폐의 구매력 변화를 초래하는 정책으로 이어질 수 있다. 그러나 화폐가 제공하는 서비스는 공급량의 변화를 통해서 개선될 수도, 회복될 수도 없다. 개인의 현금 보유에는 화폐의 과잉이나 부족이 나타날 수 있다. 하지만 그런 상황은 소비나 투자를 늘리거나 줄임으로써 바로잡을 수 있다(물론 현금 보유를 위한 화폐의 수요와 더 많은 부를 원하는 욕구를 혼동하는 대중적 오류의 희생물이 되면 안 된다). 전체 경제에서 가용한 화폐의 양은 항상 모든 사람에게 화폐를 통해 가능한 모든 것을 보장하기에 충분하다."[121]

로스바드는 다음과 같이 덧붙인다.

"화폐가 지속적으로 공급되는 세계는 늘어나는 자본 투자와 함께 상품의 공급량이 증가하고 가격과 생산비용이 하락하면서 산업혁명이 성공적으로 만개한 18세기나 19세기의 세계와 비슷할 것이다."[122]

오스트리아학파의 견해에 따르면, 화폐의 공급이 고정되면 경제성장에 따른 상품이나 서비스의 실질가격이 하락하므로 사람들이 보유한 화폐로 미래에 더 많은 상품과 서비스를 구입할 수 있게 된다. 그러한 세상은 실제로 케인스주의자들이 두려워하는 것처럼 즉각적인 소비를 억제하고, 더 많은 소비가 이루어질 수 있는 미래를 위한 저축과 투자를 장려할 것이다. 자본과 한계분석의 개념을 거의 이해하지 못한다는 것을 드러낸 케인스주의 경제학자들은 소비의 감소를 재앙으로 여긴다. 시간 선호도가 높은 케인스주의 경제학 모델에서는 총지출이 감소하면 근로자가 해고되고, 그에 따라 지출이 더 줄어들고 더 많은 근로자가 해고되면서 극심한 빈곤으로 이어지는 지속적 악순환이 발생한다. 말 그대로 아낌없이 지출하는 중앙정부만이 케인스주의자의 악몽을 미연에 방지할 수 있다.

그러나 케인스주의자가 아닌 사람들(즉 자본의 개념에 익숙한 경제학자들)에게는 지출의 감소가 단지 무해할 뿐만 아니라, 문명사회의 기본적 토대가 된다. 6장에서 논의한 것처럼, 소비를 줄이고 저축을 늘려야만 자본의 활용이 가능하다. 한계분석에 익숙한 경제학자의 관점에서는 지출 성향의 감소가 한계에서의 지출을 줄일 뿐이고, 소비의 완전한 중단으로 이어지지 않는다. 3장에서 논의한 대로, 시간 선호도는 긍정적이고 사람들은 언제나 미래보다는 현재의 소비를 선호한다. 현재의 소비는 생존을 위해서도 필요하다. 사람들은 소비하기 위해 자신이 보유한 화폐의 가치가 파괴되도록 할 필요가 없다. 자연이 생존을 위한 소비를 강요한다. 미래를 위한 저축을 더 신뢰할 수 있게 되면 한계에서의 소비를 줄일 수 있지만, 소비를 완전히 포기할 수는 없다. 이러한 소비의 한계 감소가 소비재 생산에서 한계고용의 감소로 이어질 수 있지만, 고용의 완전한 붕괴를 초래하지는 않는다.

반면에 자원의 소비가 감소하면 소비재로 사용되던 자원을 자본재로 활용할 수 있게 된다. 돈을 절약하는 것은 경제적 자원을 소비하지 않고 절약하는 것과 마찬가지이므로, 더 많은 자원이 경제 생산의 초기 단계로 향할 수 있는 기회를 창출하게 된다. 소비를 지속적으로 연기하는 사회는 실제로 저축이 적은 사회보다 장기적으로 소비를 더 많이 하는 사회가 될 것이다. 시간 선호도가 낮은 사회가 더 많은 투자를 통해 구성원에게 더 많은 소득을 창출하기 때문이다. 시간 선호도가 낮은 사회는 소득의 많은 부분을 저축한다 하더라도 장기적으로 더 높은 수준의 소비뿐만 아니라, 더 많은 자본을 비축하게 될 것이다. 소비를 줄이는 것이 극심한 빈곤을 초래하기는커녕 풍요로 가는 유일한 길이다.

11장

Markets

시장

"시장경제는 생산수단의 사적 소유에 따라 노동의 분업이 이루어지는 사회적 시스템이다. 모든 사람이 자신을 위해 행동하지만, 그런 행동이 자신의 수요뿐만 아니라 다른 사람들의 수요도 충족하기를 추구한다. 따라서 행동하는 모든 사람이 동료 시민에게 봉사한다. 모든 사람이 수단이자 목적이고, 자신을 위한 궁극적 목적이자 다른 사람들이 목적을 달성하려는 노력의 수단이 된다."[123]

- 루트비히 폰 미제스

화폐는 전문화와 노동 분업을 가능하게 하여 시장경제의 출현과 성장을 촉진한다. **시장경제는 아주 많은 사람이 행동을 지시하고 조정하는 강압적 권위 없이 자발적으로 경제 생산을 위해 협력함으로써 모든 참여자에게 이익이 되도록 서로에게 상품과 서비스를 제공할 수 있는 사회 질서다.**

    시장경제의 엄청난 혜택을 이해하기 위해 당신이 세상으로부터 고립된 상태로 살아가거나, 다른 세계와 거래하지 않는 작은 부족의 일원으로 살아간다면, 생존 가능성과 보유한 시간의 질과 양 측면에서 삶에 미치게 될 영향을 상상해 보라. 당신이 이용할 수 있는 재화의 범위가 미미하고 자연으로부터 자신을 보호할 수 있는 능력도 매우 제한적일 것이다. 예컨대, 용접이나 페인팅을 전문으로 하기도 불가능하게 된다. 깨어 있는 모든 시간이 굶어 죽거나 얼어 죽는 것을 피하기 위한 가장 기본적 작업에 소비될 것이기 때문이다. 사람들이 시장경제에 참여하도록 이끌리는 이유는 절망적이고 비참한 대안과는 대조적으로 시장경제가 참여자에게 제공하는 비할 데 없이 강력한 이점 때문이다.

    시장경제에 참여하는 사람들은 자신의 소비 수요와 관련된 생산을 생각할 필요가 없다. 전문화의 증가와 노동 분업에 힘입어 각자가 노력에 대한 최고의 보상을 제공하는 생산 분야에 집중할 수 있고, 결과적으로 자신의 수요를 위해 획득하는 재화를 극대화할 수 있다. 시장경제에 참여하는 사람들은 자신에게 필요한 재화를 스스로 생산하기보다 능력을 최대로 발휘할 수 있는 재화를 전문으로 생산하여 다른 사람들에게 제공한다. 그리고 자신의 수요를 위한 재화의 조달을 다른 사람들에게 의존할 수 있다. 자본주의 시장 시스템은 근본적으로 사람들이 스스로 소중하게 여기는 것에 초점을 맞추기보다 가장 잘하는 일에 전문화하여 다른 사람들에게 가치를 제공하는 방법에 집중하도록 해 준다. 자본주의 시스템에서 사람들이 타인에게 봉사하기를 선택하는 이유는 노동의 분업에서 벗어나 자기 자신만을 위해 일하는 것보다 훨씬 더 생산적이고 효율적이기 때문이다.

 시장경제의 과소평가된 경이로움은 강압, 중앙의 지시, 또는 사회적 유대의 강제력 없이 사람들의 협력이 가능하도록 하는 방식이다. 노동의 분업에서 생산자의 활동을 조정하는 요소는 보유한 자원을 가장 잘 활용하는 방법으로 화폐가격을 공통분모로 사용한 경제적 계산을 수행하는 능력이다. 한 가지 재화와 교환하는 방법으로 모든 재화를 시장에서 사고팔 수 있을 정도로 경제가 성장함에 따라 경제 주체들이 모든 행동의 경로에 따르는 다양한 비용과 이익을 계산하고 선호하는 경로나 가용한 대안과 비교할 수 있게 된다. 경제적 행동을 통해서 선호도를 표현할 수 있는 자유가 모든 사람에게 타인의 욕구를 충족하는 방식으로 행동할 수 있는 이기적인 인센티브를 부여한다. 사람들의 행동을 명령하는 것은 권위나 폭력이 아니라, 시장 참여자들의 선호를 나타내는 가격에 기초하여 수행한 계산에 따라 자신의 수요를 충족하려는 욕구다. 이에 대해 미제스는 다음과 같이 설명한다.

"시장의 교환과 금전적 계산은 분리할 수 없이 서로 연결된다. 직접교환이 이루어지는 시장은 오직 상상의 산물에 불과하다. 반면에 화폐와 금전적 계산은 시장의 존재를 통해서 결정된다."[124]

모든 재화의 시장가격이 한 가지 재화를 기준으로 측정되면 사람들이 가격을 다른 가격이나 자신의 주관적 가치평가와 비교하여 소비와 생산에 관한 결정을 내릴 수 있다. 이 책의 2장에서 논의한 것처럼 가치는 주관적이다. 객관적으로 측정할 수 없고, 측정을 위한 고정된 단위도 없다. 그러나 시장에서 스스로 선택하는 개인은 자신의 주관적 가치평가와 비교하여 경제적 선택을 저울질한다. 고정된 단위로 가치를 측정할 수는 없지만, 가치를 평가하는 개인이라는 고정된 기준 틀에서 비교할 수는 있다. 자신의 선호를 아는 사람은 선호도의 척도에 따라 다양한 선택에 순서를 부여할 수 있다. 다양한 선택지를 기수적 수치로 평가할 수는 없지만, 선호도에 따른 서열은 매길 수 있다. 이 장에서는 이러한 결정이 시장경제의 맥락에서 어떻게 이루어지는지를 검토하기 위한 수학적 그래픽graphic 모델을 설명한다.

소비자 상품시장

경제 행위자는 자신의 수요와 욕구를 충족하기 위해 소비재를 취득하고, 그 대가로 금전적 가격을 지불한다. 사람들은 개인적으로 재화에 부여하는 가치가 아니라 재화의 시장가격을 가늠하기 위한 계산을 수행한다. 가격이 변하면 자연스럽게 구매하려는 재화의 수량도 변한다. 가치의 평가는 주관적이며 기수가 아니고 서수적이다. 다시 말해서 사람들은 수치적 가치를 부여하는 것이 아니라, 다른 재화와 관련된 순위를 매김으로써 재화의 가치를 평가한다. 그들이 시장에서 결정하는 선택에서 볼 수 있듯이, 재화의 효용을 비교하고 선호도에 따른 순위를 부여한다.

우리는 이러한 경제적 선택이 개인적 선호도 측면에서 재화의 순위라는 가치 척도를 만들어 내는 사람들을 통해서 이루어진다고 생각할 수 있다. 모든 재화에 대한 가치 척도는 특정한 양의 재화를 화폐 단위와 비교한 가치평가를 반영한다.

예를 들어 소고기의 일일 수요를 고려하는 사람을 생각해 보자. 하루에 먹는 첫 1파운드(약 450그램)의 소고기를 매우 귀중하게 여기는 그는 소고기를 확보하기 위해 상당한 가격을 기꺼이 지불할 것이다. 그것이 없으면 영양실조에 걸리거나, 배가 고플 것이기 때문이다. 소득, 재산, 그리고 소고기에 대한 선호도를 감안할 때, 그는 소고기 1파운드에 31달러를 지불할 의향은 없을 것이다. 그러나 하루 중 첫 번째 소고기 1파운드에 30달러는 기꺼이 지불할 것이며, 이는 그가 첫 번째 소고기 1파운드의 가치를 30달러보다 높게 평가한다는 것을 의미한다. 일단 소고기 1파운드를 확보하면 두 번째 소고기 1파운드의 가치가 약간 감소하고, 이미 소고기 1파운드의 가격을 지불함에 따라 줄어든 현금 잔액의 가치가 커진다. 그 시점에서 그는 두 번째 소고기 1파운드에 16달러를 지불할 용의가 있을 것이다. 두 번째 파운드의 가치를 이 금액보다 약간 높게 평가하기 때문이다. 세 번째 파운드의 소고기를 구입할지를 고려할 때는 가격이 12달러 이하일 때만 비용을 지불할 것이다. 그리고 가격이 8달러보다 낮을 때만 네 번째 파운드를 구입할 것이다. 가격이 하락함에 따라 소비 수요가 늘어나는 그는 시장가격이 4달러일 때 하루에 5파운드의 소고기를 소비하게 된다. 소고기 가격이 2달러라면 하루에 6파운드, 1달러라면 7파운드를 소비할 것이다. 가격이 0달러이고 무료로 소고기가 무제한 제공되는 세계에서도 하루에 소비하는 소고기는 8파운드에 그칠 것이다.

이러한 주관적 결정에 기초하여 일정량의 소고기와 달러의 가치에 대한 서수적ordinal 순위를 매길 수 있다(그림 20).

재화의 서수적 순위는 구매가 결정되는 사고 과정을 이해하기 위해 경제학자들이 사용하는 개념적 도구다. 서수적 가치 척도는 구매를 선

[그림 20] 소비자 가치평가의 서수적 척도

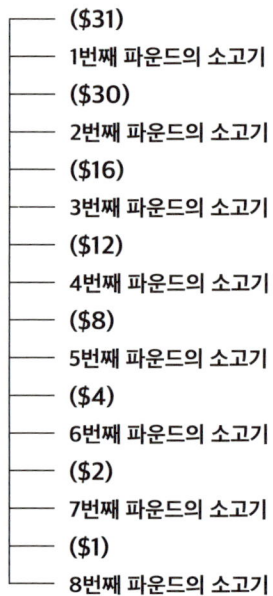

[표 3] 수요 일정

시장 가격(달러)	소고기 수요량(파운드)
$31	0
$30	1
$20	1
$16	2
$12	3
$8	4
$4	5
$2	6
$1	7
0	8

택하는 잠재의식을 기반으로 이해할 수 있지만, 현실 세계의 구매자는 오직 한 가지만 제시된 가격으로 구매할 수량을 결정하게 된다. 소고기와 화폐 단위의 서수적 순위로부터 **수요 일정**demand schedule, **즉 각 가격의 수요량을 보여주는 표**를 도출할 수 있다(표 3).

이러한 수요 일정은 다시 각 가격대의 수요량을 시각화하는 도표 형태로 나타낼 수 있다(그림 21). 경제학에서는 수량을 x축에 표시하고 가격을 y축에 표시하는 것이 관례로 되어 있다. 자연과학을 전공한 사람에게는 반직관적으로 보일 수 있는 표시 방법이다. 자연과학에서는 종속변수를 y축에 표시하고 독립변수를 x축에 표시하는 것이 관례이기 때문이다. 그럼에도 불구하고 경제학에서는 수요량이 가격의 함수다.

2장에서 설명한 바와 같이, 사람들은 재화의 첫 번째 단위의 가치를 다른 모든 후속 단위보다 높게 평가하고, 더 많은 단위를 획득할수록 평가하는 가치가 하락한다. 반면에 여러 단위에 돈이 지출되면서 구매

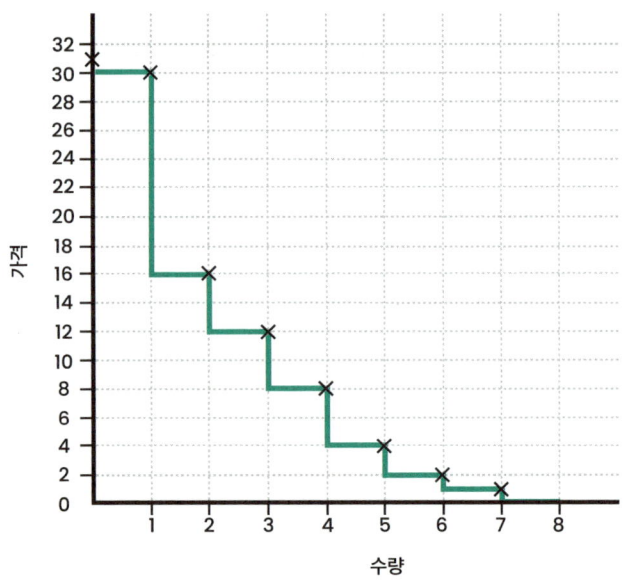

[그림 21] 수요곡선

자의 현금 잔액이 감소하여 화폐의 한계효용이 증가한다. 재화의 단위가 증가할 때마다 구매자가 지불하는 한계가격이 하락하는데, 이는 곧 **수요의 법칙, 즉 가격이 오르면 수요량이 감소한다는 것을 의미한다. 수요곡선은 항상 아래쪽으로 기울어지거나 수직이고, 위쪽으로 기울지는 못한다. 가격이 오름에 따라 재화의 수요량이 늘어날 수 없기 때문이다.**

이 분석은 개인을 대상으로 수행되었지만, 상품시장에 있는 모든 사람에게 적용할 수 있다. 각 가격대에서 개인의 수요량을 더하면 특정한 시점에서 시장의 총수요를 보여주는 곡선을 얻을 수 있다. 단순화를 위해 평균치가 앞에서 논의한 대로 100명으로 대표되는 소비자로 구성되고 수요량이 개인의 수요 일정에 표시된 값의 100배인 시장을 가정하자(표 4). 이 경우에는 사람 수가 늘어나고 개개인의 선호도가 조금씩 다르기 때문에 이 개별 수요곡선에서 볼 수 있는 명확한 계단함수

step function 보다 더 세분화된 수요 분포를 얻게 될 것이다(그림 22).

[표 4] 시장 수요 일정

시장 가격(달러)	소고기 수요량(파운드)
$31	0
$30	100
$20	170
$16	200
$12	300
$8	400
$4	500
$2	600
$1	700
0	800

[그림 22] 시장 수요곡선

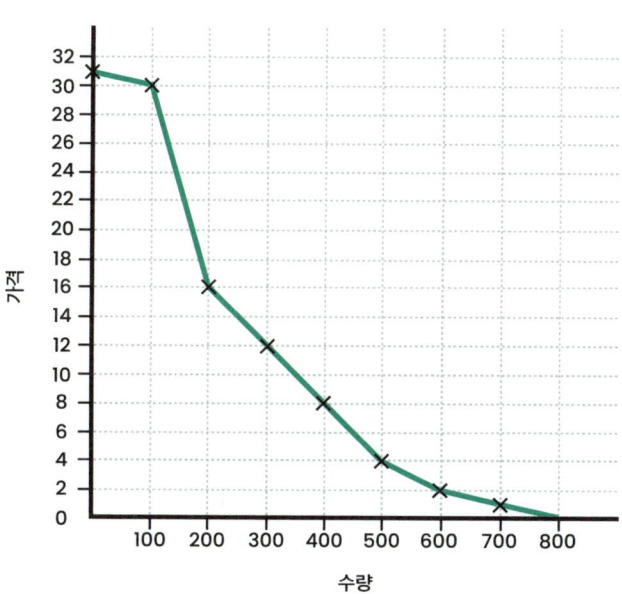

공급 측면에서는 생산자가 판매하는 상품에 대해 비슷한 정신적 계산을 수행한다. 생산자의 개인적 선호도는 여러 가지 금액에 대한 재화 양의 서수적 순위로 이어지는 가치 척도로 표현될 수 있다. 자신의 소비가 아니고 판매를 위해 생산하는 시장경제에서 상품을 생산하는 비용은 생산자의 서수적 가치 척도를 결정하는 주요 요인이다. 시장가격이 높을수록 판매를 통해 기대할 수 있는 수익이 커지고, 최종 상품 단위를 더 많이 생산하기 위해 더 많은 자원을 투입할 수 있다.

설명을 위한 예로, 이 소비자에게 소고기를 판매하는 정육점 주인을 생각해 보자. 정육점 주인은 파운드당 0달러나 1달러의 가격으로는 소고기를 팔지 않을 것이다. 소고기를 준비하는 비용을 충당하지 못하는 가격이기 때문이다. 정육점은 가격이 파운드당 2달러가 되어야만 생산을 시작하여 10파운드의 소고기를 공급할 수 있다. 이는 가장 가까운 농장에서 소고기를 조달함으로써 최저 가격으로 정육점을 운영할 수 있는 기본 설정에 의해 공급할 수 있는 양이다. 가격이 파운드당 3달러가 되면, 근로자를 고용하여 30파운드를 공급할 수 있다. 파운드당 4달러의 가격을 예상할 수 있다면, 근로자를 한 명 더 고용하여 50파운드를 공급할 수 있을 것이다. 5달러의 가격으로는 60파운드, 6달러의 가격으로는 70파운드의 소고기를 공급할 수 있는데, 이는 정육점이 공급할 수 있는 최대 양이다. 가격이 더 오르더라도 공급 능력이 70파운드 이상으로 늘어날 수 없다(그림 23).

이러한 가치평가 척도 역시 생산자가 각 가격대에서 공급하게 되는 수량을 보여주는 공급 일정과 공급곡선으로 변환할 수 있다(표 5, 그림 24).

공급의 법칙은 가격이 상승함에 따라 경제적 재화의 소유자가 더 많은 양을 판매하려 하고, 판매할 수 있다고 말한다. 따라서 공급곡선은 오직 위쪽으로만 기울어진

[그림 23] 생산자 가치의 서수적 척도

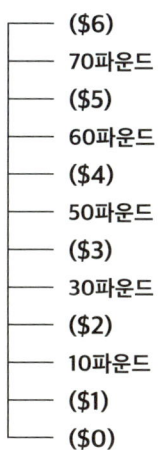

다. 공급곡선은 재화의 소유에 대한 사람들의 선호도와 관련하여 이해할 수 있는데, 재화와 교환하여 화폐의 보유량을 늘릴 수 있도록 가격이 상승함에 따라 재화의 소유에 대한 선호도가 감소한다. 공급곡선은 시장에 있는 생산자의 입장에서도 이해할 수 있다. 가격이 상승하면

[표 5] 생산자 공급 일정

시장 가격(달러)	소고기 공급량(파운드)
$7	70
$6	70
$5	60
$4	50
$3	30
$2	10
$1	0
$0	0

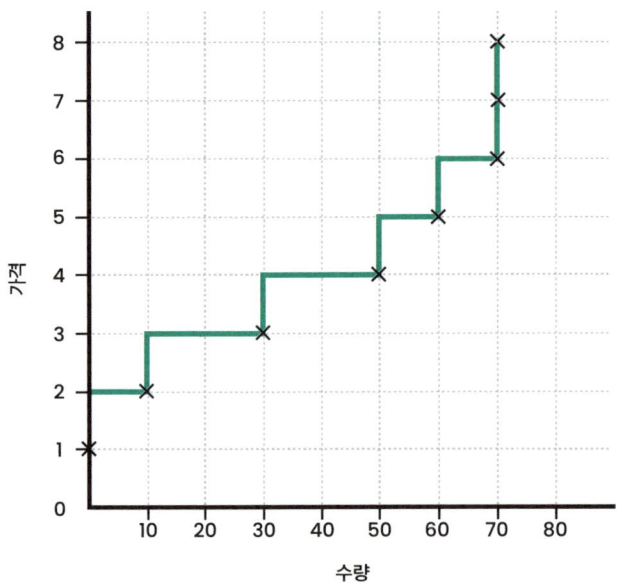

[그림 24] 생산자 공급곡선

생산을 늘리는 인센티브가 생기고, 원자재와 노동력을 확보하는 투자를 늘릴 수 있어서 더 많은 양을 생산하게 된다.

[표 6] 시장 공급 일정

시장 가격(달러)	소고기 공급량(파운드)
$7	700
$6	700
$5	600
$4	500
$3	300
$2	100
$1	0
$0	0

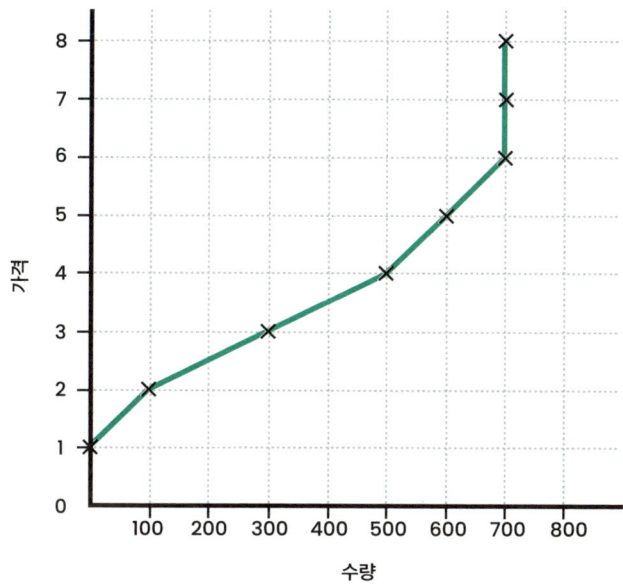

복수의 생산자가 있는 재화의 경우에는 모든 생산자의 공급 일정과 공급곡선을 종합해 하나의 시장 공급곡선을 얻을 수 있다(표 6, 그림 25). 시장 공급곡선은 특정 가격마다 모든 생산자가 생산하려는 재화의 수량을 보여준다. 예컨대 생산자가 10명이고 앞의 예가 그들의 평균을 나타낸다고 가정하자.

균형

가격이 0이면 수요량은 매우 크지만, 공급량이 0일 가능성이 크다. 가격이 0에서 상승함에 따라 수요량은 감소하고 공급량이 증가한다.

수요량과 공급량이 일치하는 가격대는 기껏해야 하나뿐이며, **균형가격**equilibrium price이라고 불린다. 이 가격대가 구매자와 판매자에게 자석처럼 작용하여 항상 균형가격을 중심으로 거래가 이루어지도록 유도한다.

가격이 균형가격보다 높게 설정되면 판매자가 구매자의 수요보다 많은 상품을 공급하여 **잉여**surplus가 발생한다. 그러면 판매자가 자연스럽게 더 많은 구매자가 잉여 상품을 구매하도록 부추기기 위해 가격을 낮추기를 원하게 되고, 상품가격은 균형가격에 접근하게 된다. 반면에 가격이 균형가격보다 낮게 설정되면 소비자의 수요량이 판매자의 공급량보다 커져서 **부족**shortage이 발생하고, 판매자가 공급을 제한하고 수익을 최대화하기 위해 가격을 올리는 인센티브가 생길 것이다. 판매자는 균형가격에 도달할 때까지 계속해서 가격을 올릴 수 있지만, 균형가격을 넘어서는 추가적 가격 인상은 구매자의 감소와 잉여를 초래하게 된다. 시장의 역학은 항상 가격을 균형가격 쪽으로 끌어당긴다.

앞의 예에서 공급곡선과 수요곡선을 한 도표에 표시하면 시장의 균형을 볼 수 있다. 수요곡선은 아래쪽으로 기울어지고 공급곡선은 위쪽을 향하기 때문에, 두 곡선은 혹시 만나더라도 오직 한 점에서만 만날 수 있다(그림 26). 이 시장에서는 10명의 소고기 생산자가 500파운드의 소고기를 생산하여 파운드당 4달러에 판매하고, 100명의 소비자가 4달러의 가격으로 소고기 400파운드를 구매하게 된다. 잉여나 부족이 없다. 개별적 가치평가 척도에 변화가 발생하면 공급과 수요곡선이 변화를 반영하여 조정되어 균형가격이 바뀌겠지만, 새로운 균형가격이 계속해서 구매자와 판매자를 끌어당길 것이다.

시장의 모든 참여자는 자신에게 이로운 방식으로 행동한다. 사람들

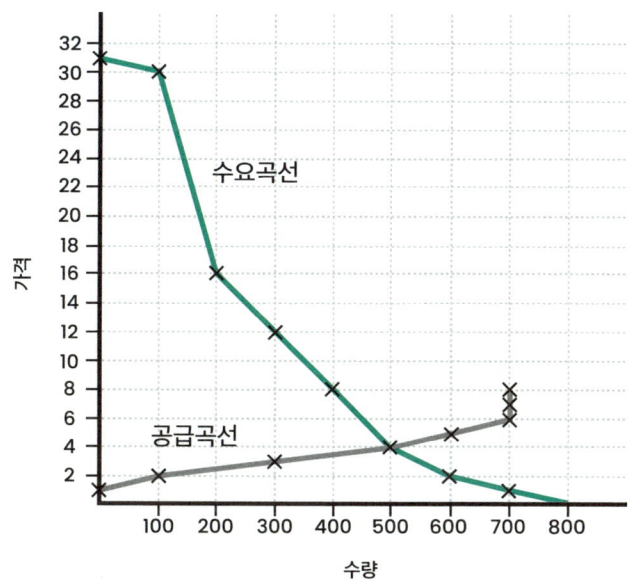

[그림 26] 시장의 균형

은 이익을 기대하기 때문에 시장 거래에 참여하는 데 동의하고, 가능한 최상이라고 생각하는 거래를 선택한다. 균형은 시장가격이 강압적인 권위나 명령 없이 자발적인 상호작용을 통해서 형성되는 방식을 이해하기 위한 매우 강력한 개념이다. 그렇지만 시장이 모든 상품에 대해 고정적 균형가격이 형성되는 곳이라기보다는 균형을 찾아가는 과정으로 생각하는 것이 더 생산적이다. 인간 행동의 세계는 끊임없이 변화하고, 공급과 수요의 조건도 지속적으로 다양한 요소의 영향을 받는다. 참여자의 개별 상황이 변함에 따라 시장의 현실도 변한다. 그렇다면 균형은 시장이 도달하는 최종 상태가 아니다. 대신에 시장은 수요와 공급의 조건이 관련된 행위자들에게 가장 큰 가치를 창출하는 가격으로 균형을 이루는 지점을 찾아내기 위해 끊임없는 발견하는 과정이다.

가격의 변화가 수요량 변화를 유발하고, 그러한 변화는 도표에서 수요곡선을 따라가는 움직임으로 나타난다. 그러나 수요와 관련된 다른 요소의 변화는 각각의 가격에 대해 새로운 수요량이 형성되는 가격-수요 관계의 재구성을 초래하여 수요곡선 전체를 변화시킨다. 수요곡선을 바꿀 수 있는 요소에는 선호도의 변화, 소득과 재산의 변화, 또는 다른 재화 및 서비스 가격의 변화가 포함된다. 구매자의 소득과 재산이 증가하면 대부분 상품에 대한 수요가 늘어날 가능성이 크고, 수요곡선이 오른쪽으로 이동하여 모든 가격대의 수요량이 증가하게 된다. 그러나 열등한 상품의 경우에는 소득과 재산의 증가가 반대 효과를 초래할 것이다. 사람들이 우월한 대체 상품을 선택할 수 있게 되면서 모든 가격대에서 수요량이 감소하고 수요곡선이 왼쪽으로 이동하게 된다. 콩은 그런 열등한 상품의 예다. 전 세계적으로 소득이 증가함에 따라 사람들이 콩에 대한 수요를 줄이고, 소고기에 대한 수요를 늘릴 가능성이 크다.

상품의 수요곡선은 다른 상품의 가격 변화에도 영향을 받을 수 있다. 상품의 가격이 상승하면 수요량이 감소하고 보완적complementary 상품의 수요량도 모든 가격대에서 감소하여 수요곡선이 왼쪽으로 이동한다. 동일한 상품의 가격이 하락하면 수요량이 증가하고 보완적 상품의 수요량도 모든 가격대에서 증가하여 수요곡선이 오른쪽으로 이동한다. 대체substitute 상품의 경우는 이와 반대다.

가격 외에도 시장의 공급은 생산비용과 아울러 동일한 생산요소로 생산할 수 있는 관련 제품의 가격에도 영향을 받는다. 생산자의 생산비용이 상승하면 각 가격대에서 공급할 수 있는 제품의 양이 감소하여 공급곡선이 왼쪽으로 이동한다. 반면에 생산자가 가격이 상승하는 다른 제품의 생산으로 생산요소를 투입해 더 많은 수익을 얻을 수 있음을 깨닫는다면 원래 상품의 공급곡선이 왼쪽으로 이동하고 모든 가격대에서 공급량이 감소하게 된다.

도표를 이용한 분석은 자유시장이 시간에 따른 수요와 공급 조건 변화에 반응하는 방식을 이해하는 데 도움이 된다. 기술의 혁신을 통해서 생산자가 주어진 가격으로 점점 더 많은 상품을 생산할 수 있는 산업에서는 시장의 공급곡선이 오른쪽으로 이동하게 된다. 이러한 변화의 결과로 균형가격이 하락하고 판매 수량이 증가하게 된다. 생산성 향상과 기술 혁신이 진행됨에 따라 지속적으로 가격이 하락하고 수량이 증가하는 하이테크 산업에서 이러한 추세가 나타난다. [그림 27]에서 공급곡선이 S1에서 S2로 이동함에 따라 균형가격이 하락하고 수량이 증가하는 것을 볼 수 있다.

반대의 상황이 발생하여 공급망의 문제가 제품 생산에 부정적인 영향을 미친다면, 모든 가격대에서 생산자가 공급할 수 있는 상품의 수량이 감소하여 공급곡선이 왼쪽으로 이동할 것이다. 이런 상황에서는 더 높은 가격과 낮은 수량에서 수요곡선과의 새로운 균형이 나타난다. 자연재해가 발생하여 가용한 상품의 수량이 크게 감소하면서 가격이 상승하는 경우가 극단적인 예다. 이런 상황은 [그림 27]에서 공급곡선이

[그림 27] 공급곡선의 변화

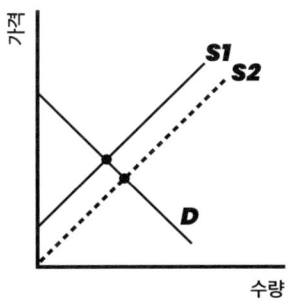

[그림 28] 수요곡선의 변화

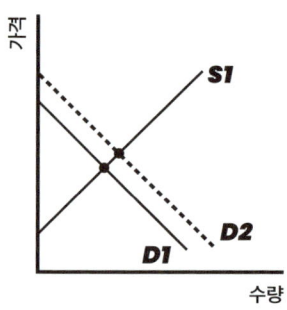

S2에서 S1으로 이동하는 결과로 나타난다.

수요곡선의 변화에도 동일한 분석을 적용할 수 있다. 상품에 대한 소비자 선호도 증가, 대체 상품의 가격 상승, 또는 보완적 제품의 가격 하락처럼 모든 가격대에서 소비자 수요를 유발하는 요소들은 [그림 28]의 D1에서 D2로 이동하는 것처럼 수요곡선을 오른쪽으로 이동시킬 것이다. 모든 가격대에서 소비자 수요가 감소하거나, 보완적 상품의 가격이 상승하거나, 대체 상품의 가격이 하락하면 수요곡선이 왼쪽으로 이동하게 된다. 이는 [그림 28]에서 수요곡선이 D2에서 D1으로 이동하는 것으로 볼 수 있다.

생산자 상품시장

생산에 대한 결정을 내리는 생산자도 다양한 행동의 경로로 제공되는 효용에 기초하여 결정을 내린다. 소비자 선택과 생산자 선택의 차이는 생산자가 사용하는 요소에서 개인적 효용을 도출하지 않는다는 사실에 있다. 생산자는 순전히 사업에서 얻을 수 있는 금전적 이익을 극대화하기 위해 생산요소를 사용한다. 소비자 주권consumer sovereignty은 생산자가 소비자의 욕구와 수요에 기초하여 모든 사업적 결정을 내린다는 것을 의미한다.

생산 과정은 생산요소를 소비자에게 판매하기 위한 상품과 서비스로 전환하는 과정이다. 각 생산요소의 사용량은 비용과 사업 운영에 기여하는 수익을 한계에서 비교하여 결정한다. 생산에 사용되는 노동이나 추가되는 자본 단위는 생산된 최종 제품 수량의 한계 증가로 이어진다. 고용주는 기대되는 한계수익이 비용을 초과하는 한 생산의 고용요소hiring factor를 계속해서 유지할 것이다. 고용요소의 가격은 다시 소비자의 요구를 얼마나 잘 충족하는지에 따라 결정된다. 하루 동안 1명의 근로자를 추가로 고용하여 10달러의 수익이 늘어날 것을 기대할 수 있다면, 요구되는 임금이 하루에 10달러 미만일 때만 근로자를 추가로 고용할 것이다. 1,000달러짜리 기계의 구입을 고려하는 기업가는 기계를 사용하는 전 기간에 걸쳐 생산될 것으로 기대하는 제품의 할인된 한계 가치가 1,000달러보다 클 때만 기계를 구입할 것이다. 따라서 궁극적으로 생산요소에 가치를 부여하는 것은 소비자가 평가하는 가치다. 기업가의 역할은 소비자의 미래 수요를 판단하고, 생산이 시작되기 전에 생산요소에 투자하고, 생산된 제품을 소비자가 어떻게 평가할지에 대한 판단이 틀릴 수 있는 위험을 감수하는 것이다.

임금이나 자본 수익에 대해 불평하는 것은 무의미한 일이다. 임금이나 자본 수익은 사람들의 노동, 토지, 자본이 얼마나 가치 있는지를 알려주는 시장의 신호이기 때문이다. 기업가는 단순히 스스로 임금을 결정할 수 없다. 임금은 소비자의 주관적 가치평가에 의존한다. 너무 높은 임금을 지불하는 기업가는 수익성을 잃고, 더 적절한 임금을 지불하는 기업가로 대체될 것이다. 낮은 임금을 지불하는 기업가는 더 높은 임금을 지불하려는 사람들에게 근로자를 빼앗기게 될 것이다. 특정한 사업 분야에서 기업가로 살아남으려면, 근로자의 한계생산성에 상응하는 임금을 지불해야 한다. 자유시장 시스템에서는 자본가와 기업가가 노동자를 억압할 수 없다. 노동자는 일터를 떠나 다른 곳에서 일할 자유가 있고, 소비자는 다른 곳에서 제품을 구매할 자유가 있기 때문이다. 기업가는 노동자와 소비자 사이에서 신중하고 정확하게 줄타기를 해야만 계속해서 사업을 운영할 수 있다.

시장 질서 안에서의 절약

시장 시스템은 지금까지 논의한 모든 경제적 행위가 가장 큰 생산성 향상과 함께 실행될 수 있는 보다 큰 틀로 생각할 수 있다. 노동, 자본, 기술, 동력, 거래, 그리고 화폐는 모두 시장의 자유로운 비개인적 거래의 맥락에서 훨씬 더 생산적으로 사용될 수 있는 도구다. 그 결과로 시장경제에서는 노동자의 실질임금이 꾸준하게 상승해 왔다. 시장경제가 다른 사람들의 수요를 충족시키기 위해 시간을 가장 생산적으로 사용함으로써, 인간의 시간이 지닌 가치를 늘리는 새로운 방법을 끊임없이 찾아내기 때문이다.

시장 참여자들은 특정한 가격으로 구매하거나, 구매하지 않는 행동을 통해서 변화하는 선호도와 조건을 서로에게 전달한다. 이러한 상호 협력 과정을 통해 모든 시장 참여자가 각자 최선의 이익을 위해 행동하면서도, 서로에게 더 나은 이익이 되도록 행동을 조정할 수 있다. 소비자의 모든 선호도는 특정한 가격으로 구매하거나 구매하지 않는 선택을 통해서 다른 시장 참여자들에게 표현되고, 생산에 관한 결정의 기초로 삼을 수 있는 귀중한 지식을 생산자에게 제공한다. 이에 대해 미제스는 다음과 같이 설명한다.

"시장의 과정은 시장 사회의 다양한 구성원의 개별적 행동을 상호 협력의 요건에 맞게 조정하는 과정이다. 시장가격은 생산자에게 무엇을, 어떻게, 얼마나 생산할지를 알려준다. 시장은 사람들의 활동이 수렴하는 중심점이다."[125]

미제스는 다음과 같이 덧붙인다.

"자연에는 타협할 수 없는 이해 충돌이 만연해 있다. 생존을 유지하기 위한 수단이 부족하고 번식이 생존을 앞지르는 경향이 있다. 가장 적합한 식물과 동물만이 살아남는다. 굶어 죽어가는 동물과 그로부터 먹이를 낚아채는 동물 사이에는 무자비한 적대감이 있다. 노동 분업을 통한 사회적 협력은 이러한 적대감을 제거하고 파트너십partnership과 상호 관계로 대체한다. 사회의 구성원은 공동의 사업으로 통합된다."[126]

소비자 주권

시장이 작동하는 과정을 주의 깊게 분석하면 자유시장에서 소비자가 왕인 이유를 알 수 있다. 시장경제에서 사람들은 소비자 자격으로 주권을 행사한다. 소비자의 수요와 욕구에 맞는 제품을 소비자가 감당할 수 있는 가격으로 생산하지 않으면 소비자에게 제품을 구매하도록 강요할 방법이 없기 때문이다. 생산 과정에 자본이라는 자원을 투자한 생산자는 생산품이 소비자의 마음에 들어서 자본이 낭비되지 않기를 기대할 수밖에 없고, 완전한 선택권이 있는 소비자를 착취하거나 조건을 제시할 위치에 있지 않다. 미제스는 다음과 같이 설명한다.

"생산요소를 가장 저렴한 시장에서 구입하고 효율적으로 처리하여 가장 값싸고 좋은 방법으로 소비자의 수요를 충족시킬 의도가 없는 사람들은 사업을 접을 수밖에 없을 것이다. 생산요소를 더 효율적으로 구매하고 처리하는 데 성공한 사람들이 그들을 대체하게 된다. 소비자는 자유롭게 변덕을 부리고 공상할 수 있는 위치에 있다. 기업가, 자본가, 농부의 손은 묶여 있다. 그들은 구매하는 대중의 명령에 따라 사업을 운영해야 한다. 소비자의 요구로 규정된 선에서 벗어나는 모든 편차는 차변에 기입된다. 의도적이든, 실수 때문이든, 또는 비효율성 때문이든 가장 사소한 편차가 수익을 제한하거나 사라지게 한다. 더 심각한 편차는 손실을 초래하여 그들의 부를 훼손하거나 완전히 흡수한다. 자본가, 기업가, 지주는 소비자의 명령을 가장 잘 이행해야만 자신의 부를 보존하고 늘릴 수 있다."[127]

미제스는 또한 시장에서 발휘되는 소비자의 힘을 민주적 과정과 비교하여 소비자 시장이 얼마나 우월한지를 보여준다. 소비자 시장은 모든 사람의 요구를 충족시키는 반면에, 민주주의는 승리한 다수의 요구에만 부응하기 때문이다.

"소비자가 동전 한 푼을 지출할 때마다 모든 생산 과정과 사업활동 조직의 세부 사항이 지향하는 방향이 결정된다. 이러한 상황은 시장을 모든 동전에 투표권이 부여되는 민주주의에 비유함으로써 설명되어 왔다. 민주적 헌법은 시민에게 정부의 운영에 대해 시장경제가 소비자의 자격에 대해 시민에게 부여하는 것과 동일한 우월성을 할당하는 계획이라는 말이 더 정확할 것이다. 그러나 이런 비교는 불완전하다. 정치적 민주주의에서는 다수를 득표한 후보나 계획에 던져진 표만이 정책의 방향을 설정하는 데 효과를 발휘한다. 소수의 표는 정책에 직접적인 영향을 미치지 못한다. 그러나 시장에서는 단 한 표도 헛되게 행사되지 않는다. 출판사는 탐정소설을 출판하여 다수의 독자에게 제공할 뿐만 아니라, 서정시와 철학논문을 읽는 소수의 요구에도 부응한다. 빵집에서는 건강한 사람들을 위한 빵만이 아니라, 특별한 식단이 필요한 환자를 위한 빵도 구워 낸다. 소비자의 결정은 특정한 금액을 지출하려는 준비 태세를 통한 완전한 추진력으로 실행된다."[128]

접근방식의 대조

가격을 법령으로 설정하려는 욕구는 정부와 함께 존재해 왔고, 수많은 끔찍하고 예측 가능한 결과를 초래했다.[129] 그러나 중앙정부가 가격을 결정하려는 다양하고 헛된 시도는 한 가지 긍정적인 결과도 낳았다. 미제스의 용어로 분명하게 표현하지는 못하더라도 많은 사람이 경제학을 인간 행동의 산물로 이해하게 된 것이다. 가격 통제를 주장하는 정치인의 분석과 경제학자의 분석을 대조하면 경제적 사고방식의 힘을 분명하게 볼 수 있다.

시장가격에 불만을 품고 바꾸려는 정치인은 가격은 자의적이어서 자신이 가격을 설정할 수 있다고 생각한다. 인간의 선택이 반영된 인간 행동의 결과로 보는 경제적 방식으로 가격을 생각하지 않는다. 그는 가격을 결정하는 데 영향을 미치는 개인적 선택의 요소를 무시하는 대신에 가격의 정치적·사회적 의미에 초점을 맞춘다. 다른 모든 조건이 동일한 상태에서 가격이 더 낮고 소비량이 더 많은 가상적 현실과 실제 현실을 비교한다.

대부분 정치 지도자는 경제학을 이해하는 능력으로 지도자의 위치에 오르지 않는다. 아마도 경제학에 대한 이해가 정치적 성공에는 심각한 장애물이 될 것이다. 정치인들은 경제적 재화와 서비스의 가격을 온전히 가용성의 척도로 간주하며, 가격이 낮을수록 사람들이 더 행복하다는 것을 안다. 가격이 경제 현실에 대응하는 인간 행동의 결과로 나타난다는 것을 이해하지 못하는 정치인은 자신이 원하는 결과를 얻기 위해 가격을 관리할 수 있다고 생각하고, 특정한 상품에 대한 최고가격을 의무화하는 법률을 통과시킬 것이다. 그들의 잘못된 추론은 상품가격이 법률로 설정되면 구매자와 판매자가 법정가격으로 사고파는 것 말고는 선택의 여지가 없을 것이라고 가정한다.

경제학자의 조언을 구하려는 정치 지도자는 자신의 정책에 대해 타당하게 보이는 근거를 제시할 수 있는 계량 경제학자의 조언을 선호할 것이다. 계량 경제학자는 가격이 경제활동에 미치는 영향을 수학적으로 모델화하여 상품가격, 경제의 지출 수준, 그리고 경제성장 사이에서 이론적으로 정량적 관계를 찾아낼 수 있다. 현실 세계의 데이터를 기반으로 필수 상품의 가격을 낮추면 인구의 상당 부분의 생활 수준이 향상되어 더 많은 저축과 투자가 이루어지고, 경제성장이 가속된다는 인과 메커니즘의 가설을 세울 수 있다. 인과관계의 흐름에 대해 검증할 수 없는 가정과 규모에 대한 정량적 관찰을 통해서 계량 경제학자는 중요한 가격을 법률로 의무화하여 경제 상황을 개선할 수 있는 과학적으로 보이는 공식을 정부에 제공할 수 있다. 고정된 측정 단위가 없기 때문에 정확하지 않는 방정식으로 무엇이든 원하는 결과를 만들어 낼 수 있다.

그러나 건전한 경제학자의 관점에서는 가격이 단지 상품의 가용성을 나타내는 척도가 아니라, 자발적인 인간 행동과 선택의 산물이며, 생산자와 소비자의 계산이라는 문제의 해결책이다. 정부가 상품에 다른 가격을 부여하더라도 사람들이 이전과 동일한 방식으로 행동하거나, 동일한 방식으로 서로를 만족시킬 수 있다는 보장은 없다.

가격은 상인이 임의로 정하는 숫자가 아니고, 시장의 수요와 공급에 영향을 미치는 인간 행동의 복잡한 상호작용을 통해서 결정된다. 특정한 가격에서 이루어지는 시장의 거래는 구매자와 판매자 모두 해당 가격을 수용하기로 선택했다는 사실을 의미한다. 두 사람 모두 다른 가격을 원했을 것은 분명하다. 구매자는 더 낮은 가격을 선호하고, 판매자는 더 높은 가격을 선호할 것이다. 하지만 거래가 이루어졌기 때문에 두 사람 모두 실제 가격을 수용했다는 것은 분명하다. 정치인이 개입하여 법에 따라 가격을 바꾸도록 강요하더라도 구매자와 판매자가 이전과 같은 결정을 내릴 것이라고 가정할 이유는 없다. 그리고 경제학자의 관점에서 볼 때 그러한 법은 시장에 나타난 그 어떤 가격(정치지도자들이 아무리 불쾌하더라도)보다도 훨씬 더 파괴적일 것이다.

　상품의 시장가격은 판매자가 자발적으로 상품을 판매하고, 구매자가 기꺼이 구입하는 가격이라는 것을 말해 준다. 구매자가 시장가격으로 상품을 구입하기를 거부하면 생산자가 가격을 낮춰야 한다. 생산자가 소비자의 가치평가에 맞춰서 가격을 낮출 수 없으면 해당 상품이 생산되지 못하게 된다. 기업이 특정 상품을 판매하려면 가격이 제품을 공급하기 위해 발생한 생산자의 총비용과 기회비용을 보상해야 한다. 가격 통제를 통해서 상품가격이 생산비용보다 낮게 설정되면 생산자가 판매를 중단하여 상품 부족을 초래할 것이다.

　이기적인 인간인 생산자는 생산비용 전체를 충당하지 못하는 가격으로 상품을 판매하지 않을 것이다. 돈을 잃는 사업을 계속하기보다는 사업을 접고 집에서 쉬게 된다. 따라서 낮은 가격을 의무화하려는 시도는 상품을 생산하는 사람의 인센티브를 파괴하여 가격이 더 오르고, 공급량이 줄어드는 결과를 초래할 뿐이다. 가격 통제의 또 다른 필연적인 결과는 구매자와 판매자가 정부의 주의를 끌지 않고, 각자 적절한 가격으로 거래할 수 있는 암시장의 출현이다.

12장

Capitalism

자본주의

"역사적 경험이 우리에게 무언가를 가르쳐 줄 수 있다면, 사유재산이 문명과 불가분의 관계에 있다는 사실일 것이다."[130]

- 루트비히 폰 미제스

앞 장에서 논의한 바와 같이, 시장경제는 자신의 이익을 위해 관련된 모든 사람에게 이익이 되도록 경제적으로 행동하는 사회 질서다. 사람들은 화폐 매체를 사용하여 노동, 자본축적, 기술 혁신, 거래, 근대적 동력 생산 등 개인의 경제화를 위한 모든 방법을 자발적으로 실행함으로써 생산의 범위를 확대하고 개별적으로 물질적 만족도를 가능한 수준보다 크게 높인다. 확장된 화폐 시장경제monetary market economy는 사람들이 자본을 자유롭게 사고팔고, 사용하는 방식을 결정하고, 생산적 사용에 따르는 보상을 얻고, 비생산적 사용에 따르는 손실을 감수하는 자본재의 사적 소유 시스템인 자본주의의 출현을 가능하게 한다.

로스바드는 〈사회주의의 종말과 계산 논쟁의 재검토The End of Socialism and the Calculation Debate Revisited〉에서 시장경제를 구성하는 미제스의 기준을 다음과 같이 설명한다.

"뉴욕대학에서 미제스의 세미나에 참석했을 때 나는 순수한 자유시장 경제에서 순수한 전체주의에 이르기까지 광범위한 경제의 스펙트럼을 고려할 때, 경제가 본질적으로 '사회주의'인지 시장경제인지를 판단할 수 있는 하나의 기준을 선택할 수 있는지 물었다. 다소 놀랍게도 그는 선뜻 대답했다. '그렇습니다. 핵심은 경제에 주식시장이 있는지의 여부입니다.' 즉 토지와 자본재의 소유권을 거래하는 본격적인 시장의 존재 여부가 핵심이다. 간단히 말해서, 자본의 배분을 기본적으로 정부가 결정하는가, 아니면 개인 소유주가 결정하는가?"[131]

미제스와 오스트리아학파 경제학자들에게 주식시장의 존재는 자본주의의 효과적인 리트머스 시험지다. 모두에게 개방되어 가장 생산적으로 사용하는 사람에게 자본이 배분되도록 하는 생산자 상품의 자유시장을 가리키는 틀림없는 표지이기 때문이다. 주식시장에서 공개적으로 거래되는 기업은 사회의 생산적 자본 상당 부분을 소유하게 되고, 그 자본을 누구든지 적절하다고 생각하는 대로 사고팔 수 있다. 누구라도 자본재를 기존의 소유자보다 더 생산적으로 사용할 수 있다고 생각하는 사람은 소유권을 공유하기 위해 가격을 치르고 자본재를 사들일 수 있다. 누구든지 현금을 보유하기보다 더 높은 수익을 기대할 수 있는 생산 과정에 저축을 할당할 수 있다.

자본을 생산적으로 배분하는 데 성공한 사람들은 누적되는 수익을 통해서 더 많은 자본 자원을 활용할 수 있게 된다. 자본 자원을 비생산적으로 할당하여 손실을 입은 사람들에게는 자본의 소유가 값비싸고 유지할 수 없는 실수가 된다. 그리고 자원을 더 생산적으로 사용할 수 있기를 기대하기 때문에 기꺼이 높은 가격을 지불하는 사람들에게 자본 자원을 팔게 될 것이다. 주식시장과 자유로운 자본시장에는 자본재를 오용하는 자본 소유주를 보호하는 장치가 없다. 그들은 더 잘 사용하는 사람들에게 자본재를 팔거나, 아니면 자본의 전체 기반이 소진될 때까지 계속해서 손실을 축적하게 된다. 어느 쪽이든 자본은 항상 더 생산적이고 유능한 사람들에게 자원이 재분배되는 과정의 일부다. 당연히 그 어떤 특권이나 명령도 자유시장 시스템에서 자본의 생산적인 사용을 지향하는 행진을 중단시킬 수 없다.

오스트리아학파 경제학자들은 인간 행동의 맥락에서 자본주의를 정의하고 설명함으로써 가장 포괄적이고 일관성 있는 정의와 함께 현실 세계의 경제 문제와 자본주의 시스템의 작동을 이해하는 포괄적이고 강력한 도구를 제공한다. 이는 자본주의라는 주제를 피상적으로 다루는 다른 경제학자들과 극명한 대조를 이룬다. 마르크스주의 경제학자들은 자본을 자본가가 사회의 다른 구성원을 착취하고 노예로 삼게 하는 사악한 힘으로 생각한다. 그로 인해 자본이 노동자에게 제공하는 생산성 향상의 혜택, 자본을 소유함에 따라 기회비용 측면에서 발생하는 비용, 그리고 자본의 소유와 관련된 책임과 위험에 대해서는 거의 고려하지 않는다.

한편으로 오늘날 대부분의 주류 경제학자는 자본을 생산에 사용되는, 저절로 균일하게 퍼져 나가는 얼룩 같은 집합적 양으로 생각한다. 어느 쪽도 자본의 성장을 위한 사유재산의 중요성과 가장 생산적인 사용자에게 자본을 배분하기 위한 자유시장의 중요성을 논의하지 않는다. 자본시장의 본질적 기능을 무시하는 그들의 추종자들은 자본주의의 생명선인 생산수단의 사적 소유와 자유교환 시스템이 훼손되더라도 자본주의적 경제 생산이 이루어질 수 있다고 상상하게 된다.

자본재의 가치는 주관적이고, 평가하는 사람에 따라 달라지는 것으로 자본재에 내재하거나 본질적인 가치가 아니다. 재화가 자본재인지 아닌지는 전적으로 사용하는 사람의 판단과 행동의 결과다. 게임을 하는 데 사용하는 컴퓨터는 소비재지만, 같은 컴퓨터를 전문적 그래픽 디자인에 사용하면 자본재가 된다. 이익을 얻기 위해 자본재를 활용하는 능력 없이는 누구라도 애당초 자본을 축적하고 유지할 인센티브가 거의 없다.

금전적 이익을 위해 자본을 거래할 수 없으면 자본을 오용하고 가치를 떨어뜨리는 사람들의 독점을 막고, 생산적 용도에 자본을 할당하는 메커니즘이 존재하지 않게 된다. 자본은 기계 덩어리가 아니라, 사람들이 끊임없이 가치를 평가하고 거래하는 생태계에서 살아남는 유기체와 비슷한 정신적 구조물이다. 따라서 사람들이 자유롭게 자본재의 가치를 평가하고, 생산에 사용하고, 자본재의 사용으로 이익을 얻는 능력 밖에서 사회적 자본의 비축을 말하는 것은 거의 의미가 없다. 시장경제의 바깥에 있는 자본은 이전의 생생한 모습이 아닌, 물을 떠나 축 늘어지고 생기 없는 물고기와 같다.

자본시장

일반인, 정치인, 주류 경제학자들이 명칭에 대한 정보를 제공하는 명확한 정의도 없이 다양한 국가에 대해 사회주의나 자본주의 국가로 부르는 것을 흔히 들을 수 있다. 그러나 미제스의 기준은 무엇이 자본주의 경제와 사회주의 경제를 구성하는지를 이해하는 매우 강력한 리트머스 시험지를 제공한다.

주식시장이 발전하지 않은 경제는 자본주의 시장경제가 아니다. 주식시장의 발전에 필요한 수준의 경제적 전문화와 생산을 위한 자본 구조capital structure의 연장을 이루지 못했기 때문이다. 정부가 주식시장을 강제로 폐쇄하는 경제는 사회주의 경제가 될 것이다. 자본이 시장 경쟁의 영역에서 제거되어 자본을 소유하지 않고, 합법적으로 자본 수익을 얻을 수 없고, 자본을 활용하는 최선의 생산 경로와 방법을 결정하기 위한 경제적 계산도 할 수 없는 관료의 손에 맡겨지기 때문이다. 미제스의 기준은 경제를 전자본주의pre-capitalist, 자본주의, 사회주의의 세 가지 범주로 구분한다. 세계 대부분 국가의 역사는 전자본주의에서 자본주의로 가는 긍정적 발전으로 이루어졌지만, 사회주의적 황폐화로 향하는 재앙적 습격으로 중단되기도 했다.

러시아는 18세기 초에 표트르 대제Peter the Great의 칙령으로 주식시장이 설립되면서 농업경제에서 자본주의 경제로 발전하기 시작했다고 할 수 있다. 주식시장은 1917년의 볼셰비키 쿠데타로 러시아 경제가 사회주의 체제로 바뀔 때까지 계속해서 운영되었다. 볼셰비키 쿠데타가 종식되고, 1991년에 주식시장의 운영이 재개되면서 러시아는 다시 자본주의 경제로 돌아갔다. 사회주의가 러시아에 파괴적 영향을 미친 기간은 주식시장이 폐쇄된 기간과 정확히 일치했다.

독일은 미제스 기준의 힘에 대한 또 하나의 유용한 사례를 제공한다. 독일에서는 일찍이 16세기에 함부르크, 프랑크푸르트 등지의 도시에 여러 거래시장exchange markets이 설립되었다. 1815년에 기업 주식의 거래를 시작한 함부르크 증권거래소는 독일의 경제가 근대적 자본주의 경제로 발전했다는 표지라고 할 수 있다. 독일의 주식시장은 아돌프 히틀러의 국가사회당이 집권한 1933년까지 계속해서 운영되었다. 히틀러가 집권한 후에는 모든 기업이 강제로 카르텔에 가입해야 했고, 기업의 자본은 나치 정권의 통제를 받게 되었다.

도이치 뵈르제Deutsche Börse 그룹은 당시의 상황을 다음과 같이 설명한다. "나치가 정권을 인수하면서 전반적인 경제정책이 정부나 전쟁정책에 통합되었다. 증권거래소의 감독이 주에서 분리되어 중앙정부의 영역이 되었고, 증권거래소의 수가 21개에서 9개로 줄었다. 1935년에는 프랑크푸르트와 만하임의 증권거래소가 합병·통합되어 라인-마임Rhine-Maim 증권거래소라고 불렸다. 프랑크푸르트 증권거래소가 '국내 증권거래소'로 운영되기는 했지만, 실제로는 중요한 기능이 아무것도 없었다. 나치의 경제적 통제가 자유시장의 발전과 주식시장의 거래를 위축시켰다. 대체로 잠재적 자본 자산은 전시경제에만 도움이 되어야 했고, 더 이상 대형 주식이나 채권에 투자될 수 없었다."[132]

나치 정권이 패망한 후에 서독은 정상적으로 주식시장이 운영되는 자유시장으로 복귀하면서 자본주의 경제가 되었고, 동독은 독일이 재통일되는 1990년까지 기능을 갖춘 주식시장이 없는 사회주의 경제로 남았다.

폴란드는 또 다른 교훈적 사례를 제공한다. 1817년에 설립된 폴란드 최초의 상업거래소는 1840년에 기업 주식을 거래하기 시작하여 1915년까지 운영되다가 제1차 세계대전으로 폴란드 경제가 붕괴함에 따라 폐쇄되었다. 1919년에 운영을 재개한 주식시장은 나치-소련 연합군의 침공으로 폴란드가 독일과 소련의 지배를 받게 된 1939년까지 폴란드 경제를 자본주의 경제로 재정립했다. 1945년 나치의 패망으로 나라 전체가 소련의 지배를 받게 되면서, 여전히 주식시장이 없었던 폴란드는 1991년에 사회주의 경제 체제가 붕괴하고 자유시장 경제 체제가 복구될 때까지 사회주의적 빈곤과 기능장애의 늪에 빠져들었다. 폴란드의 주식시장은 1991년 4월에 다시 문을 열었다.[133]

세 나라 모두 주식시장의 존재는 경제가 전자본주의, 자본주의 그리고 사회주의 형태의 경제 조직 사이에서 전환되는 것을 보여주는 신뢰할 만한 지표였다. 주식시장의 부재가 빈곤, 전쟁 그리고 자본 자원의 대량 파괴와 맞물린 것은 우연의 일치가 아니다.

오늘날 정치인, 특히 미국과 제3세계 국가 정치인들이 성공적인 사회주의 정권의 사례로 스칸디나비아 국가들을 내세우는 말을 흔히 들을 수 있다. 그러나 모든 스칸디나비아 국가의 주식시장은 한 세기 이상 중단 없이 개방적으로 운영되었다. 덴마크는 1808년부터, 스웨덴은 1863년부터, 노르웨이는 1881년부터, 그리고 핀란드는 1912년부터 주식시장이 운영되어 왔다.[134] 스칸디나비아 국가의 주식시장이 정부에 인수된 적이 단 한 번도 없다는 사실은 이들 국가의 경제에서 자본의 배분과 소유가 항상 중앙정부 기관의 강압적 명령이 아니라 자유롭게 사람들의 행동과 선호에 따라 결정되었음을 의미한다. 이 주제에 대한 감상적이고 일관성 없는 대중적 논의와는 대조적으로 미제스는 사회주의 경제 체제가 어떤 것인지를 결정하는 명확한 기준을 제시한다.

자본주의는 관리자가 아니고 기업가다

자본주의는 관리자가 아니라 기업가 시스템이라는 미제스의 설명은 경제 시스템에서 생산수단의 사적 소유가 중요하다는 것을 말한다. 시장경제를 무시하고 중앙계획으로 대체하려는 모든 시도의 근원에는 이 미묘한 구분에 혼란이 있다. 자본주의 경제에서 노동 분업은 투자 과정에도 적용되어 투자 행위를 자본가, 기업가, 관리자의 세 가지

역할로 구분한다. 투자 과정은 경제적 자원의 소비를 미루고, 나중에 투자하기 위한 저축을 선택하는 자본가에서 시작된다. 저축이 가능하도록 시간 선호도를 낮추는 것이 투자의 첫 번째 단계다. 현대 자본주의 경제에서 투자자는 다양한 생산라인과 사업에 할당하기 위해 금융시장에 자금을 투자할 수 있다. 그리고 스스로 자금을 배분하거나, 아니면 다양한 경제적 용도에 자본을 할당하는 전문 투자자에게 위탁할 수 있다. 이렇게 자본을 배분하는 것이 시장의 기업가적 기능이다. 자금이 여러 사업에 할당된 뒤에 최종 상품과 서비스 생산을 위해 자금을 사용하는 것은 사업 관리자의 역할이다. 소유, 배분, 관리의 분리를 통해서 자본주의 시스템은 사회 전반에서 자신의 직업을 전문화하고 자본의 배분이나 관리에 신경 쓰지 않는 저축자들로부터 대규모의 자본을 유치할 수 있다.

자본재의 자유시장은 모든 자본 소유자에게 자본을 생산적으로 사용하지 못하면 생산적으로 사용할 수 있는 사람에게 빼앗기게 될 것을 강요한다. 금융시장과 수많은 금융상품의 기능은 저축에 대한 위험을 감수할 의향이 있는 자본가로부터 최고의 생산성을 달성하기 위해 자본을 할당하는 방법을 판단하는 기업가에게 부를 전달하는 것이다. 그러면 기업가는 자본과 노동을 생산적인 작업에 투입하는 데 전문화된 관리자에게 투자를 위임한다.

관리자의 중요한 기능은 설령 특정한 맥락에 두 가지 역할이 한 사람에게 중복되더라도 자본을 제공하는 자본가나 자본을 배분하는 기업가로 구별된다. 기업가는 자본시장에 경제적 계산을 도입하여 가장 생산적인 자본의 배치를 선택한다. 관리자는 배치된 자본재에 대한 경제적 계산을 수행하여 기업가가 선택한 생산라인에서 자본재를 가장 잘 활용하는 방법을 결정한다.

시장경제에서 기업가의 기능은 다양한 생산 라인과 산업에 자본을 할당하는 것이다. 기업가는 어떤 제품을 생산할 것인지, 어떤 생산라인을 도입하고 확대, 축소, 또는 폐쇄할 것인지를 결정한다. 이러한 토대가 마련되고 나면, 기업가가 관리자에게 생산 과정의 일상적 운영을 감독하도록 위임한다. 관리자는 생산 과정의 자본 투입을 책임지지 않고, 단지 투입된 자본을 관리할 뿐이다. 미제스가 말했듯이, "기업가정신entrepreneurship과 관리management를 혼동하는 사람은 경제 문제에 눈을 감는 것이다. … 자본주의 시스템은 관리자가 아니라 기업가 시스템이다."[135] 기업가정신에 관여한 적이 없는 학자들은 이러한 구분이 명확하지 않아서 자본의 사적 소유를 축소하더라도 생산 과정에 영향을 미치지 않는다고 믿게 된다. 그들의 모델에서는 노동자와 관리자가 전체 생산 과정을 유능하게 다룰 수 있다. 자본가는 아무것도 기여하지 않고, 기업가는 중요하지 않은 세부사항에 불과하다.

그러나 현실 세계에서는 기업가가 자본의 할당을 통해서 관리와 노동의 행동을 결정하고 지시한다. 자신이 원하는 대로 사용할 수 있는 사람이 관련된 자본재를 소유하지 않는 한, 행동의 비용과 이익을 정확하게 계산할 수 없다. 가용한 모든 옵션이 있는 소유자는 사회에 가장 도움이 되고, 자신에게도 가장 큰 이익을 창출할 수 있는 옵션을 선택할 수 있다. 자본재에 대한 이익의 수확과 손실의 고통을 수반하는 소유권과 완전한 통제 없이는 합리적으로 이익과 손실을 계산할 방법이 없다.

이익과 손실

기업가는 생산 과정에 수익성이 있다고 추측하고 생산요소(노동, 자본, 토지)를 적용한다. 그들은 초기 비용과 위험을 감수하고 수익과 보상을 얻는다. 기업가들이 화폐를 교환 매체로 사용한다는 것은 시장경제에서 화폐가 모든 거래의 절반을 차지함을 의미한다. 따라서 화폐는 이익과 손실을 계산하는 기업가가 모든 비용과 수입을 동일한 교환 매체로 표시하는 도구 역할을 할 수 있다. 사업의 수입이 지출을 초과하는 것을 계산한 기업가는 자신이 이익을 얻고 있음을 깨닫는다. 이러한 이익은 기업가의 총수입에 대해 시장이 평가하는 가치가 생산 과정에 할당한 총지출의 가치를 초과한다는 것을 의미한다. 생산 과정의 산출물에 대해 시장의 참여자들이 주관적으로 평가하는 가치가 투입물의 가치보다 큰 것이다. 기업가는 이익을 냄으로써 사회에 봉사한다. 그들은 노동, 토지, 자본, 원자재를 사회에서 더 가치 있게 여겨지는 완제품으로 생산적 전환을 통해 이익을 보상받고 더 많은 기업가적 배분에 참여할 수 있게 된다.

수입이 지출보다 적은 기업가는 투입물의 시장가격이 산출물의 가격을 초과하기 때문에 손실을 입는다. 그런 기업가는 희소하고 소중한 자원을 가치가 덜한 최종 제품으로 전환하여 주변 사회를 가난하게 만든다. 그로 인해 가용한 자본이 줄어들 뿐만 아니라, 생산방식을 바꾸거나 다른 사업 분야로 전환하거나 기업가로서의 활동 중단을 고려해야 하는 손실을 입는다. 자본주의 게임의 점수표는 기업가 자신의 부와 번영이다. 이런 개인적이고 결과론적인 참여 없이는 자본을 이용하는 최선의 용도에 대한 합리적 계산이 있을 수 없고, 가장 유능한 사람들이 지속적으로 자본을 관리하도록 보장하는 시장의 프로세스도 존재할 수 없다. 사유재산, 이익, 손실 없이도 시장의 생산이 복제될 수 있다고 생각하는 경제학자는 비행기를 처음 접하고 나서 나무 막대기로 비행기 모양을 복제하여 작동하게 만들 수 있으리라고 상상하는 원시 부족처럼 화물숭배과학 cargo cult science에 빠져 있는 것이다.

이 책 앞부분에서 희소성에 관한 논의는 경제적 계산이 사유재산권의 맥락에서만 가능한 이유를 이해하는 데 필수적이다. 자원을 할당하는 사람은 희소한 자원에 대한 다양한 상충관계를 포함하는 실질적 선택을 하지 않는 한, 관련 비용을 정확하게 고려할 수 없을 것이다. 자본주의는 참여자가 항상 높은 위험을 감수함으로써 작동한다. "투기 speculation와 투자 investment는 장난으로 할 수 없다. 투기꾼과 투자자는 자신의 부와 운명을 드러낸다. 따라서 그들은 자본주의 경제의 궁극적 상전인 소비자에게 책임을 지게 한다. 누군가가 그들의 책임을 덜어준다면, 그들의 성격 자체를 박탈하는 것이다."[136] 이것이 경제적 계산의 과정이고, 기업가의 핵심적 역할이다. 미제스의 가장 오래 지속되고 중요한 기여 중 하나는 자본주의 경제에서 계산 과정의 중심 역할을 설명한 것이다.

경제적 계산의 문제

사회주의 경제 체제의 엄청난 실패를 논의할 때, 일반인 대부분과 현대 경제학자들은 실패의 원인을 인센티브의 문제로 돌릴 것이다. 재산권이 축소되고 중앙의 기획자가 급여를 결정하는 시스템에서는 좋은 직장에서 일할 인센티브가 거의 없다. 가장 불쾌하고 힘든 일을 떠맡을 인센티브도 없다. 생활 수준이 동일하다면 쓰레기 청소부가 되기를 원하거나, 외과 의사가 되기 위해 수십 년 동안 훈련받기를 원하는 사람이 있을까? 정부가 모든 사람에게 괜찮은 삶을 보장한다면 애당초 일을 할 이유가 있을까? 인센티브의 문제는 실제로 사회주의 경제 체제의 문제이기는 하지만, 사회주의의 근본적인 경제 문제는 아니다.

대부분의 사회주의 정권은 폭력을 통해서 인센티브 문제의 만족스러운 해결책을 찾아냈다. 쓰레기 치우기나 엄격한 명령을 따르기를 거부하는 사람은 죽임을 당하거나 노동수용소로 보내졌다. 죽음을 피하려는 인센티브는 아마도 부자가 되려는 인센티브보다 더 절박하고 확실한 동기가 될 것이다. 사회주의 경제의 붕괴에 대한 설명은 무단결근이 문제가 아니었다는 것을 보여준다. 수용소의 수감자들은 작업장에 나타날 수밖에 없었고, 일반적인 근로자들은 수용소로 보내질 것이 두려워서 직장으로 출근했다. 그렇지만 사회주의 정권은 여전히 실패했다.

미제스는 더 나아가, 설사 사회주의자들이 전혀 사심 없이 대의에 헌신하는 전설적인 새로운 사회주의자new socialist man로만 구성된 사회 건설에 성공했다고 하더라도, 사회주의는 여전히 실패할 것이라고 주장한다. 로스바드가 설명한 대로, "기획자들은 이들에게 정확히 무슨 일을 하라고 말해야 할까? 그들의 열성적인 노예들에게 어떤 제품을 생산하라고 명령해야 하는지, 각 단계에서 얼마나 많은 제품을 생산해야 하고, 어떤 기술이나 원자재를 얼마나 사용해야 하는지, 이 모든 생산을 구체적으로 어디에 위치시켜야 하는지를 어떻게 알 수 있을까? 생산에 필요한 비용이 얼마나 되는지, 특정한 생산 과정이 효율적인지 아닌지를 어떻게 알 수 있을까?"[137]

미제스는 대부분의 경제학자가 전 세계적으로 인기를 얻은 새로운 아이디어에 사로잡혔던 1922년에 자본재와 관련된 사유재산권을 고려하지 않고는 자본재를 할당하기 위한 계산을 수행할 수 없다는 것이 사회주의 경제 시스템의 아킬레스건이라고 올바르게 지적했다. 재산, 가격 그리고 기업가와 소비자가 계산을 수행할 수 있는 시장이 없다면 자원을 할당하는 방식을 확인할 합리적인 수단이 없다. 로스바드를 인용하면 다음과 같다.

"미제스는 크루소나 원시 가족의 수준보다 더 복잡한 모든 경제에서 사회주의 계획위원회가 무엇을 해야 하는지, 또는 중요한 질문에 어떻게 답해야 하는지를 전혀 알지 못하리라는 것을 보여주었다. 미제스는 계산이라는 중요한 개념을 개발하면서 사회주의에는 기업가가 계산하고 평가하는 데 사용하는 필수 도구인 생산수단의 시장이 존재하지 않기 때문에 계획위원회가 중요한 질문에 답할 수 없다고 지적했다. 생산수단의 시장은 생산수단을 사적으로 소유한 사람들이 순수하게 이윤을 추구하는 교환에 기반하여 화폐가격이 형성되는 시장이다. 사회주의의 본질이 생산수단의 집단적 소유이기 때문에 계획위원회는 계획을 세우거나, 그 어떤 종류의 합리적 결정도 내릴 수 없다. 위원회의 결정이 완전히 자의적이고 혼란스러울 수밖에 없으므로 사회주의 계획경제의 존재는 말 그대로 '불가능'하다.

...

미제스는 사회주의 경제가 '무정부적 생산방식의 경제 대신에 터무니없는 장치의 무의미한 산출물에 의존해야 할 것'이라고 결론 내렸다.

'바퀴는 돌아가지만 아무런 효과가 없을 것이다.'"[138]

주어진 강철의 재고를 자동차와 기차 중 어느 쪽에 사용하는 것이 좋을지를 계획자들이 어떻게 알 수 있을까? 자동차나 기차를 거래하는 시장이 없다면 정부가 시민에게 자동차와 기차를 할당하고, 계획자들은 두 가지 교통수단에 대해 시민이 평가하는 상대적 가치를 확인할 방법이 없다. 그렇다면 중앙계획자가 어떤 근거로 할당을 결정할까? 시장 시스템에서는 소비자가 두 가지 교통수단에 대한 선호도에 기초하여 자동차나 기차표를 구매하고, 자동차와 기차를 생산하는 민간 생산자는 자본재에 입찰할 수 있는 돈을 받는다. 최고가 입찰자는 자원을 가장 생산적으로 사용할 수 있는 자본가가 되고, 강철은 가장 필요한 곳으로 가게 된다.

여러 사회주의 경제학자(모순어법을 양해한다면)는 미제스의 비판을 수용하고, 문제를 해결할 수 있다고 생각되는 방식으로 경제 시스템을 재구성했다. 그들은 자본가의 자본을 몰수하면 모든 사람의 수요를 충족하기에 충분할 정도로 무한히 많은 재화를 생산할 수 있다는 어리석은 믿음에서 벗어나려 했다. 또한 화폐나 가격 없이 운영되는 경제 또는 노동가치설에 따라 가격이 표현되는 경제의 황당한 아이디어에서도 벗어나려 했다. 오스카르 랑게 Oscar Lange, 아바 러너 Abba Lerner, 프레드 테일러 Fred Taylor 같은 사회주의자는 사회주의 중앙계획위원회가 상품가격을 할당하고 소비자의 반응을 관찰하는 시행착오를 통해 자본주의자와 같은 방식으로 적정한 가격을 찾아내도록 관리자들에게 지시할 것이라고 주장했다. 그들은 잉여에 대응하여 가격을 낮추고, 부족에 대응하여 가격을 올릴 것이다. 이렇게 겉보기에는 영리한 수법으로 사회주의 중앙계획자는 시장경제에서 유일하게 중요하다고 여겨지는 부분을 구현하고 사회주의 계획경제의 운영을 보장할 수 있을 것이다.

폴란드의 사회주의 경제학자이며 이오시프 스탈린의 친구였던 랑게는 무모한 계획으로 폴란드 경제를 파괴하는 데 앞장섰다. 미제스의 비판을 내면화하고 거기에 사회주의를 적응시켰다고 믿었던 그는 사회주의 낙원이 미제스에게 감사해야 할 마음의 빚까지 언급했다. 자신들의 유치한 모델에서 무시되었던 시장경제의 가장 중요한 측면에 주의를 기울이도록 해 준 유일한 사람이 미제스라는 것이었다.

> "사회주의자들은 악마의 변호인advocatus diaboli으로 그들의 대의를 비판한 위대한 미제스 교수에게 감사할 충분한 이유가 있다. 사회주의자들이 적절한 경제회계 시스템의 중요성을 인식하도록 강요한 것이 그의 강력한 도전이었기 때문이다. … 사회주의자들이 이 문제에 체계적으로 접근하게 된 공로는 전적으로 미제스 교수에게 있다."[139]

사회주의와 현실의 괴리가 너무 심한 나머지 랑게는 성공적인 사회주의 국가의 중앙계획위원회에 미제스의 동상을 세우자고 제안하기까지 했다! 그러나 유감스럽게도 사회주의자들은 미제스의 교훈을 제대로 배우지 못했다. 제대로 배웠다면 사회주의의 성공이 임박했음을 그토록 희극적으로 확신하지 못했을 것이다. 사회주의의 중앙계획자는 기업가가 아니었다. 그들은 관리하는 재화의 소유권이 없었고, 다양한 생산 라인과 관련된 이익과 손실을 계산할 수 없었다. 설사 소비자 시장이 존재하더라도 자본재의 소유권은 정부에게 있었다. 그것이 사회주의의 정의이기 때문이다. 따라서 순전히 최종 상품시장에 기반한 합리적인 경제적 계산이 이루어질 수 없다. 자본의 가장 생산적인 용도가 나타나려면 자본가들의 경쟁적 입찰을 통해 성공한 자본가와 기업가가 실패한 사람들보다 더 많은 자본으로 보상을 받고, 성공하지 못한 사람들은 더 적은 자본으로 처벌받아야 한다. 하나의 주체가 모든 자본을 소유하고 이익과 손실에 대한 계산이라는 지침 없이 배정한다면 자본이 합리적으로 할당될 수 없다. 미제스는 다음과 같이 결론짓는다.

"그러나 사회주의 시스템의 특징적인 표지는 생산자의 재화가 단 하나의 기관에게 통제를 받으며, 사고팔리지도 않으며, 가격도 없다는 사실이다. 따라서 산술적 방법으로 투입과 산출을 비교하는 문제가 있을 수 없다."[140]

사회주의자들은 미제스가 지적한 치명적 결함을 해소하기 위해 사회주의 시스템에 다양한 수정을 시도했다. 그러한 선택 중 하나는 소비자 설문조사를 통해 소비자가 무엇을 원하는지 파악하여 계획자의 결정을 위한 정보를 제공하는 방법이었다. 그러나 추상적인 설문조사 질문은 결코 현실 세계의 가격과 희소성에 기초한 시장의 결정을 대체할 수 없다. 가장 갖고 싶은 자동차가 무엇인지 물었을 때 사람들은 페라리, 람보르기니 등 가장 비싼 자동차 제조업체에서 생산한 모델이라고 대답할 가능성이 크다. 그러나 현실 세계에서 대다수 사람은 도요타, 혼다, 기아 등 자신의 수요와 제한된 예산에 맞는 저렴한 선택으로 만족한다. 기회비용의 개념이 없으면 수요에 한계가 없고 절충점이 존재하지 않는다.

관리자들이 통제하는 자본을 자신의 소유처럼 다루게 하고 소비자들이 설문조사를 통해서 선호도를 표현하게 함으로써 시장의 배분이 이루어질 수 있다는 개념은 너무나 터무니없어서 시장경제가 무엇이고, 어떻게 기능하는지에 대해 전혀 이해하지 못한다는 사실을 알려주는 역할을 할 뿐이다. 경제적 결정은 오직 희소성의 맥락에서만 이루어지고, 각각의 결정은 의사결정자가 현실 세계에서 경험하게 될 실질 비용과 이익을 수반한다. 재산, 기회비용 그리고 현실적 결과가 없는 사회주의의 가짜 시장은 진짜 시장과 전혀 닮지 않았다. 미제스는 다음과 같이 설명한다.

"이들 신사회주의자의 제안은 정말로 역설적이다. 그들은 생산수단, 시장의 거래, 시장가격 그리고 경쟁에 대한 민간의 통제를 폐지하기를 원한다. 하지만 그와 동시에, 사람들이 아무것도 변하지 않는 것처럼 행동할 수 있는 방식으로 사회주의 이상향을 건설하기를 원한다. 그들은 아이들이 전쟁, 기차, 학교 놀이를 하는 것처럼 사람들이 시장 놀이 하기를 원한다. 그런 유치한 놀이가 모방하려는 현실 세계와 어떻게 다른지 이해하지 못한다."[141]

현대 경제학과 계산

중앙계획자들이 사유재산을 고려하지 않고 경제적 계산을 수행할 수 있다는 생각은 시장경제의 역동적이고 끊임없이 변화하는 본질을 이해할 때도 타당성을 잃는다. 생산을 위한 자원과 자본의 배분은 경제가 자동으로 조종되어 실행될 수 있도록 중앙계획자들이 한 번만 올바르게 결정하면 되는 일회성 결정이 아니다. 역동적이고 변화무쌍한 세계에서 기업가는 새로운 제품을 만들어 내는 방법을, 소비자는 새로운 제품에 대한 선호도를 지속적으로 발견한다. 세상은 끊임없이 변화하고 항상 불확실성이 존재한다. 자본주의 기업가는 변화를 정확하게 예측하는 능력으로 자신의 재산을 투자한다는 점에서 경제 시스템의 가장 중요한 행위자다. 그는 변화에 영향을 미치고 경제 현실을 창조하는 힘이다. 현대 경제학의 일반균형general equilibrium 모델은 경제 현실을 형성하고 창조하는 기업가의 역할을 수용할 수 없기 때문에 본질적으로 무가치하다. 어떻게 생겨났는지를 무시하고, 있는 그대로의 경제 현실을 받아들이는 모델은 필연적으로 경제 현실이 변화하는 과정을 위한 여지를 허용하지 않는다.

현대의 주류 경제학자들은 놀랍게도 사회주의에 대한 미제스의 비판을 완전히 무시하고, 경제학을 위해 챙겨두기보다는 소설 진열대에 더 적합한 문학 장르인 왈라스Walrasian 일반균형 모델의 영역에서 계속 활동할 수 있었다. 이러한 경제소설의 틀에서는 취향과 가치의 척도로부터 기술과 가용한 자원에 이르기까지 경제 데이터가 시장의 모든 참여자에게 알려져 있고, 생산자 사이에 완전한 경쟁 상태가 존재하며, 모든 관리자가 가격을 알고 있다. 미제스적 의미의 기업가는 없고 관리자만이 존재하며, 자본의 배분은 주어진 것으로 여겨진다. 사회주의와 케인스주의 경제학자들은 이처럼 정적이고 완전히 비현실적인 세계에서 중앙계획 경제가 효과가 있다는 것을 발견한다. 경제학자들은 어찌 된 일인지 경제학에 대한 이러한 접근방식을 엄중하게 고발하기보다는 전혀 터무니없는 모델에서 사회주의에 대한 구원을 발견한다.

분석이 가능하도록 실제 세계를 추상화한 일반균형은 순전히 이론적인 정신적 구성물이다. 물론 일반균형 이론 모델에서는 중앙계획자의 계산이 작동할 수 있다. 그렇게 되도록 만들어진 모델이기 때문이다. 그러나 이론과 현실 세계는 매우 다르기 때문에 모델의 계산이 현실에서도 가능할 수는 없다. 현실 세계와 무관하고 지나치게 단순화된 모델을 현실에 투영하려는 경제학자는 지도를 돌아다니는 항해사처럼, 지도 자체를 돌아다니는 데 걸리는 시간과 동일한 시간에 지도에 표시된 실제 영역을 돌아다닐 수 있다고 결론을 내린다.

왈라스 일반균형을 둘러싼 맹목적 숭배의 어리석음을 이해해야만 서구 경제학자들이 소련의 경제를 찬양하는 우습고도 수치스러운 행태를 이해할 수 있다. 폴 새뮤얼슨Paul Samuelson이 쓴 20세기에 가장 인기 있는 경제학 교과서는 전 세계 수백만 명을 잘못 가르치는 데 사용되면서 사회주의와 케인스주의가 뒤섞인 혼란스러운 잡탕을 믿게 했다.

이에 대한 놀라운 세부 사항은 데이비드 레비David Levy와 샌드라 피어트Sandra Peart의 논문 〈소련의 성장과 미국의 교과서〉에서 찾을 수 있다.[142] 새뮤얼슨 교과서의 여러 버전을 연구한 레비와 피어트는 새뮤얼슨이 소련의 경제 모델이 경제성장에 더 유리하다고 반복적으로 주장했고, 1961년에 출간된 4판에서는 소련의 경제가 1984년과 1997년 사이에 미국을 추월할 것이라고 예측했다는 사실을 발견했다. 소련이 미국을 추월할 것이라는 예측은 1980년 11판까지 일곱 차례의 개정판에서 추월이 일어날 시점에 대한 다양한 추정치를 제시하면서 점점 강해지고 계속되었다.

소련이 흐트러지기 시작한 1989년에 출간되어 대학생들의 책상에 자리 잡게 된 13판에서 새뮤얼슨과 공저자인 윌리엄 노드하우스William Nordhaus는 이렇게 말했다. "소련의 경제는 많은 회의론자가 이전에 믿었던 것과는 달리, 사회주의적 통제경제가 기능을 발휘하고 심지어 번창할 수 있다는 증거다."[143] 이러한 주장이 한 가지 교과서에만 국한된 것은 아니었다. 레비와 피어트는 아마도 두 번째로 인기 있는 경제학 교과서인 맥코넬McConnell의 《경제학Economics: Principles, Policies and Problems》과 기타 다수의 교과서에서 이러한 통찰이 공통적으로 나타난다는 것을 보여주었다.[144] 전후 시대에 미국의 교과 과정에 따라 경제학을 배운 모든 대학생(사실상 전 세계 학생의 대부분)은 소련의 모델이 경제활동을 조직하는 보다 효율적인 방법이라고 배웠다. 심지어 소련의 붕괴와 완전한 실패 이후에도 같은 교과서가 같은 대학에서 사용되었다. 이들 교과서의 개정판은 소련의 성공에 대한 거창한 선언만 제거했을 뿐, 나머지 경제적 세계관과 방법론적 도구에 대해서는 의문을 제기하지 않았다.[145]

기업가적 투자의 효과

기업가적 시장경제에서 경제적 계산은 여러 가지 중요한 결과를 낳는다. 가장 명백하고 주목할 만한 결과는 경제적 계산이 자본 투자의 생산성을 높인다는 것이다. 기업가정신은 자본을 할당하고 사용하는 과정에 전문화와 노동 분업의 이점을 제공한다. 자본주의의 기업가적·관리적 기능을 다른 사람에게 위임함으로써 저축하는 사람들이 자본가가 될 수 있도록 하여 더 많은 저축과 투자를 장려하고 이자율을 낮춘다. 저축과 투자가 늘어나면 더 오랫동안 자본을 사용할 수 있게 되어 생산 과정이 연장되는 결과로 이어진다. 늘어난 자본은 발명과 혁신을 촉진하여 모든 시장 참여자에게 제공되는 상품과 서비스의 범위를 확대한다. 기업가적 투자에 대한 경제적 계산은 가장 생산적인 사람에게 보상하고, 가장 생산적이지 못한 사람을 처벌함으로써 투자의 생산성을 높이게 된다.

시장 질서 안에서 확대되는 자본주의적 기업가정신의 혜택은 기업가와 투자자에게만 국한되지 않는다. 자본주의적 기업가정신은 더 많은 자본과 효율적인 자본 배분으로 노동생산성을 높임으로써 지속적인 실질임금 상승으로 이어진다. 임금은 실질적으로는 상승하겠지만, 장기적으로 봤을 때 명목상으로는 감소할 것이다. 모든 상품의 생산량이 증가하면 시장이 생산하기 어려운 재화로 선택한 화폐에 비해 명목가격은 하락할 것이기 때문이다.

기업가와 자본가가 기업가정신을 통해서 얻는 이익은 일시적인 것이 보통이다. 생산요소의 가격을 끌어올릴 수 있는 다른 기업가들과 경쟁하기 때문이다. 6장에서 논의한 바와 같이 자본축적에는 높은 비용이 따르기 때문에, 자본가가 반드시 자본축적의 혜택을 보는 것은 아니다. 손실의 위험이 항상 존재한다. 그리고 이익이 나더라도 시장이 빠르게 잠식하기 시작할 것이다. 더 큰 이익은 필연적으로 증가하는 생산성에 따라 임금과 임대료가 지속적으로 상승함으로써 노동자와 토지 소유자에게 돌아갈 것이다. 노동보다 훨씬 더 큰 불확실성을 수반하는 기업가정신은 단순히 재미있는 게임이 아니다. 따라서 많은 사람이 기업가정신보다 노동을 선호하는 것은 충분히 이해할 수 있다. 고도로 생산적인 노동 분업이 이루어지는 대규모 시장에서는 노동의 보상이 매우 크고 수반하는 위험은 훨씬 작다.

단순한 경제적 이익을 넘어서 자본주의의 사회적 함의는 자본주의

가 평화로운 사회적 공존에 도움이 되는 행동을 장려한다는 것이다. 문명화된 방식으로 행동할 수 있는 사람은 더 많은 사람과 높은 수준의 전문화를 포함하는 경제 네트워크에 진입할 수 있다.

PRINCIPLES
OF
ECONOMICS

4부

화폐 경제학

13장

Time Preference

시간 선호

"원래의 개인적 선호도나 인구집단에 분포한 선호도가 어떠했든 간에, 저축과 더불어 자본이나 내구성 소비재의 형성을 허용할 만큼 선호도가 낮아지면 시간 선호의 하락 추세가 시작되고 '문명의 과정process of civilization'이 동반된다."[146]

- 한스헤르만 호페

10장에서 개념적으로 화폐를 논의했다면, 13장과 14~15장에서는 11장과 12장에서 논의한 것처럼 자본주의 시장경제 질서 안에서 화폐의 역할을 자세히 살펴볼 것이다. 13장은 시간 선호^{time preference}와 시장의 이자율 결정에 대한 시간 선호도의 역할에 대한 논의로 시작한다. 14장에서는 금융이라는 주제를 소개하고, 15장은 화폐시장의 왜곡이 경기순환에 어떤 영향을 미치는지를 설명한다. 이는 경제학에서 매우 중요한 주제다. 화폐와 자본시장이 파괴된 결과가 아니고는 지난 세기에 전 세계를 덮친 경제적 재앙을 이해할 수 없기 때문이다. 국가가 후원하는 표준 경제학 교과서는 경제위기를 시장에서 이루어지는 정상적이고 불가피하며 설명할 수 없는 과정으로 간주한다. 이러한 관점에서는 경기순환이 날씨나 자연재해와 마찬가지로 멈출 수 없는 자연현상이며, 정부의 현명한 재정 및 통화정책을 통해 관리되고 완화되어야 한다. 이와 마찬가지로 마르크스주의 경제학자들은 경제의 붕괴가 자본주의 경제 체제의 필연적인 결과이며, 자본주의에 대항하는 노동자의 필연적 반란의 전조라고 생각한다.

    그러나 화폐의 문제에 경제적 사고방식과 분석 도구를 적용하면 위기가 왜 어떻게 발생하는지, 어떻게 위기를 피할 수 있는지, 그리고 국가가 후원하는 경제학 교과서의 문제점을 설명할 수 있다. 아마도 오스트리아학파 방식의 함의가 이보다 더 중요한 경제 분석 분야는 없을 것이다. 오스트리아학파가 주류 학계에서 그렇게 비난받고 배제되는 이유는 그들의 아이디어가 터무니없이 틀려서가 아니다. 자유시장에서 화폐가 출현하는 현상과 화폐라는 엄청난 기술을 정부의 독점적 통제에 종속시킴에 따르는 파괴적 결과에 대해 일관성 있는 설명을 제시하기 때문이다. 화폐는 국가 없이도 존재할 수 있고, 현대 경제학 교과서가 전지전능한 중앙의 통화 계획자들에게 부여하는 터무니없는 준종교적 믿음에 의존하지 않고도 화폐라는 주제를 연구할 수 있다. 오스트리아학파가 비난받는 이유는 경제학에 대한 그들의 정확한 이해가 화폐를 통제하는 강력한 중앙정부의 혜택을 받는 모든 사람에게 위협이 되기 때문이다.

오스트리아학파 경제학자들은 그들의 역사 대부분의 기간을 정부의 후원을 받는 경제학자들이 제시한 용어로 이론을 설명해야 했다. 이 책은 오스트리아학파의 관점으로 화폐 문제에 접근하고 제1원리로부터 사례를 구축한다. 화폐를 시장의 현상으로 설명하려면 시간 선호에 대한 이해부터 설명을 시작해야 한다.

시간의 희소성은 모든 경제적 선택의 출발점이다. 부족한 시간이 인간에게 삶의 모든 시점에서 여러 대안 중 하나를 선택하도록 강요한다는 것은 모든 결정에 기회비용이 있음을 의미한다. 설사 가용한 자원의 양에 제한이 없더라도, 시간을 어떻게 소비할지에 대한 개인의 선택이 그 시간을 사용할 수 있었던 다른 모든 선택을 배제하는 결과를 낳는다.

시간의 절약은 흘러가기만 할 뿐 멈추거나 되돌릴 수 없는 시간의 특성 때문에 다른 재화의 절약과는 다르다. 태어날 때부터 똑딱이기 시작하는 인간의 생명 시계는 죽을 때까지 계속해서 작동한다. 언제 시계가 멈출지 알 수 없고, 멈춘 다음에는 다시 시작되지도 않는다. 인간은 살아가면서 중단되지 않는 단 한 번의 기회를 얻을 뿐이고, 그것이 언제 끝날지는 결코 알 수 없다.

시간은 인간이 원하는 양을 선택할 수 있는 일반적인 상품이 아니다. 서로 다른 양의 시간 사이에 시장의 선택은 존재하지 않고, 시간을 직접 거래할 수도 없다. 개인이 평가하는 시간의 가치는 주관적이고 가변적이지만, 어느 정도 규칙성도 존재한다. 개인에게는 현재에 더 가까운 시간일수록 더 가치 있게 보인다. 현재는 이미 여기에 있기 때문에 확실하지만, 미래는 결코 오지 않을 수도 있으므로 항상 불확실하다. 현재의 생존을 확보하는 데 성공해야만 미래가 올 수 있으므로 언제나 현재의 수요가 더 시급하고 중요하다. 현재는 모든 감각으로 삶의 즐거움과 고통을 경험하는 시간이다. 미래의 고통과 즐거움은 가상이지만, 현재의 고통과 즐거움은 생생한 현실이다. 지금 느끼는 배고픔이 미래에 예상되는 배고픔보다 훨씬 더 절실하기 때문에 현재의 음식이 미래의 음식보다 더 귀중하다. 현재의 위험이 미래의 위험보다 훨씬 더 절박하기 때문에 오늘의 안전을 보장하는 도구가 미래의 도구보다 더 가치가 있다. 현재의 물리적 재화를 얻는 것과 미래에 동일한 재화를 얻는 것 중에 선택할 수 있다면, 인간은 현재의 재화를 선택한다.

현재 재화의 가치를 더 높게 평가하는 것은 인간 행동의 영구적 고정관념이다. 사람들이 돈을 포함하여 소중히 여기는 재화를 단지 축적만 하기보다 소비하기를 선택하는 것으로 이러한 선호 성향을 확인할 수 있다. 시간 선호도는 미래의 재화보다 현재의 재화가 선호되는 정도다. 인간이 언제나 미래의 재화보다 현재의 재화를 선호하기 때문에 시간 선호는 항상 양성이지만, 선호도의 크기는 사람마다 다르고 같은 사람이라도 살아가면서 변화하는 상황에 따라 달라진다. 높은 시간 선호도는 현재를 위한 미래의 할인이 크고 더 현재 지향적임을 의미한다. 그리고 낮은 시간 선호도는 미래에 대한 할인이 작고 더 미래 지향적임을 의미한다.

수많은 다양한 요인이 개인의 시간 선호도에 영향을 미칠 수 있다. 호페는 외부적·생물학적·사회적 또는 제도적 요인을 구분한다. 외부적 사건은 미래에 대한 사람들의 기대치에 영향을 미쳐서 미래를 우선시하는 정도에 영향을 주게 된다. 삶의 생물학적 현실 역시 개인의 시간 선호를 형성한다. 호페는 다음과 같이 설명한다.

"인간이 어린아이로 태어나 어른이 되고, 삶의 일부 시간 동안 생식할 수 있으며, 늙어서 죽는 것은 당연한 일이다. 이러한 생물학적 사실은 시간 선호 성향에 직접적인 영향을 미친다. 인지 발달에 대한 생물학적 제약 때문에 아이들의 시간 선호도는 매우 높다. 아이들은 오랫동안 연장되는 개인의 기대수명에 대해 명확한 개념이 없고, 간접적 소비 방식으로서의 생산이라는 개념을 충분히 이해하지 못한다. 따라서 미래의 재화에 대한 지연된 만족보다 현재의 재화에 대한 즉각적 만족을 훨씬 선호한다. 저축과 투자 활동이 드물고, 생산하고 준비하는 기간이 가장 가까운 미래를 넘어서 연장되는 경우가 거의 없다. 아이들은 하루하루를 살아가고 하나의 즉각적 만족에서 다음 만족으로 넘어간다.

성인이 되는 과정에서 처음에는 굉장히 높았던 행위자의 시간 선호도가 낮아지는 경향이 있다. 자신의 기대수명과 간접적 소비 방식으로 생산의 잠재력을 인식하면서, 미래 재화의 한계효용이 감소한다. 저축과 투자가 활성화되고 생산과 준비 기간이 연장된다.

마지막으로 나이가 들어 삶의 끝에 가까워지면 다시 시간 선호도가 높아지는 경향이 있다. 미래가 얼마 남지 않았다는 생각에 미래 재화의 한계효용이 감소하기 때문이다. 저축과 투자가 줄고, 소비(자본과 내구성 소비재를 대체하지 않는 것을 포함하여)가 늘어나게 된다. 그러나 이러한 노령 효과old-age effect는 상쇄되고 중단될 수 있다. 생식이라는 생물학적 사실로 인해 행위자가 자신의 생존 기간을 넘어서 준비 기간을 연장할 수도 있다. 이런 경우에는 죽을 때까지 시간 선호도가 성인의 수준으로 유지될 수 있다."[147]

수많은 사회적·제도적 요소가 개인의 시간 선호에 영향을 미친다. 아마도 그중에서 가장 중요한 요소는 미래를 준비하는 매우 효과적인 방법을 제공하는 재산의 안정성일 것이다. 내구성이 있는 재화를 취득하는 행동은 거의 틀림없이 인간의 시간 선호도가 감소하는 과정의 시작이다. 미래에 사용할 수 있는 귀중한 재화를 통제하는 사람은 미래를 둘러싼 불확실성을 줄여서 미래에 대한 할인을 줄이게 될 것이다. 5장에서 논의한 바와 같이, 재산권이 사회에서 널리 인정되면서 점점 더 안전해지는 미래에 대해 사람들이 평가하는 가치가 증가하고, 광범위한 시간 선호도 감소로 이어진다. 재산권의 안정성은 시간 선호에 큰 영향을 미친다. 미래 재화에 대한 통제권이 증가할 것을 확신하는 재산 소유자는 재화를 양호한 상태로 유지하면서 미래를 염두에 두고 행동할 가능성이 크다.

시간 선호와 돈

미래를 위한 준비는 9장 거래의 맥락에서 논의한 수요의 일치 문제로 어려움을 겪는다. 미래는 알 수 없고 불확실하다. 그 누구도 미래에 어떤 재화가 필요할지 알 수 없다. 돈은 거래의 수요의 일치 문제를 해결한 것과 같은 방식으로 미래 준비 문제를 해결한다. 가장 유동성이 큰 재화이자 일반적 교환 매체인 돈을 저축하는 사람은 미래의 원하는 시기에 가용한 가장 가치 있는 재화와 교환할 수 있다. 따라서 돈을 보유하는 이유는 바로 불확실성 때문이다. 미래를 완벽하게 예측할 수 있다면 미래의 재정 흐름이 필요한 시점에 필요한 재화의 공급자에게 직접 전달되도록 할 수 있으므로 돈을 보유할 필요가 전혀 없을 것이다. 그러나 미래를 예측할 수 없는 현실 세계에서는 유동성 덕분에 미래에 원하는 어떤 재화로든 전환할 수 있는 돈이 미래를 준비하기 위한 가장 좋은 도구가 된다.

판매 가능성이 가장 큰 재화로서 돈은 미래에 한계효용이 가장 높은 재화로 값싸게 전환될 수 있다. 인간 사회에서 돈이라는 재화가 개발되면서 돈이 미래로 가치를 이전하는 매우 편리하고 강력한 수단이라는 것을 깨달은 사람들은 시간 선호도를 낮추고, 더 많은 저축과 미래를 위한 준비를 할 수 있게 된다. 돈은 단순히 소비재를 장기간 보유하는 것보다 저축 능력을 극대화한다. 소비재의 미래 효용은 불확실하고 판매 가능성도 돈만큼 크지 않기 때문이다.

사람들이 돈을 사용하여 거래함에 따라 화폐의 기술이 발전하여 현재의 개인 간 거래와 현재나 미래의 자기 자신과의 거래에서 교환 매체의 역할을 수행하는 일이 더욱 효율적이게 된다. 화폐는 사용자의 확산이 서로 간의 경쟁적 선택의 확산으로 이어지는 기술이다. 더 나은 아이디어와 기술이 승리하여 열등한 아이디어와 기술을 몰아낸다. 화폐 기술의 생산성은 10장에서 논의한 대로 교환 매체의 기능을 얼마나 잘 수행하는지, 또는 판매 가능성이 얼마나 큰지와 관련된다.

수요의 증가에 대응하여 많은 양을 생산하기 쉬운 통화 매체는 장기적으로 공급이 크게 증가하고, 매체가 보유하는 경제적 가치가 감소할 가능성이 크다. 반면에 수요 증가에 대응하여 생산량을 늘리기 어려운 통화 매체는 공급이 제한적으로 확대되기 때문에 늘어나는 수요에 맞춰서 가격이 오르고, 가치를 더 잘 보존하게 된다. 경화로 부를 저장하는 사람들은 부를 보존하고 가치를 유지하는 반면에, 쉬운 돈으로 저장하는 사람들의 부는 소멸한다. 그들은 너무 늦기 전에 이러한 교훈을 깨닫고 경화로 부를 이전할 수도 있고, 그렇지 않을 수도 있다. 두 경우 모두 최종 결과는 동일하며, 대부분의 부가 경화로 축적된다.

이러한 과정은 전 세계적으로 조개껍질, 유리구슬, 철, 구리를 비롯한 원시적 화폐가 금과 은에 밀려서 화폐의 역할을 상실한 현상을 설명한다. 또한 은이 19세기에 화폐의 지위를 잃고, 19세기 말에 세계 통화 시장의 확실한 승자가 된 금에 비해 가치가 급격히 하락한 이유도 설명한다. 지구의 대부분이 연간 공급 증가율이 가장 낮은 한 가지 상품으로 수렴하여 미래를 위한 안전한 저축이 보편화됨에 따라, 전 세계 사람들이 미래를 위해 저축하고 시간 선호도를 낮출 수 있게 되었다. 이로 인해 자본 투자를 위한 충분한 저축이 가능해지면서 노동생산성이 향상되었으며, 기술 혁신에 대한 투자가 장려되어 번영이 확대되었다.

인류가 생산이 더 어려운 화폐 매체를 사용하는 쪽으로 발전함에 따라, 우리의 미래를 준비하는 능력이 늘어난다. 미래의 우리 자신과 거래하는 효율성이 증가하고, 미래의 불확실성이 감소한다. 저축 매체로써 화폐의 안전성 덕분에 수많은 사람이 전 세계로 쉽게 운반할 수 있는 부를 지니고, 전쟁과 재난의 참화에서 벗어날 수 있었다. 미래의 불확실성이 줄어들고, 미래로 이전할 수 있을 것으로 기대되는 부가 늘어나면서 미래에 대한 평가절하가 감소하고 시간 선호도가 하락한다. 모든 사회와 시대에 사람들이 이용할 수 있는 화폐 기술의 경도는 좋든 나쁘든 시간 선호도와 불가분의 관계에 있다.

시간 선호와 저축

경제적 재화는 소비하거나, 미래의 소비를 위해 보유하거나, 더 많은 경제적 재화를 생산하기 위해 투자하는 세 가지 방법으로 사용할 수 있다. 미래의 가치를 보존하도록 최적화된 경제재인 화폐도 마찬가지다. 화폐는 항상 소비재와 교환하거나, 현금 잔액으로 저축하거나, 자본재와 교환하는 세 가지 중 하나의 방법으로 사용된다. 자본재와의 교환은 현금 잔액을 보유하는 것보다 더 높은 수익을 창출하리라는 기대에 따라 다른 재화의 생산 과정에 투자하는 것을 의미한다.

저축과 투자라는 용어를 때때로 바꿔 쓰는 현대 경제학에서는 이 둘의 중요한 구분이 상당 부분 사라졌다. 이는 케인스주의의 틀에서 가르치는 터무니없는 방식으로 저축과 투자의 개념을 배우는 불행을 겪은 수많은 학생에게 힘입은 바가 작지 않다. 케인스주의자들에게 저축과 투자는 기회비용의 개념과는 완전히 별개로 정부의 정책이 좌우하는 지렛대levers다. 중앙계획 관료들은 주로 자신의 급여를 정당화하므로 좋아하지만 현실은 전혀 다르다.

저축과 투자의 차이점은 각 범주의 판매 가능성과 위험에 있다. 저축은 구체적으로 계좌에 돈을 쌓아두는 것을 말한다. 현금을 보유하는 근거는 미래의 불확실한 위험에 대비하는 것이다. 모든 것이 확실하고 완벽하게 예측 가능한 세계에 사는 사람이라면 현금을 보유할 이유가 없다. 미래의 모든 소득과 지출의 흐름을 완벽한 타이밍으로 예측할 수 있다면 모든 재산을 수익을 얻는 투자의 형태로 보유하고, 소비가 필요할 때만 청산할 수 있다. 그러나 삶은 불확실하고 언제 소비가 필요할지를 결코 알 수 없기 때문에, 설사 아무런 수익을 얻지 못하더라도 높은 판매 가능성을 활용하기 위해 인간은 일정량의 현금을 보유하기를 선호한다. 수익을 안겨줄 수 있는 투자는 판매 가능성이 작고, 청산하기 어렵고, 손실의 위험을 수반한다.

소비를 위해 투자를 청산해야 할 때 원하는 시점에 원하는 가격을 기꺼이 지불할 사람을 찾지 못할 위험도 있다. 게다가 시스템적 위기가 닥쳐서 모든 사람이 현금을 확보하기 위해 투자를 청산하려 할 때는 시장가격의 하락이 투자자의 예상보다 클 것이다. 그에 반해서 돈의 가치는 사람들이 지출을 줄이고 현금을 확보하기 위해 투자를 청산하는 위기 상황에서 상승한다.

개인이든 기업이든 현금을 보유하면 예기치 못한 부정적 경제 충격으로부터 자신을 보호하고 긍정적인 경제적 기회를 이용할 수 있다. 현금을 보유한 사람은 사고를 당하여 치료가 필요할 때 투자를 청산하기보다 현금을 사용할 수 있다. 좋은 사업 기회가 있으면 재빨리 투자할 수도 있지만, 다른 투자에 돈이 묶여 있다면 그렇게 할 수 없을 것이다. 항상 저축을 유지하라는 할머니의 지혜는 전 세계 공통이다. 가치

투자 value investment 는 적어도 현금이 인플레이션으로 인한 불이익을 받지 않은 세계에서는 좋은 투자 기회가 있을 때 재빠르게 움직일 수 있도록 투자자가 대량의 현금을 '실탄 dry powder'으로 보유할 것을 장려한다. 무엇이든 가용한 투자 기회에 올인하는 것은 예기치 못하게 나타나고, 빠르게 사라지는 최고의 기회를 놓치는 확실한 방법이다.

화폐는 시장성 또는 판매 가능성이라는 가치의 큰 손실 없이 쉽게 팔 수 있다는 한 가지 특성 때문에 획득된다. 현금의 판매 가능성은 광범위한 사용, 분할 가능성, 내구성, 이동성, 그리고 미래의 인플레이션에 저항할 수 있다는 기대의 도움을 받는다. 현금 저축은 투자 수익을 추구하기 위해서가 아니라, 유동성이 크고 가치가 하락할 위험이 작기 때문에 보유한다. 오늘날 금화나 미국 달러 지폐는 전 세계적으로 판매 가능성이 매우 크다. 당신이 보유한 금화나 미국 달러를 청산해야 한다면, 통상적인 시장가격으로 기꺼이 사려는 구매자가 부족하지 않을 것이다. 반면에 주택, 자동차, 사업의 지분, 또는 훌륭한 그림은 판매 가능성이 훨씬 낮다. 이런 것을 팔아야 한다면, 통상적인 시장가격을 기꺼이 지불할 적절한 구매자를 찾는 데 시간이 좀 걸릴 것이다.

10비트코인의 가치가 있는 집을 시장에 내놓는 즉시 10비트코인을 받지는 못한다. 많은 사람이 집을 사기 전에 살펴보고 검토하기를 원할 것이다. 집에 대한 요구 사항이 당신의 집과 정확히 일치하는 사람을 빨리 찾아내지 못할 수도 있으므로, 집의 가치를 높게 평가하지 않고 낮은 가격을 제시하는 사람들의 구매 제안만을 받게 된다. 집을 팔 수밖에 없다면 상당한 손실을 감수해야 한다. 집을 팔려고 할 때는 시간에 쫓기기보다 집의 가치를 적절히 평가하는 적절한 구매자가 나타날 때까지 기다릴 수 있기를 훨씬 더 바랄 것이다. 따라서 시간에 쫓기는 예상치 못한 지출에 대비하여 판매 가능성이 큰 유동성 현금을 확보해 두기를 원하게 된다.

저축과 달리 투자는 생산에 사용될 수 있도록 자본에 대한 통제권을 포기해야 한다. 수익이 창출되기를 기대하면서 생산적인 과정에 자본을 투입하기 위해 현금 잔액의 판매 가능성과 신뢰성을 포기하는 것이다. 현금의 유동성을 희생하는 투자자는 투자 수익의 대가로 손실의 위험을 감수한다. 자본의 부분적이나 완전한 손실의 위험은 항상 존재하기 때문에 위험을 수반하지 않는 투자는 없다.

시간 선호는 저축과 투자의 원동력으로 이해할 수 있다. 즉각적인 보상이 제공되지 않는 활동에 참여하기 위해 시간 선호도를 낮추는 사람은 미래를 위해 현재의 시간을 희생하는 선택을 할 수 있다. 미래를 위한 저축을 위해 현재의 소비를 포기하면 시간 선호도를 더 낮추게 된다.

개념적으로나 시간순으로나 저축은 투자에 선행하는 전제조건으로만 이해될 수 있다. 어떤 자본재이든 지금 소비하거나 소비할 수 있는 재화와 교환할 수 있다. 자본을 투자할 수 있기 전에 먼저 저축함으로써 소비를 미뤄야 한다. 부를 획득하고 투자하기까지의 기간이 아무리 짧더라도 그 기간은 저축하는 기간이다. 이것이 할머니와 오늘날의 전 세계 자금 관리자들의 논리다. 비오는 날이나 사고로부터 자신을 보호하기 위해 필요한 현금을 저축할 수 있도록 지출을 줄이고, 목표한 금액에 도달하면 저축의 초과분을 생산적인 사업에 투자하기 시작하라.

저축과 투자 사이에서 절대적인 선택을 할 필요는 없다. 저축과 투자 모두 개인의 포트폴리오portfolio에서 차지하는 위치가 있다. 양자 사이의 선택은 한계에서 결정되고, 각각의 기존 보유량에 의존한다. 재산이 거의 없는 젊은이들은 자본시장에서 위험을 감수하기 전에 위험에서 자유로울 수 있도록 일정량의 현금을 보유하기를 선호할 것이다. 상당한 저축을 축적한 사람들은 자본시장에 투자할 가능성이 더 커지게 된다.

현금 잔고를 0에서부터 축적하기 시작할 때는 보유한 현금이 거의 없으므로 현금 보유의 한계효용이 매우 높다. 이 시점에서는 현금 잔고의 효용이 그 어떤 투자보다도 클 것이다. 모든 투자는 위험을 수반하고 판매 가능성이 작은데, 재산이 적은 상황에서는 판매 가능성이 중요하고 위험이 바람직하지 않기 때문이다. 더 많은 현금 잔고가 축적됨에 따라 추가되는 현금의 한계효용이 가용한 최고의 투자 기회에서 기대되는 수익 아래로 떨어질 때까지 감소한다. 더 많은 현금을 보유할수록 더 큰 투자 위험을 감당할 수 있게 된다. 나쁜 투자를 하더라도 여전히 보유하고 있는 현금 덕분에 망하는 일은 없을 것이다.

시간 선호도의 하락은 사람들이 현금 잔고를 축적하고 투자하도록 하는 원동력이다. 시간 선호도가 낮을수록 소비가 줄어들고, 저축하고 투자할 수 있는 자원이 늘어난다. 각 개인은 확실하게 원하는 현금 잔고를 유지하면서 수익을 추구하는 투자의 위험을 감수한다. 금과 같은 경화 본위제에서는 경화 자체가 저축으로 보유될 것이다. 상대적 희소성으로 인해 해마다 조금씩 경화의 가치가 상승하기 때문이다. 현대의 쉬운 돈 경제에서는 모든 투자 관리자가 알고 있듯이 "현금은 쓰레기다." 사람들은 현금 대신에 정부 채권이나 저위험 투자 주식investment stocks을 저축으로 보유하고 나머지 포트폴리오에 대해서는 더 큰 위험을 감수한다.

저축과 투자는 경쟁하는 관계가 아니다. 투자가 저축을 따라간다. 저축과 투자 모두 선행해야 하는 시간 선호도 감소와 만족의 지연으로 주도된다. 화폐의 가치가 오를 것으로 예상되면, 사람들이 소비를 미루고 경화로 저축할 가능성이 커진다. 저축이 늘어나면 투자 가능성도 증가한다. 가치에 대한 확신과 함께 현금 잔고를 유지할 수 있을 때, 사람들은 투자에 대해 더 큰 위험을 감수할 수 있는 자유를 얻는다. 경화의 세계에서 유일하게 합리적인 투자는 명목상으로는 양(+)이지만 실제로는 음(-)의 수익률을 제공하는 투자를 감행하여 실질적인 자본 파괴로 이어질 수 있는 쉬운 돈의 시나리오와 달리, 양의 실질수익률을 제공하는 투자일 것이다.

케인스주의자들의 선전과는 달리 인플레이션은 투자를 촉진하는 것이 아니라 잘못 배분한다. 6장에서 우리는 케인스주의 모델이 균형점에서 저축과 투자가 같아야 한다는 근거 없는 주장을 어떻게 상정하는지를 살펴보았다. 그런 관점에서는 투자에 대한 저축의 잉여가 실업과 불경기를 초래한다. 그러나 현실에서는 투자가 저축을 따라가고, 저축이 늘어남에 따라 투자가 증가하는 경향이 있다. 소비, 저축, 투자의 배분은 한계에서 선택되고 시간 선호 성향에 따라 결정된다. 시간 선호도가 낮아지면 경제적 자원이 소비에서 저축으로 이동한다. 저축이 늘어남에 따라 추가된 저축 단위의 가치에 대한 한계평가가 감소하여 더 큰 투자 위험을 감수할 수 있게 된다.

시간 선호도가 하락할수록 사람들이 소비를 미룰 가능성이 커지고, 보유한 현금이 많을수록 투자하고 빌려줄 의향이 커진다. 대출이 가능한 자금이 풍부하면 더 많은 생산적 기업이 점점 낮아지는 이자율로 자금을 조달할 수 있다. 더 많은 자본을 이용하게 되면서 향상되는 노동 생산성과 함께 소득이 늘어나고 생활 수준이 향상된다. 소득의 증가는 다시 더 많은 자본축적을 가능하게 하여 물질적 복지를 개선하는 선순환이 이루어진다. 이것이 문명의 과정이다.

시간 선호와 문명

사람들이 시간 선호도를 낮추고 더 많은 자본을 축적함에 따라 생산성이 향상되고, 결과적으로 시간 선호도를 더 낮추는 인센티브가 생긴다. 호머Homer와 실라Sylla는 《이자율의 역사The History of Interest Rates》에서 전쟁, 질병, 재앙이 발생한 기간에 이자율이 크게 증가하는 과정과 얽혀 5000년에 걸쳐 이자율이 하락하는 과정을 보여준다.[148] 공간과 시간에 걸친 판매 가능성이 더 좋은 경화를 지향하는 움직임으로 더 좋은 저축 기술을 사람들에게 제공하고, 미래에 대한 불확실성과 평가절하를 줄여서 시간 선호도의 획기적 감소에 기여했다고 볼 수 있다. 이는 더 많은 저축과 더 낮은 이자율로 이용할 수 있는 더 많은 자본으로 이어진다.

사람들이 자본을 축적할 수 있고 투자한 후에도 자기 소유의 자본으로 남을 것을 합리적으로 기대하는 한, 이러한 과정이 계속되어 자본의 재고가 증가하고 이자율이 하락할 것이다. 그러나 이 과정은 다양한 요인으로 중단되거나 역전될 수 있다. 자연재해는 재산과 자본을 파괴하고, 생활 수준을 낮추고, 생존을 위협함으로써 미래에 대한 더 높은 할인과 현재 가용한 자원을 더 많이 소비하려는 욕구를 초래하여 자본의 축적을 줄이고 이자율을 높이게 된다. 그러나 재산에 대해 자연재해와 동등하고, 아마 더 흔한 위협이 되는 것은 인위적 재앙이다.

재산권 침해는 시간 선호도에 영향을 미치는 가장 중요한 사회적·제도적 요인이다. 절도, 공공기물 파손 행위 및 기타 형태의 범죄도 개인에게 가용한 자본과 재화의 재고를 줄여서 현재의 자원을 더 많이 사용하도록 강요하고, 미래에 대한 불확실성을 높인다는 점에서 자연재해와 비슷하다. 범죄 발생의 증가는 범죄로부터의 보호를 위한 자원의 소비 증가로 이어져서 다른 생산적인 기업으로부터 자원을 빼앗게 된다. 범죄가 만연할수록 부의 증가와 전혀 무관한 보호 활동에 더 많은 자원을 투입해야 한다.

개인적 범죄보다 훨씬 더 심각한 것은 약탈적 정부 정책으로 나타나는 제도적·조직적 범죄다. 페어 바일런드Per Bylund가 《보이는 것, 보이지 않는 것, 깨닫지 못하는 것The Seen, The Unseen, and the Unrealized》에서 논의한 대로 약탈적 정부 정책은 거의 틀림없이 강압적으로 부과되는 모든 형태의 규제로 확대된다.[149] 무작위한 개별 범죄자로부터의 보호는 돈을 주고 살 수 있는 반면에, 정부의 재산권 침해는 체계적·반복적이고 피할 수도 없다. 합법적으로 간주되는 정부의 재산권 침해에 대항하기는 개인적 범죄보다 훨씬 더 어렵다. 과세는 미래 소득과 투자 수익의 감소를 의미한다.

재산권 침해의 하나인 통화의 평가절하는 시간 선호도를 낮추는 과정과 미래 지향성을 크게 파괴한다. 시간 선호도를 낮추는 과정은 돈과 불가분의 관계에 있다. 돈이 있는 사람은 가치가 잘 유지되고 쉽게 교환될 수 있는 재화를 보유하는 대신에 소비를 미룰 수 있다. 돈이 없으면 시간이 지나면서 재화의 가치가 떨어질 수 있으므로 소비를 미루고 저축하기 더 어렵게 된다. 재배를 위한 곡물을 저장할 수는 있지만, 다음 농사철이 오기 전에 곡물이 상할 가능성이 금화가 상할 가능성보다 클 것이다. 금을 받고 곡물을 팔 수 있다면 필요할 때마다 다시 곡물로 교환할 수 있고, 그사이 다른 재화를 구입하는 데 사용할 수 있다. 돈은 자연스럽게 돈이 없는 세상에 비해 소비를 미룸으로써 기대되는 미래 가치를 높여서 미래를 준비하는 인센티브를 제공한다. 화폐가 미래 가치를 더 잘 유지할수록 사람들이 화폐를 이용하여 미래를 준비할 수 있는 신뢰성이 높아지고, 미래의 삶에 대한 불확실성이 줄어든다.

소금, 가축, 유리구슬, 석회석, 조개껍데기, 구리, 그리고 은이 다양한 시대와 장소에서 화폐로 사용되었지만, 19세기 말에는 사실상 전 세계에서 금본위제가 채택되었다. 19세기 말의 금본위제 덕분에 세계 대부분 지역에서 미래 가치를 잘 유지할 수 있고, 공간적으로 운반하기가 점점 쉬워지는 형태의 화폐를 사용할 수 있었다. 그리고 점점 더 많은 사람이 미래를 위한 저축을 신뢰하게 되었다. 경화로 저축하는 능력 덕분에 모든 사람이 저축하고, 시간 선호도를 낮추고, 미래의 보상을 얻으려는 유혹을 끊임없이 받는다. 그들은 주변에서 가격이 하락하고 저축하는 사람들의 부가 늘어나는 측면의 이점을 매일 목격한다. 경제 현실은 모든 사람에게 미래의 행복에 대한 현재 소비의 높은 기회비용을 끊임없이 가르치고 있다.

20세기에 더 쉬운 통화 매체로의 전환이 이루어지면서 수천 년을 이어온 시간 선호도의 점진적 하락 과정이 역전되었다. 거의 모든 사람이 연간 공급량이 2퍼센트 정도만 늘어날 수 있는 가치 저장 수단에 접근할 수 있었던 세계와는 달리, 20세기에는 가장 양호한 경우가 6~7퍼센트 증가이고 두 자릿수 증가가 보통이며 때로는 세 자릿수로 증가하는 혐오스러운 통화를 정부가 제공하는 뒤죽박죽의 세계가 되었다. 1960년과 2020년 사이에 모든 국가통화의 광범위한 공급 증가의 평균 수치는 연간 30퍼센트에 달한다. 통화의 규모에 따른 가중치가 부여된 평균을 계산하면 모든 법정화폐의 시장 공급이 연간 14퍼센트 정도 증가했음을 알 수 있다. 이는 20세기 말과 21세기 초에 법정화폐가 사용되는 국가의 보통 시민이 경험한 통화 공급의 평균적 증가로 볼 수 있다.[150]

법정화폐는 화폐 가치가 인정되고 미래 가치가 안정적으로 유지될 것으로 기대하기보다는 미래 가치의 유지가 덜 확실하고, 미래에 살아남더라도 자신의 부가 줄어들 것이 예상되는 원시적인 시대로 인류를 되돌려 놓았다. 쉬운 돈이 제공하는 미래는 더 흐릿하고 준비하기 어렵기 때문에 불확실성이 커진다. 이러한 불확실성의 증가는 미래에 대한 할인율 상승으로 이어져서 시간 선호도를 높인다. 법정화폐는 사실상 미래 준비에 부과되는 세금으로, 사람들의 미래에 대한 평가절하와 기본적으로 현재 지향적인 행동을 늘리게 된다. 내일이면 저축의 구매력이 감소할 텐데 오늘의 소비를 미룰 이유가 있을까? 《더 피아트 스탠다드》에서 자세히 논의한 것처럼, 법정화폐는 종종 인류의 번영과 복지를 저해하는 방식으로 자연스러운 경제적 인센티브와 인간의 행동을 왜곡한다.

이러한 과정의 극단적 사례는 초인플레이션hyperinflation의 결과, 즉 아주 쉽고 빠르게 평가절하되는 통화로의 이동을 관찰하면 알 수 있다. 최근의 초인플레이션 사례를 통해 레바논, 짐바브웨, 또는 베네수엘라의 현대 경제가 좋은 사례 연구 대상을 제공하고, 20세기 초인플레이션의 수십 가지 사례도 마찬가지다. 애덤 퍼거슨Adam Ferguson의 《돈의 대폭락When Money Dies》은 몇 년 전만 해도 세계에서 가장 발전한 사회였던 독일에서 두 차례 세계대전 동안 초인플레이션이 초래한 결과에 대해 훌륭한 설명을 제공한다.[151]

이 각각의 시나리오에서 화폐의 가치가 파괴됨에 따라 미래에 대한 관심도 파괴되어 단기적 생존의 추구로 관심사가 바뀐다. 저축을 생각할 수 없게 되고, 얼마가 되든 돈이 확보되는 대로 소비에 나서게 된다. 사람들이 장기적 가치를 지닌 모든 것을 평가절하하기 시작하고, 자본이 즉각적인 소비에 사용된다. 초인플레이션 경제에서는 과일나무가 겨울 장작으로 베어지고, 지출을 충당하기 위해 사업이 청산된다. 속담대로 종자 옥수수를 먹어 치우는 것이다. 인적·물적 자본은 저축자들이 생산적으로 유지하고 운용할 수 있는 곳으로 떠난다. 미래가 이토록 심하게 평가절하되면 예의를 지키면서 분별 있게 행동하거나 법을 준수하려는 인센티브가 줄어들고, 무모하고 범죄적인 위험한 행동의 인센티브가 늘어난다. 모든 사람이 빼앗겼다고 느끼고, 무엇이든 가진 사람에게서 빼앗으려 함으로써 범죄와 폭력이 평범한 일상이 된다. 경제적 부담으로 인해 가족이 와해된다. 이러한 경향은 초인플레이션의 경우 더욱 극단적이지만, 법정화폐 인플레이션의 느린 출혈의 멍에를 쓰고 더 완만한 형태로 계속 존재한다.

시간이 지나면서 화폐가 가치를 유지하는 능력이 감소함에 따르는 가장 즉각적인 결과는 소비의 증가와 저축의 감소다. 소비를 미루고 만족을 지연시키려면 미래의 보상을 대가로 즉각적인 즐거움을 포기해야 한다. 가치를 미래의 보상으로 전환하는 교환 매체의 신뢰성이 낮아질수록 미래 보상에 대한 기대치가 낮아지고, 초기의 희생이 더 값비싸져서 사람들이 소비를 미룰 가능성이 작아진다. 이런 현상의 극단적인 예를 인플레이션이 매우 빠르게 진행되는 국가의 슈퍼마켓에서 월초마다 관찰할 수 있다. 화폐 가치의 파괴로 인해 월말에 확보할 수 있는 수량이 훨씬 적어질 것을 아는 사람들은 급여를 받는 즉시 식료품과 생필품으로 바꾸기 위해 슈퍼마켓으로 달려간다. 법정화폐의 낮고 꾸준한 인플레이션이 유발하는 현상은 이와 비슷하면서도 더 미묘하다.

오늘날 전 세계에 만연해 있는 두드러지는 대량 소비 문화는 소비를 둘러싸고 법정화폐가 창출하는 인센티브를 통해서만 이해할 수 있다. 돈의 가치가 지속적으로 하락하기 때문에 소비를 미루는 저축에 대한 기대치가 마이너스가 될 가능성이 크다. 따라서 비전문 저축자들은 주식투자를 고려하게 된다. 그러나 올바른 투자 대상을 찾아내는 일은 어렵고, 적극적인 관리 감독이 필요하며 위험을 수반한다. 법정화폐가 사용되는 사회의 문화 전반에 스며 있고, 저항이 가장 작은 길은 벌어들이는 소득을 모두 소비하면서 급여에서 급여로 살아가는 것이다.

돈의 경성이 크고 가치가 오를 수 있을 때는 시간이 지남에 따라 기회비용이 상승하기 때문에 사람들이 돈을 쓰는 데 매우 신중해질 것이다. 조금만 기다리면 저축의 가치가 올라서 더 나은 것을 살 수 있는데 왜 변변치 못한 탁자, 셔츠, 또는 집을 사겠는가? 그에 반해 구멍이 난 주머니에 현금을 넣은 소비자는 구매한 제품의 품질에 대해 덜 까다울 것이다. 시간이 가면서 가치가 하락하는 돈을 보유하여 품질이 더 낮은 제품을 얻게 되는 대안보다는 변변치 못한 탁자, 집, 또는 셔츠가 합리적인 선택이 된다. 허술한 탁자일지라도 가치가 하락하는 법정화폐보다는 가치를 잘 유지할 것이다.

법정화폐의 불확실성은 모든 재산으로 확대된다. 허공에서 돈을 만들어 내는 능력으로 대담해진 정부는 모든 시민의 재산에 대해 점점 더 전능한 존재가 되어 그들의 재산을 어떻게 사용할지 명령하거나, 아니면 완전히 몰수할 수 있다. 《위대한 허구 The Great Fiction》에서 한스헤르만 호페는 명목재산 fiat property을 모든 재산 소유자의 머리 위에 매달려 있는 다모클레스 Damocles의 칼에 비유한다. 언제든지 재산을 압수당할 수

있는 사람들은 미래의 불확실성이 늘어나고, 미래를 위한 준비가 줄어든다.[152]

　인플레이션이 자본축적에 미치는 파괴적 영향력을 이해하는 또 다른 방법은 인플레이션의 위협이 저축자들에게 현금을 보유하기보다 더 나은 수익을 제공할 것으로 기대되는 모든 대상에 투자하도록 장려한다는 것이다. 다시 말해, 인플레이션은 분별력의 가치에 대한 인식을 떨어뜨린다. 현금의 가치가 유지되고 상승할 때는 긍정적인 명목수익을 돌려주는 투자가 바람직할 것이다. 명목수익과 실질수익이 일치하기 때문이다. 잠재적 투자자는 미래에 더 나은 투자 기회를 찾을 때까지 현금을 보유하면서 기다리는 분별력을 발휘할 수 있다. 그러나 돈의 가치가 하락할 때는 저축자가 투자를 통해서 저축의 가치 하락을 피하려는 강한 동기를 갖게 되고, 부를 보존하려고 필사적으로 노력하면서 투자 대상에 대한 분별력이 떨어지게 된다. 긍정적인 명목수익을 제공하는 투자라도 실질수익은 마이너스일 수 있다. 가치가 하락하는 화폐 단위로 측정하면 경제적 가치를 파괴하고 자본을 소비하는 사업 활동도 경제적으로 보이기 때문에, 계속해서 버티면서 투자자를 찾고 자본을 파괴할 수 있다.

　저축에서 부의 파괴는 케인스주의 공상가들이 믿고 싶어 하는 대로 마술처럼 사회에서 더 생산적인 기회를 창출하는 것이 아니라, 파괴적이고 실패하는 사업 기회에 부를 재할당한다. 또한 거대한 투자 관리 산업이 출현하여 사람들에게 금본위제에서 기본적으로 무료로 제공하는 저축 수단을 팔게 된다. 이것은 네거티브섬 게임이다. 낭비적인 정부 지출의 자금을 조달하기 위한 인플레이션으로 잃어버린 가치를 인플레이션의 모든 피해자가 다시 얻을 수 없다. 극히 일부만이 인플레이션을 이기는 투자를 할 수 있고, 중앙은행의 독점적 특권이 있는 금융 산업만이 정상에 오를 수 있다. 이는 또한 극도로 퇴행적인 세금이다. 투자로 인플레이션을 극복할 가능성이 가장 큰 사람들은 가난한 사람들이 아니라, 시장조사에 자원을 투자할 여유가 있는 부자들일 것이다.

시간 선호도가 상승하면 미래에 대한 광범위한 평가절하로 인해 개인 간 갈등이 증가하기 때문에 인간 사회를 지탱하는 예의범절과 관습도 어려움을 겪는다. 거래, 사회적 협력 그리고 영구적 정착지에서 서로 긴밀하게 접촉하면서 살아가는 인간의 능력은 가장 기본적이고 적대적인 동물적 본능과 반응을 통제하고 이성과 장기 지향성으로 대체하는 법을 배우는 데 달려 있다. 모든 종교적·시민적·사회적 규범은 사람들이 타인과 협력하면서 노동 분업과 전문화의 혜택을 누리는 사회에서 살아가는 장기적 이익을 위해 즉각적인 충동을 조절하도록 독려한다. 이러한 장기적 혜택이 멀어 보일 때는 그것을 위해 희생하려는 인센티브가 약해진다. 자신의 부가 소멸하는 것을 목격한 사람들이 강탈당한 기분을 느끼는 것은 당연하다. 제안된 사회계약이 해체된 것처럼 보이고, 사회에서 살면서 관습을 존중하는 행동의 유용성에 의문을 제기하게 된다. 사회가 모두를 위해 더 큰 번영을 보장하는 수단이기보다는 소수의 엘리트가 다수를 강탈하는 메커니즘이 된 것처럼 보인다.

인플레이션이 진행되면 범죄율이 치솟고 더 많은 갈등이 발생한다.[153] 사회의 부유한 엘리트들에게 강탈당했다고 느끼는 사람들은 타인의 재산에 대한 공격을 정당화하기 더 쉬워진다. 미래에 대한 희망이 줄어들면 고객, 고용주, 그리고 지인에게 예의 바르게 대하고 존중하려는 동기가 약해진다. 미래를 준비하는 능력이 손상되면 그것을 보충하려는 욕구도 감소한다. 개인적 미래가 불확실해 보일수록 단기적으로는 보상을 얻을 수 있지만, 장기적으로는 위험에 빠질 수 있는 무모한 행동을 하게 될 가능성이 커진다. 무모한 행동에 따른 투옥, 사망, 절단mutilation 같은 장기적 위험이 삶의 기본적 수요를 확보하는 즉각적 보상에 비해 크게 평가절하된다.[154]

시간 선호와 비트코인

비트코인의 등장은 화폐가 시간 선호에 미치는 영향을 이해함과 더불어 법정화폐가 유발한 시간 선호도 상승의 세계적 추세를 역전하는 매력적인 기회를 제시한다. 비트코인은 자체 통화로 P2Ppeer-to-peer 결제 네트워크를 운용하기 위한 무료 오픈소스open-source 소프트웨어다. 비트코인의 가장 중요한 두 가지 특성은 자체 통화의 공급량이 수요에 전혀 반응하지 않고 고정되어 있어서 이제까지 발명된 것 중에 가장 경도가 높은 화폐라는 것과 거래를 감독할 정치적 권한의 필요 없이 국경 간 결제가 가능하다는 것이다. 비트코인의 두 가지 특성(경도와 검열 저항성 censorship-resistance)은 시간과 공간을 초월하여 판매 가능성이 가장 큰 화폐가 되는 능력을 부여한다고 할 수 있다. 예상치 못한 공급으로 가치가 희석될 수 없는 비트코인의 희소성은 미래 가치 유지가 보장된다는 것을 의미한다. 그리고 진정한 탈중앙화 네트워크가 보장하는 자동화 결제 처리 방식은 전 세계에서 결제가 이루어질 수 있고, 검열하거나 압수할 수 있는 힘이 누구에게도 없음을 의미한다.

비트코인은 단순히 화폐 단위의 소유권을 보유하고 이전할 수 있게 해 주는 매우 기본적인 화폐다. 실제로 비트코인의 가장 일반적인 사용 사례는 가치의 저장 수단 또는 저축 계좌의 대체물로 사용하는 것이었다. 전 세계 수백만 명의 사람이 비트코인을 저축 계좌로 사용했고, 장기적으로 비트코인의 가격이 크게 상승함에 따라 엄청난 이익을 얻었다.

비트코인의 사례는 시간 선호에 있어서 화폐의 중요성에 대한 흥미로운 통찰을 제공한다. 민주주의, 인플레이션, 정부의 약탈, 전쟁, 케인스주의 관리 국가 등 시간 선호도의 상승을 초래하는 현대적 요인의 대다수는 여전히 존재하고 시간이 가면서 악화하는 것이 보통이다. 그러나 세계 인구의 소수를 차지하지만, 점점 늘어나고 있는 집단에게는 비트코인이 통화 인플레이션에서 벗어나는 탈출구를 제시한다. 지난 세기의 대다수 인간과 달리 오늘날의 비트코인 사용자들은 가치의 하락으로부터 보호되는 화폐 매체로 미래를 위해 저축할 수 있다. 그들은 상대적으로 낮은 불확실성으로 자신의 저축이 미래에도 가용하고 구매력이 향상될 것을 기대할 수 있다. 화폐가 시간 선호에 중요한 영향을 미친다면, 비트코인 사용자들은 시간 선호도를 낮춤으로써 법정화폐를 사용하는 동료들과 차별화되는 것을 예상할 수 있다. 수년간 비트코인 사용자들과 이 문제를 논의한 나의 개인적 경험은 이에 대한 설득력 있는 증거를 제공했다.

비트코인이 저축의 증가로 이어진다는 것은 내가 매우 자주 접한 이야기다. 비트코인이 나오기 전에는 지연되는 만족과 저축의 개념이 전혀 없는 사람이 많았다. 그들은 벌어들인 돈을 모두 썼고, 큰 비용을 지불하기 위해 빚을 졌다. 그리고 일을 계속하면서 무한정 빚을 갚았다.

대부분의 사람이 퇴직금으로 투자했다. 거의 직업에 가까울 정도인 진짜 투자자는 시장과 거래를 연구하는 데 상당한 시간을 할애했다. 직업을 통해 돈을 벌면서 수동적으로 저축한다는 개념은 매우 드물었다. 그러나 비트코인이 나온 후에는 저축의 개념이 점차 보편화되었다.

시간이 가면서 가치가 떨어질 것으로 예상되는 쉬운 돈은 미래를 준비하는 신뢰할 수 있는 수단이 아니다. 20세기의 법정화폐 체제에서 보았듯이, 쉬운 돈은 미래의 불확실성을 높여서 미래에 대한 평가절하와 시간 선호도 상승을 부추긴다. 미래에도 가치를 유지할 것으로 기대할 수 있는 경화는 금본위제와 초기 비트코인 표준에서 그랬던 것처럼 지연된 만족과 저축에 따르는 잠재적 보상을 늘려서 미래의 불확실성을 줄이고, 더 많은 저축과 미래 지향적인 행동을 장려한다. 비트코인은 시간 선호도가 상승하는 문제에 대한 자유시장의 해결책이 될 수 있다. 누구든지 시간 선호도 낮추기, 저축, 자본축적 그리고 문명의 과정에 다시 참여할 수 있게 해 주는 기술적 해결책이다. 정치적 승인이 필요 없는 비트코인은 정치와 통화정책의 필요성을 제거하고, 멈출 수도 없으며, 채택하는 모든 사람에게 엄청난 보상을 제공한다.

14장

Credit and Banking

신용과 금융

"모든 유형의 인간사는 어떤 형태로든 돈의 지불과 연결된다. 따라서 국가나 세계의 통화 시스템을 파괴한다면 단순한 한 가지 측면보다 훨씬 더 많은 것을 파괴하게 된다. 통화 시스템의 파괴는 어떤 의미에서 모든 인간관계의 기반을 파괴하는 것이다. 우리가 돈에 관한 이야기를 한다면, 정부가 할 수 있는 최악의 일을 함으로써 시장, 인간의 협력, 모든 평화로운 인간관계를 파괴한 분야에 대한 이야기를 하는 것이다."[155]

- 루트비히 폰 미제스

금융

시간 선호도가 감소하면 사람들의 저축이 증가하여 더 많은 투자와 생산성 향상으로 이어지고 다시 가용한 저축이 늘어나게 된다. 저축이 증가하고 노동의 분업이 복잡해짐에 따라 돈 관리 자체가 전문 직업인 이 시장에 제공하는 서비스가 되었다. 노동 분업의 발전이 모든 상품과 서비스에 대한 전문화의 증가로 이어지는 것은 돈의 경우도 마찬가지다. 음식, 옷, 집과 마찬가지로 전문화는 상품이 시장에 공급되는 생산성을 높인다. 돈 관리를 전문으로 하는 산업인 금융에는 예금과 투자를 관리하는 두 가지 핵심적 기능이 있다.

우리는 낮은 시간 선호도가 개인 차원에서 어떻게 지연된 만족과 저축, 투자, 생산성 그리고 경제적 풍요의 증가로 이어지는지 알 수 있다. 대규모의 비개인적 노동 분업이 발생하고 화폐가 교환과 저축의 공통 매체로 사용되는 시장경제 차원에서는 금융이 저축과 투자의 생산성을 높여서 더 많은 자본이 축적되고, 생산성이 향상되도록 한다. 사회의 구성원들은 이런 방식으로 다른 사람들이 시간 선호도를 낮추는 데 따르는 혜택을 얻는다. 즉 타인의 저축이 당신의 노동생산성을 높이는 것이다.

금융의 첫 번째 임무는 저축자가 축적한 재산을 유지하고 도난과 파괴로부터 보호하도록 돕는 것이다. 개인의 주택은 위치, 안락함, 기타 다양한 특성에 최적화하지만 도난을 방지하는 데는 그렇지 못하다. 점점 더 전문화되는 경제는 개인과 기업의 부를 안전하게 보관하기 위해 특화된 시설에 저장할 수 있는 기회를 제공한다. 은행은 예금을 유치하고 예금자에게 시설을 사용하는 특권에 대한 요금을 부과한다. 저축을 보호하는 데 특화된 시설을 건설하면 도난이나 파괴로부터의 보안과 안전을 위해 최적화된 건물이 될 수 있다. 은행은 수많은 재산 소유자에게 소액의 수수료를 부과함으로써 개인주택이나 직장보다 강도를 당할 가능성이 작은 안전한 시설의 건설과 운영에 자금을 댄다. 건전하고 안전하게, 그리고 정직하게 수행되는 기본적 형태의 저축 금융은 대단한 경제적 분석도 필요 없는 지루하고 별로 흥미롭지 못한 시장재 market good다. 저축 금융은 남용될 때만 흥미롭고 비극적인 결과가 펼쳐진다. 저축자들에는 불행하게도, 저축 금융이 너무 흔하게 남용된 나머지 안전하고 지루한 은행 업무는 과거의 일이 되었다.

신용

금융의 첫 번째 기능은 소유자를 대신하여 저축을 보유하는 것이다. 두 번째 기능은 보유한 저축을 투자하여 손실의 위험을 감수하면서 이윤을 늘리는 것이다. 신용이 확대되면 저축자가 경제적 생산사업을 소유한 기업가를 위해 저축을 사용함으로써 수익을 올릴 수 있다. 소비와 저축을 자제함으로써 저축자는 투자자가 되고, 가용한 저축을 생산 과정의 투입물을 구입하는 데 사용할 수 있다. 그런 다음에 생산요소를 결합하여 산출물을 생산하고 시장에서 판매하여 이상적으로는 비용을 초과하는 수익을 올려서 기업가와 자본가에게 이익을 보상한다. 사업이 수익을 올리지 못하면 채권자들은 저축을 잃게 된다.

자본가는 기업가에게 자신의 돈을 빌려주지만 은행은 저축자의 돈을 빌려주어, 저축자들이 무엇이든 소득을 얻는 일에 전문화하도록 하면서 실질적으로 투자를 배분하는 업무에 전문화한다. 자본 투자 업무에 전문화와 노동 분업을 도입하면 업무 생산성을 높일 수 있다. 사람들이 자신의 사업에서는 명백한 용도가 없는 액수의 돈을 투자로 돌릴 수 있게 된다. 투자할 수 있는 능력이 더 이상 자신의 사업이 성장할 수 있는 능력에 좌우되지 않는다. 투자자들은 자신이 속한 산업과 관련이 없는 생산 분야에 투자함으로써 사업의 실패나 산업의 붕괴에 대비할 수 있다.

은행가의 임무는 저축자와 기업가 사이의 중개자 역할을 하는 것이다. 그들은 수많은 잠재적 투자에 대한 신중한 검토를 통해서 저축자의 저축으로 자금을 지원할 가치가 있는 프로젝트에 대해 기업가적 판단을 내린다. 투자은행가의 임무는 저축자가 투자의 선택을 전문가에게 위임할 수 있도록 하고, 기업가가 필요한 자금을 전문가가 아닌 사람들로부터 모으려 하기보다 은행에 요청할 수 있도록 하는 것이다.

모든 은행신용 bank credit이 같은 것은 아니다. 미제스는 두 가지 유형의 은행신용, 즉 상품신용 commodity credit과 유통신용 circulation credit의 중요한 차이점을 지적한다. [156] 이 장의 나머지 부분에서는 상품신용을 논의하고, 다음 장에서는 유통신용에 초점을 맞출 것이다.

상품신용

미제스는 상품신용이라는 용어를 은행이 저축자에게 빌려서 기업가에게 제공하는 신용의 의미로 사용한다. 이 경우에 은행은 단순히 예금자에게 지급하는 이자율과 차용자에게 부과하는 이자율의 차이로 이익을 얻는 중개자가 된다. 이러한 이자율의 차이는 예금자가 스스로 돈을 빌려줄 상대방을 찾기보다 전문성이 있는 은행에 위임하면 더 높은 수익을 올릴 수 있으리라는 기대에서 발생한다. 은행이 상품신용을 부여하는 중개자가 되려면, 은행의 대출이 미제스가 말하는 황금률을 따라야 한다. "은행이 부여하는 신용은 양적·질적으로 은행이 확보한 신용과 일치해야 한다. 더 정확하게 표현하자면, 은행의 의무가 이행되는 날짜가 해당 청구가 실현될 수 있는 날짜보다 앞서서는 안 된다."[157] 다시 말해, 은행이 제공하는 신용의 규모는 저축자가 은행에 빌려준 저축의 규모를 초과하지 않는 것이 필수적이다. 또한 은행에서 특정한 대출을 상환받는 날짜가 저축자가 은행에 신용을 제공한 날짜보다 늦어서는 안 된다. 황금률에 따라 은행은 저축자의 1년 만기 예금을 1년 안에 동일한 금액을 예금할 사람을 찾아서 저축자의 예금 상환에 사용할 수 있을 것이라 믿고, 기업가에게 2년 동안 빌려줄 수 없다.

은행이 빌리는 신용과 빌려주는 신용의 규모가 일치하지 않거나 만기일이 일치하지 않는다면 상품신용이 아니라 유통신용을 제공하게 된다. 이 경우에는 은행이 단순히 저축자의 돈을 기업가에게 이전하는 것이 아니고, 돈으로 사용되는 신용을 발행함으로써 실질적으로 화폐의 공급을 부풀려서, 다음 장에서 논의할 중대한 결과를 초래하게 된다.

상품신용의 두드러진 특징은 대출자의 희생을 수반한다는 것이다. 대출이 실행되려면 누군가가 대출기간 동안 대출금의 전체 가치와 동일한 통화 상품에 대한 접근을 포기해야 한다. 대출자가 미래에 더 큰 금액을 받을 것이라는 기대로 현재의 돈을 포기하는 것이다. 반면에 현재의 돈에 접근하게 되는 차용자는 대출을 상환할 때 추가 비용을 지불해야 한다. 대출에 대한 이자율은 각 당사자가 시간에 부여하는 가치평가가 다르다는 것을 보여준다. 대출자는 시간 선호도가 낮아서 미래의 원금과 이자의 가치가 현재의 원금보다 높고, 해당 이자율로 대출 받는 것에 수익성이 있다. 반면에 차용자는 시간 선호도가 높아서 미래에 상환할 원금과 이자의 가치가 오늘의 원금보다 낮다. 두 당사자 간의 시간 선호도 차이가 교환에 동의하는 기회를 만들어 낸다.

이자율

주류 경제학에서는 사람들이 시간 선호도와 이자율 interest rates 을 비교하여 저축할지 말지를 결정한다. 때문에 이자율이 저축률 savings rates 의 결정 요인으로 간주된다. 그러나 이는 정부가 이자율을 정하는 중앙계획 경제에서만 가능한 일이다. 자유시장에서는 무엇이 이자율을 결정할까? 사람들의 시간 선호도다. 모든 수준의 생산성에 해당하는 프로젝트가 존재하기 때문에 프로젝트의 생산성으로 이자율이 결정될 수는 없다. 자금이 지원되는 프로젝트와 그렇지 않은 프로젝트를 결정하는 것은 프로젝트의 생산성이 아니라, 시간 선호도의 함수인 자본의 가용성이다. 시간 선호도가 가용한 자본을 결정하고, 기업가적 판단이 기대수익률이 가장 높은 프로젝트에 자본을 할당한다.

"따라서 자본가의 기능은 시간의 함수이고, 그들의 소득은 정확히 미래의 재화와 비교한 현재의 프리미엄premium을 나타내는 소득이다. **그렇다면 이러한 이자 소득은 구체적이고 이질적인 자본재가 아니라 일반화된 시간 투자에서 파생된다.** 이자 소득은 미래 재화(요소 서비스)의 구입을 위해 현재의 재화를 희생하려는 의지에서 나온다. 그러한 구매의 결과로, 요소factors의 소유자는 오직 미래에만 완성될 제품에 대하여 현재의 돈을 받는다."[158]

현재 재화와 동일한 미래 재화에 할당되는 가치의 비율을 본래의 이자originary interest라고 한다. 본래의 이자는 미래 재화의 수용을 위해 필요한 가치평가의 할인율을 측정한다. 예를 들어, 오늘 옥수수 10부셸bushels(곡물이나 과일의 부피 단위로 약 35리터에 해당함-옮긴이)을 배송받을 것으로 기대하는 사람에게 1년간의 배송 지연을 수락하게 하려면 일정한 프리미엄이 제공되어야 한다. 개인의 소비를 지연시키기 위해 추가로 제공해야 하는 수량의 백분율이 본래의 이자율이다.

오스트리아학파 경제학의 관점에서는 모든 경제 현상의 근원에 인간의 행동이 있고, 이자 또한 다르지 않다. 시간 선호가 본래의 이자라는 현상을 만들어 낸다. 사람들의 뿌리 깊은 시간 선호는 필연적으로 미래의 재화에 대한 현재 재화의 프리미엄에 반영된다. 이는 다시 다른 모든 재화와 다를 바 없는 시장재인 화폐시장에 반영된다. 통화의 가치가 일정하다고 가정하면, 오늘 100달러를 지불해야 하는 사람이 지불을 1년 연기하려면 그에 대한 프리미엄을 제공해야 한다. 그리고 마찬가지로 옥수수 부셸에 대해서도 프리미엄이 제공되어야 한다. 시간 선호의 존재 자체가 본래의 이자에 대한 기원이며 결정 요인이다.

화폐의 존재는 본래의 이자가 재화와 개인 간에 조화를 이룰 수 있게 해 준다. 이러한 조화는 미래의 지불 의무가 현재의 지불과 거래되어 일반적인 미래 할인율 또는 이자율이 확립되는 신용시장의 출현을 통해서 이루어진다. 특정 재화에 대한 할인율이 시장의 통상적 이자율에서 벗어나면 해당 재화에 대해 수익성 있는 차익거래arbitrage의 기회가 생겨서 모든 재화에 대한 이자율을 시장 이자율로 시장에 반영하여 좁은 범위로 끌어들이게 된다. 호페는 이렇게 시장에서 결정되는 이자율을 "사회적 시간 선호도를 반영하고 사회적 저축(즉 미래 재화와의 교환을 위해 제공되는 현재 재화의 공급)과 투자(즉 미래 수익을 낼 수 있다고 생각되는 현재 재화의 수요)의 균형을 잡는 개인적 시간 선호도의 총합"으로 설명한다.[159]

개별 자본재는 거래되는 자체 시장이 있지만, 현대 화폐 경제에서 자본은 대출과 금전 투자를 통한 추상적 재화로 거래된다. 금융기관은 가용한 사회적 통화 저축을 자본재의 구입에 사용하는 기업가에게 대출한다. 기업가적 아이디어를 생각해 내기가 현재의 소비를 미루기보다 훨씬 쉽고 비용이 적게 들기 때문에 투자와 자본재 구입에 대한 수요는 사실상 무한하다. 투자 규모에 대한 제한 요소는 저축된 현금의 양이며, 이는 다시 양성의 시간 선호에 따른 소비 욕구와 수요로 제한된다. 자본재와 일반적인 자본시장의 존재는 전적으로 필요한 자본을 제공하기에 충분할 정도로 사람들의 시간 선호도를 낮추는 데 달려 있다. 투자할 수 있는 자금의 수요와 차용자의 기대수익률이 이자율을 결정하는 것은 아니다. 매우 넓은 범위의 수익을 제공할 것으로 예상되는 프로젝트들이 존재하기 때문이다. 시간 선호도가 빌려줄 수 있는 자금의 양을 결정하고, 그 자금은 차용자가 가장 높은 이자율을 기꺼이 수용하는 기대수익이 가장 높은 프로젝트에 지원된다. 더 많은 자금이 저축될수록 이자율이 낮아지고, 더 많은 프로젝트에 자금을 지원할 수 있으며, 한계 프로젝트에 대한 기대수익률이 낮아진다. 더 많은 저축은 또한 자금조달 방식의 다양성을 늘려서 자본과 자본의 옵션에 대한 시장의 유동성을 늘리게 된다.

자본가는 투자자에게 자본을 제공하기 위해 소비를 미룸으로써 시간 측면의 운용비용을 부담한다. 미래 재화를 위해 현재 재화를 희생함으로써 기업에 시간을 투자하는 것이다. 이러한 희생을 통해서 노동자와 생산 과정에 투입되는 재화를 공급하는 사람들은 생산이 완료되고, 제품이 시장에서 판매되기 전에 돈을 받을 수 있다. 고립된 상태에서 살아가는 어부가 낚싯대를 만들기 위해 물고기를 잡는 데 필요한 시간을 희생해야 하는 것과 마찬가지로, 모든 생산 과정이 이루어지려면 누군가가 자원의 소비를 연기해야 한다. 기업가는 자본가의 자원과 희생을 이용하여 현재의 노동자, 토지 소유자, 자본재 판매자에게 돈을 지불한다. 시간이 지나서 생산 과정이 완료되면 기업가가 최종 제품을 판매하고, 자본가는 그제야 합의된 이자율의 이자를 받게 된다. 노동자와 투입재 판매자는 제품이 팔려서가 아니라 서비스를 제공했기 때문에 돈을 받는다. 생산 과정에 자신의 시간을 기여하지 않고 소비를 미루지도 않는다. 소비를 연기함으로써 자원재resource goods가 최종 제품으로 완성되는 데 시간을 기여하는 사람은 자본가다. 시간은 노동, 토지,

자본과 다름없이 생산 과정에 필수적인 투입물이며, 자본가는 기업가로부터 통상적 시장 이자율의 형태로 시간에 대한 보상을 받는다.

생산 과정의 최종 산출물을 판매하여 얻은 이윤이 노동, 토지, 자본, 시간을 제공한 사람들에게 지불하는 비용을 초과하는 사업은 수익성이 있다. 여기서 이자interest와 이윤profit을 구별하는 것이 중요하다. 이윤은 투입재와 최종재의 시장 가치 차이에서 파생된다. 반면에 이자는 단지 자본가가 생산 과정에 제공한 시간 투입의 대가일 뿐이다. 이윤이나 손실은 투입재와 최종재의 시장 가치 차이다.

자본시장에 참여하는 사람들에게는 미래 재화에 대한 현재 재화의 가치 척도value scales 순위가 있다. 미래 재화가 일반적으로 평가절하되는 것은 현재 재화의 가치가 동일한 미래 재화보다 크기 때문이다. 사람들은 재화에 대한 자신의 할인율을 시장의 이자율과 비교한다. 개인적 할인율이 시장 이자율보다 높은 사람은 시장에서 돈을 빌리려 한다. 미래에 상환할 원금과 이자의 가치를 현재의 원금보다 낮게 평가할 것이기 때문이다. 반면에 개인적 할인율이 시장 이자율보다 낮은 사람은 저축한 돈을 자본시장에 빌려주게 된다. 상환될 원리금의 가치를 현재의 현금을 저축으로 보유하는 가치보다 높게 평가하기 때문이다. 개인적 시간 선호도와 시장 이자율의 차이가 클수록, 빌리고 빌려주는 돈의 수요가 커진다.

이러한 관계는 도표로 나타낼 수 있다(그림 29). 개인에게는 '시간시장time market' 곡선이 있어서 주어진 이자율로 빌리거나 빌려주려는 돈의 액수가 결정된다. 미래에 대해 연간 5퍼센트의 할인율을 적용하는 저축자는 5퍼센트의 시장 이자율로 빌리거나 빌려주기를 원하지 않을 것이다. 시장의 할인율 수준이 자신과 동일하기 때문이다. 시장의 이

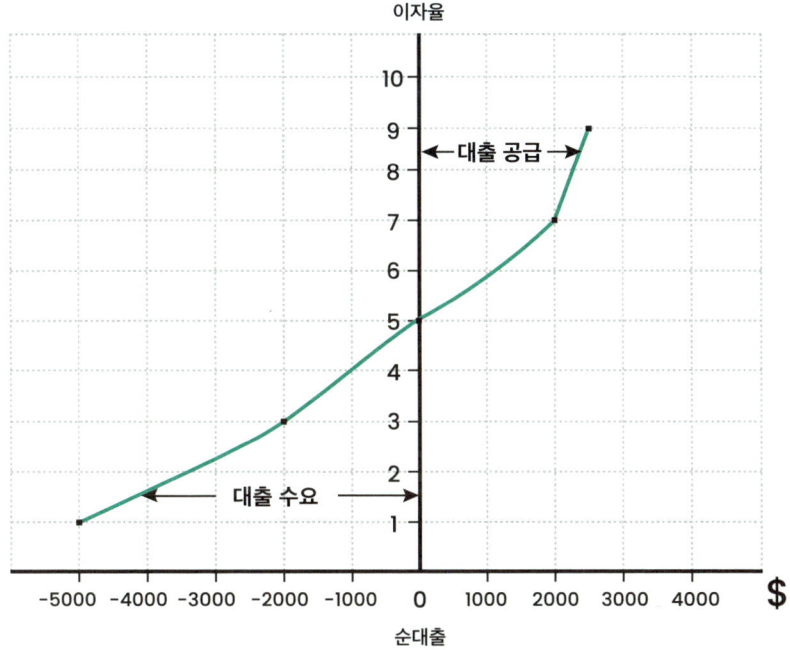

[그림 29] 개인의 시간시장

자율이 7퍼센트로 오른다면, 매력적인 기회를 제공받게 된다. 오늘 특정한 금액의 돈을 사용하기를 포기한다면, 그 돈을 빌려주고 1년 후에 7퍼센트의 이자와 함께 받을 수 있다. 내년의 돈을 5퍼센트의 비율로 할인하는 사람에게 이러한 대출은 2퍼센트의 수익을 안겨줄 것이다. 반면에 이자율이 3퍼센트로 떨어진다면 자본시장에서 돈을 빌릴 인센티브가 생길 것이다. 3퍼센트 이자율로 돈을 빌리는 것은 1년 뒤에 원금의 103퍼센트를 상환해야 함을 의미하므로, 5퍼센트의 비율로 미래를 할인하는 사람이 상환할 돈의 가치가 오늘 빌리는 돈보다 낮아지게 된다. 이자율이 상승함에 따라, 자연스럽게 돈을 빌리려는 수요가 감소하고 빌려주려는 수요가 증가한다.

자본시장에서 모든 개인적 시간 선호도와 수요-공급곡선은 실질적으로 빌려줄 수 있는 자금에 대한 경제 전반의 수요-공급곡선으로 통합된다. 주어진 이자율에 대해 빌려줄 수 있고, 빌리려는 수요가 있는 자본의 총량이 존재한다. 이자율이 상승함에 따라 빌려줄 수 있는 자본이 증가하는 반면에, 빌리려는 수요는 감소하므로 두 양은 시장에서 자본이 거래되는 이자율에서 한 번만 만나야 한다. 그리고 대출되는 금액은 소비를 미룬 저축을 통하여 차용자에게 제공되는 자본의 양과 같게 된다.

여기서 시간 선호도와 미래의 할인이 주관적 현상이며, 이자율로 측정되지 않는다는 점을 다시 한번 강조하는 것이 중요하다. 행동하는 인간의 마음속에 존재하는 현재와 미래 재화에 대한 서수적 순위가 시장에서 제공되는 이자율로 노출됨으로써, 시장에서 가용한 암시적 할인과 개인적 할인이 비교되어 두 가지 선택에 대한 결정이 이루어진다.

[그림 30] 대출 가능한 자금시장

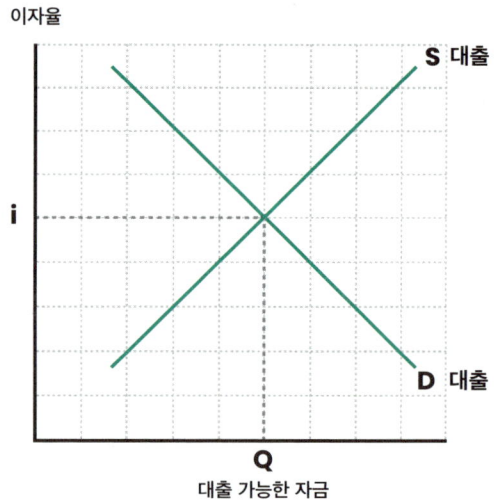

또한 보편적인 이자율 같은 것은 없고, 관련된 사람들과 개별 프로젝트의 영향을 받는 개별적 이자율만이 존재한다. 시장의 균형가격과 마찬가지로, 시장의 이자율은 이러한 경제 개념을 이해하는 데 도움이 되는 도구로 생각하는 것이 유용하다. 수학적 분석 도구는 시장 현상에 대한 이해를 전달하는 데 유용하지만, 시장 현상을 상수의 정확한 측정에 기초한 과학적 단위로 취급하는 함정에 빠지지 않는 것이 중요하다.

자본이 경제 생산에 할당됨에 따라 생산성과 소득이 증가한다. 안전한 재산권이 보장되고 미래의 확실성이 높아지면 시간 선호도가 계속해서 하락하여 사람들이 소비를 미뤄 저축하게 되고, 돈을 빌리기보다 빌려줄 가능성이 커진다. 빌려줄 수 있는 자금이 풍부해지면 더 많은 생산적 기업에 점차 하락하는 이자율로 많은 자금을 지원할 수 있게 된다. 전쟁, 전염병, 강탈, 중앙정부의 왜곡된 규제로 인한 부담, 또는 폭력적으로 부과된 법정화폐가 중단되지 않는 한, 이와 같은 물질적 복지를 개선하는 선순환이 계속되는 것을 문명의 과정으로 이해할 수 있다. 하지만 이런 과정이 얼마나 멀리까지 진행될 수 있을까? 이자율은 어디까지 떨어질 수 있을까?

이자를 없앨 수 있을까?

이자 대출interest lending이라는 주제는 역사적·정치적, 그리고 종교적으로 매우 민감한 주제다. 이자 대출은 많은 종교에서 금지되었고, 오늘날까지도 전 세계 많은 사람에게, 심지어 신용 창출에 크게 의존하는 통화 시스템에서까지 부도덕하게 여겨진다. 미제스와 오스트리아학파 경제학자들은 이자 대출이 시장경제에서 분리될 수 없는 부분이며, 생산적인 관행인 이유를 설명하기 위해 많은 노력을 기울였다. 오스트리아학파의 관점에서 이자는 지도자들이 사회에 강요한 낯선 발명품이 아니다. 모든 경제 현상과 마찬가지로 이자는 인간 행동과 양성인 개인적 시간 선호도에 뿌리를 두고 있다. 미제스는 다음과 같이 설명한다.

"우리는 모든 종류의 행동에서 본래의 이자가 불가피한 요소로 존재하지 않는 세상을 생각조차 할 수 없다.[160] … 본래의 이자가 없다면 자본재가 즉각적인 소비에 투입되지 않고 자본이 소비되지 않을 것이다. 그와는 반대로 그런 생각할 수 없고 상상할 수도 없는 상황에서는 소비가 전혀 없고 저축, 자본의 축적, 투자만이 있을 것이다. 본래의 이자의 불가능한 소멸이 아니라, 자본 소유자에 대한 이자 지급의 폐지가 자본의 소비를 초래하게 된다. 자본가들은 바로 본래의 이자가 존재하고 현재의 욕구 충족을 나중의 만족보다 선호한다는 이유로 자본재와 자본을 소비할 것이다."[161]

이자를 폐지하려는 시도는 미제스에 따르면, 이자 대출의 소멸이 아니라 자본 재고의 소비로 이어지게 된다. 자본 수익을 올릴 수 없는 저축자들이 자본을 유지하는 인센티브가 줄어들기 때문이다. 시간 선호 성향은 시간 선호도에 기초한 금융자산 거래를 금지한다고 해서 사라지는 것이 아니고, 계속해서 소비와 생산에 관한 결정을 주도하게 될 것이다. 시간 선호도가 양성인 자본 소유자가 더 이상 이자 대출의 옵션에 접근할 수 없게 되면, 자본의 재고를 소비하려는 강한 인센티브가 생긴다. 그러면 이자의 금지로 인해 절실하게 필요한 자금에 접근할 수 없게 된 차용자들이 더 나쁜 처지에 놓이게 된다. 대출자들도 저축을 통해서 수익을 얻는 것이 금지되기 때문에 형편이 나빠진다. 그리고 저축의 인센티브가 줄어들고 자본의 축적이 감소함에 따라 사회 전체가 피해를 입게 된다. 이자 대출이 없는 사회는 덜 생산적이고 덜 혁신적이며 덜 번영한다.

오스트리아학파의 관점에서는 이자가 차용자를 착취한다고 주장하기 어렵다. 대출 계약에 강압이 없고 양 당사자가 자발적으로 계약에 참여하는 선택을 하기 때문에 불법적인 계약이라 부르거나, 외부에서 폭력적으로 거래를 막으려고 시도하는 법적·도덕적 정당성이 없다.

> "그러므로 그 어떤 제도, 법률, 또는 은행의 조작장치를 통해서도 이자를 없앨 수 없다. 이자를 '폐지'하려면 사람들이 100년 후에 나올 사과의 가치를 현재의 사과보다 낮게 평가하지 않도록 유도해야 할 것이다. 법률과 명령으로 폐지할 수 있는 것은 단지 자본가가 이자를 받을 권리뿐이다. 하지만 그러한 법령은 자본의 소비를 초래함으로써 머지않아 인류를 자연적 빈곤의 원래 상태로 되돌려 놓을 것이다."[162]

이 책이 오스트리아학파의 정설에서 가장 크게 벗어나는 부분은 이자율이 실제로 공식적인 폐지나 칙령을 통해서가 아니라, 순수한 자유시장에서 사라질 수 있는 이유에 대한 사례를 제시하는 것이다. 앞 장에서 논의되고 호페가 《민주주의는 실패한 신인가 Democracy: The God Failed》에서 자세히 설명한 것처럼, 문명의 과정은 시간 선호도의 하락과 함께 시작되고 자본축적, 생산성 향상, 생활 수준 향상으로 이어져 시간 선호도의 추가적인 하락을 확대하는 선순환이 이루어진다. 전쟁,

질병, 자연재해, 미래의 불확실성 증가, 그리고 재산권에 대한 불확실성 증가는 시간 선호도의 상승을 초래하여 사람들이 미래를 희생하면서 현재를 우선시하도록 강요함으로써 이러한 과정을 방해할 수 있다.

역사적·경험적 기록이 이런 주장을 뒷받침한다. 앞 장에서 논의한 바와 같이, 그리고 호머와 실라의 이자율에 대한 백과사전적 연구에서 자세히 설명된 것처럼[163] 인류는 지난 5000년 동안 앞서 언급한 재난으로 인해 이자율이 장기적으로 꾸준히 하락하는 것을 보아왔다. 호페는 이자율 하락의 역사를 다음과 같이 요약한다.

"이자율이 떨어지는 경향은 실제로 인류의 장기적 발전 추세를 특징짓는다. '정상적이고 안전한 대출'의 최저 이자율은 기원전 6세기 그리스 금융 역사의 초기에 약 16퍼센트였고 헬레니즘 시대에는 약 6퍼센트로 떨어졌다. 로마에서는 공화국 초창기에 8퍼센트가 넘었던 최저 이자율이 제국의 첫 세기 동안에 4퍼센트로 하락했다. 유럽에서는 '안전한' 대출의 최저 이자율이 13세기의 8퍼센트에서 14세기에 약 5퍼센트로 하락했고, 15세기에는 4퍼센트가 되었다. 17세기에는 이자율이 3퍼센트까지 내려갔다. 19세기 말에는 이자율이 더욱 하락하여 2.5퍼센트 아래로 떨어졌다."[164]

그렇지만 20세기에는 이자율이 하락하는 추세가 역전되었다. 법정화폐로의 전환이 호페가 《민주주의는 실패한 신인가》에서 자세히 논의한 여러 요인과 함께 이러한 변화에서 중요한 역할을 했을 것이다. 여기서 가상 사고실험 thought experiment을 해 볼 만한 가치가 있다. 이자율이 20세기에도 계속해서 하락했다면 어떻게 되었을까? 세계가 금본위제를 유지하고, 사람들이 미래를 위해 저축할 수 있는 능력을 유지하고, 자본이 점점 더 풍부해지고, 생산성이 향상되었다면 무슨 일이 일어났을까? 이자율은 얼마나 낮아졌을까?

우리는 본래의 이자가 결코 0으로 떨어질 수 없다는 미제스의 주장을 수용하더라도 여전히 시장 이자율 0에 도달할 수 있다. 핵심은 돈에도 모든 재화와 마찬가지로 유지비용이 있다는 사실을 고려하는 것이다. 어떤 형태를 취하든 돈은 안전하게 보관되어야 하므로 항상 0이 아닌 비용과 0이 아닌 도난, 분실, 파괴의 위험을 수반한다. 돈을 유지하는 비용은 금고나 보관시설의 구입, 은행의 예금계좌를 개설하는 비용, 또는 보험료 같은 다양한 형태로 지급될 수 있다. 아니면 항상 존재하는 위험인 도난과 분실의 형태로 지출될 수도 있다. 어쨌든 돈을 유지하려면 0이 아닌 비용이 지출되어야 한다. 돈을 빌려주는 사람에게 대출의 기회비용은 명목상의 부를 온전하게 유지하는 데 있지 않다. 대신에 돈을 빌려주지 않는다면, 안전하게 유지하는 비용이 0이 아니므로 돈의 가치가 서서히 하락하게 되는 것을 의미한다.

계속해서 감소하는 시간 선호도와 함께 본래의 이자가 하락함에 따라 결국에는 암묵적 시장 이자율이 돈을 유지하는 비용보다 낮아질 수 있다. 그런 상황에서는 대출자가 0퍼센트의 이자율로 기꺼이 돈을 빌려줄 것이다. 단순히 돈을 보유하여 마이너스 수익을 감수하는 것보다 대출의 수익률이 좋기 때문이다. 법령을 통해 폐지를 요구하기보다는 문명, 자본축적, 시간 선호도 하락의 과정이 계속되면서 자연스럽게 이자가 붙는 대출을 완전히 없앨 수 있다.

시간 선호도가 감소하여 자본이 풍부해지면 자본의 가격인 이자가 하락한다. 지속적으로 발전하는 문명은 시간 선호도가 감소함에 따라 미래에 대한 준비와 미래 세대에 대한 관심이 증가하고, 자본이 풍부해지는 것을 목격하게 된다. 사람들이 더 많은 자본을 소유하면 돈을 빌리려는 수요도 감소한다. 자본이 충분히 풍부해지면 대출의 수익이 돈을 유지하는 비용보다 낮아지게 되고, 그 시점에서 차용자는 단순히 전액 상환을 약속함으로써 여러 대출자로부터 돈을 빌릴 수 있다. 보관과 보험 또는 도난과 분실에 대한 대출자의 비용을 절약하게 해 주기 때문이다.

시간 선호도와 함께 이자율이 하락함에 따라 대출 거래의 비대칭성이 대출자에게 점점 더 매력적이지 않게 된다. 왜 그렇게 빈약한 수익의 대가로 모든 자본을 잃을 위험을 감수해야 할까? 대출 계약은 대출자의 이익 상한을 제한하지만, 대출자가 돈을 돌려받을 것을 확실하게 보장하는 힘이 없다. 위험이 존재하는 한, 완전하고 재앙적인 손실의 위험을 결코 법으로 제거할 수 없다. 현대의 법정화폐에 기반한 경제 시스템에서는 은행의 파산 위험이 국가통화로 이전됨으로써 상당 부분 완화된다. 화폐를 발행하여 대출기관의 포트폴리오에서 발생하는 모든 채무불이행defaults을 보상하는 중앙은행의 능력을 통해서 대출이 효과적으로 보장된다.

이것이 현대 세계에서 FDIC(연방예금보험공사)가 은행 계좌를 보장할 수 있는 이유다. 하지만 자본축적과 하락하는 시간 선호도가 중앙은행이 인플레이션을 겪는 법정화폐를 사용하여 은행들을 구제할 수 있을 정도의 발전 단계에 이르지 못한 가상 시나리오에서 기대할 수 있는 것은 없다. 그런 화폐는 저축을 억제하고 시간 선호도와 이자율의 하락을 허용하지 않을 것이기 때문이다. 우리는 저축을 장려하고 은행에 대한 구제금융과 대출자에 대한 파산 보호를 허용하지 않는 엄격한 통화 기준으로만 그런 지점에 도달할 것이라고 예상할 수 있다. 시간 선호도가 낮고, 경화를 사용하고, 구제금융이 없는 세계에서는 이자 대출의 가능성이 작아진다. 대출자는 전반적인 하락 추세를 감수하면서 아주 적은 수익을 얻게 된다. 전반적인 하락 추세를 감수해야 하는 그들은 또한 주식투자를 통해 상승 추세에 완전히 노출되기를 선호할 것이다.

자본이 풍부하고 이자율이 무시할 수 있을 정도로 낮은 세상, 또는 명목 이자율이 0인 세상에서 신용이 좋은 사람들은 긴급한 비용이나 어려움에 대비하여 친구나 가족으로부터 자본을 확보하는 데 아무런 문제가 없을 것이다. 무이자로 대출하는 전주는 보관에 드는 비용을 절약하게 되고, 손실의 위험을 감수하지 않아도 된다. 따라서 시간 선호도가 매우 낮으면 돈을 보유하는 것보다 신뢰할 수 있는 차용자에게 대출하는 것이 바람직할 것이다. 그러나 기업 투자의 경우에는 시장이 주로 주식에 기반을 둘 가능성이 매우 크다. 그런 세상의 금융은 주식 투자 금융investment equity banking과 저축 금융deposit banking의 두 가지 범주로 나뉘게 될 것이다.

앞에서 논의한 미제스의 황금률은 상품신용이 대출의 만기와 일치하는 저축으로 전액 뒷받침되어야 함을 명시한다. 그러나 최후의 수단을 보유한 대출기관이 없고 명목 이자율이 0일 때는 기업의 이익에서 미리 정해진 몫을 대출기관이 얻게 된다는 규칙이 추가될 것이다. 다시 말해, 돈을 빌려주는 대출자는 없고 지분을 소유하는 투자자만 존재하게 된다.

오스트리아학파의 관점에서 이자율의 시간 선호 이론을 이해하면 이자에 반대하는 역사적·종교적 사례를 설명하는 데 도움이 될 수 있다. 명목 이자율이 0인 세상은 본래의 이자가 돈을 유지하는 비용보다 적을 정도로 시간 선호도가 낮은 세상이다. 이자에 반대하는 종교적 명령은 신자들의 시간 선호도를 낮춰 이자 대출에 더 이상 매력을 느끼지 못하게 하는 처방으로 이해할 수 있다. 내세에 대한 믿음 또한 시간 선호도를 낮추는 데 도움이 되는 것으로 이해할 수 있다. 내세에서 영원한 삶을 살면서 자신의 행동에 대한 무한한 보상과 처벌에 직면하게 되리라는 신자들의 기대는 미래의 결과에 대한 무한히 낮은 평가절하로 이어진다.

종교와 전통이 지시를 통해서 신자들에게 이러한 현실을 강요하는 반면에, 현대 시장경제는 끊임없는 자본축적, 노동 분업, 기술 발전 그리고 시간 선호도의 감소를 통해서 우리를 이러한 실제적 현실로 이끄는 도구다. 다시 말해서 시장과 문명의 과정이 중단되지 않는다면 시장의 이자 대출이 사라지는 지점까지 미래에 대한 할인이 감소하여 전통적인 기독교와 이슬람 금융이 구현한 것과 유사한 고리대금이 없는 시스템으로 이어진다.

조지프 슘페터Joseph Schumpeter는 이자율 이론을 발전시키는 데 가장 큰 노력을 기울인 오스트리아학파 경제학자 오이겐 뵘바베르크Eugene Böhm-Bawerk의 연구를 잘 요약해 주었다.

"[이자는 말하자면 사람들이 경제적으로 허용되는 생산기간의 연장을 초과하지 못하도록 막고, 현재의 욕구에 대한 공급을 강제하는 브레이크 또는 조절기로서 기업가의 관심을 끄는 실질적 압력을 행사한다. 이것이 모든 경제에서 이자가 미래와 현재의 이익에 대한 관심의 상대적 강도와 더불어 사람들의 지성과 도덕적 역량(이들이 높을수록 이자율이 낮아진다)까지 반영하는 이유다. 그렇기 때문에 이자율은 국가의 문화

수준을 비추는 거울이다. 문화 수준이 높을수록 가용한 소비재의 재고가 늘어나고 생산기간이 연장되며, 우회의 법칙law of roundaboutness에 따라 추가적인 생산기간 연장에 대한 잉여 수익이 줄어들면서 이자율이 하락할 것이다. 여기서 과학의 최고 지성들이 시도했지만 충분하지 못했던 이 오래된 문제의 해결책으로 뵘바베르크의 이자율 감소 법칙law of the decreasing rate of interest이 나온다."[165]

시간 선호도가 계속해서 감소하면 명목 이자율이 0으로 낮아질지의 여부는 강제적으로 이자를 금지하는 조치의 경제적 효과와는 별개의 문제다. 필수적인 시간 선호도 하락 없이 이자 대출을 금지하면 소비가 늘어나고 저축과 대출이 줄어들며 전반적인 투자도 감소할 것이다. 이자 대출을 폐지하는 방법이 이자 대출뿐일 수도 있다. 저축을 장려하고 자본축적을 늘림으로써, 이자 대출은 시간 선호도와 이자율의 하락(완전히 사라질 때까지)으로 이어지게 된다.

15장

Monetary Expansion

통화의 확대

"신용의 확대가 자본을 대체할 수 없다."[166]

- 루트비히 폰 미제스

유통신용

앞 장에서는 상품신용의 기능을 설명했다. 미제스는 상품신용을 은행에 대한 저축자의 대출과 투자자에 대한 은행 대출의 금액과 만기가 완벽하게 일치하도록 은행이 제공하는 신용으로 정의한다. 다시 말해, 상품신용은 은행이 저축자와 투자자의 연결을 용이하게 하는 단순한 중개자에 불과한 신용 거래다. 모든 상품신용 거래에서 투자되는 자본은 투자된 저축의 소유자가 동등한 양의 소비를 희생할 것을 유도하며, 이는 이자율이 대출자의 시간 선호도를 반영한다는 것을 의미한다. 이번 장에서는 투자가 대출자의 소비 감소를 유발하지 않는 신용 거래에 대하여 논의한다. 미제스가 유통신용이라고 말한, 사실상 새로운 화폐를 만들어 내는 신용이다.

유통신용이 존재하게 되는 가장 일반적인 방식은 은행이 예금자의 요구에 따라 지불하기로 약속한 돈을 빌려주는 경우다. 이러한 관행은 **부분지급준비제도** fractional reserve banking로 알려져 있다. 이 경우에 대출자, 즉 은행 예금자는 지급준비가 완전하고 예금과 대출의 만기가 일치하며, 전체 대출기간 동안 예금의 소비를 포기해야 하는 상품신용의 경우처럼 자신의 저축이 기업가에게 신용으로 대출되는 동안에 저축의 소비를 연기할 필요가 없다.

은행이 유통신용을 만들어 내는 또 다른 방법은 대출과 예금의 만기가 일치하지 않도록 하는 것이다. 은행은 예금과 동일한 액수의 신용만을 대출하지만, 대출의 만기가 예금보다 길다면 실질적으로 유통신용의 창출에 참여하게 된다. 그러한 대출은 사실상 은행이 기업가에게 제시하는 이자율보다 낮은 수익률로 돈을 예치할 의향이 있는 예금자를 찾을 수 있는 은행의 능력을 가정한다. 따라서 유통신용은 14장에서 논의한 황금률이 깨질 때마다 생성된다.

유통신용을 만들어 낼 수 있는 세 번째 방법은 대출 담보의 재담보를 설정하는(둘 이상의 대출에 담보를 재사용하는) 관행이다. 담보물이 첫 번째 대출의 담보로 제공되었다면, 두 번째 대출은 대출기관의 소비 연기를 수반하지 않을 것이다.

이 세 가지 방법을 통해서 대출기관의 상응하는 희생 없이 신용이 창출되고 **수탁 매체**fiduciary media(지급준비금으로 뒷받침되지 않는 청구권-옮긴이)로 제공된다. 예금 기간 전체에 걸쳐서 현금으로 교환할 수 있지만, 소지인의 요구에 따라 지불할 금액이 은행에 수표와 잔고로 준비되어 있지 않다.

10장에서 논의한 바와 같이 화폐는 순전히 다른 재화와 교환하기 위해 획득하는 유일한 재화라는 점에서 독특하다. 화폐는 소비재처럼 소비되지도 않고, 생산재처럼 다른 재화의 생산에 사용되지도 않는다. 유일한 목적이 타자에게 이전하는 것이고, 소유자에게 아무런 물리적 기능을 수행하지 않기 때문에 화폐에 대한 청구권이나 그 대체물은 다른 소비재나 자본재의 대체물이나 청구권이 수행할 수 없는 방식의 역할을 담당할 수 있다. 스테이크의 상품권은 먹을 수 없고, 기계의 영수증은 기계가 생산하는 제품을 생산할 수 없으며, 비행기 표는 당신이 비행하도록 할 수 없다. 그러나 화폐에 대한 청구권은 화폐의 본질적 기능을 수행할 수 있다. 즉 다른 재화와 교환할 수 있다. 미제스는 다음과 같이 설명한다.

"유통신용이 포함된 거래에 대한 사람들의 특이한 태도는 유통신용으로 표현되는 청구권claims이 모든 거래에서 화폐 대신 사용될 수 있다는 상황으로 설명할 수 있다. 돈을 빌려주거나, 무언가를 구입하거나, 채무를 청산하거나, 세금을 내기 위해 돈이 필요한 사람은 먼저 화폐에 대한 청구권(어음이나 예금잔고)을 화폐로 바꾸지 않아도 된다. 청구권 자체를 직접 지불 수단으로 사용할 수 있다. 따라서 화폐에 대한 청구권은 실제로 모든 사람에게 화폐의 대용품이 된다. 화폐와 같은 방식으로 화폐의 기능을 수행하는 '준비된 돈ready money', 즉 미래가 아니라 현재의 돈이다.[167]

당장 처분할 수 있는 빵이 1,000개 있는 사람은 언제든지 빵 한 개의 배달을 요구할 수 있는 권리를 소유자에게 부여하는 표를 1,000장 이상 발행하려 하지 않을 것이다. 화폐는 이야기가 다르다. 다시 없애려는 목적이 아니고는 화폐를 원하는 사람이 아무도 없기 때문에… 청구권 자체를 이용하는 것이 얼마든지 가능하고… 청구권에 내재하는 권리를 행사하려는 시도 없이 손에서 손으로 전달되는 것이 얼마든지 가능하다."[168]

이러한 화폐의 독특한 특성 때문에 사람들이 수탁 매체와 같은 화폐 대용물을 발행 은행에서 화폐로 교환할 필요 없이 화폐처럼 사용하여 상품과 서비스에 대한 지불 수단으로 주고받을 수 있다. 은행이 수탁 매체로 발행하는 은행권banknotes이나 은행 계좌bank accounts는 화폐로 바꿀 필요 없이 그 자체로 교환 매체다. 여기서 수탁 매체는 한 가지 매우 중요한 점에서 요구에 따라 전액을 지급할 수 있는 지급준비금reserve money과 함께 발행되는 은행권과는 확연히 다르다는 것에 유의해야 한다.

수탁 매체의 발행은 발행 당사자의 희생을 수반하지 않는다. 따라서 100퍼센트 지급준비금으로 은행권이 발행될 때는 화폐의 총공급량에 영향을 미치지 않는 반면에, 수탁 매체의 발행은 기존의 화폐 잔고를 늘리게 된다. 금의 채굴은 비용이 많이 들고 불확실한 사업이기 때문에 사업비용이 예상되는 금의 판매 가치에 근접하는 것이 보통이지만, 수탁 매체의 발행은 발행하는 금융기관에 별다른 비용을 요구하지 않으면서 통화의 공급을 늘린다. 통화 공급의 증가는 자연스럽게 돈의 시장 가치에 영향을 미쳐서 중대한 결과를 초래한다. 오스트리아학파가 1세기 이상에 걸쳐서 부지런히 분석에 힘을 기울인 결과에 대해 다음과 같이 논의한다.

미제스의 화폐 유형학

소비되지 않는 재화라는 화폐의 독특한 특성은 화폐뿐만 아니라 화폐 대체물과 수탁 매체도 화폐 역할을 할 수 있도록 하여 '화폐'라는 용어가 정확히 무엇을 지칭하는지에 대해 혼란을 야기할 수 있다. 화폐의 유형에 따른 중요한 차이를 살펴보는 데는 미제스가 《화폐와 신용 이론The Theory of Money and Credit》에서 제시하고, 외르크 귀도 휠스만 Jörg Guido Hülsmann이 저술한 미제스의 지적intellectual 전기 《미제스: 자유주의의 마지막 기사Mises: The Last Knight of Liberalism》[169]에서 설명된 유형학typology을 살펴보는 것이 유용하다.

"미제스는 화폐적 대상물(즉 멩거가 말한 대로 일반적 교환 매체로 받아들여지는 모든 것)의 포괄적인 유형학을 개발했다. 그는 가장 기본적인 수준에서 여러 유형의 '좁은 의미의 화폐money in the narrower sense'와 '화폐 대용품money surrogates' 또는 대체물을 구별했다. 좁은 의미의 화폐는 그 자체로 재화인 반면에, 화폐 대용품은 좁은 의미의 화폐에 대한 법적 권리다. 화폐 대용품은 일반적으로 은행에서 발행되고 발행 은행의 창구에서 실제 화폐와 교환할 수 있다.
미제스는 화폐와 화폐 권리money titles 사이의 근본적인 구별을 확립하면서 법적 실체legal entities의 경제학에 대한 뵘바베르크의 선구적 연구에서 얻은 중요한 통찰을 적용하여 다음과 같이 강조했다. '청구권은 재화가 아니다. 재화에 대한 처분disposal을 획득하는 수단이다. 이것이 청구권의 전반적 특성과 경제적 중요성을 결정한다.' 책의 후반부에서 미제스의 설명이 보여주듯이, 이러한 구별은 멩거의 가치 및 가격 이론의 틀에서 화폐 이론을 통합하고, 통화 시스템에서 은행의 역할을 분석하는 데 매우 중요하다. 그의 금융 이론의 핵심에는 두 가지 매우 다른 유형의 화폐 대체물의 경제적 중요성에 대한 비교 분석이 있다. 미제스는 화폐 대체물이 상응하는 금액의 화폐로 보장되어 '화폐 증서money certificates'가 되거나, 그와 같은 보장이 없는 수탁 매체(움라우프스미텔

Umlaufsmittel)가 된다고 말했다. 그는 책의 마지막 3분의 1 전체를 움라우프스미텔을 사용한 결과에 대한 논의에 할애한다."[170]

'화폐money'라는 용어는 (좁은 의미의) 돈과 돈의 대체물을 지칭하는 데 널리 사용된다. 미제스는 오스트리아학파의 경기순환 분석을 설명하는 데 도움이 되는 방식으로 양자에 대한 구분을 명확히 한다. 좁은 의미의 화폐는 다음 세 가지 형태로 나타날 수 있다.

- **상품화폐**commodity money: 동일한 유형의 재화와 교환이 가능한 경제재이기도 한 일반적 교환 매체이다. 실물화폐는 다수의 생산자와 소비자가 있는 시장에서 판매된다. 역사적인 예는 주로 귀금속이지만, 최근에는 비트코인이 새로운 형태의 비금속 디지털 상품으로 추가될 수 있다.

- **신용화폐**credit money: 교환 매체로 사용되는 실체에 대한 미래의 재정적 청구권이다. 신용과 신용화폐의 차이점은 수취인이 재정적 청구권을 확보하려는 것이 아니라, 다른 수취인에게 넘기려는 의도로 신용화폐를 받는다는 것이다.

- **법정화폐**fiat money: 당국의 법적 명령을 통하여 수용되는 교환 매체이다. "결정적인 요소는 도장이다. 도장이 찍혀서 화폐를 구성하는 물질이 아니라 도장 그 자체다."[171] 법정화폐는 지폐, 은행예금 또는 토큰 코인token coin(동전 대신 사용되는 동전과 비슷한 물체-옮긴이)의 형태를 취할 수 있다.

화폐 대체물은 종종 화폐와 혼동하지만 분명히 다르다.

- **화폐 대체물**money substitutes: 좁은 의미의 화폐에 대한 법적 권리를 나타내는 물리적 상품이나 금융상품이다. 요구에 따라 화폐와 교환할 수 있고, 거래의 교환 매체로 사용된다. 화폐 대체물은 다음 두 가지 형태로 제공된다.

- **화폐 증서**money certificates: 요구에 따라 전액을 화폐로 교환할 수 있는 금융상품이나 종이 조각이다(가치는 발행기관이 100퍼센트 보장). 화폐 증서의 예로는 엄격한 금본위제에서 금으로 교환할 수 있는 달러 지폐, 또는 금으로 뒷받침되는 달러에 기반을 둔 은행 계좌가 있다. 비트코인의 영역에서는 비트코인을 라이트닝 네트워크lightening network(비트코인 블록체인이나 기타 암호화폐를 기반으로 구축된 결제 프로토콜-옮긴이)에서 사용되는 독특한 유형의 화폐 증서로 생각할 수 있다. 라이트닝 네트워크의 운용이 전적으로 화폐 보유자의 손에 달려 있고 제삼자에게 의존하지 않기 때문이다. 보관된 비트코인을 거래할 수 있는 영수증도 화폐 대체물에 해당한다. 그리고 이러한 영수증은 발행하는 상대방이 있지만, 검열자가 네트워크에 접근하기는 쉽지 않기 때문에 여전히 비교적 쉽고 저렴하게 비트코인으로 교환할 수 있다.

- **수탁 매체**fiduciary media: 화폐의 보유로 뒷받침되지 않는 화폐 대체물이다. 금융기관이 화폐 대체물을 발행하지만 모든 대체물과 교환할 돈이 없는 경우, 그 차이가 수탁 매체다. 수탁 매체는 경기순환

에 대한 미제스의 설명에서 핵심적인 용어다. 바로 이러한 매체의 창조로 인해 호황과 불황의 주기가 시작되기 때문이다. 디지털 영역에서는 동등한 비트코인의 뒷받침 없이 발행되는 비트코인 표시 신용에 해당할 것이다.

미제스의 유형학에 따르면 화폐의 기능은 물리적 형태와 직각으로 교차한다. 은행예금은 전액 화폐로 교환할 수 있을 때는 화폐 증서, 뒷받침하는 화폐가 없이 발행될 때는 수탁 매체의 형태를 취하고, 정부 당국이 명령하는 경우에는 법정화폐의 형태가 된다. 마찬가지로 종이 화폐는 금본위제와 같이 액면가로 상품화폐와 교환할 수 있을 때는 100퍼센트 화폐 증서가 될 수 있다. 그리고 은행에서 발행되지만 화폐와 교환할 수 없을 때는 수탁 매체가 되며, 상환 능력이 없는 정부가 찍어내면 법정화폐가 된다. 물리적 주화는 금화나 은화 같은 상품화폐, 은행이 발행하는 수탁 매체, 화폐와 교환할 수 있는 화폐 증서, 또는 기본 금속으로부터 추출되어 금속의 함량과 무관한 가치를 당국이 설정

[그림 31] 화폐 유형학[172]

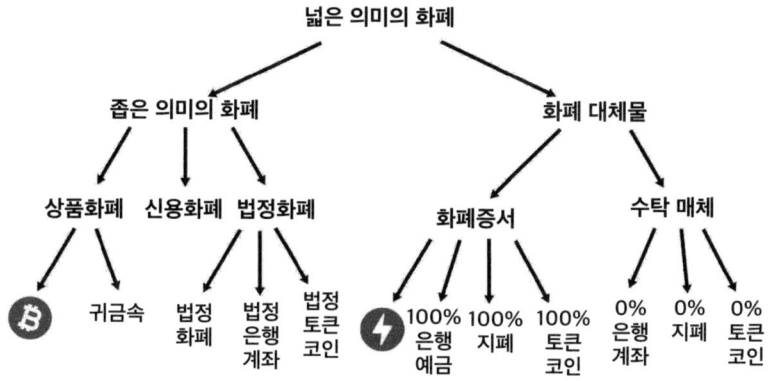

하는 법정화폐로 만들 수 있다. 화폐의 물리적 형태에서 벗어나 수탁 매체와 화폐 증서의 차이를 설명함으로써, 미제스는 경기순환에 대해 인간 행동에 기반한 설명을 제시할 수 있었다.

화폐 증서는 소지자의 요구에 대응하기 위한 좁은 의미의 화폐가 동등한 금액으로 발행기관에 유지되기 때문에, 유통되는 화폐 매체의 공급을 늘리지 않는다. 화폐 증서가 지불 수단으로 사용될 때는 언제든지 배후에 있는 화폐(은행 금고에서 유휴 상태에 있지만)의 소유권이 바뀌게 된다. 화폐 증서가 유통되는 동안에 발행기관에 있는 좁은 의미의 화폐로 화폐 거래를 결제하기는 불가능하다. 화폐 증서가 좁은 의미의 화폐로 교환되면 돈은 쓸 수 있지만 증서는 쓸 수 없다. 화폐 증서는 넓은 의미에서 화폐의 공급을 늘리지 않는다. 반면에 수탁 매체의 형태로 화폐 대체물을 도입하면 유통되는 화폐와 화폐 대체물의 총공급량이 늘어나게 된다.

과거에 왕들은 신하들로부터 수집한 주화의 귀금속 함량을 낮추기 위해 약간의 기초 금속을 섞은 새로운 주화를 주조함으로써 신하들의 희생으로 부자가 되었다. 기초 금속을 혼합함으로써 왕은 자신이 보유한 귀금속의 양보다 많은 주화를 생산할 수 있었고, 원래 화폐를 보유한 사람들의 희생을 통해서 구매력을 높이는 이득을 얻었다. 시간이 가면서 주화의 귀금속 함량 감소를 반영하여 상품가격이 상승하고 모든 사람의 실제 부의 일부가 왕에게 이전되었다.

현대의 중앙집권 정부는 더 이상 물리적 주화의 가치를 깎아내리지 않지만 입법, 폭력의 위협, 독점력의 행사를 통해서 화폐와 교환할 수 없는 화폐 증서를 화폐인 것처럼 받아들이도록 사람들에게 강제함으로써 유사한 결과를 달성한다. 상환 가능성이 유보된 화폐 증서는 수탁 매체가 되어 총통화 공급을 늘린다. 왕들이 귀금속에 기초 금속을 섞어서 이익을 얻었던 것과 같은 방식으로 현대의 정부는 통화에 수탁 매체를 섞음으로써 이익을 얻는다.

두 경우 모두 사회의 희생으로 정부가 부유해지는 것 이상으로 결과가 확대된다. 값싼 보충재가 도입되면 화폐의 기능이 강화되지 않고 손상된다. 화폐는 보유자에게 절대량이 중요하지 않고 구매력만이 중요하다는 점에서 독특하다. 화폐의 양을 늘린다고 해서 부가 늘어나지도 않고, 더 효율적인 화폐가 되지도 않는다. 대신에 기존 보유자의 재산 가치를 떨어뜨리고 상품가격을 변경하여 경제적 계산 착오를 초래하게 된다.

경기순환

주류 경제학자들은 무엇이 경기순환business cycle을 초래하는지의 문제를 신중하게 다루며 훌륭한 성과를 거두었는데, 거기에는 그럴만한 이유가 있었다. 현대 경제학은 정책 결정을 홍보하기 위해 주로 중앙은행의 자금 지원을 받는다. 때문에 누구든지 중앙은행의 비위에 맞지 않는 결론을 내리는 사람에게는 성공적인 경력을 쌓을 수 있는 기회가 제공될 가능성이 매우 낮다.[173] 주류 경제학 연구는 주로 경기침체에서 벗어나는 방법에 대한 논의에 초점을 맞췄고, 경기침체의 원인에 대한 논의는 거의 이루어지지 않았다. 원인을 이해하지 않고 문제를 해결하려는 것은 유치한 몰염치에 불과하지만, 법정화폐가 해결책을 찾고 중앙은행에 비판적인 학자들을 소외시키는 데 초점을 맞춘 연구에 중앙은행이 자금을 지원함으로써 그들만의 현실을 창조하려는 시도를 가능하게 한다. 이러한 접근법은 최근에 재발간된 케인스의 《일반이론 General Theory》에서 경기순환의 원인을 설명하지 못하는 케인스의 무능력을 격찬한 크루그먼Krugman의 소개가 가장 좋은 예시일 것이다.

"케인스는 경기순환의 역학(오늘날까지도 논란의 여지가 있는 주제)을 설명하려는 시도에 얽매이기보다는 대답할 수 있는 질문에 초점을 맞췄다. 그리고… 가장 답이 필요했던 질문은 '전반적으로 수요가 감소하는 상황(이유는 신경 쓰지 말고)에서 어떻게 하면 더 많은 고용을 창출할 수 있을까?'이다."[174]

현대 법정주의 학계에서의 성공은 주로 아이디어의 일관성이나 가치보다는 중앙은행에 대한 충성심의 함수다. 그 결과, 밤이 낮으로 바뀌고 계절이 바뀌는 것처럼 경기순환이 현대 자본주의 경제의 작동에서 정상적이고 피할 수 없는 부분으로 제시되고 있다.

극명한 대조를 이루는 오스트리아학파 경제학자들과 세계를 이해하기 위한 그들의 인과적 현실주의의 틀은 경기순환이 발생하는 이유와 예방할 수 있는 방법에 대한 일관성 있는 설명을 제시한다. 자금을 지원받기 위해 중앙은행의 노선을 따라야 하는 부담이 없는 오스트리아학파는 기존의 불경기에 대한 케인스주의자들의 미심쩍은 권고를 넘어서서 애당초 경기침체를 피하는 방법에 대한 설명을 제시할 수 있다.

오스트리아학파의 경기순환 이론은 오스트리아학파의 화폐 이론에 기반을 두고 있으며, 앞에서 논의한 수탁 매체와 화폐의 차이점에 대한 자연스러운 확장이다. 이론의 기본적 전제는 근거가 없는 청구권을 창조함으로써 경제적 자원을 만들어 낼 수 없다는 단순한 명제다. 상식처럼 들릴지도 모르지만, 대부분의 현대 경제학자에게는 급진적인 개념이다. 경제적 자원에 대한 근거 없는 청구권에 근거가 있는 청구권과 동등한 지위를 부여하려는 정부와 은행의 시도는 기업가가 이용할 수 있는 금융자본financial capital의 증가로 나타나는 통화 공급의 증가를 초래한다. 늘어난 금융자본으로 인해 기업가가 충분한 자원을 보유하지 못한 프로젝트에 투자하게 되고, 금융자본을 소비하기 시작한 후에야 그런 오류가 명백해지면서 예상치 못한 투입재의 가격 상승을 유발하여 결국 프로젝트를 완료하지 못하게 된다.

상품신용만 있는 경제에서는 다양한 이자율로 돈을 빌리고 빌려주는 데 대한 사람들의 선호도가 상호작용하여 이자율이 결정된다. 돈의 보유, 차용, 또는 대출에 대한 선호도는 가용한 돈의 양과 아울러 경제 상황과 사람들의 욕구에 의해 결정된다. 상품신용만이 존재하는 세계에서는 모든 대출이 수익을 얻기 위해 소비를 포기하기로 결정한 저축자로부터 나와야 한다.

금융자본에 관한 저축과 소비의 결정은 물리적 자본의 저축과 소비의 결정에 직접적으로 대응한다. 금융자본의 소비를 포기하는 사람은 금융자본으로 구입할 수 있었던 경제적 재화나 서비스를 포기하는 것이다. 소비되지 않은 자원은 생산 과정으로 돌릴 수 있어서 생산적인 기업에 투자된다.

명백한 예로, 옥수수를 먹지 않기로 한 소비자는 옥수수를 종자로 사용할 수 있다. 복잡한 경제의 더 정교한 예로, 해변의 리조트로 휴가를 떠나기를 포기한 소비자는 리조트의 직원 수요와 리조트가 확장을 위해 새로운 토지를 구입할 가능성을 줄인다. 휴가를 자제하는 사람이 여행에 쓸 돈을 은행에 예치하면 은행은 이 예치금을 자동차 제조업체에 대출할 수 있고, 자동차 제조업체는 해변의 리조트에 고용되지 않은 근로자를 고용하고 리조트가 포기한 토지를 구입할 가능성이 커진다. 휴가의 즉각적인 만족을 포기하는 대신에 금융자산을 기업가에게 제공하는 선택을 함으로써, 저축자는 휴가를 즐기려는 욕구를 충족할 수 있는 자원을 절약하여 자동차의 장기적 생산에 사용될 수 있게 한다.

희소성은 경제학의 근본적인 출발점이다. 화폐와 금융기관은 우리가 절약하고 생산성과 효율성을 높이고 희소성과 싸우기 위해 사용하는 도구지만, 자원의 희소성을 없앨 수 없다. 근로자, 사무실 공간, 장비, 컴퓨터, 토지, 그리고 자원의 양은 한정되어 있고, 자원을 할당하는 방법은 돈으로 거래하는 것이다. 경제가 상품신용으로 운용되는 한 금융자원이 실제 자원을 나타내고, 소비의 결정이 가격으로 표현되는 현실 세계의 자원에 대한 선호도를 반영하게 된다.

이러한 과정은 화폐처럼 유통되지만 화폐로 뒷받침되지 않는 수탁 매체의 도입으로 왜곡된다. 화폐로 뒷받침되지 않는 대출을 해 주는 금융기관은 상응하는 소비자의 소비 연기 없이 신용을 제공하는 것이다. 은행은 옥수수를 이미 먹어버린 농부가 종자 옥수수를 살 수 있도록 수탁증서를 발행했다. 종자 옥수수 구입을 위해 제공된 대출금 총액은 지난해의 수확에서 남은 모든 종자 옥수수의 현재 가격을 기준으로 시장 가치를 초과한다. 은행은 휴가객이 리조트에서 돈을 씀으로써 리조트가 근로자를 고용하고 토지를 구입할 돈을 자동차 제조업체에 제공했다.

기업가에 대한 대출로 수탁 매체가 만들어질 때, 대출이 실제로 존재하는 자원보다 많은 청구권을 만들어 냈다는 사실이 (미제스 경제학자들을 제외하고) 아무에게도 분명하지 않을 수 있다. 현재의 옥수수 가격에서는 농부들이 구입을 계획하는 종자 옥수수의 양이 시장에서 가용한 양을 초과한다. 그러나 파종기가 되어 농부들이 종자 옥수수 구입에 나서면 가격이 빠르게 상승한다. 일찍 구매에 나선 사람들은 계획한 양을 모두 살 수 있지만, 대부분은 계획보다 적은 양을 구매하게 될 것이다. 이러한 계산 착오는 가용할 것으로 예상한 종자의 양에 따라 토지, 노동, 자본에 과도한 투자를 하게 되는 농부들에게 값비싼 실수가 된다.

리조트와 자동차 공장 모두 필요한 토지와 근로자를 확보하기에 충분한 돈과 수탁 매체를 보유하기를 기대한다. 그러나 실제로 근로자를 고용하고 토지를 매입하기 시작하면 늘어난 수탁 매체로 인해 투입재에 대한 돈의 가치가 하락하고, 투입되는 재화의 가격이 상승한다. 리조트와 자동차 공장의 구입 제안을 받은 토지 소유자는 양자 간의 입찰에 경쟁을 부추겨 더 높은 가격을 부과할 수 있다. 근로자들이 두 사업 모두에서 기회를 찾게 되면 임금도 상승한다. 수탁 매체가 이자율을 낮추는 방법으로 은행과 기업가에게 가용한 자원의 실상에 대한 과장된 평가를 제공하면, 실제로 가용한 자원이 사업을 완료하기에 충분치 않음에도 불구하고 많은 사업이 기업가의 계산에서 수익성이 있는 것으로 보이기 시작한다.

토지, 노동 그리고 자본재의 비용이 상승하면서 두 기업가의 계획이 모두 망가진다. 그들은 수탁 매체가 유통되기 전의 통상적 가격을 기반으로 모든 경제적 계산을 수행했다. 그러나 투입재의 가격이 상승함에 따라 이전의 계산이 쓸모없게 되며, 수익성이 줄어들거나 사라진다. 두 사업 중 하나 또는 모두가 청산되어 기울인 노력과 투자가 낭비되는 것이다.

시장의 통상적 이자율이 6퍼센트일 때는 4퍼센트의 수익률을 제공할 것으로 예상되는 사업의 기회가 대출자로부터 자본을 유치하지 못할 것이다. 그러나 수탁 매체의 도입으로 이자율이 3퍼센트로 떨어지면 자본을 유치할 수 있게 된다. 동일한 자본 재고가 있는 동일한 시장에서 동일한 사업이, 무시할 수 있는 비용으로 만들어 낼 수 있는 수탁 매체의 도입으로 수익성 없는 사업에서 수익성 있는 사업으로 바뀐다. 이러한 상황의 부조리는 명백하다. 화폐는 자체적으로 아무런 가치를 제공하지 않고 전달하기 위해 획득되는 재화다. 수량은 중요하지 않고 구매력만이 중요하다. 더 많은 화폐 단위를 만드는 것이 자본과 소비재라는 투입물과 산출물이 있는 사업의 경제적 현실을 바꿀 수 없고, 수익성 없는 사업이 갑자기 수익성이 있는 것처럼 보인다면 사용되는 화폐의 결함 때문일 수밖에 없다.

수익성 없는 사업의 부실은 기업가가 투입물의 입찰가를 올리고 수익 계산을 다시 검토해야 할 때 드러나기 시작한다. 이 시점에서 수탁 매체를 추가로 투입하여 사업에 공급함으로써, 수탁 매체의 지출이 시작되고 가격이 다시 오르기 전까지 서류상으로 수익성을 개선하고 결산의 날을 늦출 수는 있다. 붐 boom이 계속되려면 신용의 창출이 가속적으로 진행되어야 한다. 그러나 통화가 결국 붕괴할 것이기 때문에 신용의 창출이 영원히 지속될 수는 없다.

도표로 보는 경기순환

신용시장에 수탁 매체를 도입하면 상품신용만 이용할 수 있는 세상과 달리, 이자율에 따라 빌려줄 수 있는 자금의 양이 증가하면서 대출 가능한 자금의 공급곡선이 오른쪽으로 이동할 수 있다. 그 결과로 단지 경제에 제공되는 신용이 확대될 뿐만 아니라, 이자율이 하락하여 차용자가 수탁 매체가 없을 때보다 낮은 이자율로 부채를 확보할 수 있게 된다. 마찬가지로 더 낮은 대출이자를 받는 대출자는 저축을 덜 하게 된다. 수익에 대한 기대치가 높아지면 사람들이 더 많은 소비를 하도록 부추겨서 상황이 더욱 악화한다.

이러한 이자율 하락은 시간 선호도의 감소로 인해 더 많은 저축으로 이뤄지는 이자율 하락과는 다르다. 수탁 매체로 인한 이자율 하락은 현재 소비의 희생이 아니라 통화 조작monetary manipulation을 통해서 이루어지기 때문에 지속 가능하지 않다. 수탁 매체의 도입은 즉각적인 대출이나 소비의 증가와 저축의 감소로 이어져 기업가가 실질적으로 이용할 수 있는 경제적 자원과 자원에 대한 기대치 사이에 격차가 발생한다.

로저 개리슨Roger Garrison은 《시간과 돈Time and Money》에서 오스트리아학파의 경기순환 이론을 설명하고 호황과 불황이 반복되는 사이클과 지속 가능한 경제성장과의 차이를 보여주기 위한 그래픽 프레임워크graphical framework를 제시한다. 개리슨은 개인이나 사회에서 가능한 최대의 투자와 소비의 조합을 보여주는 생산가능곡선Production Possibilities Frontier, PPF을 사용한다.[175] 생산가능곡선은 소비와 투자 사이의 상충관계를 보여준다. 생산가능곡선에서 투자 쪽으로 이동하려면 현재의 소비를 희생해야 하고, 반대의 경우도 마찬가지다. 생산가능곡선의 모든 점에서 곡선의 기울기는 소비 측면에서 자본의 가격을 보여준다. 시간이 가면서 경제성장이 이루어지면 곡선이 바깥쪽으로 이동하여 자본과 소비의 조합이 더 풍부해지는 반면에, 경기가 위축되면 곡선이 안쪽으로 이동하여 소비와 자본재의 조합이 감소한다.

두 번째 그래프는 대출 가능한 자금의 시장을 보여준다. 여기서 차용자에게는 주어진 모든 이자율에 대해 차용하려는 금액을 보여주는 수요곡선이 있고, 대출자에게는 각각의 가격 수준에서 제공하려는 대출 금액을 보여주는 공급곡선이 있다. 두 곡선은 대출의 수요와 공급이 일치하는 이자율에서 만난다.

마지막으로 개리슨은 경기순환에 대한 하이에크의 연구에 기초하여 생산 삼각형 production triangles의 시간 구조를 사용한다.[176] 생산 삼각형은 단순하지만, 경제 생산의 시간적 특성과 생산 단계의 순차적 상호의존성을 전달하는 데 필수적이다. 유감스럽게도 케인스주의 분석에는 이러한 요점이 빠져 있다. 삼각형의 수평축은 경제 생산의 연속적 단계에 대한 시간을 나타내고, 수직축은 생산 과정을 통과하는 경제적 재화의 시장가격을 나타낸다. 이 가격은 최종 산출물에 도달할 때까지 생산의 단계마다 상승한다.

삼각형의 세로축은 경제에서 생산된 소비재의 총합을 나타내고 생산가능곡선의 y축에 해당한다. 생산가능곡선의 x축은 투자의 총량을 나타내고 대출이 가능한 자금시장의 x축에 해당한다. 세 그래프를 나란히 그려서 경제성장과 위축의 역학, 그리고 경기의 순환을 보여줄 수 있다.

시간 선호도가 낮아지면 사람들이 최종 상품의 소비를 미루고 생산의 초기 단계에 투자하게 되어, 6장의 어부의 예에서 논의한 것처럼 생산 단계가 연장된다. 생산성을 높이기 위해 배를 만드는 데 시간을 할애하려고 하루에 물고기 몇 마리 잡기를 포기하는 어부는 소비를 줄임으로써 삼각형의 높이를 낮추고 생산 과정을 연장함으로써 밑변을 확대한다. 이는 소비가 감소하고 투자가 증가하면서 생산가능곡선을 따라 아래쪽으로 이동하는 것에 해당한다. 현대의 자본주의 시장경제에서도 연기된 소비가 대출 가능 자금시장에 반영됨으로써 빌려줄 수 있는 자금의 공급곡선이 오른쪽으로 이동하여 이자율이 하락하고, 대출이 증가함에 따라 동일한 과정이 발생한다.

성공하리라는 보장은 없지만, 투자가 성공하면 투자의 산출물이 포기된 초기 소비를 초과하게 되어 생산가능곡선이 바깥쪽으로 이동하고, 생산 삼각형 단계의 높이가 상승하는 데 반영되어 동일한 수준의 투자가 유지된다. 인간이 맨손으로 물고기를 잡는 단계를 거쳐서 현대식 어선을 사용하는 발전에 이르기까지 [그림 32]에서 볼 수 있는 것처럼 더 많은 투자와 소비, 더 연장된 생산 단계와 함께 이러한 과정이 계속된다. 금융과 대출 가능 자금시장의 발전을 통해서 이런 과정이 계속되면, 서로 알지 못하는 저축자와 차용자의 거래를 통한 자본의 배분이 이루어지는 더 크고 전문화된 시장이 나타나게 된다. 즉 사용되는 통화 수단이 화폐 증서인 한 그러한 과정이 계속된다.

순수하게 100퍼센트 보장되는 화폐 증서는 통화의 공급량 증가를 유발하지 않는다. 대출로 발행된 모든 화폐 증서는 발행자가 보유한 일정량의 시장재에 해당한다. 실질적 시장 상품인 화폐가 저축자의 손을 떠나 영수증을 보유한 차용자의 처분에 맡겨진다. 경제적 자원이 재화의 소비보다는 생산의 초기 단계에 사용되도록 풀어주는 것이 그

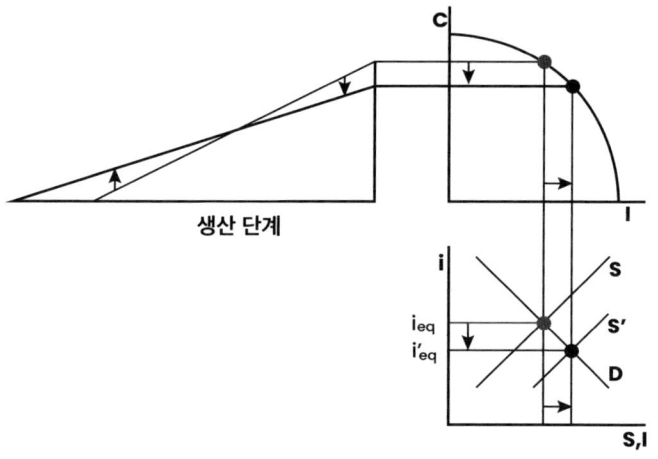

[그림 32] 소비의 연기와 투자를 통한 경제성장

러한 희생이다.

　화폐 증서 대신 수탁 매체가 발행될 때는 상황이 매우 다르게 보인다. 수탁 매체는 상응하는 화폐가 은행에 없는 상태에서 발행된다. 경제적 재화에 대한 그 누구의 희생도 수반하지 않는다. [그림 33]의 삼각형 안 위쪽 화살표로 표시된 것처럼 수탁 매체를 통한 신용의 확대는 필수적인 소비 감소 없이도 차용자가 생산 단계의 연장을 시도할 수 있게 해 준다. 대출을 받은 기업가는 가용한 자원의 총량을 초과하는 투자와 소비로 생산가능곡선을 넘어서려 하며, 이는 곡선상의 X표로 나타난다. 대출 가능 자금시장에서는 빌려줄 수 있는 자금을 늘림으로써 공급곡선을 인위적으로 이동시켜서 이자율을 낮추게 된다. 그러나 이자율의 하락이 늘어난 투자에 자금을 지원할 저축의 증가와 일치하지는 않는다. 이와는 반대로, 이자율의 하락은 저축의 감소를 부추긴다.

　[그림 33]의 예에서 투자된 자금의 양 I2는 절약된 자원의 양 S2보

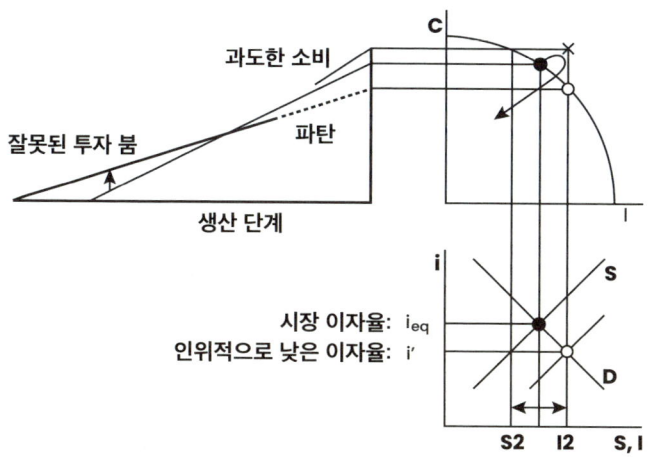

[그림 33] 수탁 매체를 통한 신용의 확대와 경기순환

다 훨씬 크다. 통화의 확대는 기업가들이 실제보다 더 많은 자원을 보유하고 있다고 착각하게 할 뿐만 아니라, 저축의 감소와 소비의 증가를 부추겨서 가용한 자원을 줄인다. [그림 33]에서 I2와 S2의 차이는 미제스가 **잘못된 투자**malinvestment라고 말한 것으로, 자본시장의 왜곡이 없었다면 시도되지 않았을 것이고 왜곡이 드러나면서 완료할 수 없게 되는 투자에 자금을 조달하는 데 사용된 자본이다.[177] 원하는 산출물을 생산하지 못하는 투자 실패는 가용한 자원이 감소함에 따라 생산가능곡선의 축소를 초래한다. 생산 삼각형의 단계가 짧아지고, 생산 단계가 축소된다.

자본시장에서 자본의 기회비용은 포기한 소비이고, 소비의 기회비용은 포기한 자본 투자다. 이자율은 이러한 관계를 조절하는 가격이다. 사람들이 더 많은 투자를 요구하면 이자율이 상승하여 더 많은 저축자가 더 많은 돈을 저축에 할당하는 인센티브가 생긴다. 이자율이 하락하면 투자자들이 투자를 늘리고 기술적 발전에 따라 더 오랜 시간이 걸리는 생산방식에 투자하도록 유도된다. 따라서 낮은 이자율은 더 길고 생산성이 높은 생산구조에 참여할 수 있는 기회를 제공한다. 사회는 낚싯대를 사용하는 고기잡이에서 석유로 추진되는 대형 선박을 이용한 고기잡이로 이동한다.

경제가 발전하고 점점 더 정교해짐에 따라 물리적 자본과 대출 가능 자금시장 사이의 연결이 실제로는 변하지 않지만, 사람들의 마음속에서 흐릿해진다. 중앙은행이 있는 현대 경제는 이러한 근본적 상충관계를 무시하고 소비자가 소비를 포기하지 않더라도 은행이 새로운 돈으로 투자에 자금을 지원할 수 있다는 가정에 기반을 둔다. 저축과 대출할 수 있는 자금 사이의 연결은 경제학 교과서조차 더 이상 가르치지 않을 정도로 끊어졌다. 오늘날의 표준 교과서는 대출 가능 자금의 공급곡선을 정책 입안자가 크기를 결정하는 수직선으로 묘사한다. 케인스주의의 대안적 우주에서는 단순히 중앙은행이 통화의 공급과 이자율을 결정하면, 물리적 자원이 은행의 명목화폐의 환상을 충족하기 위해 나타날 것이라고 가정한다.

그러나 통화정책을 통해서 실제 자원이 나타나게 할 수는 없으므로, 인위적으로 이자율을 낮추면 필연적으로 저축과 대출할 수 있는 자금 사이의 불일치가 발생한다. 이렇게 인위적으로 낮춘 이자율에서 기업은 프로젝트의 시작을 위해 저축자가 기업의 프로젝트에 자금을 지원하려고 할당한 액수보다 더 많은 부채를 지게 된다. 다시 말해서 연기된 소비의 가치가 대출된 자본의 가치보다 낮아진다. 소비가 충분히 연기되지 않으면, 생산의 초기 단계에서 소비재로부터 상위 자본재로 전환되는 자본, 토지, 노동의 자원이 충분하지 않을 것이다. 어쨌든 공짜 점심은 있을 수 없고, 소비자가 저축을 줄이면 투자자에게 가용한 자본이 줄어들게 된다.

은행과 중앙은행이 모든 대출자에게 충분한 수탁 매체를 발행할 수 있기 때문에, 이러한 자본의 부족이 즉각적으로 드러나지는 않는다. 그러나 디지털 항목을 기입한 새로운 종이 조각을 만들어 내는 것이 마술처럼 사회의 물리적 자본 재고를 늘릴 수는 없다. 대신에 기존 공급된 화폐의 가치를 떨어뜨리고 가격을 왜곡시켜서, 생산자들이 실제로 가용한 것보다 더 많은 자본이 필요한 생산 과정을 시작하게 된다. 점점 더 많은 생산자가 예상보다 적은 자본재를 놓고 경쟁함으로써 자연스럽게 생산 과정이 진행되는 동안에 자본재의 가격이 상승하는 것이다. 조작이 드러남에 따라 새로운 자본재 가격에서 갑자기 수익성을 잃는 여러 자본 투자, 즉 **잘못된 투자**들이 동시에 붕괴하는 것이 바로 이 지점이다.

중앙은행이 자본시장에 개입하면, 투자자의 계산 착오를 초래하는 가격의 왜곡을 통해 더 많은 프로젝트가 시작될 수 있다. 다시 말해 중앙은행의 개입이 잘못된 투자를 유발한다. 중앙은행의 개입이 실제로 가용한 자본의 양을 늘릴 수는 없으므로, 결국에는 프로젝트의 중단으로 이어지는 현실적인 부담이 생긴다. 결과적으로 프로젝트에 실제로 투입된 자본이 불필요하게 낭비되는 것이다. 프로젝트의 중단은 또한 경제 전반의 실업률 상승을 초래한다. 여러 산업에서 많은 사람이 사업의 실패를 겪거나 사업을 재조정해야 하기 때문이다. 이와 같이 과도하게 확장된 사업이 경제 전반에 걸쳐서 동시에 실패하는 현상을 **경기침체**recession라고 한다.

자본의 구조와 이자율 조작이 어떻게 자본축적의 인센티브를 파괴하는지 이해해야만 경기침체의 원인과 경기순환의 변동을 이해할 수 있다. 경기의 순환은 이자율 조작이 은행에서 제공하는 불건전한 화폐를 이용하는 투자자들이 실제로 가용한 것보다 더 많은 자본을 확보할 수 있다고 생각하게 함으로써 자본시장을 왜곡하는 행태의 논리적인 결과다. 케인스주의의 물활론적animist 신화와는 달리 경기의 순환은 중앙은행이 회복을 위해 노력할 때 원인을 무시해야 하는 '동물 영혼animal spirits'의 침체에 기인하는 신비로운 현상이 아니다. 상품의 부족이 가격 상한의 불가피한 결과인 것과 마찬가지로, 경기침체는 이자율 조작의 필연적인 결과라는 것을 경제 논리가 분명하게 보여준다. 케인스주의 경제학은 경기침체를 창조하고 나서 치료제로 케인스주의를 판매한다.

미제스의 작업에서 비유를 빌려와서 (그리고 장식하여) 요점을 설명할 수 있다. 사회의 자본 재고가 집 짓는 벽돌이고, 중앙은행은 집을 짓기 위해 벽돌을 조립하는 책임 있는 도급업자라고 상상해 보자. 집 한 채당 1만 개의 벽돌을 쌓아야 하고, 개발업자는 100채의 집을 지을 수 있는 (따라서 100만 개의 벽돌이 필요한) 도급업자를 물색하고 있다. 그러나 계약을 따내기를 열망하는 케인스주의 도급업자는 80만 개의 벽돌만 요구하여 120채의 집을 짓기로 약속하면 계약을 따낼 가능성이 높아질 것을 깨닫는다. 이것이 바로 이자율 조작이다. 자본의 수요를 늘리면서 공급을 줄이는 것이다.

실제로 120채의 집을 짓는 데는 120만 개의 벽돌이 필요하지만, 가용한 벽돌은 80만 개뿐이다. 80만 개의 벽돌은 120채의 주택 건설을 시작하기에 충분하지만 완료하기에는 충분하지 못하다. 건설이 시작되면서 케인스주의의 경이로운 엔지니어링 덕분에 예정했던 비용의 80퍼센트로 20퍼센트 더 많은 집을 짓게 된 개발업자는 매우 기뻐하면서 절감된 비용 20퍼센트를 새 요트의 구입에 사용한다.

그러나 이런 책략은 오래갈 수 없다. 결국에는 주택 건축을 완료할 수 없고 공사를 중단해야 하기 때문이다. 도급업자는 120채가 아니라 단 한 채의 주택도 인도할 수 없고, 대신에 지붕이 없어서 사실상 쓸모없는 벽돌 더미인 120채의 미완성 주택을 개발업자에게 남기게 된다. 도급업자의 책략은 개발업자가 지출하는 자본을 줄이지만, 정확한 가격 신호로 가능했던 것보다 적은 집을 짓는 결과를 낳는다. 개발업자가 정직한 도급업자와 함께했다면 100채의 주택을 확보했을 것이다. 숫자를 왜곡하는 케인스주의 도급업자와 함께하는 바람에 개발업자는 현실적 근거가 없는 계획에 따라 자본이 할당되는 한 계속해서 자본을 낭비하게 된다. 개발업자가 초기에 실수를 깨닫는다면 120채의 주택 건설에 착수함으로써 낭비된 자본이 매우 적을 수 있고, 새로운 도급업자가 남아 있는 벽돌을 사용하여 90채의 주택을 건설할 수 있을 것이다. 자본이 소진될 때까지 현실을 알지 못하는 개발업자에게는 쓸모없는 120채의 미완성 주택이 남겨질 것이다. 지붕이 없는 집에서 살려고 돈을 치를 사람은 아무도 없을 것이기 때문이다.

은행들이 대출을 통해서 더 많은 돈을 만들어 내도록 지시함으로써 시장의 청산가격보다 낮은 이자율을 조작하는 중앙은행은 사회에서 가용한 저축을 줄이고 차용자의 수요를 늘림과 동시에 차용된 자본이 완료될 수 없는 프로젝트로 향하게 한다. 정부가 통화의 공급을 부풀리는 길로 들어설 때마다 부정적인 결과를 피할 수 없다. 중앙은행이 인플레이션을 중단시키면 이자율이 상승하고 경기침체가 뒤따르게 된다. 시작된 프로젝트 중 다수가 자원과 자본의 잘못된 할당으로 인해 수익성이 없는 것으로 드러나면서 폐기되어야 하기 때문이다. 중앙은행이 인플레이션 과정을 무한정 계속한다면, 경제에서 잘못된 배분의 규모가 커져 더 많은 자본이 낭비되고, 불가피한 경기침체가 더욱 고통스러워질 뿐이다. 케인스주의자들이 우리에게 떠맡긴, 이른바 공짜 점심에 대해 막대한 비용을 지불하는 것을 피할 수 없다.

프리드리히 하이에크는 신용의 확대를 호랑이 꼬리잡기에 비유했다. 당신이 호랑이 꼬리를 잡았는데 호랑이가 달리기 시작하면, 앞으로 나아갈 좋은 선택지가 없어진다.

"이제 우리는 호랑이 꼬리를 잡고 있다. 이러한 인플레이션이 얼마나 계속될 수 있을까? 호랑이(또는 인플레이션)가 풀려난다면 우리를 먹어치울 것이다. 점점 더 빨리 달리는 호랑이의 꼬리를 잡고 필사적으로 버틴다고 하더라도 우리는 여전히 끝장이 난다! 내가 여기에 없어서 최종 결과를 보지 않아도 되는 것이 그나마 다행이다."[178]

자본시장의 중앙계획

수탁 매체는 자유시장에서 자연스럽게 출현할 수 있는 금융상품이지만, 오랫동안 살아남을 가능성은 전혀 없다. 수탁 매체는 다른 재화와의 교환이 유일한 목적인 재화라는 화폐의 독특한 특성 때문에 시장에 나타날 수 있다. 다른 재화와 교환할 수 있는 화폐에 대한 청구권이 화폐와 다름없는 것처럼 보이기 때문이다. 그러나 수탁 매체는 채권자의 일부가 수탁 매체를 화폐와 교환하려 해도 발행기관이 지급 불능의 위험에 빠질 수 있기 때문에 자유시장에서 오랫동안 존속되지 못할 것이다.

수탁 매체는 금본위제에서도 널리 사용되었지만, 거액이 소멸하거나 심하게 할인되는 주기적인 금융위기를 겪었다. 금본위제에서 수탁 매체가 살아남을 수 있었던 것은 상당한 금액의 통화가 항상 은행에 남아 있었고, 많은 사람이 물리적 형태의 금을 옮기는 것보다 훨씬 낮은 비용으로 지급을 청산할 수 있도록 은행에 돈을 보관하기를 선호했기 때문이었다. 자신의 소재지 밖에서 실물 금으로 직접 지급하는 것은 엄두도 못 낼 정도로 큰 비용이 들었고, 운송과 통신 기술의 발전으로 점점 더 많은 거래가 장거리에 걸쳐서 이루어짐에 따라 공간적 판매 가능성을 키우기 위해 점점 더 많은 금의 현금 잔고가 은행에 보관되었다. 은행권의 소유자는 실물 금으로 현금화할 때마다 화폐의 공간적 판매 가능성이 대폭 줄어드는 것을 감수했다. 따라서 모든 고객이 동시에 환매를 요청하지 않을 것을 아는 은행은 수탁 매체 발행의 오차범위margin of error를 확보할 수 있었다.

그러나 이러한 안전의 한계margin of safety는 스스로 무너진다. 은행이 안전할수록 더 많은 수탁 매체를 발행하게 되고, 더 많은 수탁 매체가 발행될수록 안전성이 떨어지고 예금인출 사태bank run에 취약한 은행이 된다. 주기적으로 발생하는 예금인출 사태는 관련된 사람들에게 재앙이었다. 화폐와 금융의 자유시장은 담보 없는 신용의 발행에 참여하는 은행과 고객들을 그런 관행이 없어질 때까지 계속해서 쓸어버렸을 것이다. 은행이 수탁 매체를 생산하는 한계비용이 0에 접근하면서 금융의 자유시장에서 수탁 매체의 가격이 생산비용과 같아질 때까지 수탁 매체가 공급된다. 그런데 이는 사실상 무엇이든 상환을 뒷받침하는 것과 동일한 액면가의 화폐 증서가 될 때까지 수탁 매체가 할인된다는 것을 의미한다.

19세기 미국에서는 독점적 주립은행 면허가 자유시장의 경쟁을 통해서 수탁 매체가 없어지는 것을 막았다. 금융산업의 진입이 제한되는 한, 여전히 주기적인 위기와 붕괴를 초래하곤 했음에도 불구하고 수탁 매체의 생산이 기존 은행에 수익성이 있었다. 금융 시스템에 대한 정부의 주기적 개입과 제1, 제2 미국중앙은행의 설립은 뒷받침 없는 신용의 확장이 자유시장에서 초래할 결과로부터 은행들을 보호하는 데 도움을 주었다. 1907년의 대규모 금융위기로 인해 금융 산업의 리더들은 금융위기가 발생할 때 금융기관을 구제할 준비가 된 제3의 독점적 중앙은행을 설립해야 할 필요성에 주목하게 되었다. 1913년에는 연방준비제도법U.S. Federal Reserve Act이 통과되어 새로운 중앙은행이 통화의 가치를 보호하는 동시에 금융위기에서 은행들을 구원(통화의 가치를 떨어뜨려야만 달성할 수 있는)하는, 본질적으로 모순되는 이중적 권한을 부여받았다.

지난 세기 동안에 뒷받침되지 않은 신용을 시장의 평가로부터 보호하기 위해 들어간 비용은 통화의 지속적 가치 하락이었다. 19세기에도 수탁 매체의 발행이 금융위기와 고통을 초래했지만, 관련된 금융기관에 자발적으로 관여한 사람들에 국한된 비교적 제한적인 위기였다. 금을 보유한 사람들은 보유한 화폐의 시장가격이 크게 영향을 받지 않았기 때문에 두려워할 것이 없었다. 그러나 20세기의 금융위기는 거의 언제나 부실한 금융기관에 관여하지 않은 사람들이 보유한 통화의 평가절하를 통해서 개선되고 해결되었다.

실질적 저축으로 뒷받침되지 않는 신용의 확대는 투자와 생산성을 높이는 방법을 제공하기보다는 19세기의 금융위기를 초래한 처방전이었고, 20세기에는 건전한 화폐를 파괴한 원인이었다. 뒷받침되지 않는 대출의 결과로부터 금융기관을 보호하기 위해 사회주의적 중앙계획위원회가 가장 중요한 시장이자 모든 시장의 필수적인 부분인 화폐와 자본의 시장을 담당하게 되었다.

대부분 사람은 사회주의 사회가 과거의 일이고, 시장 시스템이 자본주의 경제를 지배한다고 생각한다. 하지만 자본의 가격이 수요와 공급의 상호작용을 통해서 나타나고, 정확한 가격 신호가 자본가의 결정을 주도하는 자유시장의 자본 없이는 자본주의 시스템이 기능할 수 없다는 것이 현실이다. 경기침체와 금융위기는 중앙의 계획이 통화의 자유를 제한할 때 발생하는 자본시장의 실패로 가장 잘 이해할 수 있다. 독점적 중앙은행의 자본시장 개입이 경기침체와 금융위기의 근원이다. 그렇지만 대다수 정치인, 언론인 그리고 학자들은 변함없이 중앙에서 계획된 재앙을 자본주의의 탓으로 돌린다.

자본시장의 중앙계획이 유발하는 실패의 형태는 오스트리아학파의 경기순환 이론에서 설명된 것처럼 호황-불황의 주기다. 따라서 이러한 기능장애가 시장경제의 정상적인 부분으로 취급되는 것은 놀라운 일이 아니다. 어쨌든 현대 경제학자들의 생각으로는 중앙은행의 이자율 통제가 현대 시장경제의 정상적인 부분이기 때문이다. 그러나 독점적 감자거래소가 감자시장의 정상적인 부분이 아닌 것처럼, 중앙은행은 자본시장의 정상적인 부분이 아니다.

오스트리아학파의 저자들은 강력히 추천할 만한 몇 권의 책에서 통화의 역사를 꼼꼼하게 기술했다. 그들은 역사에 대한 우리의 이해를 밝히기 위해 국가의 행동과 그로 인한 통화 재앙을 미화하려는 정부 경제학자들이 너무도 자주 무시하는 오스트리아학파의 이론을 사용한다. 하이에크의 《통화 민족주의와 국제 안정성Monetary Nationalism and International Stability》, 로스바드의 《미국의 대공황America's Great Depression》과 《미국의 통화와 금융의 역사A History of Money and Banking in the United States》, 그리고 페르디난드 립스Ferdinand Lips의 《금 전쟁Gold Wars》이 매우 좋은 예다. 이러한 역사는 현대의 금융과 정부의 발전에서 나타나는 몇몇 불행하고 재앙적인 규칙적 패턴을 가리킨다.

단기적으로는 정부와 중앙은행 관리자들이 신용의 창출과 중요한 대의를 위한 지출 자금을 조달하기 위해 통화의 가치를 떨어뜨림으로써 자신의 목적을 달성할 수 있다고 믿을 수 있다. 정부는 경제를 부양하거나 사람들을 자유시장의 부정적인 결과로부터 보호한다고 믿을 수도 있지만, 목적을 달성하기 위해 통화의 가치를 떨어뜨림으로써 잘못된 투자를 창출하고 장기적으로 더 큰 피해의 씨앗을 뿌린다. 필연적인 위기에서 경제를 구해내려는 시도는 더 많은 신용을 창출하고 무책임한 행동을 조장하는 구제금융으로 이어져 낭비하는 사람들에게 보상을 주고 분별 있는 사람들을 처벌한다.

이런 방식으로, 중앙은행은 호황과 불황의 순환이 경제의 영구적인 고정장치가 되도록 하고, 시장에 대한 자신의 힘을 키우는 것을 보장할 뿐이다. 시간이 가면서 나타나는 결과는 자본, 통화, 저축 능력 그리고 노동 분업 자체의 파괴다. 통화를 정부의 독점에 맡기는 것은 만병통

치약과는 거리가 멀고, 인간사회와 현대 자본주의 문명이 건설되는 토대를 무너뜨리는 것이다.

PRINCIPLES
OF
ECONOMICS

5부

문명

16장

Violence

폭력

───────────────

이 책에서 지금까지 논의한 모든 절약하는 인간 행동은 자발적인 행동이었다. 2부에서는 사람들이 시간의 질과 양을 개선하기 위해 스스로 수행하는 자발적 절약 행동을 논의했다. 3부에서는 시간의 질과 양을 개선하기 위한 사람들의 자발적인 사회적 상호작용에서 나타나는 시장 시스템을 설명했다.

　각 섹션에서 관련된 사람들은 개별적으로나 또는 다른 사람들과 협력하면서 자신의 자유의지에 따라 행동했다. 하지만 그것이 사람들이 상호작용하는 유일한 방법은 아니다. 그들은 또한 타인에게 폭력이나 폭력의 위협을 가함으로써 지구상에서 자신에게 주어진 시간의 질과 양을 개선할 수 있다. 타인의 재산과 심지어 신체까지 획득하기 위해 신체와 재산을 공격할 수 있다. 폭력과 폭력의 위협은 한 사람의 의지를 다른 사람에게 강요하는 **강압**coercion을 초래한다.

비공격성 원칙

경제학은 폭력과 강압을 무시하지 않고 중요하지 않기를 바라지도 않는다. 폭력과 강압을 인간 행동의 한 가지 형태로 연구하고, 그 결과를 자발적 거래의 결과와 대조하여 검토한다. 자발적 상호작용과 비자발적 상호작용의 근본적 차이점은 자발적 상호작용의 모든 참여자가 상호작용을 통해서 이익을 얻을 것을 기대하는 반면에, 비자발적 상호작용에서는 누군가가 부정적인 결과를 예상해야 한다는 것이다(그렇지 않다면 강요할 필요가 없다). 자발적 거래에서는 행위자들이 의도한 결과를 달성하는 데 항상 성공하지 못할 수도 있다. 반면에 강압은 한쪽 당사자가 바람직하지 못한 결과를 얻을 것을 보장한다. 합의된 상호작용에서 이익을 얻지 못하는 사람들은 잘못된 기대를 수정하여 상호작용에 참여하지 않거나 참여 방법을 조정함으로써 더 나은 결과를 기대할 수 있다. 그러나 폭력적인 강압의 희생자는 그런 능력이 없다. 자신의 의지가 폭력이나 폭력의 위협에 지배되기 때문이다. 가해자가 공격성의 부정적인 결과를 겪지 않으면 강압적 상호작용이 계속될 수 있다.

바람직하지 않다는 측면에서 강압적 공격의 부정적 영향은 자연재해나 동물의 공격에 비유할 수 있다. 인류는 오랫동안 자연재해나 동물의 공격 같은 재난으로부터 자신을 보호하는 방법을 모색해 왔다. 그들은 일하고, 자본을 축적하고, 거래하고, 혁신하는 방식으로 자신을 방어하는 법을 배우고, 타인의 공격으로부터 자신의 신체와 재산을 보호하는 점점 더 정교하고 효과적인 메커니즘을 개발한다. 17장은 공격에 대한 다양한 방어 전략을 자세히 설명한다. 이 장의 나머지 부분에서는 정부의 공격이라는 구체적인 유형의 공격을 살펴본다.

윤리적·경제적 측면에서 폭력과 폭력의 시작 사이에는 매우 중요한 차이점이 있다. 폭력을 시작하면 피해자의 신체나 재산에 대한 소유권을 침해하여 피해자 측의 적대감과 보복 가능성을 유발하거나 다른 사람들이 가해자를 피하게 된다. 이는 평화로운 협력을 더욱 어렵게 하고 시장과 노동 분업의 규모가 성장하는 것을 막는다. 폭력의 시작을 거부하는 데 동의하는 사람들의 집단은 크든 작든 평화로운 시장 질서 안에서 살 수 있고, 노동 분업의 혜택을 받을 수 있다. 집단의 일부 구성원이 폭력의 시작을 수용하면 갈등이 발생하고, 시장 질서에 필요한 협력이 훼손된다. 특정한 개인이나 집단에게는 합법적이지만 다른 사람들에게는 그렇지 않은 공격성은 사회 전반에 일관되게 적용할 수 있는 도덕적 기준이 아니다.

반면에 공격을 시작한 사람을 물리치거나 처벌하기 위한 자기방어self-defense에 사용되는 폭력은 윤리적으로 용인될 수 있다. 합법적인 자기방어는 또한 확장된 시장 질서와도 양립하는 것으로 간주할 수 있다. 시장 질서의 구성원들이 모두에게 적용되는 보편적 규칙, 즉 폭력 시작의 불법성과 자기방어의 적법성에 동의하면 확장된 시장 질서 안에서 함께 협력할 수 있다. 폭력과 폭력 시작 사이의 이러한 비대칭성과 시장 질서에 대한 함의가 로스바드가 정의하는 **비공격성 원칙**Non-Aggression Principle의 기초다.

"그 누구도 다른 사람의 신체나 재산에 대해 위협하거나 폭력(공격)을 행사할 수 없다. 폭력은 그러한 폭력을 저지른 사람에게만 사용할 수 있다. 즉 다른 사람의 공격적 폭력에 대한 방어 차원에서만 사용할 수 있다. 간단히 말해서, 공격하지 않는 사람에게는 폭력을 사용할 수 없다."[179]

비공격성 원칙은 로스바드와 오스트리아학파 경제학자들이 공식화하고 대중화했지만, 에드워드 풀러Edward Fuller의 논문에 설명된 것처럼 역사와 문명 전반에 걸친 역사적 기원이 있다.

"역사상 가장 저명한 사상가들의 크고 다양한 집단이 비공격성 원칙과 매우 유사한 아이디어를 표현했다. 비공격성 원칙의 기초는 기원전 2000년경의 고대 이집트인, 기원전 1500년경의 고대 힌두교도, 그리고 기원전 1000년경의 고대 히브리인에게 알려졌다. 기원전 500년경에 고대 중국과 그리스 철학자들은 원칙의 근본적 논리를 표현했다. 키케로Cicero는 이 원칙을 현대적 형태로 표현하는 데 가까이 다가섰다. 토마스 아퀴나스Thomas Aquinas는 암흑시대 이후에 비공격성 원칙과 놀라울 정도로 비슷한 아이디어를 재확인했고, 스콜라 철학자들은 이 아이디어를 근대 초까지 이어갔다. 17세기에는 비공격성 원칙이 서양 철학의 정점에 올랐다."[180]

이 책을 포함한 다수의 경제학 교과서는 무인도에 사는 로빈슨 크루소의 이야기를 이용하여 경제적 생산의 현실과 평화로운 협력의 이점을 설명한다. 로빈슨 크루소 이야기의 기원은 아랍의 철학자 이븐 투파일Ibn Tufayl의 작품인 허구 소설 《하이 이븐 야크단Hayy Ibn Yaqdhan》에서 유래한다. 그는 이 이야기를 전제로 사용하여 인간이, 설사 인간사회에서 고립되어 홀로 태어나더라도 도덕성에 대한 이해를 개발할 수 있는 방법을 설명했다.

정부의 강압

대부분의 주류 경제학자와 정치학자들은 정부를 공격 문제에 대한 사회의 해결책으로 제시한다. 폭력과 공격은 항상 존재하기 때문에, 어떤 지역이든 문명화되고 평화로운 사회 질서를 수립하는 유일한 방법은 특정한 주체가 폭력의 독점을 확립하는 것이다. 지역의 모든 거주자가 (자발적이든 아니든) 독점자의 적법성을 수용하면 다른 모든 행위자가 저지르는 폭력이 불법으로 간주되고 독점자에 의해 처벌될 수 있다.

19세기와 20세기의 정치적·지적 논쟁은 주로 정당성이나 필요성이 아니라, 사회에 대한 국가의 적절한 역할을 중심으로 이루어졌다. 미제스와 고전적 자유주의자들은 정부의 적절한 역할이 국민과 국민의 재산을 보호하고 공격과 절도로부터 안전을 보장하는 것이라고 생각했다.

"정부는 설립된 목적에 맞고 정부를 필요로 하는 모든 일을 해야 한다. 국가 안에서 폭력적·사기적 갱단의 공격으로부터 국민을 보호하고, 외국의 적으로부터 국가를 방어해야 한다. 이것이 자유 체제, 시장경제 체제에서 정부의 기능이다.

물론 사회주의 체제에서는 전체주의 정부의 영역과 관할권 밖에 있는 것은 아무것도 없다. 그러나 시장경제 체제에서 정부의 주요 임무는 국가 내외의 사기나 폭력에 맞서서 시장경제의 원활한 기능을 보호하는 것이다."[181]

정부는 재산의 안전을 보장함으로써 사람들이 미래를 계획하고, 시간 선호도를 낮추고, 자본을 축적하고, 삶을 개선하게 할 수 있게 한다.

그러나 고전적 자유주의자들은 정부의 권한이 재산의 보호와 법과 질서의 집행으로 제한되지 않는다면 득보다 실이 많을 것이라고 주장했다. 시장경제에 대한 정부의 개입은 주로 명확하게 정의된 재산권 없이 수행되는 경제적 계산의 문제(12장에서 논의한)로 인해 의도한 목표를 달성하지 못할 것이다. 정부가 자본이라는 자원을 소유한다면 자본시장이 존재할 수 없고, 자본의 대안적 사용에 관한 경제적 계산을 수행하거나 배분하는 방법을 결정할 가능성도 없다. 다른 사람들이 소유한 자원에 대해 강제적인 결정을 내리는 정부 관료들은 자원의 할당을 결정하는 가장 중요한 요소, 즉 관련된 사람들의 주관적 선호에 대한 지식 없이 맹목적인 결정을 내린다. 재산권이 없는 경제적 계산은 자원의 잘못된 배분과 낭비, 자본의 파괴를 초래한다.

오스트리아학파 경제학자와 주류 경제학자 모두 경제 문제에 관한 정부 개입의 실패에 대해 매우 많은 글을 썼다.[182] 이 장의 나머지 부분에서는 자본주의 경제의 개별적 의사결정에 있어서 가장 일반적이고 대중적인 정부 개입의 몇몇 실패 사례를 언급할 것이다. 인간 행동의 렌즈를 사용하고 부상하는 시장 질서의 속성을 이해함으로써, 우리는 특정한 형태로 이루어지는 정부의 강압이 미치는 경제적 영향을 식별할 수 있다.

가격 통제의 도입은 경제에 대한 정부 개입의 가장 인기 있는 형태라고 할 수 있다. 가격 통제는 실제적 문제에 대한, 일부 사람에게는 이롭고 다른 많은 사람에게는 희생을 요구한다는 엄청난 함의가 있지만, 매력적인 해결책이다. 가격 통제의 근거는 단순하고 설득력 있게 보인다. 상품가격이 너무 높으면 정부가 가격의 상한을 설정하여 높은 가격에 파는 것을 불법화하고 낮은 가격으로 팔도록 판매자에게 강요할 수 있다. 이런 방식을 통해서 높은 가격을 지급할 능력이 없는 사람들이 낮은 가격의 상품을 구입할 수 있게 된다. 《임금과 가격 통제의 40세기: 인플레이션과 싸우지 않는 방법Forty Centuries of Wage and Price Control: How Not to Fight Inflation》에서 로버트 슈팅거Robert Schuettinger와 에이먼 버틀러Eamonn Butler는 4000년 동안 셀 수 없이 많은 지역에서 가격 통제가 실패한 사례에 대해 매우 유익한 역사적 설명을 제시한다. 역사를 통해서 놀라울 정도로 많은 정부가 식료품에서 임대료까지 무수한 상품의 가격을 다루기 위해 바로 이런 행동 방침을 취했지만, 가격을 낮추는 데 성공한 가격 통제의 기록은 존재하지 않는다. 대신에 가격 통제는 상품의 부족, 암시장, 그리고 제한된 공급에 대한 매우 낭비적인 배급 방식의 출현으로 이어질 뿐이었다.

가격 통제에 어떤 효과라도 있다면, 바로 사람들이 자발적으로 거래했을 가격으로 거래하지 못하게 막는다는 것이다. 시장가격에 의한 거래가 금지되면, 필연적으로 생산자가 해당 상품을 생산하는 능력이 떨어지게 된다. 그리고 더 높은 가격에서 발생하는 수익이 없으면 상품을 생산하기에 충분한 자원을 확보할 수 없을 것이다. 정부의 강압은 생산자가 최고 가격을 초과해 판매하지 못하게 강제할 수는 있다. 하지만 생산자는 단순히 생산 중단을 선택할 수 있기 때문에 최저 가격으로 팔도록 강제할 수는 없다. 이러한 개입의 결과는 언제나 시장에 공급되는 상품의 감소일 것이다.

예상할 수 있는 또 다른 결과는 불법적으로 높은 가격의 상품을 판매하는 암시장의 출현이다. 암시장은 필요한 사람들을 위한 상품을 확보하고 정부의 개입으로 초래된 피해를 우회한다. 그러나 암시장은 또한 거래 당사자에게 낭비를 강요한다. 희소한 자원을 수요가 있는 상품 생산에 투입하는 대신에 생산자는 상품의 불법 유통과 판매를 위한 비용을 지출하고 기소, 몰수 그리고 투옥의 위험을 감수해야 한다. 또는 상품 판매를 주선하는 전담 조직이 출현하여 수익의 상당 부분을 제한된 상품을 더 많이 생산하기 위한 자본재에 투자되는 대신에 이들 조직이 차지하게 된다. 가격 통제가 상품의 경제적 가치평가와 생산 비용을 마술처럼 바꿀 수는 없다. 생산자가 요구하는 가격의 상품 거래를 범죄화할 뿐이다. 이는 경제의 범죄 부문에 대한 보조금이나 마찬가지다. 법을 어기면서 운영하는 데 익숙한 사람들에게 수익성 있는 사업 기회가 제공됨으로써 자원이 더 많은 투자를 할 수 있는 생산자에게 가는 대신에 범죄로 향하게 된다.

가격 통제 이후에 필연적인 부족 현상이 나타나면서 상품에 대한 수요가 공급을 초과하여 제한된 공급량을 소비자에게 배급하는 새로운 메커니즘이 필요하게 된다. 상품이 공급될 때까지 줄을 서서 기다리는 소비자의 대기열이 흔히 볼 수 있는 한 가지 메커니즘이다. 시간이 부족하기 때문에 줄을 서는 것은 단순히 상품의 비용을 돈에서 시간으로 이전하는 행위가 된다. 따라서 소비자는 이제 낭비된 시간으로 상품에 대한 비용을 지불하지만, 생산자는 이를 포착하여 더 많은 상품을 생산할 수 없다.

몇몇 다른 경제재의 경우에는 폭력적 정부 개입이 자발적 거래에서 형성되는 가격보다 높은 가격을 시장에 부과하게 된다. 이러한 폭력은 임금의 경우에 가장 흔하게 행사된다. 정부는 오랫동안 노동자의 높은 임금을 의무화하려 했다. 최저임금의 실패는 1장과 4장에서 자세히 설명했다.

물가의 문제는 거의 언제나 정부가 시장 화폐에 강압적으로 간섭한 결과인 인플레이션에 뿌리를 두고 있다. 10장에서 논의한 바와 같이 화폐는 시간에 대한 판매 가능성이 가장 큰 상품, 즉 시간이 지나도 가치를 유지할 가능성이 가장 큰 상품으로 시장에 나온다. 공급 증가율이 모든 시장 상품 중에 가장 낮을 것으로 예상할 수 있는 화폐의 가치는 시간이 지남에 따라 증가하는 경향이 있다. 다른 상품이 상대적으로 화폐보다 많이 생산되기 때문이다. 그런 세계에서는 모든 상품가격이 화폐 기준으로 하락하는 경향이 있는 반면에, 임금은 일정하게 유지되거나 명목상으로 하락하더라도 실질적으로 상승하게 된다. 그러나 시장화폐에 대한 강압적 개입이 이루어지면, 시간이 가면서 돈의 가치가 하락하여 판매자가 상품가격을 올리게 되고 근로자의 임금이 하락할 수밖에 없다. 인플레이션의 이야기는 메커니즘은 다르더라도 주화의 금이나 은 함량을 줄이고 구리나 다른 기초 금속으로 대체한 로마의 황제로부터 사회의 저축을 넘어서는 신용을 창출할 수 있도록 이자율을 낮추는 조작을 위해 종이돈을 대량으로 찍어내는 현대 정부에 이르기까지 오랫동안 동일했다.[183] 인플레이션은 돈의 가치를 떨어뜨리고 물가를 올림과 더불어 제약이 거의 없는 정부 지출을 허용함으로써 저축자의 실질적 부를 빼앗는다.

주류 경제학자들은 화폐 보유자와 경제 전반에 대한 인플레이션의 문제를 인정할지도 모르지만, 정부의 지출 문제를 개선하고 더 나은 사회적 목표를 달성하는 데 도움이 되는 좋은 일로 본다. 그들은 비용을 제대로 고려하지 못한다. 기회비용, 경제학의 주관적 특성, 그리고 경제적 계산의 문제를 이해하면 반대의 결론에 이르게 된다. 정부가 집행하는 모든 지출은 자신의 소비를 희생한 시장경제의 생산적 구성원으로부터 빼앗은 돈으로 조달해야 한다. 사람들은 자신의 수요를 가장 잘 충족하는 쪽으로 지출을 돌린다. 다른 용도로 쓰기 위해 소득에 강제적 세금을 부과하면 그들 스스로 다른 용도에 소비하기를 선택하는 것만큼 복지를 향상할 수 없다. 인플레이션과 과세가 자발적이지 않은 한, 자발적으로 볼 수 있는 정부 지출은 존재하지 않는다. 따라서 정부의 지출은 정부 기관에 있는 사람들을 위한 소비 지출로 가장 잘 이해할 수 있다. 정부 지출은 투자가 아니다.

또 다른 일반적인 정부 개입은 사람들에게 보조금을 나누어주거나, 그들을 위해 특정 상품을 구매하는 것이다. 여기서 정부의 지출에는 비용이 들지 않고 시민의 복지를 개선하기 위해 정부가 직접 보조금을 줄 수 있다고 생각하는 것은 단순한 견해다. 그러나 경제 분석은 이러한 견해를 빠르게 일축한다. 정부의 보조금은 시장을 왜곡하고, 사람들이 자신의 인센티브와 경제적 계산에서 벗어나는 결정을 하도록 영향을 미쳐서 자유로운 계산을 통한 자유로운 선택에서 벗어나는 과도한 생산과 소비로 이어진다. 사람들의 경제적 상황에 기초하여 보조금이 주어지면, 보조금을 받을 자격이 있는 상황을 선택하려는 강력한 인센티브가 생긴다. 복지제도는 소득이 낮은 사람들이 낮은 소득에 머물도록 부추긴다. 실업자에게 보조금을 지급하면 실업에 대한 인센티브가 생긴다. 게다가, 취업자의 희생으로 자금이 조달되기 때문에 일하려는 인센티브가 줄어드는 결과로까지 이어진다.

정부가 제공하는 재화와 서비스는 종종 가용성이나 경제성이 부족한 문제에 대한 해결책으로 제시된다. 민간 부문의 제공자는 수익성에만 관심이 있는 반면에, 정부는 수익성 대신 포용에 초점을 맞춤으로써 더 나은 일을 할 수 있다고 주장한다. 이런 주장은 정부가 교육, 물, 의료 같은 재화와 서비스를 제공하는 것을 찬성하는 근거로 제시되지만,

자본주의적 경제 생산의 기본을 오해한 주장이기도 하다. 이익은 단지 탐욕스러운 사람들을 부자로 만들어 주는 메커니즘이 아니라, 생산자가 타인에게 가장 잘 봉사하면서 자신을 위해서도 적절한 수익을 얻는 방법을 모색하면서 다양한 선택지의 비용과 수익을 계산할 수 있도록 하여 시장 생산의 전체 구조를 조정하는 수단이다.

경제적 생산에서 이윤 동기 profit motive를 제거하면 이타적이고 풍부하고 저렴한 생산이 아니라, 대규모의 낭비를 유발하는 경제적 계산의 실패로 이어진다. 바람직하지 않은 제품이 생산될 수 있으므로 자원이 낭비되는 것이다. 또는 바람직한 제품이 생산되더라도 자유시장 가격의 부재가 자원의 과도한 소비와 해당 자원에 대한 사용자의 과도한 접근으로 이어진다. 예를 들어, 정부가 제공하는 무료 도로는 교통량으로 가득 차게 되어 여행자에게 민간 도로의 건설을 위해 지불해야 하는 비용보다 값비싼 지연을 초래하게 될 것이다. 그리고 캐나다 같은 국가에서 정부가 제공하는 의료 서비스는 환자들이 의사의 진료를 받기 전에 매우 오랜 시간을 기다리게 하는 것으로 악명이 높다. 동물에 대한 의료 서비스의 자유시장이 있는 캐나다에서는 반려동물이 아플 때 주인보다 더 빨리 의사의 진료를 받게 되는 놀라운 일이 벌어진다.[184]

정부의 지출은 직접 과세나 인플레이션을 통한 과세로 자금을 조달해야 하므로, 단순히 사람들의 개별적 손익계산을 방해하여 경제에 해를 끼치는 것 이상으로 파괴적이다. 정부 지출의 자금을 조달하기 위해 생산자에게 세금을 부과하면 경제적 생산에 불이익을 주고 생산에 참여하려는 인센티브를 줄이게 된다. 저축의 가치가 하락하면 저축의 인센티브가, 자본 소득에 세금을 매기면 투자의 인센티브가 감소한다. 개인이 미래를 준비하는 능력을 줄이는 정부는 인류 문명의 원동력이 되는 시간 선호도를 낮추는 과정을 역행하는 것이다.

가격 통제든, 농작물 보조금이든, 또는 세금이든 모든 정부 개입은 일부 사람의 행동을 자유롭게 선택하는 행동에서 벗어나게 하는 강압적 왜곡을 수반한다. 강압적인 정부의 피해자들을 그냥 내버려 두면 자신을 위한 생산이든 타인을 위한 생산이든 가장 가치 있게 여기는 목적을 위해 시간과 부를 소비할 것이다. 경제적 가치 자체가 주관적이기 때문에 인간의 행동을 스스로 선택한 경로에서 벗어나게 하는 왜곡 또한 주관적으로 덜 선호될 것이 분명하다.

칭찬할 만하게도 대부분 주류 경제학자는 특히 소비에트 연방이 무너진 이후에 경제 시스템에 대한 정부 개입의 문제와 그 왜곡된 영향력을 어느 정도 이해하고 있음을 보여주었다. 이제 새뮤얼슨 교과서까지도 시장에 대한 정부 개입의 문제점에 관한 논의를 포함한다. 그러나 개입주의interventionism의 합리화는 수그러드는 것이 아니라, 주류 경제학자들이 선호하지 않는 자유로운 인간 상호작용의 결과를 지칭하는 용어인 '시장 실패market failures'를 해결하는 정부의 관점에서 제시된다.

정부 폭력의 근거

정부의 개입을 뒷받침하는 현대적 근거는 대개 시장 실패의 언어로 제시된다. 사람들을 자유롭게 내버려두면 최적이 아니고 열등한 결과를 만들어 낸다는 것이다. 이러한 접근법의 첫 번째 결함은 시장이 바람직한 결과를 제공하지 못하는 행위자로 제시된다는 것이다. 그러나 현실에서 시장은 삶의 만족을 최대화하려고 자신의 의지를 실행하는 사람들의 행동을 지칭하는 데 사용되는 포괄적 용어다. '시장 실패'라는 용어는 사람들의 자유로운 상호작용에 따르는 최적의 결과가 무엇이 될지를 결정하고 나서 사람들의 자유로운 행동을 열등하고 변화가 필요하다고 비난하는 전지적omniscient 중앙계획자를 상정한다. 이런 접근법은 방법론적으로는 공익을 위한 것으로 표현되지만, 자유롭게 행동하는 모든 사람의 의지를 중앙계획자의 의지로 대체하겠다는 선언일 뿐이다.

주류 경제학자들의 컨베이어 벨트conveyer belt와 지난 수십 년 동안 큰 보상을 받았지만, 읽히지 않는 그들의 논문에는 경제 분석을 가장한 정부의 선전이 지나치게 많다. 그들의 사고방식은 모두 동일하고 예측 가능한 대본을 따른다. 경제학자는 대량의 이론적·수학적, 또는 실험적 불필요 작업make-work을 수행하고 나서 자유롭게 행동하는 사람들이 사회 전반에 대해 최적이 아닌 결과를 산출한다는 결론을 내리고, 이를 '시장 실패'라고 부른다. 그들은 편리하게도 학자(먹고 살기 위해서 정부의 연구비 신청서를 써야 하는)가 다른 모든 사람이 행동하는 궁극적 목적과 성취해야 하는 목표에 대한 판단을 내릴 수 있는 근거가 무엇인지의 문제를 건너뛴다. 이렇게 경제학에 접근하는 집단주의적 방법론은 가치의 평가가 객관적이며, 공정한 중앙계획자가 알 수 있는 것이라고 가정한다. 그리고 재산, 자본, 소비에 대해 스스로 결정할 수 있는 권리를 빼앗음으로써 사람들의 정당한 권리를 박탈한다. 정부의 자금 지원을 받는 경제학자들은 경제적 가치 자체를 측정할 수 있는 단위가 없음에도 불구하고, 경제학을 객관적인 수학적 함수로 제시함으로써 개인의 재산에 대한 어떤 형태의 공격이든 정당화하는 데 필요한 모든 숫자를 만들어 낼 수 있다.

시장 실패 분석의 근원은 시장의 수학적 모델화를 시도한 신고전파 경제학neo-classical economics의 표준모델에서 비롯된다. 현대 경제학자들은 개인의 행동을 경제학 이해의 기초로 삼는 오스트리아학파의 방식을 따르기보다는 과감하게 화물 숭배cargo cult(죽은 조상이 배나 비행기로 특별한 화물을 실어 올 것이라고 믿으면서 기다리는 멜라네시아 원주민의 풍습-옮긴이) 과학을 보여주면서 물리학을 모방하려고 시도했다. 1930년대에 정부가 학계를 장악한 이후에 대부분의 경제학은 주로 물리학에서 빌려온 개념을 존 메이너드 케인스의 아이디어에 적용해 정부와 중앙은행의 정책을 합리화하려는 시도에 초점을 맞췄다.

수리 경제학자mathematical economists들은 물리학의 수학적 모델을 경제 현실에 억지로 맞추려 했고, 인간 행동의 수학화에 따르는 수많은 극복할 수 없는 장애물에 직면할 때마다, 수학적으로 다루기 쉬운 모델을 만들기 위해 평평한 경제 현실이라는 단순화를 가정했다. 그중 가장 주목할 만한 가정으로는 1) 시장의 모든 행위자가 완전한 지식을 소유해야 한다는 것, 2) 그들이 합리적으로 이기적rationally self-interested이라는 것, 3) 각 시장에 무한한 수의 구매자와 판매자가 있는 완전경쟁 상태가 존재한다는 것이다. 이런 가정이 현실 세계에서 성립하지 않음은 명백하지만, 주류 경제학자들은 단순히 그런 수학적 모델이 쓸모없다는 것을 깨닫기보다는 가정의 부정확성을 시장 실패의 증거로 취급했다!

'시장 실패'가 확립되자 경제학자들은 아무런 증거나 분석도 없이 정부의 개입이 이러한 시장 비효율성을 바로잡을 수 있다고 주장한다. 그리고는 이런 헛소리를 저명한 학술지에 발표하고, 대학에서 가르치는 일자리를 얻고, 정부의 강압적 개입과 사유재산에 대한 공격의 명분을 제공한 공로로 찬사와 포상을 받는다. 법정주의 학계에서는 틀리는 데 비용이 들지 않을 뿐만 아니라, 정부를 지지함으로써 틀리는 것에 대한 충분한 보상이 따른다.[185] 법정주의 경제학 전체는 허수아비를 세웠다가 허물고 나서 그 죽음을 이용해 자신들이 땅을 차지하게 전에는 땅 주인이 없었다고 주장하는 정교한 사기극에 비유할 수 있다.

정보 비대칭

최근 수십 년 동안 유행을 탄 경제 개입의 근거 중에는 '정보 비대칭 information asymmetry'의 오류가 있다. 이 엄청난 분량의 읽히지도 않는 연구에 따르면, 거래에 참여하는 사람들이 거래와 관련된 모든 것에 대해 완전한 지식을 갖고 있지 않다는 사실이 종종 나쁜 결과를 낳는다. 이는 명백한 사실에 대한 하나 마나 한 진술이다. 누구든지 다른 사람이 아는 것을 모두 알기는 불가능하다. 그럼에도 이런 생각이 거래가 이루어지도록 강제하는 정부의 개입을 뒷받침하는 증거로 제시된다.

그렇지만 전 세계적으로 매일 이루어지는 수십억 건의 거래 대부분은 쌍방이 만족하는 거래다. 어떤 거래가 유익한지를 알기 위해 모든 것을 알 필요는 없다. 거래하는 상품에 대한 자신의 선호도만 알면 된다. 그리고 이러한 근거는 거래 당사자들이 이용할 수 없는 지식을 강압적인 규제 당국이 어떻게 확보할 수 있는지, 그리고 당국이 양측에 더 나은 해결책을 강제하기 위해 폭력의 위협과 함께 그런 지식을 어떻게 사용할 수 있는지의 문제를 무시한다. 거래 당사자에게도 충분한 정보가 없다면, 사회의 모든 거래를 담당하는 규제기관이 어떻게 모든 거래에 대한 정보를 확보할 수 있을까? 그리고 이 중앙계획자는 누구의 이익을 최적화하게 될까?

시장에서 문제가 되는 정보 비대칭은 자발적인 수단을 통해서 가장 잘 해결되는 문제다. 법정주의 경제학자들이 좋아하는 정보 비대칭의 예는 중고차 시장이다. 그렇지만 이 문제를 해결하기 위해 자동차 산업을 중심으로 중고차 정보산업이 크게 발전했다. 자동차 구매자는 이력 보고서가 있는 자동차를 구매하기를 선호하고, 자동차 소유자는 잠재적 구매자에게 자동차의 가치를 높이기 위해 자발적으로 중고차 정보 서비스에 가입하게 된다. 따라서 시장은 가정된 시장 실패를 완전히 자발적인 방식으로 해결한다. 이러한 모든 산업에서 수많은 제품 정보 서비스가 등장하여 소비자가 제품에 관한 정보에 접근할 수 있도록 했다. 영화 리뷰, 식당 리뷰, 전자제품 리뷰 등 불완전한 정보를 구실로 삼은 정부의 개입과 규제 때문에 이들 산업의 성장이 저해되었다면 소비자와 생산자에게 어떤 이익이 돌아갔을까?

비합리성

행동경제학behavioral economics이라는 새롭게 떠오른 사이비 과학에서 '비합리성irrationality'은 정부의 억압을 정당화하는 데 사용되는 또 하나의 매우 인기 있는 오류 집합체다. 행동경제학자들은 합리적인 행동을 구성하는 것이 무엇인지에 대해 임의적이고 무관한 기준을 상정하고, 자신이 가르치는 대학의 학부생들을 인간 실험 쥐와 전 인류의 대리인으로 삼아서 기준이 충족되는지를 테스트한다. 그리고 학부생들이 자신의 합리성 기준을 충족하는 결과를 제공하지 못하면 인류가 비이성적이고 독선적이라고 비난한다. 그들은 마지막으로 이러한 행동을 바로잡는 유일한 방법이 정부의 개입뿐이라는 결론을 내린다.

그렇지만 경제적 합리성은 본질적으로 주관적이고 한계적marginal이기 때문에 실험실 실험의 맥락에서 연구될 수 없다. 경제적 합리성은 결정이 필요한 시간과 장소에서 사람들이 내리는 결정과 관련되는데, 실험실 환경에서는 모든 결정이 실제 세계가 아니라 실험실과 관련되기 때문이다. 어쨌든 세계는 실험실로 옮겨올 수 없는 엄청난 복잡성과 무수한 요소로 가득 차 있다. 행동경제학자의 완전히 작위적인 실험이 현실 세계를 정확하게 반영하고, 실험 대상의 인센티브가 실제 세계의 인센티브와 동등하다고 받아들일 이유가 없다. 설사 받아들이더라도 더 큰 의문이 남는다. 인간이 비합리적인데, 행동경제학자는 어떻게 합리적일 수 있을까? 인간의 편견이 합리성을 왜곡한다면 행동경제학자가 제외되는 이유는 무엇인가? 더욱 중요하게, 시장에 개입하는 규제기관은 왜 이러한 비합리성에 대해 면역이 될까? 그리고 그러한 비합리성이 행동경제학자와 자발적으로 기꺼이 수용하려는 사람들에게만 제한되지 않고 강압적이고 거시적 규모로 강요된다면 얼마나 더 파괴적일까?

불완전경쟁

신고전파 경제 모델이 완전경쟁을 가정함에 따라 시장이 실패하는 또 하나의 방법은 불완전경쟁imperfect compitition이다. 즉 각각의 시장에서 무한한 수의 공급자와 수요자를 확보하지 못함에 따른 시장 실패다. 불완전경쟁이 넘을 수 없는 장벽임은 분명하다. 어떤 시장이든 구매자와 판매자의 수가 무한대(물론 결코 그럴 수 없다)가 아닌 한, 불완전경쟁이나 독점에 시달린다고 비난받을 수 있다. 국가주의 경제학자statist economists들에 따르면, 이러한 상황은 시장의 모든 참여자에게 독점이 없는 시장 운영에 관한 포고령edicts을 따르도록 강제하는 폭력의 독점을 통해서만 바로잡을 수 있다.

그러나 시장은 강압적 폭력을 사용하지 않는 한 독점을 지향하지 않는다. 간단히 말해, 과도한 가격을 요구하는 생산자는 강제력에 의존하지 않는 한 경쟁자들이 가격을 낮추는 것을 막을 수 없다. 나는 수십 년 동안 이 문제를 검토하면서 독점적 공급자가 강제적 개입을 통해서가 아니고 평화적인 방법으로 시장의 독점권을 확보한 사례를 본 적이 없다. 독점을 만들어 내는 것은 항상 정부의 규칙과 규제다. 정부의 규칙과 규제가 평화로운 민간기업을 막을 수 있는 유일한 장벽이기 때문이다. 여기서 역설적인 것은 정부의 명령으로 특정 산업이 독점권을 확보하고 나면, 해당 산업이 독점적으로만 기능할 수 있다는 생각이 일반화되어 '자연적 독점natural monopoly'이 된다는 사실이다. 하지만 독점에는 자연스러운 것이 아무것도 없고, 독점에 대한 정부의 규제는 해결책으로 위장한 문제점이다. 토마스 딜로렌조Thomas DiLorenzo는 정부의 강압을 정당화하는 독점의 근거를 철저하게 반박하는 글에서 다음과 같이 설명한다.[186]

"경제학자들이 자연적 독점 이론을 개발한 후에 입법자들이 독점사업권을 '정당화'하는 데 사용했다는 것은 신화다. 독점이 나타나고 수십 년이 지난 후에야 독점을 지지하는 경제학자들이 이론을 공식화하고 정부의 개입에 대한 사후적 근거로 사용했다는 것이 진실이다. 정부가 처음으로 독점사업권을 부여했을 때, 대다수 경제학자는 대규모 자본집약적 생산이 독점으로 이어지는 것이 아니라 경쟁 과정의 절대적으로 바람직한 측면이라는 사실을 이해했다."

경제학자들이 종종 제시하는 독점의 특정 사례는 경쟁자들보다 훨씬 더 개선된 제품을 더 낮은 가격으로 공급함으로써 시장점유율을 늘릴 수 있었던 생산자를 언급한다. 이 경우의 독점금지법은 소비자를 독점적 생산자로부터 보호하지 않는다. 비효율적인 생산자를 효율적인 생산자로부터 보호할 뿐이다. 그리고 비효율적인 생산자가 시장의 리더가 채택한 가장 효율적인 생산 메커니즘으로 업그레이드하지 않고도 수익성을 유지할 수 있게 해 준다.

외부효과와 공공재

정부의 강압에 대해 가장 흔히 거론되는 근거 중에는 '외부효과 externalities'와 '공공재 public goods'가 있다. 공공재는 본질적으로 정부의 강압을 통해서만 만족스럽게 제공될 수 있는 독특한 재화로 제시된다. 대부분의 주류 경제학 교과서는 자유시장 자본주의가 사적 재화의 생산과 배분을 위해 사회를 조직하는 최상의 원칙임을 인정할 것이다. 그러나 이들 교과서는 시장으로 충분하지 않은 특별한 종류의 재화로 '공공재'를 제시한다.

외부효과는 생산이나 소비에 관한 타인의 결정으로 인해 개인에게 발생하는 긍정적이거나 부정적인 경제적 영향이다. 부정적 외부효과는 오염이나 경제적 손실의 형태를 취할 수 있다. 긍정적 외부효과는 호텔이나 식당이 근처에서 열리는 스포츠 이벤트 덕분에 엄청난 수익을 올리는 것처럼 다른 사람들이 수행하는 활동에서 경제적 이익을 얻는 형태를 취할 수 있다. 또는 부동산 개발업체가 보유한 부동산 인근에 공원이 생김에 따라 구매자에게 더 매력적인 환경이 조성되어 부동산 가격이 상승하는 경우를 예로 들 수 있다. 정부의 강압을 정당화하기 위해 외부효과를 사용하는 것은 부적절하다.

외부효과는 중재arbitration를 통해서 해결할 수 있는 재산권 침해이거나, 폭력을 시작할 근거를 제공하지 않는 사회에서 살아가는 삶의 필연적 결과다. 전자의 예로는 오염이 있다. 이웃한 토지에 폐기물을 방출하는 공장은 바로 이웃의 재산을 침해하는 것이다. 오염 행위는 공격의 시작이며, 피해자인 토지 소유자가 공장에 법적 조치를 취할 수 있다. 같은 맥락에서, 시장경제의 사실상 모든 활동이 타인에게 영향을 미친다. 당신이 동네 빵집에서 마지막 케이크 한 조각을 사면 다른 사람들이 살 수 없게 된다. 보기 좋고 예의 바른 행동(보기 흉하고 불쾌한 냄새가 나는 것과는 대조적으로)은 당신을 상대하는 사람들에게 긍정적인 영향을 미친다. 누구든지 다른 사람의 결정에 관심을 가짐으로써 긍정적 또는 부정적 효용을 얻을 수 있지만, 그것이 공격의 시작을 정당화하는 것은 결코 아니다.[187]

5장에서는 사유재산의 근거와 사유재산이 어떻게 평화롭고 생산적으로 기능하는 사회를 위한 유일하게 일관된 도덕적 기준이 되는지를 설명했다. 시장경제에 참여한다는 것은 상호작용하는 아주 많은 사람의 개인적 결정으로부터 매일 무수한 외부효과가 발생하는 것을 의미한다. 이러한 경제적·사회적 시스템이 평화롭게 작동하는 유일한 방법은 모든 구성원이 자신의 재산에 대한 권리를 행사하고 타인의 재산에 대한 그들의 권리를 인정하는 것이다. 재산을 소유한 사람이 타인의 재산을 침해하지 않는다면, 재산이 없는 사람들의 감정 상태가 재산 소유자에 대해 폭력을 행사하는 근거가 되는 일은 없을 것이다. 이는 보편적으로 시행될 수 있는 도덕적 기준이다. 사람들이 비공격자의 재산을 통제할 수 있는 도덕적 기준은 필연적으로 끊임없는 갈등과 문명사회의 기반인 사유재산의 해체로 이어질 것이다.

공공재는 외부효과와 밀접하게 얽혀 있는 용어인 비배제적·비경쟁적 재화로 정의된다. 비배제성non-excludable은 **다른** 사람이 비용을 지불한 재화로부터 사람들이 이익을 얻는 것을 막을 수 없다는 사실을 지칭하는 데 사용되는 용어다. 다시 말해서 비용을 지급한 사람뿐만 아니라 지불하지 않은 사람에게도 재화의 혜택이 주어지므로, 모두가 비용의 지불을 꺼리게 되어 최적에 못 미치는 생산, 즉 과소생산을 초래하게 된다는 것이다. 따라서 모든 사람이 비용을 지불하게 하는 정부의 강압이 있어야만 모두에게 필요한 양이 공급될 수 있다.

여기서 치명적이고 거론하기조차 민망한 가정은 경제학자와 중앙계획자들이 사회 전체를 위한 재화의 최적 생산을 결정할 수 있다는 발상이다. 그들은 관련된 상충관계trade-offs와 다른 모든 사람에게 발생하는 기회비용을 완벽하게 파악하고 모든 사람을 대신하여 결정을 내린다. 그러나 경제적 계산은 자본이라는 자원이 사적으로 거래되어 자본의 가격이 시장에 대한 신뢰할 수 있는 신호로 작용할 때만 수행될 수 있다. 공공재는 한계에서 제공되고, 경제적 계산에 기초한 노동과 자본의 투입을 요구한다. 노동자와 자본가로서 사람들의 자유로운 행동을 통한 가격으로 환산할 수 없다면, 공공재의 가치에 관한 추상적 고려는 중요하지 않다.

주류 경제학 교과서는 군대, 공원, 도로, 소방대 그리고 경찰을 비배제적 재화의 예로 제시한다. 당신이 이러한 재화를 생산하는 데 단 한 푼도 부담하지 않은 도시로 이주하더라도, 여전히 혜택을 볼 수 있다. 군대는 여전히 당신을 포함하여 도시의 모든 거주자를 안전하게 보호할 것이고, 당신은 한 푼도 들이지 않고 공원과 도로를 이용할 수 있다. 건설에 기여한 바 없는 등대의 도움을 받는 선박에 실려서 당신에게 필요한 상품이 도착한다. 소방대는 당신 집의 화재를 진압하고, 경찰은 당신이 사는 동네에서 범죄자를 체포하여 더 안전한 동네가 되도록 할 것이다. 사회가 이들 재화의 혜택에서 당신을 배제할 수 없기 때문에 무임승차 문제가 발생한다. 모든 사람이 이들 재화의 공급에 기여하지 않으면서 혜택을 받고 싶어 한다. 따라서 주류 경제학자들은 정부가 사람들에게 비용을 지불하도록 강제력을 행사하지 않으면 이러한 재화가 충분히 공급될 수 없다는 결론을 내린다.

그렇지만 역사에는 이들 재화가 자발적으로 공급되는 데 성공한 사례와 아울러 폭력적인 정부의 개입을 통해서 낭비적이고 부적절하게 공급된 사례가 가득하다. 자발적 공급이 항상 이익을 추구하는 조직에 의해서 이루어져야 하는 것은 아니다. 무수한 형태의 자선단체와 자발적 협회가 폭력적 강압에 의존하지 않고도 중요한 재화를 공급할 수 있다. 토지 소유자들은 수많은 공원을 고향에 기증했다. 많은 민간 공원은 민간 단체가 입장료와 다양한 체험활동 및 제품에서 발생하는 수입으로 뛰어난 경관과 생물 다양성을 보호하고 관리하는 지역에 있다.

남아프리카에는 이러한 민간 소유의 자연보호지역이 전체 국토 면적의 6분의 1에 해당하는 약 20만 제곱킬로미터에 달한다.[188] 그곳에서 자연보호지역을 관광하려면 입장료를 지불해야 한다. 역사적 기록에는 항구를 운영하는 민간기업이 건설하고, 정박하는 선박에 부과하는 수수료를 통해서 자금을 조달한 등대의 사례로 가득하다.[189] 항구를 지나가는 일부 선박이 등대의 건설에 기여하지 않고도 등대 불빛의 혜택을 누릴 수 있는 것도 여전히 항구를 이용하는 선박들이 비용을 지불하기에 충분한 유용성이 있으므로, 등대 건설에 장애가 되지 않는다. 그러나 궁지에 몰리게 되면 무임승차자가 혜택을 볼 경우 등대의 운영자

가 불을 꺼서 비용의 지불을 강요할 수도 있다.[190]

외부효과 주장의 근본적 문제는 한계에서 결정이 이루어지는 방식의 현실을 무시한다는 것이다. 상품의 구입을 결정하는 사람은 한계구입marginal purchase 비용과 편익을 경제적으로 계산하여 결정을 내린다. 즉 편익이 비용을 초과하면 구매한다. 다른 사람들이 해당 상품에서 편익을 얻을 수 있을지의 여부는 중요하지 않다. 제품이 타인의 재산을 침해하지 않는 한, 다른 사람들이 그로부터 얻게 될 이익이나 손실을 의사결정자가 계산할 이유가 없다. 그는 단순히 다른 사람들이 이익을 얻지 못하게 하려고 불편을 감수하는 선택을 하지 않을 것이다. 등대가 항구 소유자에게 이롭다면 정박하는 선박들이 건설 비용보다 많은 이용료를 지불할 것이므로, 등대를 건설하게 된다.

전 세계의 공공도로는 교통혼잡과 노후화로 어려움을 겪는다. 도로를 건설하는 정부는 필요하다고 판단하는 가격을 소유주에게 지급하고 토지를 수용할 수 있으므로, 중앙계획자가 계획하는 주요 자원의 정확한 가격을 산출할 필요가 없다. 이는 그들이 정상적인 시장가격을 지불할 필요가 없음을 의미한다. 그 결과, 과도한 도로를 건설하는 데 많은 토지가 소모되어 도시가 사용하는 공간이 줄어들고, 도시가 확장되면서 사람들이 점점 더 많이 운전하게 되는 상황이 발생한다. 낡은 국가주의적 비유와는 달리 정부가 도로를 제공하지 않은 세상은 도로가 없는 세상이 아닐 것이다. 그런 세상은 단지 도로의 공급자가 건설을 위한 모든 비용을 지불해야 하며, 소비자의 도로 사용과 토지를 다른 용도로 활용하지 않음으로 발생하는 기회비용을 정당화할 만큼 충분히 높아야 한다는 것을 의미할 뿐이다.

정부가 도로를 건설하기 위해 토지를 몰수하거나 소유자에게 판매 가격을 강요할 수 있을 때는 그러한 계산이 불가능하다. 그런 정책을 통해서 정부는 시장가격보다 낮은 가격으로 한계에서 토지를 획득할 수 있다. 게다가 더 많은 프로젝트의 진행에 대한 기득권이 있는 사람들이 경제적 계산을 하게 되어 더 많은 자금을 손에 넣게 된다. 어떤 주체entity도 스스로 정한 가격으로 토지를 살 수 없을 때 토지가 경제적 용도에 할당되고, 특정한 분야에 과도하게 사용되지 않을 것이다. 민간에서 건설한 많은 도로가 사용자에게 직접 요금을 부과함으로써 훨씬 더 기능적인 도로가 된다. 도로의 교통흐름을 원활하게 유지하도록 요금을 부과하여 교통체증으로 인한 사용자의 비용을 제거하기 때문이다. 여기서 도로의 경제학에 대한 월터 블록Walter Block의 연구는 매우 유용하다.[191] 다음 장에서는 보안security과 방위defense를 살펴보고, 보안과 방위가 특별한 공급이 필요 없는 일반적인 경제재인 이유를 설명한다.

비경쟁성non-rivalry은 한 사람의 소비가 다른 소비자에게 돌아가는 편익을 줄이지 않는 것을 말한다. 비경쟁성 재화는 사회 전체에 공급되거나 아무에게도 공급되지 않을 수 있는 재화다. 등대, 가로등, 국방이 대표적인 예다. 등대는 항구에 정박하여 요금을 지불하지 않더라도, 항구를 지나가는 모든 선박에 혜택을 준다. 등대를 지나는 배는 모두 등댓불의 혜택을 보지만 다른 배가 볼 수 있는 불빛을 줄이지 않는다. 마찬가지로 도로의 모든 보행자가 가로등의 혜택을 받지만, 그들의 혜택이 다른 보행자로부터 가로등 불빛을 빼앗는 것은 아니다. 외국의 침략으로부터 나라를 지키는 군대는 사회의 모든 구성원을 보호한다. 구성원이 한 명 추가되더라도 다른 구성원들의 안전과 보안을 줄이지 않는다. 군대는 모든 시민을 위해 침입하는 외국 군대를 막거나, 아니면 막지 못할 뿐이다.

그러나 자세히 살펴보면 이 또한 공격의 시작에 대한 잘못된 근거임이 드러난다. 정말로 비경쟁적인 재화라면 경제재가 아닐 것이다. 경제적 재화에는 항상 경쟁이 존재하고, 재산권과 비공격성 원칙이 문제의 해결책이다. 가로등은 단지 도로의 일부일 뿐이며, 도로의 소유자는 도로에 접근하는 요금의 일부로 가로등 요금을 부과한다. 일반 도로(소유주가 없는 도심)의 경우에도 거주자들이 고객이나 방문객과 함께 가로등의 혜택을 가장 많이 받는다. 그들에게 가로등의 혜택이 투자할 가치가 있다면, 개인적으로나 자발적 형태의 연합을 통해서 집단으로 투자할 수 있다. 지나가는 사람들이 가로등의 혜택을 받는 것을 막을 수 없을지도 모른다는 사실이 가로등 설치 자금을 마련하기 위해 사회의 모든 구성원을 공격하는 것을 정당화할 수 없다. 한 거리의 주민이 나머지 사회가 자신들의 거리에 자금을 지원하기를 기대할 수 있다면 모든 거리의 주민도 그럴 수 있다.

집단주의적 해결책은 비용이 편익을 초과하는지를 개별적으로 판단하는 자발적 결정 대신에, 중앙계획자가 사회 전체에 대한 결정을 내리는 책임을 지도록 한다. 어떤 사람들에게는 비용을 거의 부담하지 않는 조명을 공급하고, 가로등을 설치할 가치가 없다고 판단되는 거리의 주민에게는 사용하지 않는 조명에 대한 비용 지불을 강요한다. 궁극적으로, 재산권이 있는 한 비경쟁적 재화는 존재하지 않는다. 거리를 이용하고 가로등의 혜택을 입을 수 있는 사람 수에는 한계가 있고, 그에 따른 경쟁이 도로 소유자에게 도로의 기반시설을 최적화하는 동기를 부여한다. 그렇게 하면 자신뿐만 아니라 도로를 이용해 주기를 바라는 사람들에게도 이익이 된다.

국가의 방위가 비경쟁적이라는 것도 잘못된 생각이다. 공격에 대한 방어와 보안은 사적 재화이며, 각 개인의 보안이 보안 제공자의 부담에 더해진다. 더 넓은 지역을 지켜야 할수록 보안의 비용이 증가한다. 지역에 거주하는 사람이 많을수록 적의 공격 대상이 될 수 있는 표적이 늘어나고, 다른 사람들의 보안을 위험에 빠뜨리는 행동을 할 수 있는 개인이 추가될 때마다 보안의 위험이 커진다.

이 모든 예에서, 엉성한 경제적 추론은 한계분석을 무시하는 데 뿌리를 두고 있다. 국방, 사법, 도로, 가로등 같은 것을 절대적·총체적 용어로 말하고 싶은 유혹이 있지만, 경제 현실에는 한계 품목 marginal items 만이 있을 뿐이다. 그리고 사람들은 한계에서 이들 재화를 생산하기 위한 자본 자원의 사용에 대한 결정을 내린다. 군인, 경찰, 판사, 도로, 또는 가로등은 경제적 비용과 이익이 있는 개별 단위로만 사용된다. 재산권이 있는 경제적 계산을 통해서만 이들 자원이 생산적이고 합리적으로 배치될 수 있다.

경제학의 합리성

시장 실패 분석의 근원은 앞에서 언급했듯이 시장의 수학적 모델화를 시도한 신고전파 경제학의 표준 모델에서 비롯된다. 경제학자들은 수학적 모델을 만들기 위해 몇 가지 터무니없는 가정을 했다. 시장 시스템의 모든 행위자가 완전한 지식을 보유하고 합리적이며 이기적이라는 것, 그리고 각각의 시장에 무한한 수의 구매자와 판매자가 있는 완전경쟁 상태가 존재한다는 것이다. 지난 70년 동안의 경제학은 주로 정부의 급여를 받으면서, 이런 터무니없는 수학적 모델에 구멍을 뚫은 다음에 시장의 작동 가능성을 반증했다는 결론을 내리는 이른바 천재들로 구성되었다.

여기서 좋은 비유는 새의 비행에 대한 수학적 모델을 만들고 있는 경제학자를 상상하는 것이다. 그는 계산이 가능한 모델을 만들기 위해 새의 무게가 몸 전체에 고르게 분포한다는 등의 단순화 가정을 세운다. 이러한 가정이 있으면 새의 비행에 관한 단순화된 모델을 만들 수 있고, 시험문제로 출제할 수도 있다. 시장의 실패를 주장하는 경제학자들은 가정을 정교하게 반박하고 나서… 새들이 날지 않는다는 것을 증명했다고 자랑스럽게 선언할 것이다.

그들은 이러한 비행 모델이 단순히 부정확하다고 거부하지 않는다. 매일 날아다니는 새를 볼 수 있음에도 불구하고, 모델이 부정확하게 전달하는 실제 세계의 현상 자체를 거부한다. 새가 실제로 날 수 있다는 사실이 중요하지 않은 것처럼, 전 세계 수십억 명의 사람이 매일 만족스럽고 상호 이익이 되는 시장 거래에 참여한다는 사실도 중요하지 않다. 법정주의 학자에게는 진실이 현실을 반영하는 것이 아니라, 허공에서 법정 급여를 만들어 내는 이익에 따라 결정된다. 경제학자가 다른 경제학자의 터무니없는 수학적 모델의 결함을 지적할 수 있는 한, 모든 주류 교과서는 "시장은 실패한다!"와 "정부가 해결한다!"라는 신성한 주문을 충실하게 반복할 것이다.

이는 버넌 스미스Vernon Smith의 흥미로운 책《경제학의 합리성Rationality in Economics》을 읽고 나면 분명해진다.[192] 교실에서 경제 모델을 실험했던 실험경제학자인 스미스가 (적어도 오랜 경력의 대부분 기간에) 오스트리아학파 경제학자가 아니었던 것은 확실하다. 하지만 그는 경제적 의사결정에 관한 실험을 통해서 오스트리아학파 경제학자들이 수십 년 전에 도달한 것과 같은 결론에 도달했다. 스미스의 실험 대상자들은 인위적인 실험실 환경에서도 유익한 거래를 수행하고 가격을 발견할 수 있었다. 그리고 신고전파 모델의 가정을 충족할 필요도 없고 조건을 지시할 자애로운 중앙계획자도 필요 없다. 따라서 시장은 신고전파 모델의 가정을 만족할 필요가 없다. 신고전파 모델이 계산을 위해 **이러한 가정을** 필요로 할 뿐이다. 태양이 떠오르기 위해서 천문학이 필요하지 않은 것처럼 현실 세계의 시장에는 이런 모델이 필요 없다.

이러한 깨달음을 통해서 버넌 스미스는 프리드리히 하이에크의 연구를 바탕으로 인간의 설계 및 행동의 결과와 각 결과의 합리성을 나름대로 이해될 수 있는 방식으로 구별할 수 있었다.[193] '구성적 합리성 constructive rationality'은 스미스가 인간의 이성이 설계한 사물(예를 들어 자동차나 비행기의 설계)을 지칭하는 데 사용하는 용어다. 엔지니어는 설계의 모든 세부 사항을 도출하고 그에 따라 제작을 진행한다. 그에 반해서 인간의 행동과 상호작용(변화와 선택의 진화적 과정을 통한)에서 나타나는 현상을 지칭하기 위해 스미스는 '생태적 합리성 ecological rationality'이라는 용어를 사용한다.

상위의 계획자가 설계한 것이 아니라 광범위한 변화와 선택의 과정을 거쳐서 나타나는 항공노선이 한 가지 예가 될 것이다. 이 경우에는 수많은 항공사가 다양한 노선과 연결 항공편을 시도하지만, 궁극적으로 소비자의 선택이 수익성 있는 노선과 그렇지 않은 노선을 결정하게 된다. 항공사들은 시장의 피드백 feedback을 활용(새로운 공항 건설, 새로운 노선 개설, 특정 연결 항공편의 최적화)하여 우리의 지구를 덮고 있는 고도로 정교한 항공노선의 세계적 그물망을 만들어 낸다. 하이에크는 이러한 설계자의 작업에 따른 복잡한 산출물처럼 보이지만 실제로는 사전에 합의된 추상적 규칙에 따른 인간 행동과 상호작용의 결과인 현상을 지칭하기 위해 자발적 질서 spontaneous order 라는 개념을 도입했다.

하이에크의 탁월한 통찰은 우리 삶의 질서와 우리가 생존을 위해서 의존하는 제도의 많은 부분이 인간의 설계가 아니라 인간의 상호작용에서 저절로 나타났다는 것이다. 아마도 언어가 가장 좋은 예일 것이다. 에스페란토 Esperanto 같은 몇몇 현대 언어는 이성적으로 구성되었지만, 세계의 대다수 언어는 설계자나 창시자가 없다. 이들 언어는 수천 년에 걸쳐 나타나서 발전했고, 여러 세대의 사람들이 배우면서 작은 추가와 변경을 가하여 그중 일부는 살아남고 나머지는 버려졌다. 하이에크, 오스트리아학파 그리고 스미스는 자본주의 시장경제 또한 누군가의 설계의 산물이 아니라 일련의 추상적 규칙에 따라 이루어지는 인간 행동에서 진화하는 복잡한 창발적 emergent 현상이라고 주장한다. 시장을 설계하거나 명령을 내려서 나타나게 하는 사람은 아무도 없다.

시장은 사람들이 이 책의 2부에서 논의한 절약하는 행동에 자유롭게 참여하는 세상에서 나타난다. 사람들은 정당하게 재산을 취득하고 자기 신체에 대한 소유권을 유지할 수 있는 사회 질서 안에서 일하고, 자본을 축적하고, 자신의 수요를 충족하기 위해 더 많은 에너지원을 활용하고, 사용하는 기술의 상태를 개선할 수 있다. 서로의 재산을 존중하고 공격의 시작을 거부하는 사회에서는 사람들이 서로 거래할 수 있다. 그리고 그로부터 화폐, 노동 분업, 현대적 자본주의 시스템이 출현한다. 시장경제의 발전을 지시하는 의식적인 설계자는 존재하지 않는다. 현대 문명을 지배하는 것은 추상적 규칙을 준수함으로써 생겨나는 자발적 질서다.

20세기의 주류 경제학자들은 이 점을 완전히 놓치고 있다. 대신에 그들은 시장이 자동차나 탁자, 또는 적어도 지속적인 하향식 설계로 개선될 수 있는 물건과 같이 합리적 설계의 산물이라고 상상한다. 여기서 치명적인 자만심의 결과는 하이에크의 용어를 빌리자면, 하향식 계획과 강압적 행동으로 시장경제를 개선하려는 시도가 시장경제의 기반이 되는 기본적인 추상적 규칙을 무너뜨리고 파괴한다는 것이다. 그래서 하이에크는 경제학자들의 직무에 대한 오스트리아학파의 관점을 제시한다.

"경제학의 기묘한 과제는 그들이 설계할 수 있다고 상상하는 것에 대해 실제로 아는 것이 얼마나 적은지를 사람들에게 보여주는 것이다. 질서를 의도적인 계획의 산물로만 이해할 수 있는 순진한 마음에는 의사결정의 탈중앙화를 통해서 복잡한 상황에서의 질서와 미지에 대한 적응이 더 효과적으로 달성되고, 권위의 분할이 실제로 전반적 질서의 가능성을 확장하게 된다는 말이 터무니없게 들릴 것이다. 그렇지만 이러한 탈중앙화를 통해서 실제로 더 많은 정보를 고려할 수 있게 된다."[194]

주류 법정주의 경제학자들은 시장이 실패하는 이유, 인간이 비합리적인 이유, 그리고 강압적 개입만이 상황을 개선할 수 있는 방대한 이유에 대한 합리화를 재빠르게 제시한다. 그러나 자세히 살펴보면, 경제학자들의 반대와 관계없이 시장이 기능을 발휘하고, 매혹적인 이타적 구실을 내세운 강압적 개입으로 시장을 고치려 할 때만 진정한 시장 실패가 발생한다는 것을 알 수 있다. 아마도 비이성적인 사람은 시장의 참여자가 아니라 경제학자일 것이다. 그들은 매일 생존을 위해 시장에 의존하면서도 시장의 자연스러운 질서에 눈을 감으려고 한다. 그러나 이것은 공정한 비난이 아니다. 현실적으로, 현대 경제학자의 생계가 시장경제를 공격하고 정부의 개입을 합리화하는 데 달려 있기 때문이다. 정부의 폭력 행사를 합리화하기 위해 터무니없는 연구 결과를 생산하는 것은 불행하게도 학계가 국가에 납치된 세상에서 전문 경제학자가 선택하는 합리적인 행동 방침이라고 할 수 있다.

17장

Defense

방위

앞 장에서는 경제활동에 대한 정부의 개입에 반대하는 근거를 제시했다. 그리고 정부의 개입을 뒷받침하는 근거를 비판적으로 검토하여, 모순되는 근거와 투명하게 동기가 부여된 추론의 잡동사니라는 것을 알았다. 공격의 시작은 국가의 지원을 받는 경제학자들이 국민에게 제시하고 대중화하기 위해 매우 열심히 노력하는 정당화를 추구하는 범죄다. 이러한 근거를 자세히 검토할수록 폭력의 행사를 거부하는 자본주의 시장경제의 근본적 기반(재산권의 존중과 문명화된 사회)과 양립할 수 없다는 것이 분명해진다.

19세기와 20세기의 고전 경제학자들은 경제의 영역에서 공격의 시작을 거부하는 데 많은 노력을 기울였지만, 국가의 존재나 국가가 제공하는 보안, 방위, 법과 질서의 정당성에까지 분석을 확장하지는 않았다. 그러나 머리 로스바드,[195] 한스헤르만 호페,[196] 여러 무정부주의-자본주의anarcho-capitalist 학자들의 저작은 인간 행동과 비공격성의 분석을 국가의 수립 자체, 국가가 독점하는 폭력의 정당성 그리고 국가가 수용을 통해서 조달한 자금으로 보안, 방위, 법률 서비스를 독점적으로 제공하는 타당성으로까지 확장했다.

방위시장

국가에 고용된 경제학자들에게서 흔히 볼 수 있는 오해는 방위와 폭력이 경제 분석의 범위를 벗어난다는 생각이다. 그러나 2장에서 논의한 바와 같이, 공격에 대한 방위에도 경제적 재화의 모든 특성이 있다. 사람들이 죽음과 신체적 상해를 피하고 타인의 의지에 굴복하기보다 자신의 의지를 실현하기를 선호하기 때문에 재화로서의 유용성이 있다. 공격으로부터의 방위는 또한 희소하다. 폭력은 언제든지 발생할 수 있는 무한한 잠재적 위협인 반면에, 자원을 소비하는 방위는 유한하고 절약되어야 하므로 무제한으로 가용하지 않다. 유용성과 희소성의 조합이 방위에 가치를 부여한다. 인간은 방위를 생산하기 위해 일하거나 타인에게서 얻을 수 있다. 사람들은 방위를 원하고, 방위를 위해 기꺼이 비용을 지불한다. 방위의 제공자는 원하는 고객에게 방위를 제공하여 이익을 얻을 수 있다. 방위는 다른 모든 시장재와 같은 방식으로 구입할 수 있는 시장의 재화다.

여기서 폭력과 폭력의 시작 사이에 중요한 구별이 필요하다. 재화로서의 방위에는 폭력이 포함될 수도 있고 아닐 수도 있지만, 폭력의 시작은 포함되지 않는다. 방위는 폭력의 가능성을 줄이는 예방적 조치와 폭력의 시작에 대응하여 시작한 사람을 처벌하고 피해자의 보상을 추구하는 응징 조치를 포함한다. 폭력의 시작은 거래의 일방 당사자가 자유롭게 받아들일 수 없는 강압적 행동이므로 시장재로 간주할 수 없다. 그러나 폭력의 시작에 대한 방위와 응징은 자발적인 시장에서 공격을 개시하지 않고도 사고팔 수 있는 정상적인 시장재. 방위에 포함될 수 있는 폭력은 이미 폭력을 저지른 누군가에게 행사하는 폭력이다. 인간이 처음으로 철을 두드려 칼과 방패를 만들기 시작한 이래로 다양한 폭력 사이에 이러한 윤리적 구별이 인정되었으며, 오늘날의 미사일과 F-35에도 동일한 원칙이 적용된다.

방위의 시장은 고도로 발전된 다양하고 정교한 시장으로 공격으로부터의 자유와 보안에 대한 사람들의 수요를 충족하는 광범위한 상품과 서비스를 제공한다. 거기에는 안전 잠금장치, 안전 경보 시스템, 감시카메라와 드론drone, 개인용 총기, 장갑차량, 경비원, 사립 탐정 등이 포함된다. BRCBusiness Research Company의 연구원들은 2021년 현재 사설 보안산업의 규모를 약 3,035억 8,000만 달러로 추정한다.[197]

대부분 사람은 보안이 국가의 영역이라고 생각하지만, 이는 잘못된 생각이다. 놀라운 현실은 자신의 신용을 돈으로 사용할 수 있는 엄청난 특권을 통해서 통화가 기능하는 한 서비스를 무제한으로 획득할 수 있는 정부가 존재하는 오늘날에도, 전 세계 보안 인력의 대다수가 정부가 아닌 민간에서 고용된다는 것이다. 2011년에 중국에는 경찰 269만 명에 비해 500만 명의 민간 보안 근로자가 있었고, 인도에는 700만 명의 민간 보안 근로자와 140만 명의 경찰이 있었다. 2016년에 미국에는 100만 명의 민간 보안 인력과 80만 명의 경찰이 있었다. 실제로 브라질, 러시아, 일본, 독일, 영국을 비롯하여 BRC의 연구에서 데이터가 가용했던 81개 국가 중 46개 국가도 마찬가지였다. 연구의 대상이 된 국가만으로도 인구가 49억 명에 달하고, 그중에서 41억 5,000만 명이 대다수의 경비원이 민간인인 국가에서 살고 있었다. 전체 표본에서는 2,000만 명의 민간 보안 인력과 1,050만 명의 경찰이 있는 것으로 추정되었다.[198] 압도적으로 인류의 다수는 경찰관보다 민간 경비원이 두 배나 많은 곳에서 살고 있다. 경찰의 재정 조달과 채용의 문제가 늘어나고 보안 사고가 증가하는 것을 감안하면, 지난 몇 년 동안에 이러한 불균형이 더욱 증폭되었을 가능성이 크다.

방위와 보안시장이 존재한다는 것은 비현실적 테크노-유토피아 techno-utopia의 꿈과는 거리가 먼, 세계의 대부분이 이미 경험하고 있는 현실이다. 귀중한 재고를 보유한 대다수 기업은 사업을 보호하기 위해 사설 보안업체를 고용하는 데 의존한다. 이러한 관행은 제한된 자원으로 모든 시민과 기업이 원하는 보호를 감당할 수 없는 민간 계약자와 지방경찰 모두에게 적합하다. 12장에서 논의한 계산의 문제는 보안에도 적용되고, 유일한 해결책은 명확하게 정의된 재산권의 틀 안에서의 기업가적 계산뿐이다. 실제로 세계 여러 지역에서 정부의 보안 인력은 주로 국민이 아닌 정부를 보호하느라 여념이 없고, 국민은 스스로 무장하거나 무장 경비원을 고용하는 방법으로 시장에서 자체적 보안을 구입해야 한다는 말은 과장이 아니다. 방위시장이라는 아이디어의 적들은 마치 심오한 반박이라도 되는 것처럼 "누가 경찰의 비용을 지불할 것인가?"라는 질문을 던진다. 그러나 현실은 개인과 기업이 이미 방위의 자유시장에서 사법, 질서 그리고 보안의 비정부적 원천을 찾고 있다는 것이다.

방위시장은 앞에서 언급한 상품과 경찰 서비스보다 훨씬 더 광범위하며, 세계의 무기 산업도 포함한다고 할 수 있다. 무기의 상당 부분은 공격과 폭력을 시작하는 데 사용되고, 훨씬 더 많은 부분은 세금이나 인플레이션을 통해서 비자발적으로 획득한 자금을 사용하는 정부가 구입한다. 따라서 무기시장은 매우 왜곡되어 있다. 그럼에도 불구하고 무기 제조업체가 주로 저축자들이 축적한 자본을 이용하고, 자유롭게 계약하는 근로자를 고용하고, 세계 시장에서 원자재를 구입하고, 종종 시장의 최고가 입찰자에게 산출물을 자유롭게 판매하는 자발적인 민간기업이라는 사실은 변하지 않는다. 세계 100대 무기 제조업체 중 68개가 민간 소유이고, 24개가 정부 소유이며, 6개는 민간기업과 정부가 공동으로 소유한다.[199] 정부가 소유한 기업조차도 모든 투입물과 대부분의 산출물에 대한 글로벌 자유시장의 맥락에서만 존재하며, 투입물과 산출물의 시장가격을 사용한 경제적 계산을 수행하여 이익을 얻는다. 무기 제조에 투입되는 모든 원자재는 광범위한 노동 분업과 자유롭게 축적된 민간 소유 자본이 있는 세계 시장에서 조달한다. 자본주의적 시장, 이윤 동기, 자본축적 그리고 노동 분업이 없으면 아무도 돌, 창, 활과 화살 그리고 원시적인 덫보다 훨씬 정교한 무기를 생산하지 않을 것이다.

폭력적 갈등의 본질, 경제적 계산의 불가성, 재산권이 없는 광범위한 비개인적 노동 분업을 이해하면 이러한 결론을 피할 수 없다. 전쟁은 결국 적에게 최대의 피해를 입히기 위해 대량의 운동에너지를 전달하는 활동으로 구성된다. 군사적 의미의 힘은 8장에서 논의한 것처럼 말 그대로 공학적·경제적 의미의 힘이다. 즉 특정한 목표를 달성하기 위해 한계에서 짧은 시간 동안 대량의 에너지를 전달하는 힘이다. 현대의 무기는 단시간에 효과적으로, 그리고 사용자의 통제하에 운동에너지를 전달하는 능력을 늘려서 적의 전투원이나 민간인을 살해하고, 현실의 물리적 변화를 초래하여 전쟁에서 승리한다. 자본의 축적, 사유재산, 그리고 노동의 분업은 인간의 수요 충족을 위한 최대량의 힘을 전달하는 가장 효과적인 시스템으로 입증되었다. 이것이 군사적 갈등에 힘을 전달하는 데도 가장 효과적인 시스템이 되는 것은 당연하다.

군사력은 또한, 무기 생산에 투입되는 원자재와 경제적 잉여economic

surplus가 생산되는 자본주의 자유시장 경제에 전적으로 의존한다. 자금을 지원하는 현대적 자본주의 경제가 없다면 세계 최강의 군대조차도 적을 물리칠 수 없고, 자국 병사를 먹일 수도 없는 노예 노동수용소로 전락할 것이다. 무기 제조에 투입되는 원자재는 광범위한 세계적 공급망과 글로벌 방식으로 개발, 설계, 유통되는 정교한 기계를 통해서 생산된다. 공공 및 민간 부문의 범죄자들이 매일 폭력적인 공격에 사용하는 무기의 가장 놀라운 혁신의 원천이 시장경제다. 무기 시스템 개발의 규모는 시장경제 발전의 함수다. 자유시장 경제 시스템에서만 가능한 고도의 전문화, 노동 분업, 자본축적 그리고 기술의 발전 없이는 세계의 정교한 무기 체계가 결코 개발될 수 없다. 소련은 미국보다 훨씬 높은 비율로 경제 생산의 상당 부분을 무기 생산에 투입했다. 그러나 1980년대 말에는 이러한 지출이 엄청나게 비싼 녹슨 고철 더미로 바뀌었다. 그동안에 더 작은 비율의 경제 생산을 무기에 소비한 미국의 민간 무기 산업은 무기 분야에서 엄청난 발전을 이루었다.

소련의 산업화는 가격을 계산하고 거래할 수 있는 세계 자본주의 시스템 안에 존재함으로써 혜택을 입었다. 사회주의를 시도한 지 몇 년 만에 소련은 계산 문제의 심각성을 파악했다. 그들은 경제적인 자원의 배분을 계산하려면 국제 시장의 상품가격에 의존해야 한다는 것을 깨달았다. 이것이 소련의 관료적 정부가 이만큼이라도 살아남은 이유일 것이다. 하지만 그조차도 충분하지 않았다. 정부가 국내의 모든 자원을 소유하고 시장이나 가격이 존재하지 않았기 때문에 자원이 합리적인 경제적 계산의 대상이 될 수 없었다. 무기 산업도 예외가 아니었다. 1980년대에 이르러, 소련의 지도부는 기능장애가 있는 경제 시스템으로 그렇게 엄청난 무기고를 계속해서 운영하는 것은 전혀 불가능하다는 사실을 분명히 알게 되었다.

아마도 자유시장에 대해 전 세계적으로 정부와 민간이 저지르는 폭력적 공격의 대다수가 주로 시장 질서를 통해서 제조된 무기류에 의존한다는 사실보다 더한 칭찬은 없을 것이다. 시장의 질서는 다시 기업가에게 자본을 제공하려고 소비를 미루는 사람들에게 의존한다. 기업가는 평화롭게 근로자를 고용하고, 최고가 입찰자에게 투입물의 가격을 초과하는 가격으로 상품을 판매하는 방법을 결정하기 위한 경제적 계산을 수행한다. 미개하고 폭력적인 사람들은 평화와 협력을 거부하고 공격을 선택하는 것에 자부심을 느낄지도 모르지만, 공격 무기에 대한 그들의 선택이 유치한 말보다 더 많은 것을 알려준다. 그들은 문명사회로부터 고립되어 살아가고, 스스로 무기를 생산하고, 생산한 무기를 사용하여 문명사회를 공격하는 선택을 하지 않는다. 폭력의 생산성을 높이기 위해 노동 분업의 가장 진보된 제품을 획득하기를 선택한다. 그들에게 평화로운 노동 분업이 자신에게 얼마나 소중한지를 이해하는 정신적 능력이 없을지도 모르지만, 그들의 행동은 그렇지 않다.

법과 질서의 시장

공격으로부터의 보호와 보안시장은 무기와 경찰시장을 넘어서 확장된다고 할 수 있다. 이 시장은 또한 도난당한 재산의 반환과 공격자에 대한 처벌을 통해서 사람들을 보호하는 역할을 하는 중재arbitration를 포함한다. 오늘날 세계 대부분 지역에 정치 시스템과 얽혀 있는 독점적 사법 시스템이 있지만, 그렇다고 중재와 사법심사judicial review가 국가만이 제공할 수 있는 재화는 아니다. 영국의 관습법common law은 수 세기에 걸쳐 주로 국가의 통제를 받지 않는 민간 법원에서 발전했다.[200] 민간 법원은 이용을 원하는 모든 시민에게 서비스를 제공했고, 더 많은 고객을 확보하기 위해 가능한 한 공정하고 불편부당해야 하는 충분한 인센티브가 있었다. 이들 법원은 지역의 사법 관할territorial jurisdictions에 대한 독점권이 없었고 운영 분야가 중복되었다. 따라서 시민들은 지역적 관할에 얽매이지 않고 신뢰하는 법원으로 갈 수 있었다.

민간 법원의 판사에게는 사건을 평가하기 위해 선례를 살펴보는 인센티브가 있었고, 여러 세기의 선례와 판결을 통해서 관습법이라는 법체계가 나타났다. 관습법은 중앙계획자의 하향식 설계를 통해서 나타나지 **않았다**. 상사법law merchant과 해사법admiralty도 마찬가지로 민간 법원에서 발전했다. 이렇게 독립적이고 자유롭게 경쟁하는 사법 체계는 영국의 자유시장과 기업이 발전하는 데 상당히 중요한 역할을 했으며, 전 세계의 경제를 변화시킨 산업혁명의 출현에도 큰 도움이 되었다고 할 수 있다.

오늘날에도 대부분 국가에서 개인과 기업이 공정한 제삼자 판사에게 분쟁에 대한 판결을 받을 수 있는 민간의 중재 사업arbitration businesses이 성장하고 번창한다. 민간의 중재 사업은 국가가 독점하는 법원에 비해 매우 효율적으로 운영되기 때문에 수요가 빠르게 증가하고 있다. 빠르게 성장하는 이 업계에는 매달 약 4만 건의 중재를 처리하는 미국중재협회American Arbitration Association을 비롯한 여러 단체가 있다. 미국의 법원 시스템이 계속해서 느려지고, 비싸지고, 효율성이 떨어지면서 많은 사람이 법원의 소송사건을 민간 중재 단체에 맡기는 쪽을 선택한다. 중재는 방위나 사과, 자동차와 마찬가지로 희소하고 효용을 제공하는 또 하나의 시장재이기 때문에 많은 사람이 주관적 가치를 부여한다.

중재 사업의 성장과 독립적 사법부의 역사는 계약 당사자가 상대방과의 분쟁에 대한 중재를 의뢰할 수 있는 제삼자의 존재 가치를 분명하게 보여준다. 점점 더 많은 상업 계약에 분쟁이 발생할 때 양 당사자가 독립적인 중재에 따른다는 조항이 포함된다. 2008년에 26개 기업을 대상으로 실시한 조사에서 연구원들은 소비자계약의 77퍼센트와 고용계약의 93퍼센트에 중재 조항이 포함된 것을 발견했다.[201] 양측 계약 당사자가 분쟁을 값싸고 빠르게 해결하기를 원하기 때문에 계약에 중재 조항을 포함하는 인센티브가 생긴다. 산업전문가, 변호사, 판사 그리고 법학자는 모두 고객에게 정직하고, 공정하고, 효율적이고, 빠른 중재 서비스를 제공할 재정적 인센티브가 있다. 중앙에서 계획하고 지휘하는 정부 법원은 일반적으로 중재보다 비용이 훨씬 더 많이 들기 때문에 여러 용도에 비실용적이다. 정부 법원은 또한 분쟁이 발생한 고도로 복잡한 기술적·상업적 문제에 대해 전문지식을 제공할 능력이 부족한 것이 일반적이다.[202]

독립적 중재 사업의 성장과 민간 독립법원의 풍부한 역사는 사법제도가 자유시장에서 존재할 수 없는 특별한 이유가 없다는 것을 보여준다. 개인 간, 기업 간의 상호작용에서 분쟁의 가능성은 항상 존재한다. 따라서 사람들은 분쟁이 발생할 때 신뢰할 수 있는 독립적 제삼자에게 공정한 판결을 의뢰하는 것을 선호하게 된다. 모든 계약에 사법 독점을 적용할 필요는 없다. 분쟁이 발생하면 중재를 의뢰할 독립적 제삼자에 대해 계약 당사자가 사전에 합의할 수 있다. 사법과 방위를 담당하는 국가 독점의 조직이 없는 사회에서는 관련된 영리 및 비영리 조직이 꽃을 피울 가능성이 크다. 이들은 소비자에게 비용의 지불을 강요하는 능력 없이도 완전한 책임을 지고 사법과 방위 서비스를 제공할 것이다. 에드워드 스트링햄은 《프라이빗 거버넌스 Private Governance》에서 폭력적 독점에 의존하지 않고도 사법과 방위 서비스를 제공하기 위한 다양한 유형의 자발적 계획에 대해 매우 유익하고 흥미로운 연구 결과를 제시한다.

방위와 사법의 국가 독점

미제스는 "생산수단의 사적 소유와 폭력적·사기적 침해로부터의 보호"를 국가의 정당한 기능이라 말했지만,[203] 오늘날의 일반적인 개념과는 다른 국가의 개념을 가지고 있었다. 미제스는 자기 결정권 right of self-determination의 중요성을 강조함으로써 정부를 자발적 독립체로 만들었다.

"따라서 국가의 구성원 자격과 관련된 자기 결정권은 다음과 같은 의미를 갖는다. 언제든지 단일 마을, 전체 지역, 또는 인접한 일련의 지역 등 특정 지역의 주민이 자유롭게 실시되는 주민 투표를 통해서 현재 소속된 국가에 통합된 상태로 남기를 원하지 않고 독립된 국가를 형성하거나, 다른 국가에 소속되기를 원한다는 의사를 표시하면 그들의 희망이 존중되고 준수되어야 한다. 이것이 혁명과 내전 및 국제 전쟁을 막는 유일하게 실행 가능하고 효과적인 방법이다…. 그러나 우리가 말하는 자기 결정권은 국가의 자기 결정권이 아니고, 독립적인 행정 단위를 형성할 정도로 규모가 큰 모든 지역 주민의 자기 결정권이다. 이러한 자기 결정권을 어떤 방식으로든 모든 개인에게 부여할 수 있다면 그렇게

해야 할 것이다."²⁰⁴

　분리 독립권이 부여되면 정부가 시민으로부터의 충성과 수입을 당연하게 여길 수 없고, 시민을 위해서 일해야 한다. 분리 독립권이 없으면 정부가 강제적 독점의 지역적 주체가 된다. 사적 소유권의 보호가 바람직한 재화라면, 어떻게 강제적 독점을 통해서 성공적으로 제공될 수 있을까? 그리고 강제적 독점이 이러한 경제재를 제공할 수 있다면, 다른 재화도 제공하지 못할 이유가 있을까? 모든 시장에서 나타나는 계산의 문제가 방위와 사법의 시장에는 나타나지 않는 것일까? 로스바드는 《새로운 자유를 위하여 For a New Liberty》에서 법과 질서의 독점에 대한 가장 일반적인 국가주의적 정당화의 일부를 해체한다.²⁰⁵

　국가주의 경제학자들은 재산권을 정의하기 위해 국가가 필요하며, 재산에 대한 정당한 소유권 주장에 관한 독점적 기준 틀이 없다면 갈등을 피하는 방식으로 재산권을 정의할 가능성이 없다고 상정할 수 있다. 그러나 이는 명백한 거짓이다. 5장에서 논의했듯이, 재산에 대한 체계적 기준 틀은 자기 소유권의 원칙, 개인의 노동을 통해서 발견하고 변환한 천연자원의 소유권, 합의에 의한 거래를 통해서 획득한 재화 소유권의 원칙이다. 사회주의 사회 밖에서는 국가 자체가 소유를 결정하지 않는다. 국가는 단지 소유에 관한 분쟁에서 이러한 원칙을 집행하는 역할을 할 뿐이다. 이렇게 잘 확립된 원칙을 따르면, 독점적 자금 조달에 의존하지 않고도 민간의 개인과 조직이 원칙의 집행을 담당하지 못할 이유가 없다.

　방위와 사법 서비스의 강제적 독점에 대한 또 다른 주장은 소유가 모든 경제활동의 전제조건이며, 소유 없이는 경제활동이 있을 수 없다는 것이다. 그러나 자발적인 시장 구조가 식량과 토지 같은 여러 필수적 재화를 공급하는 데 강제적 독점보다 우월한 방법이라는 것은 분명하다. 필연이 될 수 없는 방위와 사법의 강제적 독점은 수많은 시장 실패의 근원이 된다. 방위와 사법 서비스가 경제적 재화라면, 강제적 독점을 통한 공급의 실패가 영향을 미치지 않을 이유가 있을까?

어떤 특정한 경제재든 강제적 독점을 통한 공급의 적법성을 인정하는 사람들은 공급되는 재화의 품질 저하, 공급 부족 그리고 비용 상승을 목격하게 된다. 반면에 독점적 공급자는 서비스의 품질과 관계없이 구매자로부터 대금을 징수할 수 있는 특권적인 경제적 지위를 통해서 이익을 얻는 것이 일반적이다. 이것이 바로 오늘날 세계 대부분 지역의 국가 보안과 방위가 이루어지는 상황이다.

정부의 직위에 있는 사람들은 독점적 특권으로 엄청난 혜택을 받지만, 소비자는 방위의 부족과 사법의 부당성으로 고통받는다. 정부가 통화에 대한 독점권을 남용하여 학교, 대학교, 대중매체에서 방위와 사법에 대한 강제적 독점의 적법성을 홍보하는 광범위한 선전 캠페인을 벌이면서 상황은 더욱 악화한다. 오늘날 국가의 지원을 받는 학교와 대학교를 살펴보는 데 더 많은 시간을 할애할수록 그들의 목적이 전적으로 국가에 동조하도록 홍보하는 것임을 알게 된다.

8장에서는 근대의 고출력 기계가 노예화된 인간보다 훨씬 낮은 비용으로 힘든 노동을 더 많이 담당할 수 있기 때문에, 노예제도 폐지의 경제적 원동력이 되었다는 주장을 제시했다. 현대의 기계와 고출력 에너지원을 통해서 노동생산성이 향상되고 지적 작업(기계의 감독)의 가치가 높아지면서, 인간의 단순노동은 점점 더 저렴해진다. 전통적 의미에서 인간을 노예화하는 것은 더 이상 수익성이 없지만, 그렇다고 해서 수천 년 동안 인간 사회에 존재해 온 노예화와 지배의 오래된 역학이 지워지지는 않았다.

국가주의는 문명사회에서 서로 협력하기보다 타인을 지배하고 노예로 삼으려는 고대의 비열한 동물적 욕망을 표출하는 출구다. 그러나 국가주의는 물리적 노예화 대신에 폭력적·독점적 보안 공급자에게 순종하고 굴복하는 것 외에 다른 대안이 없다고 믿도록 하는 상황을 조성함으로써 사회 집단을 심리적으로 노예화할 수 있게 된다. 노예들은 그렇게 자신의 목적을 달성하는 더욱 생산적인 방법을 추구하기 위해 쇠사슬과 고된 노동의 폭력과 고역에서 해방된다. 한편으로 국가를 구성하는 사람들은 단일한 독점적 보안과 사법 제공자를 수용하도록 (그리고 비용을 지불하도록) 하는 선전과 교육을 통해서 국민의 노동에서 얻은 결실의 상당 부분을 차지할 수 있다.

방위가 다른 모든 재화와 마찬가지로 취급되면, 생산자가 가능한 값싸고 효율적으로 방위를 제공하려고 노력하게 된다. 보안을 제공하는 민간업체는 사업의 성패가 효율성에 달려 있고, 독점권이 없기 때문에 고객의 요구에 훨씬 더 잘 대응한다. 그러나 국가의 선전을 통해서 시민들이 방위가 특별한 재화라는 것을 납득하고, 사람들이 태어날 때부터 있었던 보호기관의 지배에 복종할 수밖에 없다고 생각하도록 교육받고 길들여질 때는 문제가 발생한다. 여기서 국가주의와 다양한 형태의 정부 선전이 유용하게 된다. 현대의 노예는 신체적 자유를 구속하기에는 너무 생산적이기 때문에, 물리적 사슬에 묶여 있지 않다. 대신에 국가주의 교육의 정신적 사슬에 묶여서 진정한 책임이나 선택의 여지 없이 자신의 부가 약탈당하는 동안에 열등한 보안을 수용한다. 국민 대다수가 보안을 자비롭기를 희망하는 독점자의 선물이라고 생각하는 한, 모든 시장 독점의 경우와 마찬가지로 보안의 공급이 부족하게 될 것이다.

문명을 위한 투쟁은 모든 사람이 다른 모든 사람의 신체와 정당하게 취득한 재산의 소유권을 존중하기로 동의하는 비공격성의 원칙에 따른 인간을 위한 투쟁이다. 이러한 원칙이 폭력적 독점자에게 유리하게 뒤집히면, 원칙의 예외가 삶의 다른 모든 측면으로 스며들기 시작한다. 폭력적 독점자가 삶의 모든 측면을 통제하려 할 것이기 때문이다. 그리고 국민이 방위와 사법의 영역에서 폭력적 강압의 적법성을 유순하게 받아들이는 상황에서는 현대의 법정 자본주의 경제처럼 화폐에서 시작하여, 공산주의 사회처럼 재산 자체의 개념으로 끝나는 삶의 다른 측면으로 확대되도록 국민을 설득하는 것이 그리 어렵지 않다. 존재 자체가 소유권을 침해하는 조직이 소유권을 집행하는 기반이 되면 재산권 존중에 기초한 사회적 관계가 형성될 수 없다. 어쨌든 정부는 자체 재정을 자발적으로 조달하지 못하고 국민에게 강제적으로 세금을 부과하는 조직으로 정의된다. 이것이 자발적 협력의 문명사회 질서와 양립할 수 없는 정부의 원죄다. 호페가 설명하듯이, 재산의 강제적 수용에 의존하는 조직이 재산권을 보호하리라고 기대하는 것은 헛된 일이다.

"사법 독점과 과세권이라는 정부의 원칙이 정당하다고 잘못 인정되고 나면 정부의 권력을 억제하고 개인의 자유와 재산을 보호한다는 개념은 환상이 된다. 대신에 독점적으로 공급되는 정의와 보호의 가격이 지속적으로 상승하고 품질이 하락한다. 세금으로 운영되는 보호기관이라는 말은 용어상의 모순(재산을 몰수하는 재산 보호자)이며, 필연적으로 더 많은 세금과 더 작은 보호로 이어지게 된다. 설사, 일부 고전적 자유주의 국가주의자들이 제안했듯이, 정부의 활동을 기존의 사유재산권 보호에만 국한하더라도 얼마나 많은 보안을 제공할 것인지의 문제가 추가로 제기될 것이다. (모든 사람과 마찬가지로) 자기 이익과 노동의 비효용에 의해 동기가 부여되나, 세금을 부과하는 독특한 권한이 부여되는 정부 요원의 대응은 항상 변함이 없을 것이다. 보호에 대한 지출을 극대화(국가의 거의 모든 부가 보호비용으로 소비될 수 있다)하는 동시에 보호의 공급을 최소화하는 것이다. 그들은 더 많은 돈을 쓸 수 있고 공급을 위해 일해야 하는 양이 적을수록 더 나은 처지가 될 것이다."[206]

이런 식으로 머리 로스바드와 한스헤르만 호페는 고전적 자유주의 사상의 핵심에 있는 모순을 폭로하고, 인간 행동을 연구하는 경제학 원리와 일치하면서 일관성 있는 무정부주의-자본주의적 anarcho-capitalist 대안을 제시했다.

정부의 통제를 받는 사회는 모든 사람에게 적용되는 법의 지배를 통한 평화로운 협력이 아니라, 타인을 지배하는 권력을 장악하려는 사람들 사이의 경쟁적 갈등과 공격으로 전락한다. 방위의 자유시장이라는 개념에 반대하는 국가주의자들의 공통된 반론 중 하나는 가장 크고 강력한 깡패집단 group of thugs이 사회를 장악하고 통제하리라는 것이다. 무정부주의자는 그런 것이 단지 국가의 현실일 뿐이라고 대응한다. 국가주의자들은 스스로 인식한 노예화를 노예화 자체에 대한 논거로 제시한다. 정확하게 이해하면, 국가가 가장 큰 깡패집단이다. 인류문명의 발전은 깡패집단에게 악의 면허를 사용하여 선을 행하는 불가능한 일을 맡기는 것이 아니라, 깡패집단으로 인한 피해를 최소화하는 데 달려 있다. 정부가 감자나 전력시장에 대한 독점권을 가질 필요가 있다는 미친 생각을 구성원 대다수가 받아들이는 사회에는 엄청난 기능장애를 겪는 감자와 전력시장이 나타나게 된다. 마찬가지로 방위와 보안시장에 대한 정부의 독점권을 수용하는 사회는 기능장애가 있는 방위와 보안으로 고통받을 것이다.

그렇다면 오늘날 방위와 보호의 점점 더 많은 부분(어쩌면 대부분)을 시장의 민간기업이 제공한다는 것은 놀라운 일이 아니다. 일반 시민의 범죄에 대한 국가 기소state prosecution와 비교하여 국가 범죄에 대한 국가 기소의 공격적 특성을 감안하면, 국민이 아니라 국가를 보호하는 것이 국가 보안state security의 목적이라고 해도 과언이 아니다. 사람들은 여전히 시장에서 이용할 수 있는 다양한 방어 수단으로 자신을 보호하기 위해 일하고 비용을 지불해야 한다. 보안의 자유시장은 가상시장이 아니다. 반면에 강제적 세금 지원을 받으면서 성공적으로 보안을 제공하는 독점권은 국가의 지원을 받는 학자들은 당연하게 여기지만, 이 역시 가상적이다.

국가 독점의 실패 유형

인간의 행동이라는 렌즈를 통해서 살펴보면, 오늘날 세계의 많은 보안 문제가 방위, 보안, 사법 서비스를 공급하는 자유경쟁 시장이 없고 이들 산업과 그 필수 기능의 대부분을 독점적 공급자가 지배하는 데서 비롯된 것임을 알 수 있다. 재화에 대한 자유시장이 없으면 사람들이 자유롭게 선택하지 못하고, 비자발적으로 비용을 지불하기 때문에 소비자가 원하는 목적을 가장 잘 충족시키기 위해 자원을 할당하는 합리적인 방법이 없다.

방위는 궁극적으로 무한정 공급될 수 없는 재화다. 특정한 자원을 어디에 할당하고, 어떤 산출물을 생산해야 하는지에 대해 경제적으로 합리적인 결정을 내려야 한다. 한계분석을 이해하지 못하는 국가주의자의 수사rhetoric와 선전에서는 방위가 켜기/끄기 스위치, 잘 알려진 방식으로 제공되는 명확하게 정의된 상품의 완전한 패키지로 제시된다. 그러나 한계분석을 이해하면 방위가 제공되는 시간과 장소에 따라 특정되는 수많은 재화와 서비스의 형태로 한계에서 제공된다는 것을 알 수 있다. 모든 가정에 제공되는 보안의 수준과 아울러 모든 경찰관과 무기의 할당에 대해 한계에서 내려야 하는 경제적 결정이 있다. 동네마다 경찰이 24시간 순찰을 해야 할까? 아니면 거리마다? 또는 가구마다? 강도의 표적이 될 가능성이 더 크기 때문에 부유한 가구와 동네를 보호하는 데 더 많은 시간을 할애해야 할까? 하지만 가난한 납세자가 왜 부유층을 보호하기 위해 돈을 내야 할까? 특정한 동네에 얼마나 많은 경찰이 필요할까? 어떤 사람들에게 경호원이 있어야 할까? 스포츠 행사와 콘서트에서 문제를 예방하기 위한 경찰의 추가적 순찰이 필요할까, 아니면 행사의 주최자가 자체적으로 보안을 처리해야 할까?

이러한 질문은 관련된 사람들에게 매우 중요하다. 자유시장에서는 관련된 사람들이 가능한 최선의 방식으로 수요를 충족하기 위한 최선의 자원 및 재산의 할당을 계산할 수 있을 것이다. 그러나 중앙의 독점 기관이 세금으로 자금을 조달하는 세상에서는 이러한 결정이 가격이나 합리적인 경제적 계산에 의존하지 않고, 맹목적으로 내려질 것이다.

세금으로 운영되는 보안 서비스 제공자는 고객 만족이 업무와 무관하므로 인적·금전적 비용을 최소화할 경제적 인센티브가 없다. 그들은 운영 예산이나 인력을 모집하고 교육하는 예산에 따른 운영의 제약을 받지 않기 때문에 가장 비경제적인 선택을 할 수 있다. 독점적 군대와 경찰은 구성원을 소모성의 총알받이로 취급할 수 있다. 자원을 할당하는 능력에 따라 기업의 성공과 실패가 결정되는 기업가가 할당한 자원이 아니기 때문이다. 오늘날 생명을 경시하고 경찰과 시민 모두를 위험에 빠뜨리는 것으로 악명이 높은 경찰의 방아쇠를 당기고 보는 놀라운 특성은 경찰 서비스에 부과되는 시장 규율의 결핍을 언급하지 않고는 이해할 수 없다.

보안의 자유시장에서 민간 서비스 제공자는 보조금을 받을 세금 수입이 없으므로 살아남고 성공하기 위해서 절약해야 한다. 그들은 폭력적인 갈등을 최소화하고 가능한 한 평화적인 해결책을 모색하려 할 것이다. 그렇게 하는 것이 좋은 사업이기 때문이다. 민간 시설의 사설 경비원은 경찰과 같은 불쾌한 평판과는 거리가 멀다. 고객에게 책임을 지는 자유시장에서 운영되고 합리적인 시장의 계산을 의사결정, 훈련, 운영의 동기로 삼기 때문이다. 모든 곳의 민간 경비원은 독점권이 없고 당신의 행동을 규제하는 법률을 적용하고 해석하는 권한이 없어도 보안을 제공할 수 있다는 것을 보여준다.

정부의 보안 및 방위 제공자는 독점적 세금 지원으로 인해 사실상 법 위에 존재한다. 궁극적으로, 국가 요원과 시민 간의 갈등에서 자금 조달에 무제한으로 접근할 수 있는 거대 기관의 혜택을 누리는 국가 요원은 정부에 유리한 방식으로 법을 시행하려는 동기가 생기게 된다. 정부가 사법을 독점하면 정의 자체가 독점됨에 따라 문제가 더욱 악화한다. 호페는 다음과 같이 설명한다.

"게다가 사법 독점은 필연적으로 정의와 보호의 질이 지속적으로 하락하는 결과로 이어질 것이다. 정부 외에는 누구에게도 정의에 호소할 수 없다면 헌법과 대법원이 있음에도 불구하고, 정의가 정부에 유리하게 왜곡된다. 헌법과 대법원은 국가의 헌법이고 국가의 대리인이다. 그들이 발견하거나 억제할 수 있는 국가 행동의 모든 제한은 항상 고려 대상 기관의 대리인에 의해 결정된다. 예측할 수 있는 대로 소유권과 보호의 정의가 지속적으로 바뀌고, 관할권의 범위에서 궁극적으로 불변의 보편적 인권(특히 재산권)의 개념이 사라지고 정부가 만드는 법률을 통해서 정부가 승인하는 권리의 개념으로 대체될 때까지 정부에 유리하게 확대될 것이다."[207]

정부의 구성원들이 국민의 눈에 합법적으로 보이는 폭력을 행사하도록 허용하면, 자신의 이익을 위해 특권을 남용할 가능성이 매우 크다. 경찰과 정치인은 자신의 지위를 이용하여 부유해지고, 다른 시민을 지배하고, 범죄행위의 처벌을 모면할 수 있으며 실제로 그렇게 해 왔다. 그들은 자신의 직무를 효과적으로 수행하기 위한 시장의 테스트를 거치지 않고 그렇게 할 이익 동기도 없으며, 자신의 지위를 남용함으로써 엄청난 이익 동기를 도출한다. 인간이 천사가 아닌 것은 분명하므로 많은 사람이 자신의 지위를 남용한다는 것은 놀라운 일이 아니다. 하지만 그들에게 특별한 법적 특권이 부여되지 않을 때는 고객을 만족시키기 위해 직무를 수행해야 한다. 그들의 동기와 재정적 안녕well-being이 자유시장에서 보안을 제공하여 고객을 만족시키는 데 달려 있다. 특정 계층의 시민에게 폭력이 합법화된 사회에서는 고객 만족과 별로 관련이 없는 그들의 동기와 재정적 안녕이 특권을 남용함으로써 크게 강화된다.

　동일한 역학관계가 국가의 군대에도 적용된다고 할 수 있다. 군대의 재정은 자발적으로 돈을 내는 고객으로부터 나오는 것이 아니고, 독점적 정부의 명령에 기반을 두기 때문에 자금을 대는 사람들에게 군대가 책임질 여지가 거의 없다. 그 결과는 아마도 미국에서 가장 극명하게 드러날 것이다. 세계 최강의 군대인 미군은 해마다 수천억 달러의 세금과 인플레이션 수입을 지출하고 전 세계에 군사기지를 두고 있지만, 시카고에서 동네 식품점으로 걸어가는 어린이의 안전을 보장하지 못한다. 안보와 무관하게 자금을 확보하는 강력한 군산복합체military-industrial complex는 미국이 끊임없는 군사적 충돌에 가장 빈약한 구실로 참여하도록 부추김으로써 막대한 자금을 빨아들이는 데 성공했다. 그리고 전 세계 수십억 인구의 적대감을 조장하여 미국을 덜 안전한 나라로 만들었다. 소비자의 선택권이 없는 보안은 더 많은 수익을 확보하려는 공급자의 구실에 비하면 사후적 관심사가 된다. 약한 군대를 보유한 작은 국가의 상황도 별로 나을 것이 없다. 군사 관련 조직은 역시 강제로 확보한 방위예산으로 살아가고, 군대는 종종 더 강력한 지역이나 세계 정권의 꼭두각시에 지나지 않게 된다.

　정부가 독점적으로 보안을 제공하는 데는 또한 사회에서 너무 많은 토지를 '공공 소유public property'로 유지해야 한다는 문제가 있다. 이는 해당 토지에 대해 명확한 소유권과 민법을 집행할 능력이 없다는 것을 의미한다. 공공 소유는 자체적으로 모순된 용어다. 소유권은 소유자가 재산을 마음대로 처분할 수 있는 능력으로 정의되기 때문이다. 그러나 공공은 무엇을 해야 할지를 집단적으로 결정할 수 있는 단일하고 획일적인 개체가 아니다. 공공 소유 토지를 이용할 약간의 권리가 모든 사람에게 있다. 하지만 가장 생산적인 방식으로 토지를 유지하기 위한 경제적 계산을 수행할 수 있고, 토지나 그곳의 거주민에게 피해를 입히는 사람들을 처벌할 권리가 있어서 소유자처럼 책임을 지고 관리할 권리는 아무에게도 없다.[208]

정부는 자신을 방위 제공자로 홍보하지만 실제로는 운영자금을 조달하려고 시민을 공격하는 공격자다. 상품을 사용하지 않을 수 있는 선택권을 '고객'에게 제공하지 않는 보호로 위장한 공격이다. 공격에 맞서 방어하는 정부라는 말은 용어상의 모순이다. 예를 들어, 미국 국방부가 1947년까지 전쟁부로 알려졌던 데는 그럴만한 이유가 있다.

그렇다면 정부가 없는 상황에서 어떻게 법과 질서를 유지할 수 있을까? 정부를 강압으로 이해한다면, 사실상 스스로 답할 수 있는 질문이다. 국가가 화폐나 시장경제를 창조하지 않은 것과 마찬가지로 법은 국가의 창조물이 아니다. 국가는 여러 문명에 걸쳐서 이해되어 온 자연법natural law에 호소함으로써만 정당성을 획득한다. 공격을 시작하여 자연법을 위반할 수 있는 정당성을 정부에 부여하지 않는 사회에는 더 많은 법과 질서가 있을 것이다. 범죄와 폭력은 항상 존재할 것이고, 그에 대한 해결책은 점점 더, 그리고 압도적으로 시장의 재화가 된다. 문명사회는 모든 사람이 불법으로 여기는 개인적 공격 문제에 대한 기술적·제도적 해결책을 끊임없이 모색한다. 그리고 끊임없이 계산하고 혁신하는 문명사회의 능력을 감안하면 계속해서 문명인들을 사적·정부적 약탈로부터 더욱 효과적으로 보호할 가능성이 크다. 로스바드는 다음과 같이 설명한다.

"그리고 정말로, 조직적인 강도질이 아니라면 국가란 대체 무엇인가?

세금은 통제되지 않는 거대한 규모의 절도가 아니고 무엇인가? 전쟁은 민간 경찰력으로는 불가능한 규모의 대량 살해가 아니고 무엇인가? 징병제는 대규모의 노예제도가 아니고 무엇인가? 국가가 해마다, 그리고 세기마다 습관적으로 교묘히 모면하는 것의 극히 일부만을 민간 경찰이 모면한다는 것을 상상할 수 있는 사람이 있을까?"[209]

방위의 자유시장

앞에서 논의했듯이 방위, 보안, 사법, 중재의 시장은 이미 존재한다. 그리고 이 시장이 세계인에게 훨씬 더 많은 방위, 보안, 사법 그리고 질서를 정부보다 훨씬 낮은 비용으로 제공할 책임이 있다고 할 수 있다. 그렇지만 시장은 이미 통화와 금융 정도를 제외하고는 다른 모든 산업을 능가할 가능성이 큰 공급에 대한 정부의 극단적 수준의 개입과 독점으로 심하게 왜곡되고 변형되고 손상되었다. 우리는 시민들이 방위와 보안을 민간 시장재로 이해하고, 이들 재화의 공급자가 강제로 세금을 징수하거나, 특별한 법적 지위를 차지하거나, 법 위에서 군림할 수 있는 능력이 없는 세계에서 국가주의적 통제가 없는 진정한 자유시장이 보안과 방위를 어떻게 감당할지 궁금하지 않을 수 없다.

미국 경제의 현 상황을 살펴보면, 국내와 해외에서 공격을 자행하는 독점적 경찰력과 군대에 자금을 대기 위해 생산적인 시민들이 세금과 인플레이션을 통한 거액의 지출을 강요당하고 있음을 알 수 있다. 그 동안에 미국의 도시, 특히 대도시는 안전하지 않은 것으로 악명이 높아졌다. 미국의 4개 도시가 세계에서 가장 위험한 50개 도시에 포함되고,

미국의 대도시는 매우 위험한 환경으로 전 세계적 악명을 떨친다.[210] 따라서 매우 명백한 결론에 도달하는 미국인, 특히 경제학자가 거의 없다는 것은 당혹스러운 일이다. 정부가 독점적으로 공급하는 방위는 극도로 비싸고 매우 비효율적이다.

미국 시민이 (달러 덕분에 전 세계도) 경찰과 군대 그리고 외교 정책에 지출되는 모든 세금과 인플레이션 비용에서 벗어나 자신을 안전하게 지키기 위해 적절하다고 생각하는 돈을 쓸 수 있게 된다고 상상해 보자. 시카고 주민이 경찰과 군대에 돌아가는 모든 돈을 고객에게 책임지고, 독점권이 없고, 특별한 법적 보호가 없고, 공격을 시작할 권리가 없고, 세금을 징수할 능력이 없는 보안 서비스에 쓸 수 있다고 상상해 보자. 그들이 받는 보호가 오늘날 누리는 보호보다 얼마나 더 우수할지를 상상해 보라.

방위의 자유시장은 방위 관련 상품의 독점을 허용하지 않고 어떤 주체든 공격의 시작을 용납하지 않을 것이다. 대부분 사람은 그런 시스템이 범죄에 대한 억제력을 제공할 수 있다고 상상하기 어렵다. 그러나 억제력은 그러한 세계에서도 가능할 뿐만 아니라, 훨씬 더 효과적이고 효율적으로 제공된다고 할 수 있다. 자유시장이 평화롭고 문명화된 행동을 장려하고 폭력을 억제하는 데는 크게 네 가지 방법이 있다.

첫째, 자유시장의 맥락에서는 자기방어가 전적으로 허용할 수 있는 행동으로 여겨질 것이다. 무정부주의적 방위의 자유시장은 평화주의자의 에덴동산이 아니다. 공격에 대한 재산 소유자의 폭력적 보복이 완전히 정당하고 사회적으로 허용되며, 심지어 장려되기까지 하는 곳이다. 재산 소유자의 손이 국가의 통제에서 벗어나면 도둑과 살인자가 공격을 시작하기를 주저하게 될 것이다. 자기방어의 권리는 재산의 소유자가 자신의 규칙을 집행하고 처벌을 가하는 단순한 권리를 넘어서 확장된다. 자기방어에는 모든 고용된 대리인의 권리가 포함되어, 민간의 보안 공급자가 소유주를 대신하여 처벌을 가할 수 있게 된다.

둘째, 방위의 자유시장에서는 사람들이 상호 합의된 계약과 법적 틀을 통해서만 교류할 자유가 있다. 그리고 잠재적 부정행위, 계약 위반, 또는 폭력적 공격에 대한 명백한 결과를 수반하는 판단에 대해서는 특정한 당국이나 법원의 판단을 따르게 된다. 당신은 고용인 측의 결근, 도둑질, 태업과 고용주 측의 미지급에 따르는 결과를 명확하게 규정한 평판이 좋은 고용법원의 고용계약서에 서명한 사람들만 고용할 것이다. 식중독 같은 고객과의 갈등이 발생할 때 특정한 법원의 판결을 준수하는 데 동의하는 주인이 있는 식당에서만 식사할 것이다. 평판이 좋은 법원의 기업법을 준수하는 데 동의하는 회사와만 사업계약을 체결할 것이다. 특정한 법원과 거래하도록 강요하는 강제적 독점은 필요 없다. 당신은 사람들이 상호 이익이 되는 거래에 참여하도록 도움을 주면서 신뢰할 만한 실적을 구축한 법원과 거래하기를 원할 것이다. 사람들은 이렇게 자신에게 처벌을 가할 수도 있지만, 다른 사람들을 다루는 데 도움이 되기 때문에 합의를 수용할 것이다. 민간 부문이 효율적으로 집행을 제공하고 자발적으로 조건을 수용하면, 사람들이 훨씬 더 올바르게 행동할 가능성이 크다.

셋째, 자유로운 사회도 여전히 평판, 배척, 수치심, 따돌림 그리고 불매운동을 이용하여 사람들의 나쁜 행동을 막을 수 있다. 이런 방법은 특히 시장 참여자의 명성이 사업의 지속적인 성공에 매우 중요한 상업적 거래에서 강력한 효과를 발휘한다. 정부가 독점하는 허가위원회가 없더라도 상인과 전문가의 자유로운 연합이 위반자에게 매우 가혹한 제재를 가할 수 있어서 불법적 상업행위를 근절하는 매우 강력한 인센티브가 생길 것이다. 오늘날의 신용평가, 전문가 리뷰, 고객 리뷰는 경제적 재화로서의 평판이 얼마나 소중한지를 보여주는 좋은 예다. 인터넷의 발전에 따라 기업이 리뷰어를 달래고 좋은 평판을 얻는 성과를 중요하게 의식하게 되었다.

그러나 평판의 역할은 상업적 거래에만 국한되지 않고, 사소하거나 심각한 범죄에도 적용될 수 있다. 공동체의 구성원들이 범죄를 저지른 사람을 회피하고 교류하기를 거부한다면, 비폭력적으로 전달된다고 할지라도 말 그대로 사형선고가 될 수 있다. 문명화된 사람들이 신체와 재산에 대한 타인의 소유권을 존중하는 사람에게만 노동 분업의 성과가 주어진다는 데 동의한다면 공격을 시작하는 사람들은 확대된 노동 분업의 혜택을 누릴 수 없다. 심지어 자신의 노동에서 얻은 성과로 살아남으려다 굶어 죽을 위험에 처하게 될 것이다. 국가의 지원을 받는 경제학자들이 정보 비대칭으로 인해 시장이 탈선하는 신비롭고 비현실적인 이론 모델을 구성하는 것은 흔한 일이다. 하지만 실제로는 시장의 정보 자체가 시장 상품이며 정보, 평판, 실적에 관한 자유시장이 참여자에게 귀중한 정보를 생산한다. 이는 또한 기만적이고 폭력적인 관행에 대해서도 매우 효과적인 억제책이다.

넷째, 보안을 제공하고 고객의 생존과 복지를 보장하는 주도적 역할을 보험산업이 담당할 가능성이 크다. 시간을 소중하게 여기는 사람들은 지구상에서 주어진 시간을 연장하고 안전하고 건강하게 지낼 수 있도록 하는 인세티브를 부여하기 위해 비용을 지불할 것이다. 보안을 제공하는 개방된 시장이 있는 자유 사회에서는 고객의 생존에 대한 재정적 기득권이 있는 보험회사가 보안을 독점하는 국가 기능의 상당 부분을 담당하면서 시장의 계산과 규율을 도입할 수 있다. 보안, 사법 그리고 재산 관리 서비스의 수직적 통합에 따르는 시너지 효과를 이해하는 것은 어렵지 않다. 재산을 소유한 사람은 보안을 제공하는 수수료를 받고, 고객이 피해를 입었을 때 보험금을 지급하기로 동의하는 보호기관과 거래하는 데 큰 관심이 있을 것이다.

보안의 자유시장이 어떤 모습일지를 예측하기는 어렵다. 예를 들어, 20년 전에 오늘날의 컴퓨터와 인터넷 산업의 구조를 예측하려 했다고 상상해 보라. 이런 산업의 형태는 특정한 단일 주체가 설계한 것이 아니라, 버논 스미스의 용어로 구성적 합리성(앞 장에서 논의한)이 아닌 '생태적 합리성'에 힘입어 수십 년에 걸친 기업가적 제안과 소비자 선택을 통해서 진화한 것이다. 국가의 독점이 자유화된다면 보안시장에도 비슷한 일이 일어날 것이다. 사회가 공격의 시작과 공격 독점의 정당성을 거부하면, 그것이 기본적으로 방위와 보호를 조직하는 추상적 규칙이 되어 복잡하고 창발적인 조직 질서의 출현으로 이어질 것이다.

마찬가지로, 자유 사회가 어떤 법률과 규칙을 채택할지를 예측하기도 쉽지 않다. 법률과 규칙은 설계가 아니라 인간의 행동에서 나오는 매우 복잡한 진화의 과정이다. 수많은 보호기관이 다양한 규칙을 시행하고, 사람들이 각각의 규칙 집합의 결과를 보게 된다. 사람들은 치안 유지 활동에 대해 매우 관대한 접근방식과 가혹한 접근방식의 영향을 볼 수 있을 것이다. 예를 들어 관대한 경찰이 더 낮은 비용으로 비슷한 결과를 제공할까? 아니면 더 많은 범죄와 더 높은 비용을 초래할까? 마찬가지로 사람들은 다양한 수준으로 중독성 물질의 소비를 허용하는 조치에 자유롭게 가입하거나 탈퇴할 수 있다.

완전히 자유로운 접근방식은 중독성 물질의 소비가 보호기관의 관할 범위에서 완전히 벗어나도록 하여, 보호기관의 고객이 다른 약물 사용자에게 도덕성을 강요하려는 시도로 인한 높은 비용을 절약하게 한다. 이것이 보호기관의 승리 공식일 수도 있지만, 그렇지 않을 수 있는 이유도 알 수 있다. 향정신성 약물을 사용하는 사람들은 일반 대중에게 위협적인 존재가 되어 관련된 보호기관과 보험회사의 비용을 상당히 증가시킬 것이다. 보다 안전하고 경제적인 옵션은 보호기관이 고객에게 특정한 약물을 자제하도록 명령하게 하는 것이다. 보호기관은 명령의 준수를 보장하기 위해 벌금과 처벌에 대한 명확한 기준과 함께 사용자에 대한 주기적이고 무작위적인 약물검사를 실시할 수 있다.

약물 사용자는 여전히 이러한 조치에서 자유롭게 탈퇴하고, 자신이 사용하는 약물이 허용되는 보호기관을 찾을 수 있다. 하지만 그런 기관은 훨씬 더 많은 비용이 들거나 아예 존재하지 않을지도 모른다. 그 시점에서 마약중독자는 아무도 교류를 원하지 않기 때문에 사실상 사회에서 파문당한 상태로, 마약을 계속 사용할지 아니면 다른 곳으로 이주할지의 선택에 직면한다. 세계는 자연스럽게 사람들이 소비하고 싶은 재화에 부여하는 가치가 서로 다른 지역으로, 지리적으로 분리될 것이다. 아마도 라스베이거스 같은 곳은 여러 세대에 걸친 쾌락주의의 명성을 감안하면 계속해서 마약, 알코올, 도박 그리고 매춘에 대해 자유주의적 방식으로 접근하는 사람들을 끌어들일 것이다. 반면에 사우디아라비아같이 매우 보수적인 지역에서는 이러한 악행에 가담하는 사람들과 함께 살고 싶지 않은 사람들이 거주하게 되고, 보안 기관들은 이런 활동에 참여하는 사람들이 살아가기가 매우 어렵게 조치할 것이다.

앞의 예는 의도적으로 구체적인 예측을 제시하지 않는다. 이는 단순히 인간의 상호작용에 대해 모든 관련자를 만족시키는 방위와 보호가 평화롭게 확립될 수 있는 엄청난 범위의 가능성을 보여주려는 의도다. 정부가 당신을 위해 해 주기를 바라는 모든 것(심지어 특정한 물질을 소비하는 사람들로부터 떨어져 살고 싶은 소망까지), 재산권과 전문화된 노동 분업을 통해서 제공될 수 있다.

자기 신체와 물질적 재화에 대한 소유권을 인정하는 것만이 이 책에서 설명하는 확장된 시장 질서를 확립할 수 있는 유일하게 가능한 틀이며, 인류문명이 평화롭고 생산적으로 발전할 수 있는 유일한 방법이다. 이 책에서 공부한 것처럼, 오스트리아학파의 경제학을 이해하면 자연스럽게 보다 자유주의적인 관점으로 기울게 된다. 자신이 의지하는 시장 질서의 장기적 지속 가능성과 생산성에 조금이라도 관심이 있는 사람이라면 가능한 한 많은 사람이 자신의 시간과 재산에 대한 완전한 소유권을 행사하고, 원하는 조건으로 협력할 수 있는 세계에서 살기를 선호해야 한다.

자유 지상주의libertarianism를 욕망을 탐닉하고 결과를 부정하는 이념으로 보는 (일부 비평가와 지지자들 사이에) 순진한 개념이 있다. 나와 오스트리아학파 경제학자 대다수는 자유 지상주의가 사회의 그 누구에게도 당신의 행동을 인정하거나 당신이 행동의 바람직하지 않은 결과로부터 벗어나도록 하는 책임 없는 폭력의 행사를 거부하는 것이라고 믿는다. 실제로 자유 지상주의자의 자유는 달콤하든 씁쓸하든 행동의 씨를 뿌린 대로 거두는 자유다. 사법private law 사회는 사람들이 나쁜 결과로 고통받는 것을 보호하려 하지 않을 것이고, 정부의 독점이 따라올 수 없는 속도와 효율성으로 그러한 결과를 전달할 것이다. 도둑, 강간범, 살인자는 정부의 독점보다 피해자에 의해 더 효과적으로 처벌될 것이고, 마찬가지로 자유시장의 기업가는 사람들이 원하는 상품을 생산할 때 더 효과적인 보상을 받게 된다. 자유 지상주의자는 평화로운 마약 사용자에 대한 정부 공격의 정당성을 거부하지만, 마약 사용자의 이웃에 살거나, 함께 일하거나, 마약 사용자와 같은 보안 기관의 일원이 되기를 거부하는 사람들의 권리를 부인하지 않을 것이다.

이러한 분석으로부터 진정한 자유 사회가 되려면 국가가 없어져야 한다는 결론이 도출될까? 어쨌든 이러한 제도가 어떻게 진화할 수 있을지 예측하기는 어렵다. 우리가 점점 더 자유로운 사회에 살면서도 현대의 국가와 유사한 기능을 하는 실체가 계속 존재할 수도 있다. 사람들이 오늘날의 정부 기능을 수행하는 조직에 자발적으로 가입하고, 이들 조직이 조건에 동의한 구성원을 공격할 수 있는 독점적 권리를 보유할 수도 있다. 국가가 자유로운 사회와 양립하려면, 앞에서 미제스가 논의한 것처럼 분리 독립의 권리를 존중해야 한다.

리히텐슈타인의 한스-아담 Hans-Adam 왕자는 《제3천년기의 국가 The State in the Third Millennium》에서 주로 자기 결정권과 분리 독립권의 존중을 기반으로 자유 사회에서 국가의 역할에 대한 대안적 비전을 제시한다.[211] 한스-아담 왕자는 조직화 제도 organizing institution 로서의 국가를 완전히 없애는 대신에 지역의 마을 수준에 이르기까지 원하는 정치적 주체에 가입하거나, 아니면 분리 독립을 결정하는 권리를 주장한다. 이 모델에서 국가는 방위와 사법 등 서비스를 제공할 수 있지만, 서비스가 마음에 들지 않는 수혜자는 언제든지 지역사회를 떠나서 뿌리가 뽑히기를 감수할 필요 없이 국가를 떠날 수 있는 권리를 보유한다. 이 모델은 정부의 임무에 소비자의 선택과 주권을 다시 도입한다. 마음에 들지 않는 모든 조치를 개별 공동체가 거부할 수 있기 때문이다. 그러나 모델은 또한 방위와 사법 서비스를 수십 년 동안 제공해 온 주체가 방위와 사법을 담당하도록 허용하고 운영 방식을 결정하는 자유도 부여한다. 이러한 민주주의의 비전은 사람들에게 벗어날 수 없는 독점적 정부의 결정을 세세하게 관리하는 권리가 아니라, 자신의 정부를 선택하는 권리를 부여하는 데 초점을 맞춘다.

이 모델은 시장이라는 제도가 운영되고, 성공적으로 소비자에게 봉사하는 방식과 비슷하다. 소비자는 기업의 결정에 대해 투표하거나 기업의 리더를 임명하지 않는다. 단순히 완성된 제품을 살지 말지를 선택할 뿐이다. 이러한 선택이 시장경제의 모든 경이로움을 전달하는 방식이다. 자동차, 비행기, 개인용 컴퓨터 그리고 스마트폰은 개발되는 동안에 민주적 투표 과정을 통해 모든 공학적 방식이 결정되지 않았다. 기업가들이 제품을 만들어 소비자에게 선보였고, 이들 발명품을 채택할지 거부할지에 대한 소비자의 궁극적 선택이 성공과 실패를 갈랐다. 시장경제를 통해서 협력의 증가와 생활 수준의 향상이 계속되는 세계에서 이는 점점 더 문명화되는 사람들을 위해 방위와 사법 서비스를 조직하는 합리적인 방법이 될 수 있다. 경제활동이 디지털화되고 근로자의 이동성이 늘어나면서 이러한 형태의 관할권 경쟁이 이미 일반화되고 있다. 오늘날 점점 더 많은 사람이 정치적 권리는 거의 제공되지 않지만, 세금이 매우 낮은 카타르나 아랍에미리트 같은 군주국으로 이주한다.

제3천년기의 국가에 관한 한스-아담 왕자의 비전은 특히 세계에서 가장 성공적인 왕실 가족의 통치 실적을 살펴볼 때, 점점 더 많은 사람에게 설득력을 얻을 수 있다. 일본의 왕실은 2600년 동안 집권했고, 일본 문명의 발전에 중요한 역할을 했다. 유럽, 이슬람, 중국 등 수많은 다른 문명도 군주제 통치를 통해서 나타나고 번영했다. 아마도 군주제라는 제도는 대부분 비극적이고 피비린내 나는 20세기의 민주화 실험에서 나타난 것처럼 하향식 제도를 쉽게 대체할 수 있다고 생각하는 현대인의 마음에서 자발적으로 생겨난 현상 중 하나일 것이다. 오랜 세월 동안 생존을 위해 투자한 왕실은 방위와 사법 서비스의 장기적 제공을 위해 가장 성공적인 시장제도일 수 있다.

군주제를 오랫동안 사회에 법과 질서를 제공해 온 가족기업으로 이해한다면, 이러한 선택 과정에서 자연스럽게 나타나는 결과일 것이다. 여러 세대에 걸친 기업으로서 군주제는 단기적 수익성에 초점을 맞출 가능성이 큰 소유주의 민간기업보다 시간 선호도가 낮을 수 있다. 미래에 자손들이 풍요롭고 번영하는 나라를 다스리기를 원하는 군주는 장기적인 결과를 염두에 두고 통치하게 될 것이다. 소비자로서 시민의 이익은 리더들이 고도의 불확실성에 직면하는 민주주의보다 여러 세대에 걸친 가족기업과 일치할 가능성이 크다. 궁극적으로, 몇 년마다 바뀌는 민주주의의 리더에게는 장기적 희생을 바탕으로 단기적 부를 추출하는 능력을 극대화하는 인센티브가 생긴다.[212]

18장

Civilization

문명

"협력, 사회 그리고 문명을 유발하고 동물적 인간을 인간다운 인간으로 변화시킨 근본적 사실은 노동의 분업을 통해서 수행되는 일이 고립된 상태의 일보다 생산적이며, 인간의 이성이 이러한 진실을 인식할 수 있다는 사실이다. 이러한 사실이 없었다면 인간은 영원히 서로의 치명적인 적으로, 자연이 제공하는 희소한 생계 수단의 일부를 확보하려는 노력에서 화해할 수 없는 경쟁자로 남았을 것이다. 각자가 다른 모든 사람을 적으로 볼 수밖에 없고, 자신의 욕구를 만족시키려는 갈망이 모든 이웃과의 화해할 수 없는 갈등으로 이끌었을 것이다. 그런 상황에서는 공감sympathy 능력이 발전할 가능성이 없었다."[213]

- 루트비히 폰 미제스

이 책에서 나는 인간의 행동이라는 렌즈를 통해서 경제학의 개요, 특히 지구상에서 주어진 시간의 양과 주관적 질을 늘리려는 노력이 중심이 되는 경제적 수요 충족을 위한 인간의 행동방식을 제시하려 시도했다. 인간의 이성은 행동을 통해서 얻을 수 있는 이익을 인식하고 평가할 수 있게 해 준다. 주관적 목적을 달성하는 데 도움이 되는 행동을 하는 삶을 지향하고, 그렇지 않은 행동을 피하도록 한다. 시간이 가면서 경제 발전에 도움이 되는 행동, 성격 특성, 행동 패턴이 채택하는 사람들에게 이점을 제공하면서 확산하게 된다. 낯선 사람들이 평화롭게, 생산적으로, 그리고 자발적으로 상호작용할 수 있는 사회 조직 시스템에서는 구성원들이 규모가 크고 정교한 노동 분업에 참여함으로써 삶의 행복을 크게 늘릴 수 있다. 문명은 인간이 이성을 활용하고, 시간 선호도를 낮추고, 삶을 개선하기 위해 협력함으로써 나타나는 확장된 사회 질서로 이해할 수 있다.

　문명에는 여러 가지 정의가 있다.[214] 문명마다 다르고 시대마다 다르겠지만, 모든 문명 개념의 필수적인 근본적 실체는 물질적 조건의 개선이다. 물질적 조건의 개선은 자체적으로는 문명의 참여자에게 가장 중요한 부분이 아닐 수 있다. 하지만 인간 사회에 높은 생산성과 기대수명을 제공하여 다른 모든 부분을 가능하게 한다. 물질적 조건은 문명의 목적은 아닐지라도 문명을 위한 불가피한 수단이다. 문명은 단순한 물질적 이익을 넘어서 생존 가능성과 삶의 질을 개선하는 비할 데 없는 방법을 제공한다. 야만으로부터 문명사회로의 이동은 우연이나 사고가 아니었고, 이면에 매우 설득력 있는 경제적 이유가 있었다. 상대적으로 더 평화로운 사회 질서에 정착함으로써, 인간은 자연과 포식자의 위험으로부터 자신을 더 잘 보호할 수 있다. 최초의 인간 사회로부터 현대의 고도로 전문화되고 기술적으로 발전한 세계 경제에 이르기까지 경제적 편의를 위해 모든 단계를 밟은 길고 굴곡진 길이 있었다.

인류 문명은 지구상에서 주어진 시간의 가치와 질을 높이기 위해 우리가 찾아낸 절약 방법과 필연적으로 연결된다. 문명과 절약 모두 시간 선호도 낮추기, 자본축적, 노동 분업을 요구한다. 이는 다시, 어떤 문제와 마주치든 가능한 최선의 결과를 달성하기 위해 인간의 이성을 적용하는 인간의 창의성과 평화로운 사회적 협력을 요구한다. 이것이 인간의 노동을 동물의 노동보다 높여서 우리가 문명을 건설하고 환경을 지배할 수 있게 해 주는 세 가지 과정이다.

인류 문명의 필수적인 출발점은 시간 선호도를 낮추는 것이다. 이러한 인간의 사고와 행동의 변화를 통해 우리는 다른 모든 동물을 지배하는 기본적 본능의 지배에서 벗어나 이성을 따를 수 있다. 시간 선호도를 낮추고 만족을 지연시키는 능력을 개발하는 것은 모든 저축의 출발점이며, 자본의 축적과 생산성 및 생활 수준의 향상을 가능하게 한다. 시간 선호도가 하락하면 단지 저축하는 것을 넘어서 사람들이 문명화한 행동을 할 가능성이 커진다. 그들은 행동의 결과를 생각하게 되면서 인간의 복지를 증진하는 엄청나게 강력한 또 하나의 방법인 노동의 분업을 확대하는 데 도움이 되는 행동 패턴을 더 많이 의식하게 될 것이다. 노동 분업이 없는 인간은 홀로 남아 자연의 자비에 맡겨진다.

노동 분업이 있으면 생산성이 증가하고, 사회적 문명에 참여할 수 있다. 하지만 그러기 위해서는 우선 문명 속에서 사람들을 하나로 묶어 상호 의존적 관계를 형성하는 경제 현상인 노동 분업에 참여할 수 있어야 한다. 노동의 분업을 통해서 상호작용하는 사람의 수가 늘어남에 따라 낯선 사람들이 서로 거래하는 명확하고 신뢰할 수 있는 방법에 대한 사회적 제도와 규범의 개발이 더욱 중요해진다. 이것이 문명화된 방식과 관습이다. 인간의 제도, 문화, 관습 그리고 전통은 인간의 행동이 확장된 사회 질서에 도움이 되도록 하는 것이다. 사회적 협력에 있어서 가장 중요한 원칙은 소유권의 존중이다. 사회 질서의 상당 부분은 소유권을 존중하고 문명화된 방식을 채택해야만 문명사회가 가능하다는 이상을 사람들에게 심어줄 필요성에서 비롯된다.

사회는 시간 선호도 하락으로 이어지는 현상으로 정의된다. 시간 선호도가 하락하면 자본의 축적과 평화로운 협력의 측면에서 사회가 성장할 수 있기 때문이다. 문명사회는 사람들이 시간 선호도를 낮추고, 저축하고, 평화롭게 노동 분업에 참여하고, 이성을 사용하는 사회다. 노동의 분업이 확대될수록 더 많은 사람과 거래하게 되어 더 높은 수준의 문명화가 필요하게 된다. 문명은 하락한 시간 선호도의 발현으로 나타난다. 시간 선호도가 낮을수록 더 발전한 문명이 된다.

인류 문명에 도움이 되어야만 살아남고 번창할 수 있는 사회제도는 구성원에게 낮은 시간 선호도, 노동 분업에 참여하는 능력 증대, 그리고 높은 생산성을 의미하는 문명적 혜택을 제공한다. 가족은 사회의 발전에 필수적인 제도다. 가족은 자신의 삶 이후에 일어날 일에 대한 할인을 줄여준다. 우리가 죽어도 살아남게 될 우리의 일부, 즉 자녀에게 무슨 일이 일어날지를 걱정하게 되면서 시간 선호도가 감소한다. 인간은 자손에 대한 관심과 강력한 일체감을 개발함으로써 행동의 결과가 중요한 기간을 연장한다. 미래 세대를 위해 현재의 즐거움을 포기한 여러 세대의 희생이 없었다면, 오늘날의 세계는 자본이 훨씬 덜 축적된 원시적인 세계가 되었을 것이다. 미래 세대에 대한 관심은 문명사회를 유지하는 데 필수적이고, 자녀를 갖는 것은 시간 선호도를 낮추는 매우 강력한 방법이다.

자녀에게 더 나은 삶을 주려는 인간의 욕망은 인간 사회와 문명에 참여하는 핵심적 동기가 될 수 있다. 우리 뒤에 오는 세상과 아이들에 관심이 없으면 죽음 이후에 오는 결과를 고려하여 책임 있게 행동하는 인센티브가 줄어든다. 모든 동물 중에서 오직 인간의 이성만이 자손과 그토록 강한 유대감을 형성할 수 있다. 생산성을 높이고 노동 분업에 참여하고 자본을 축적하고 미래에 대한 할인을 줄임으로써 인간은 자녀에게 더 나은 삶을 제공하는 좋은 기회를 얻을 수 있다. 우리를 인간답게 하는 것, 그리고 기록이 존재하는 오랜 과거로부터 인간이 축적한 경험의 상당 부분이 자손에게 더 나은 삶을 제공하려는 욕구와 관련이 있다. 이는 인간을 시간 선호도가 낮은 협력적·합리적 행동으로 인도하는 문명의 강력한 원동력이자, 개인적 삶을 위한 훌륭한 도구다. 이러한 행동이 여러 세대에 걸쳐 실천되면 모든 인간이 태어나면서 물려받는 귀중한 유산, 즉 인류 문명으로 축적된다. 세계의 언어, 종교, 전통, 기술, 아이디어, 물리적 인프라 그리고 웅장한 건축물은 시간 선호도를 낮추고, 노동을 분업하고, 문명을 건설하기 위해 협력했던 선조들의 유산이다. 우리가 자연을 정복하고, 안전하게 살아가고, 폭력적인 동물이나 인간을 제압할 수 있는 것은 단지 인간의 지능만이 아니라 협력하고, 문명을 건설하고, 물리적 자본과 아이디어 형태의 자본을 축적하는 우리의 능력 덕분이다.

문명은 지구상에서 우리 삶의 가치를 지속 가능하게 확장하고 개선하는 가장 효과적인 방법으로 이해할 수 있다. 문명은 여러 세대에 걸쳐서 지식과 자본을 축적하고 삶의 질을 개선하려는 노력을 실천하는 (인류 자체만큼이나 오래된) 장기적 과정이다. 모든 문명인은 삶을 개선하려 애쓰면서 살아가고, 가족을 꾸리게 되면 자녀에게 더 나은 삶을 주기를 소망한다. 문명의 진보는 장기적으로 지속 가능한 경제 발전과 마찬가지라고 이해할 수 있다. 단지 더 높은 생활 수준을 제공하기 때문이 아니라 더 많은 사람의 평화로운 상호작용, 더 낮은 시간 선호도, 그리고 혁신을 통해서만 달성될 수 있기 때문이다. 문명은 다음 세대가 이전 세대보다 더 나은 삶을 살아갈 때 나타나는 과정이다. 이어지는 세대가 조상보다 나쁜 삶을 살아갈 때는 탈문명^{decivilization}이 나타난다.

문명의 비용

문명의 열매는 유혹적이다. 사실상 문명의 맛을 본 사람은 모두 평생의 중독자가 되었다. 극소수의 사람만이 자연 속에서 홀로 살기 위해 인간 문명을 떠났지만, 그런 사람들의 경험도 길거나 즐겁지 않은 것이 보통이다. 그러나 문명의 열매는 마음대로 허공에서 만들어 낼 수 없다. 지연된 만족에 따르는 상당한 희생과 더 일반적으로는 본능을 억제하고 이성의 지배를 받을 것을 요구한다. 인간은 이성을 통해서 다양한 행동 방침에 대해 예상되는 보상을 계산할 수 있다. 그리고 마이너스의 초기 비용이 들더라도 자신에게 가장 유리한 행동을 선택할 수 있다. 미제스는 다음과 같이 설명한다.

"이성적인 행동은 자신의 충동, 욕망, 욕구를 모두 만족시킬 수 없다는 사실에 직면한 인간이 덜 시급하다고 생각되는 욕구의 충족을 포기하는 것을 의미한다. 사회적 협력의 작동을 위험에 빠뜨리지 않기 위해 인간은 사회적 관행의 확립을 방해하는 욕구의 충족을 자제할 수밖에 없다. 그러한 포기가 고통스럽다는 데는 의심의 여지가 없다. 그러나 인간은 선택했다. 사회생활과 양립할 수 없는 몇몇 욕망의 충족을 포기하고 노동 분업 시스템을 통해서만, 또는 노동 분업 시스템을 통해 더 풍부한 방식으로 실현될 수 있는 욕망의 충족에 우선순위를 두었다. 인간은 문명, 사회적 협력, 그리고 부로 향하는 길로 들어섰다."[215]

수천 년에 걸쳐서 수백억 명의 노동을 통합하는 이 웅장한 경제적 협력 체계는 자기 소유권이라는 하나의 기반 위에 서 있다. 자기 소유권의 개념을 인정하면 다른 사람들과 상호 이익이 되는 방식으로 평화롭게 상호작용할 수 있다. 그리고 공격을 통해서는 결코 얻을 수 없는 재화 거래를 통해서 획득할 수 있다. 현대 문명의 놀라운 성취는 오직 전 세계 생산적인 자유인들이 자유로운 거래를 통해서 자신이 할 일을 조정한 덕분에 가능했다. 어떤 폭력적인 통치자도 현대의 자본주의 자유시장이 구축한 성취를 이뤄낼 수 없었다. 어떤 노예 소유주도 자신의 일을 자발적으로 선택하는 자유인이 생산한 경이로운 제품을 생산할 수 없었다. 복종을 확보하기 위해 수백만 명을 살해한 지 수십 년이 지난 후에도 소련의 산업은 페인트를 칠한 고철 덩어리에 지나지 않는 제품을 생산하는 데 그쳤고, 소련이 해체될 때까지 살아남기 위해 자본주의 세계와의 무역에 의존했다. 문제는 12장에서 논의한 것처럼 인센티브의 결핍이나 한 가지 특정한 실수가 아니라, 생산수단의 시장이 없다는 것이 문제다. 생산수단의 광범위한 소유와 자본재 시장의 발전 없이는 가장 생산적인 방식으로 자본을 할당하는 합리적인 방법이 존재하지 않는다.

현대 사회의 산출물은 통제하는 하나의 정신으로 생산할 수 있는 것이 아니다. 전 세계 자유시장에서 가격을 통해 대안적 옵션의 비용과 수익을 계산하여 가장 생산적이고 수익성 높은 옵션을 결정하는 수십억 명의 사람이 **자발적**으로 일해야 한다. 어떤 강제적인 권위도 이것을 복제할 수 없다. 사람들이 노동의 열매를 자유롭게 소유하고 실수의 결과를 감당해야 한다. 그래야만 문명사회에서 살기 위한 생산성과 생활 수준을 달성할 수 있다. 자기 소유권의 개념을 인정하지 않는 모든 사회는 폭력적인 내부 갈등에 빠져들어 생산성과 삶이 파괴될 것이다. 폭력은 파괴를 초래하고, 폭력의 열매는 노동 분업을 통한 생산적 협력의 열매와 비교할 수 없다.

문명에 참여하려는 사람들은 본능적으로 원하는 많은 행동을 삼가야 한다. 문명의 가장 기본적인 요건은 재산권의 존중이다. 사람들이 확장된 사회 질서 안에서 자발적으로 협력하려면 타인에게도 자신의 신체와 재산에 대한 소유권이 있다는 것을 인정해야 한다. 낯선 사람에 대한 공격을 시작하는 행위의 위법성이 널리 인정되지 않는다면, 문명사회에 참여하는 의미가 거의 없다. 문명화된 행동의 나무를 심더라도 그 열매가 끊임없이 쟁취될 수 있다면 아무 소용이 없다. 살인, 폭행 그리고 절도의 금지는 모든 인간 사회의 기반을 형성하며 종교와 정치제도의 주요 원칙이다.

더 폭을 넓혀서 문명사회에 스며드는 관습, 전통 그리고 도덕적 규범은 인구 중심지에서 경제적 거래와 문명적 삶의 이점을 누리는 데 기여하는 행동 패턴으로 가장 잘 이해할 수 있다. 정직성, 성실성, 신뢰성을 통해서 낯선 사람들이 모든 관련자에게 이익이 되는 사업에 참여할 가능성이 커진다. 성적 억제sexual restraint를 통해서 가족이 형성되고 지속 가능성이 생김에 따라 시간 선호도가 낮아져 문명이 발전하게 된다.[216] 반면에 미래에 대한 무시, 타인의 재산과 신체에 대한 침해, 기만성, 신뢰 불가성, 성실성 부족 그리고 성적 자제력 부족을 통해서 표현되는 부도덕성은 갈등의 가능성을 키워 결혼, 도시, 기업과 같은 안정적이고 장기적인 문명화 제도를 더 어렵게 만든다.

문명화된 행동은 장기적 만족과 본능을 따르면 얻을 수 있는 즉각적 만족의 포기를 중심으로 이루어진다. 동물적 본능에 따라 충동적으로 행동하면 우리의 장기적 목표가 손상되지만, 합리적으로 만족을 지연시키면 목표 달성에 도움이 된다. 미개한 야만인, 모든 인간의 내면에 있는 규율 없는 아이는 누구든지 자신을 괴롭히는 사람을 즉각적으로 폭력을 행사해 공격한다. 그리고 누구의 소유이든 상관없이 자신이 원하는 것을 빼앗고, 자신의 뜻대로 하려고 거짓말하고, 좋아하는 사람이라면 누구든지 성관계를 강요하려 한다. 수많은 미개하고 규율이 없는 사람들이 실제로 이런 행동을 한다. 인간이 기본적 본능을 억제하고 미래의 이익을 기대하여 이성을 따르는 법을 배우는 데는 수년간의 교육, 양육, 단련이 필요하다. 쉽지 않은 일이지만, 인간의 이성이 우리의 본능을 억제하고 서로 협력하도록 이끌 때만 문명이 존재할 수 있다.

문명을 위한 변명

인간이 굳이 문명에 참여해야 할까? 대체 무슨 이유로 낯선 사람들과 싸우고 그들의 재산을 빼앗으려는 본능적 천성을 억제해야 할까? 경제 성장의 물질적 안락함이 우리의 천성대로 우여곡절을 겪으면서 살아가는 인간적 삶을 포기할 만한 가치가 있을까? 이에 대해 미제스는 첫 번째 답을 제시한다.

"생물학은 생명체 안에서 일어나는 변화에 대해, 개체를 환경에 적응시켜 생존을 위한 투쟁의 성공 가능성이 커졌는지 여부 외에는 아무런 평가 기준을 제공하지 않는다. 이러한 관점에서 판단하면 문명은 악이 아니라, 혜택으로 간주해야 한다는 것이 사실이다. 문명은 인간이 거대한 맹수와 그보다 훨씬 더 해로운 미생물이 포함되는 다른 모든 생명체와의 투쟁에서 스스로를 지킬 수 있게 했다. 문명은 인간의 생계 수단을 배가시켰고, 평균적인 인간을 더 키가 크고, 민첩하고, 다재다능하게 만들어 평균수명을 늘려 주었다. 문명은 인간에게 지구에 대한 확실한 지배권을 부여하고 인구를 증가시켰으며, 선사시대의 동굴에서 살았던 원시인은 꿈도 꾸지 못한 정도로 생활 수준을 높였다."[217]

미제스의 설명은 문명에 대한 공리주의적utilitarian이고 결과주의적

consequentialist인 주장의 요약이다. 문명은 우리에게 더 많은 물질적 편의를 제공하고 더 오래 살 수 있게 해 준다. 대부분 사람에게는 충분히 설득력 있는 주장으로 보일 수 있지만, 이것이 반드시 확실한 답은 아니다. 동물적 본능을 최대한 발휘할 수 있는 짧고 야만적인 삶이 문명화된 행동이라는 본능의 감옥에 갇히는 것보다 낫다고 주장할 수도 있다. 문명화된 삶이 더 길고 쉽다는 사실이 반드시 야만적인 삶보다 낫다는 것을 의미하지는 않는다. 궁극적으로, 가치는 주관적이므로 모든 사람이 반드시 야만성보다 문명을 소중히 여길 것이라고 주장할 객관적인 수학적 근거가 없다.

문명을 옹호하는 또 다른 주장은 자연권natural rights의 개념에서 나온다. 인간은 양도할 수 없는 권리와 함께 태어나고 다른 사람의 권리를 침해할 권리가 없다. 문명은 단순히 인간이 이성을 사용하여 이러한 자연권을 식별하고, 서로의 자연권을 존중하기로 동의하는 사회에서 생겨나는 질서이다. 이는 긍정적으로 평가되는 문명의 가치를 심어준 문명의 제도(특히 종교)를 받아들인 사람들에게 설득력 있는 주장이다. 하지만 이런 주장이 모든 사람에게 설득력이 있는 것은 아니다. 대부분 사람은 심지어 종교를 믿는 사람까지도 다른 사람들의 자연권을 일관되게 존중할 수 없고, 자신에게 유리할 때 공격을 시작하기 위해 여러 가지 타당한 근거를 찾는다.

그러나 공리적 수학utility math이나 종교를 거론하기보다 이 책의 경제학 방법론을 통해서 문명을 위한 변명을 구성할 수 있다. 인간의 행동을 살펴보고 의미를 도출하여 그것이 인간에 대해 무엇을 말해 주는지 알아내는 것이다. 지적인 뇌에서 형성된 정교한 주장은 주로 오락entertainment과 합리화rationalization 목적으로 사용된다. 인간의 이성은 어느 정도까지 현실 세계의 결과에 의해 지배되고 규제된다.

대다수 인간은 지구 표면의 대부분이 황무지임에도 불구하고, 문명사회에서 살기를 선택한다. 극소수의 사람만이 문명사회를 떠나서 노동 분업의 산물을 포기하는 결정을 내린다. 농장으로의 은퇴는 농장의 장비가 자본축적의 산물인 한 문명의 포기로 볼 수 없다. 지구상에서 외부인과 접촉하기를 꺼리거나, 접촉하지도 않는 사람들은 극소수에 불과하다. 그리고 이런 소수의 부족조차도, 아무리 고립된 원시부족이라도 자체적인 문명을 형성할 것이다. 창과 집의 형태로 자본이 축적되고, 아무리 원초적이라고 해도 노동의 분업이 이루어지게 된다.

이른바 북쪽 연못의 은둔자라고 불린 크리스토퍼 나이트Christopher Knight는 사회를 버린 사람의 하나였다.[218] 일상의 삶을 벗어난 그는 메인Maine의 숲에서 25년 이상 혼자 살았다. 하지만 그조차도 살아남는 데 필요한 것을 정기적으로 훔쳐야 했기 때문에 여전히 문명사회에 의존했다. 문명의 제품을 훔쳐야 했던 나이트는 문명을 버린 것이 아니었다. 단순히 문명에 기여하기를 포기하여 범죄자가 되었을 뿐이다.

대다수 사람은 자본주의와 자기 소유권의 개념에 대한 이해가 거의 없을 것이고, 일부는 적절한 맥락에서라면 타인을 공격하여 재산권과 자기 소유권을 침해할 수 있다고 생각할 것이다. 그렇지만 자본주의와 인류 문명은 계속해서 살아남았다. 자본주의와 문명이 살아남은 것은 평균적인 사람들의 지적 이해보다는 그들의 이기적인 이성 때문이었다. 문명의 수혜자들은 다른 사람들이 필요 없다거나 타인에 대한 공격도 무방하다는 입에 발린 말을 할 수 있지만, 여전히 다른 사람들과 합의된 방식으로 거래하면서 인생의 대부분을 보낸다. 그들은 정교한 노동 분업을 통해서만 가능한 현대적 기술 장치에 의존한다.

심지어 자신의 공격이 정당하다고 주장하는 범죄자와 정부 지지자들까지도 생존을 위해 여전히 노동의 분업, 평화로운 거래, 그리고 글로벌 자본주의에 의존한다. 세계의 무기는 가장 호전적이고 평화롭지 못한 사람들이 생산하지 않는다. 수십 년 동안 자신의 부를 광범위한 자본 인프라에 투자한 시간 선호도가 낮은 자본가, 자본가의 급여로 동기가 부여되는 혁신적인 엔지니어, 그리고 전 세계 수백만 명의 노동력을 통합하는 공급망을 통해서 생산된다. 문명과 싸우려고 문명의 열매를 사용한다는 위선에서 벗어난 가장 강하고 호전적인 미개인은 가장 강하고 호전적인 동물과 마찬가지로 자본주의 문명에서 생산된 총의 방아쇠를 당길 수 있는 아이나 어른의 상대가 되지 못한다.

문명과 인간 사회의 문제에 대해 공들인 논문을 쓰는 현대의 지식인과 작가들도 문명사회의 문명화된 사무실과 교실이라는 제한된 공간을 통해서, 그리고 전 세계적 노동 분업으로 인쇄되어 수많은 기업과 근로자의 협력으로 전 세계 독자에게 전달되는 책을 통해서 자신의 생각을 제시한다. 문명에 머무르기를 강요당하는 사람은 아무도 없다. 그렇지만 문명에 대해 불평하는 모든 사람도 문명으로부터 분리될 수 없다.

하지만 아마도 문명과 재산권을 옹호하는 가장 결정적인 주장 역시 인간 행동(구체적으로 말하자면 논쟁하는 행위 자체)의 분석에서 도출될 것이다.[219] 문명을 옹호하는 논거를 찾는 사람은 타인을 설득하려고 행동하는 인간이다. 논쟁에 참여하고 다른 의견을 구한다는 사실 자체가 다른 사람의 신체와 재산에 대한 자주적 권리를 인정하는 것이다. 친애하는 독자 여러분이 이 책(고도로 발전한 자본재가 사용되고 전 세계 수많은 사람의 노동 분업을 통해서 쓰이고, 제작되고, 인쇄되고, 배포된)을 집어들 수 있는 삶의 지점에 도달했다면, 여러분이 기여하고 그로부터 혜택을 받는 자본주의 경제 질서에 참여하는 것이다. 당신이 이러한 주제에 대해 논쟁하는 행위를 할 수 있다는 사실 자체가 우리의 모든 기본적 본능에 굴복하는 야만성을 거부하는 합리적인 행동을 나타낸다. 당신은 단순히 적을 공격하여 소유물을 빼앗으려는 동물의 기본적인 충동으로 행동하는 것이 아니라, 문명을 뒷받침하는 합리적인 근거를 찾고 있다. 옳고 그름에 대한 개념이 있는 당신은 단순히 자신의 의지를 세상에 강요할 수 없다는 것을 인정한다. 다른 사람들에게도 마음과 생각하는 권리가 있음을 인정하고, 그들을 상대로 어떻게 행동할지에 대한 정보를 얻기 위해 토론의 논점을 모색한다.

우선, 개인의 신체를 독점적으로 사용할 권리가 전제되지 않는다면 어떤 제안을 하거나 논쟁적 방법을 통해서 어떤 명제를 확신하게 될 사람이 있을 수 없다. 서로가 신체에 대한 상호 배타적 통제권을 인정한다는 것은 명제 교환의 독특한 특성을 설명한다. 상대방의 말에 동의하지 않을 수도 있지만, 적어도 의견이 일치하지 않는다는 사실에 동의하는 것은 여전히 가능하기 때문이다. 또한 자신의 신체에 대한 소유권이 선험적으로 정당화되어야 한다는 것도 명백하다. 어떤 규범이든 정당화하려는 사람은 그저 "나는 이러저러한 것을 제안한다"라고 말하기 위해서라도 자신의 신체에 대한 독점적 사용권을 정당한 규범으로 전제해야 하기 때문이다.[220]

실제로 이 책을 쓰면서 문명화된 삶의 기초로서의 자유시장, 개인의 주권, 비공격성에 대한 주장과 가치중립적인 경제 분석을 분리하기는 매우 어려웠다. 개인의 자유에 대한 경제적 주장은 사실상 문명을 옹호하는 주장과 분리될 수 없다. 책을 쓰고 있다는 사실만으로도 다른 사람들에게 자신의 생각을 결정할 권리가 있음을 인정한다는 의미가 된다.

호페의 논증 윤리argumentation ethics에 따른 결론은 재산권과 노동 분업에 대한 모든 반대가 노동 분업과 재산권의 성과에 의존하지 않고 표현되는 경우에만 고려될 수 있다는 것이다. 책에 쓰여 있거나 TV와 인터넷에서 거론되는 재산권에 대한 모든 주장은 재산권과 노동 분업을 통해서만 가능한 매우 정교한 문명적 구조에 의존해야 한다. 그러므로 재산권과 문명에 반대하는 모든 주장은 폭력적인 으르렁거림이 아닌 다른 방식으로 전달된다면, 타당하지 않다고 말해도 무방하다. 폭력적 으르렁거림 '논쟁'은 모든 문명인에게 새로운 것이 아니다. 사납게 으르렁거리는 동물은 자연계의 영구적인 특성으로 문명이 시작된 이래로 인간을 괴롭혀 왔고, 문명의 적응과 진화를 강요했다. 이들 야만인은 문명에 피해를 입히고 인적·물적 손실을 초래할 수 있지만, 노동 분업을 통한 협력과 자제력으로 무장한 지성적 인간의 상대가 되지 않는다. 인간이든 아니든 폭력적인 동물은 문명인에 대한 공격을 계속하겠지만, 문명이 계속해서 그들을 몰아낼 것이다. 폭력적인 동물은 문명의 구성원이 사용할 수 있는 고도로 생산적인 근로자와 축적된 자본의 거대한 네트워크의 협력을 통해서 생산되는 무기를 압도할 수 없다.

자기 소유권, 자본주의적 노동 분업, 그리고 문명의 개념을 트집 잡는 것은 논쟁이 아니다. 서로에게 자신의 똥을 던지는 원숭이로 돌아가는 영광스러운 복귀이며, 비인간적 동물 삶으로의 회귀일 뿐이다. 자본주의에 반대하는 사람들의 문제는 자본주의자가 되지 않고는 자본주의에 대항하여 자신의 배설물을 던지는 것보다 복잡한 어떤 일도 할 수 없다는 것이다. 자신의 배설물보다 더 복잡한 무기는 지연된 만족과 자본의 축적을 요구한다. 맨손으로 만들 수 있는 수준을 넘어서는 어떤 무기이든 세계적 노동 분업을 통한 협력이 필요하다. 자본주의 반대자들은 생산, 전문화, 혁신의 역량을 파괴함으로써 스스로 더 약해지고 영향력이 떨어지게 된다. 반대자들이 무력하게 자신의 배설물을 던지거나 싸움에 참여하려는 시도가 자본주의 문명을 효과적으로 지원하고 전진시키기 때문에 자본주의 문명은 계속해서 승리한다.

문명의 대안으로서의 법정 노예제

기록된 인류 역사에는 문명의 흥망성쇠가 여러 차례 있었지만, 전반적인 추세는 문명의 발전이었다고 주장해도 무방할 것이다. 이는 시간이 지남에 따라 노동생산성이 향상되고, 수 세기에 걸쳐 에너지 소비가 증가하고 비용이 감소한 데서 볼 수 있다. 그리고 인간이 누리는 자본재의 기술적 발전에도 나타나며, 장기적으로 이자율이 하락하는 추세에서도 볼 수 있다. 시간 선호도는 이자율의 결정 요인이며, 13장에서 논의한 것처럼 시간 선호도의 감소가 이자율이 장기적으로 하락하는 과정을 주도한다. 그러나 이러한 문명화 과정은 순탄하고 선형적인 발전이 아니었다. 자연재해, 전쟁, 사회적 붕괴로 인하여 생활 수준이 오랜 기간 하락한 적도 있었다. 로마제국의 세계적 시장 질서를 통해서 고도의 전문화와 높은 생산성이 달성되었지만, 제국의 붕괴가 이런 추세를 역전시켰다. 고대 세계의 인구가 소규모의 시장으로 분열되면서 수 세기 동안 생산성이 하락했다. 최근 지난 세기에도 문명화 과정이 역전되고 세계적으로 시간 선호도가 상승했다고 주장할 수 있다. 호페는 다음과 같이 설명한다.

"실제로 이자율이 하락하는 경향은 인류의 초세속적suprasecular 발전 추세를 특징짓는다. '정상적이고 안전한 대출'에 대한 최저 이자율은 기원전 6세기 그리스 금융의 역사 초기에 약 16퍼센트였다가 헬레니즘 시대에는 6퍼센트로 떨어졌다. 로마의 최저 이자율은 공화국 초기에 8퍼센트를 넘었다가 제국의 첫 번째 세기 동안에 4퍼센트로 하락했다. 유럽에서 '안전한' 대출의 최저 이자율은 13세기에 8퍼센트였다가 14세기에 약 5퍼센트로 떨어졌다. 그리고 15세기에 4퍼센트로, 17세기에 3퍼센트까지 하락했다. 19세기 말에는 최저 이자율이 더욱 하락하여 2.5퍼센트 아래로 내려갔다.[221]

1815년 이후로 유럽과 서방세계 전역에서 최저 이자율이 꾸준히 하락해 세기말에는 평균 3퍼센트를 밑도는 역사적인 수준으로 떨어졌다. 그러나 민주주의-공화주의 시대가 시작되면서 이러한 추세가 멈추고 방향이 바뀌면서 20세기의 유럽과 미국이 쇠퇴하는 문명임이 드러났다. 예를 들어 영국, 프랑스, 네덜란드, 벨기에, 독일, 스웨덴, 스위스 그리고 미국의 10년 평균 최저 이자율을 살펴보면 제1차 세계대전 이후의 전 기간에 걸쳐서 유럽의 이자율이 19세기 후반의 이자율과 같은 수준이거나, 그보다 낮았던 적이 없음을 알 수 있다. 1950년대의 미국에서만 이자율이 19세기 말보다 하락한 적이 있었다. 그렇지만 이는 단기적인 현상이었고, 그때조차도 미국의 이자율이 19세기 후반의 영국보다 낮지 않았다. 대신에 20세기의 이자율은 19세기의 이자율보다 상당히 높았고, 오히려 상승하는 경향을 보였다."[222]

제1차 세계대전은 인류 문명의 진보가 멈춰 서고 후퇴하기 시작한 계기로 볼 수 있기 때문에 인류에게 매우 중요한 순간이다. 20세기의 대량 사망과 파괴는 역사적 전례가 없는 규모였고, 정부의 부채(기본적으로 폭력의 행사가 존재 이유인 단체에 대한 충성도 보상제도)로 대체된 자유시장 통화의 파괴를 통해서 촉진되었다고 할 수 있다.[223] 통화의 파괴는 단지 폭력의 증가로 이어지는 것을 넘어서 이 책의 여러 장에서 자세히 논의한 것처럼, 인간이 사용하는 모든 절약 수단을 훼손함으로써 세계적 시장경제 질서와 인류 문명 자체를 서서히 부패시켰다. 이 섹션의 나머지 부분에서는 나의 두 번째 책인 《더 피아트 스탠다드》의 분석을 이 책에서 논의하는 절약 행동과 확장된 시장 질서에 적용한다.

법정화폐는 사람들이 미래를 위해 저축하는 능력을 파괴함으로써 만족을 연기하는 인센티브를 없애고, 자본의 창출을 줄이고, 경제 발전과 문명의 기본적 출발점을 훼손한다. 법정화폐는 사람들이 화폐의 안전성을 통해서 미래의 불확실성에 대비하도록 하기보다 정부의 금융 카르텔에 빚을 진 노예가 되게 한다. 《더 피아트 스탠다드》에서 논의한 내용은 다음과 같다.

"현금이든 은행 계좌든 피아트 토큰fiat token을 보유한 사람은 미래에 수령할 피아트 토큰에 기초하여 신용을 발행함으로써 새로운 피아트 토큰을 창조하는 대출기관에 의해 보유한 토큰의 가치가 끊임없이 희석되는 상황에 처하게 된다. 따라서 개인, 기업 그리고 정부는 인플레이션으로 가치가 떨어지는 플러스 잔고를 유지하지 않고 차입하는 것이 가장 합리적인 선택이다. 그러나 잔고가 마이너스인 사용자, 즉 부채가 있는 사람들은 안전성이 부족하고 재앙적 손실의 위험이 있다. 현행 시스템에서는 미래를 위해 안정적인 양의 유동성 재산을 보유한다는 의미의 재정적 안전성이 더 이상 제공되지 않는다. 인플레이션을 통해서 재산이 사라지는 것을 목격하거나, 돈을 빌리고 나서 몇 차례 상환하지 못하면 담보를 잃는 불안감 속에서 살게 된다. 법정화폐는 금융상품으로서의 저축을 효과적으로 파괴하여 엄청나게 부정적인 결과를 초래했다."[224]

저축이 위태로워지고 정부가 개인의 수요를 더 많이 공급하려고 재정적으로 대담해지면서, 가족에 투자하는 인센티브가 훼손되어 사회에 재앙적인 영향을 미치게 되었다. 금본위제의 중단은 저축에 미치는 재앙적 영향을 넘어서 문명사회의 근본적 기반인 자연법을 훼손했다. 종이로 만든 금 영수증과 은행 계좌 잔액을 금으로 교환할 수 있다는 국가와 화폐 보유자 사이의 계약을 노골적으로 파기한 것이다. 정부는 약속을 어긴 은행을 보호하고, 신용의 발행을 통해서 정부와 은행이 인플레이션에 계속 관여할 수 있도록 법을 재정의한다.

이러한 계약에는 자본주의 경제의 모든 구성원이 포함된다. 그들 모두가 확장된 시장 질서에 참여하기 위해 화폐를 사용해야 한다. 화폐의 가치가 떨어지면 모든 것의 가치가 떨어진다. 정부(표면적으로는 계약의 집행자이자, 정의의 수호자로 자신을 홍보하는)가 그렇게 강력한 계약을 파기하면 필연적으로 시민들이 뒤를 따르게 된다. 신뢰도가 떨어지고 부정직해진 시민들이 문명사회의 기반을 훼손한다. 화폐의 계약이 파기되면 자본주의 경제의 모든 구성원이 법의 지배가 모든 사람에게 적용되지 않는다는 결론을 내리게 된다. 그리고 자연법을 고수하려는 사회에서 개인적 이익을 위해 자연법을 이용하려는 사회로 바뀌게 된다.

법정화폐는 국가가 스스로 점점 더 많은 자금을 조달할 수 있도록 하여 방위 및 법률 산업의 독점과 더불어 사회의 요구에서 벗어난 비생산적이고 기생적인 통치 체제를 섬긴다고 주장하는 국민으로부터 자신들을 보호하는 부패를 초래하게 된다.

법정화폐는 경화를 선택하는 자유시장에서 벗어나 쉬운 돈의 창출을 허용함으로써 중앙은행의 세기에 매우 흔했던 것처럼 사회의 통화 질서를 파괴하여 경기순환을 유발하고 자본을 파괴한다. 법정화폐는 더 나아가, 극단적인 경우에는 초인플레이션을 통해 금융 시스템을 자본주의 경제의 필수적인 제도에서 투기적 도박을 위해 보호받는 독점적 제도로 전환함으로써 금융 시스템을 파괴한다. 도박의 수익은 정부와 은행 카르텔에 귀속되고 손실은 사회 전체가 부담한다.

법정화폐는 자본주의 경제 시스템의 필수적 추진 과정인 경제적 계산을 왜곡함으로써 자본주의 경제 시스템을 더욱 훼손한다. 시장의 공급과 수요를 통해서 화폐의 가치가 결정되지 않으면 기업가의 경제적 계산에 많은 오류가 발생한다. 오늘날 볼 수 있듯이, 자본시장은 통화위원monetary commissars의 명령에 대한 반작용에 지나지 않는다. 미국의 이자율을 설정하는 부서가 이자율을 낮추기로 결정하면 모든 자산의 가치가 상승하지만, 이자율을 높이면 다시 자산 가치가 하락한다. 기업의 이익과 손실에 대한 경제적 계산은 전적으로 부차적인 문제가 되고, 대신에 자본의 배분이 찻잎tea leaf 분석을 통한 통화정책 연습이 된다. 기업가정신과 혁신은 법정화폐 카지노를 지배하는 사람들의 위세에 눌려 뒷전으로 밀려난다.

법정화폐는 또한 시장 상품으로서의 화폐를 파괴한다. 우리에게는 더 이상 제1차 세계대전 이전의 금과 같이 시간과 공간에 걸친 판매 가능성이 높은 보편적 교환 매체라는 의미의 화폐가 없다. 이제는 다양한 자산의 잡탕이 단일한 통화를 대체하여 화폐를 물리치고, 세계를 다양한 형태의 화폐로 거래되고 서로 다른 판매 가능성에 대한 고려에 따라 보유되는 부분적 물물교환 시스템으로 되돌려 놓는다. 미국 달러는 글로벌 금융 시스템에 대한 연방준비제도의 독점에 힘입어, 우주에서 판매 가능성이 가장 큰 자산이다. 다른 국가통화는 각국의 중앙은행이 운영하는 통화농장monetary plantations의 범위 안에서 판매 가능성이 더 크다. 시간에 걸친 판매 가능성과 시간이 가면서 가치를 유지할 수 있는 능력은 훨씬 더 복잡하다. 채권, 금, 부동산, 예술품, 주식 등 끝이 없는 자산의 만화경이 전 세계적으로 경쟁하여 시장이 왜곡된다.

국민에 대한 정부의 도둑질에 최적화된 중앙계획 국가통화의 끊임없이 변하는 유사quicksand에 기초한 경제적 계산으로 거래 이익에 대한 판단이 왜곡되고 불확실성이 발생하면, 사람들이 상호 이익이 되는 거래에 참여하기를 꺼리게 된다. 국제적 환율 변동은 수익성이 있는 사업을 파괴하거나, 수익성 없는 사업에 과도한 보상을 제공할 수 있다. 글로벌 외환시장은 글로벌 GDP의 몇 배의 가치가 있는 거래를 처리한다. 사람들이 해외에서 상품을 구입하기 위해 외화를 취득해야 하기 때문이다. 국내 및 국제 교역 역시 법정화폐로 인해 훼손된다. 가격이 상승함에 따라 사람들은 끊임없이 원하는 상품을 열등한 대용품으로 대체하도록 강요당한다. 그리고 정부는 인플레이션 특권을 이용하여 고기를 콩, 벌레, 산업 쓰레기로 대체하는 것이 인간의 건강에 더 좋다고 주장하는 선동과학propaganda science을 만들어 내는 사이비 과학자들을 지원한다.

《더 피아트 스탠다드》에서 나는 법정화폐 인플레이션이 우리의 수요를 충족하고 기술을 발전시키기 위해 소비와 에너지원 사용을 늘리는 능력을 떨어뜨리는 이유를 설명한다. 인플레이션은 즉각적으로 시민의 저축과 수입의 가치를 떨어뜨려서, 현대적 에너지원에 돈을 쓸 수 있는 능력을 박탈한다. 인플레이션은 또한 시민의 생활 수준 하락을 여러 우스꽝스러운 부기맨bogeyman(전설의 유령이나 도깨비와 비슷한 괴물-옮긴이)의 탓으로 돌려 주의를 분산시키는 선전에 정부가 무제한으로 지출할 수 있게 해 준다. 가장 최근의 부기맨은 이산화탄소(모든 생명체에 필수적이고 대기 중에 0.042퍼센트의 미미한 농도로 존재하는)가 지구의 기후를 파괴하고 사회에 종말론적 피해를 초래한다는 정신 나간 생각이다. 이른바 종말을 바로잡는 유일한 방법은 우연의 일치라고 하기에는 너무도 편리하게, 우리의 현대적 삶을 가능하게 한 핵심적 에너지 기술인 탄화수소를 포기하는 것이다.

중요성 때문에 가격이 인플레이션에 매우 민감한 바로 그 에너지원이다. 법정화폐는 또한 산업화 이전 시대의 에너지원으로부터 현대 산업사회에 제공하기에 충분한 동력을 생산하려는 정신 나간 탐구에 정부가 이해할 수 없을 정도로 많은 자원을 소비하도록 허용한다. 지난 수십 년 동안 수조 달러가 지출되는 동안에 친환경에너지 마피아mafia가 보여준 유일한 성과는 가격의 지속적인 상승과 안정적·필수적 에너지원의 가용성 감소뿐이었다.

법정화폐는 또한 과학지식과 교육기관의 부패를 허용했다. 대학은 계속해서 지식을 축적하고 기술적으로 발전하기보다는 인플레이션을 선전하고 정교한 변명을 제공하는 기관으로 변질되었다. 《더 피아트 스탠다드》는 경제학, 영양학, 기후과학의 부패 사례를 논의하지만, 부패는 더 널리 퍼져 있을 가능성이 크다. 아마도 20세기의 가장 존경받고 중요한 경제학자가 《더 피아트 스탠다드》에 기록된 대로 오락적 아동 노예 매매에 가담한 '비도덕주의자immoralist'를 자처했다는 사실만큼 현대 학계의 타락과 사기적·강압적 통화가 사회에 강요하는 도덕적 부패를 상징하는 것은 없을 것이다. 다음은 케인스의 말이다.

> "우리는 일반적인 규칙을 준수하는 개인적 책임을 전적으로 거부했다. 모든 개별적 사건을 각각의 장점에 따라 판단할 권리와 성공적으로 판단하는 지혜를 주장했다. 이는 우리 믿음의 매우 중요한 부분으로서 격렬하고 공격적으로 견지되었으며, 외부 세계에서 볼 때는 우리의 가장 분명하고 위험한 특징이었다. 우리는 관습적인 도덕, 전통적·관습적 지혜를 전적으로 거부했다. 우리는 엄격한 의미에서 비도덕주의자였다. 밝혀진 결과는 당연히 그 가치에 따라 고려되어야 했다. 그러나 우리는 어떤 도덕적 의무도 순응하거나 복종해야 한다는 내면적 제재도 인정하지 않았다. 하늘 앞에서 우리가 자신의 사건에 대한 판사가 될 것을 주장했다."[225]

도덕성이 나쁜 말이 되고, 범죄적 비도덕주의자가 천재 학자로 격상되면서 문명사회의 도덕적 기반이 무너지고 있다. 가장 중요한 우상의 부도덕한 성격을 언급하지 않고는 오늘날 주류 경제학계에서 통용되는 정부의 자연권 침해에 대한 속이 들여다보이는 정당화에 지나지 않는 헛소리를 이해할 수 없다. 정부는 인플레이션과 세금의 형태로 끊임없이 재산권 제도 자체를 침해할 뿐만 아니라, 우리의 시간이 생산한 경제적 가치를 보존하는 중요한 기술인 화폐를 강제적으로 금지함으로써 시간에 대한 인간의 소유권을 침해하고 있다. 우리는 자본주의 시장 질서 안에서 노동 시간의 결실을 도둑맞은 것을 벌충하려고 더 열심히, 더 오래, 그리고 늘어나는 미래의 불확실성과 함께 끊임없이 일해야 한다. 가족의 붕괴와 주요 도시의 범죄 증가는 탈문명화 과정에서 수천 년 동안 축적된 자본을 소모하고 있는 세계 경제의 깊어지는 불안감을 드러내는 증상일 뿐이다.

화폐는 경제 시스템의 생명선이며 경제적 계산과 조정을 위한 **필수요소**sine qua non다. 합의된 상호작용의 영역에서 화폐를 제거하여 폭력적 독점의 손에 맡기면, 문명이라는 건축물 전체가 흔들리고 훼손된다. 인류 문명의 운명에 대해 낙담하기는 어렵지 않지만, 수천 년 동안 수많은 적을 물리친 인간의 창의성과 기술 그리고 자본가의 창조적 과정에 대한 희망을 잃기에는 아직 너무 이르다.

이성의 승리

역사는 문명을 접하는 많은 사람이 문명을 오랫동안 보존하지 못한다는 것을 시사한다.[226] 자본주의의 수혜자들은 비교적 부유한 환경에서 태어났다. 그들은 삶의 오랜 기간 자신을 부양하기 위해 일할 필요가 없다는 의미에서 유년기와 청소년기를 연장했다. 산업 자본주의의 산물을 이용할 수 있는 가족이 자녀가 성인이 될 때까지 때로는 그 이후까지 자녀를 부양할 수 있다. 자본주의 사회의 구성원이 20대나 30대가 될 때까지 생산적인 일을 아무것도 하지 않는 것이 전적으로 가능해졌다. 그렇게 경제 생산의 현실에서 분리되면 시민들의 마음속에 망상적인 반문명적 아이디어와 미신이 쉽게 자리를 잡고, 경제 생산의 확장된 질서에 필요한 시간 선호도가 낮아지고, 협력적·자본주의적인 사고방식이 사라질 수 있다. 이런 아이디어가 문명을 탈선시킬 수 있을까?

그렇지만 문명의 지속과 지속 가능성은 자본주의적 경제 계산의 우수한 조직적 효율성, 자발적 전문화의 막대한 이점, 그리고 끊임없는 인간의 창의성에서 비롯된다. 자본주의의 적들은 물리적 전쟁에서, 인간의 모든 행동 방식에서와 마찬가지로 자본주의와 같은 방식으로 생산을 조직하고 자원을 동원할 능력이 없기 때문에 항상 불리한 입장에 처한다. 가격과 계산의 부재도 제한된 이익이 혁신의 인센티브를 저해하면서 혁신을 무력화한다. 그들은 세계에서 가장 큰 시장인 세계 시장만큼 크고 생산적인 노동 분업에 접근할 수 없다.

자본주의 시장경제는 매우 강력한 기계로 생각할 수 있다. 여러 면에서 실제로 그렇기 때문이다. 생산 과정에 투입되는 모든 민간 소유의 기계와 자본은 자유시장 경제의 확장된 질서라는 하나의 경제 시스템 안에서 함께 행동한다. 전 세계적으로 수십억 대의 기계를 생산 과정에 배치하는 능력은 모두가 상호 연관된 상호 의존적인 능력이며, 그 어떤 대안보다도 훨씬 높은 수준의 생산성을 달성하게 해 준다. 인간이 일상의 생존을 넘어서 경제적 거래에 참여할 수 있는 능력은 그들의 삶에서 자본주의 시장 시스템의 기계를 얼마나 많이 사용하는지에 따라 결정된다. 기계는 경제적 계산에 참여하는 모든 사람에게 엄청난 이점을 제공한다. 이러한 기계를 만드는 생산적인 인간이라면 자신을 파괴하려는 광신자, 러다이트 그리고 기생충들로부터 벗어나는 방법도 찾아낼 것이다.

그러나 오늘날 자본주의의 적은 산업혁명 초기의 러다이트 운동가, 20세기 소련의 부기맨, 기타 여러 기능장애가 있는 사회주의적 전체주의 정권과는 다르다. 명시적인 외부의 적과는 달리 현대 자본주의가 직면한 위협은 내부적이고 불법적이고 외견상으로 분리할 수 없다. 경제가 점점 더 세계화되고 통합됨에 따라 미국의 달러와 연방준비제도가 세계 경제의 중심을 이루게 되었다. 거의 전 세계의 경제가 미국 달러나 미국 달러 잔고를 보유한 중앙은행의 통화를 사용한다. 대다수 국가의 금융 시스템이 미국 달러와 연방준비제도의 국제결제 시스템 Federal Reserve's international clearance system을 사용한다. 이는 세계 시장 시스템의 대다수 참여자가 미국의 정부 지출과 법정화폐 금융 카르텔을 지원하기 위해 자국 통화 가치의 하락을 감수한다는 것을 의미한다. 그러나 비효율적이고, 낭비적이고, 완전히 범죄적임에도 불구하고 이런 시스템은 지속될 수 있다. 시스템의 적들이 비슷한 규모의 대안적 시장에 접근할 수 없기 때문이다.

모든 문제에도 불구하고 법정화폐 시스템은 여전히 세계 경제로부터 고립되어 자급자족하는 시스템보다 우월하다. 통화 공급에 대한 폭력적 독점을 통해서 자본주의 자유시장이 창출하는 이익의 상당 부분을 장악할 수 있는 중앙정부는 자유시장의 우수한 생산 능력의 혜택을 누리면서 확보한 이익을 이용하여 경제생활의 모든 측면에 대한 통제를 강화해 궁극적으로 자신이 의존하는 자본주의 문명의 목을 조르게 된다. 자본주의는 외부의 적과 싸우는 데 능숙하다는 것이 입증되었지만, 자신의 생명선인 심장 박동을 통제하는 내부의 기생충에는 어떻게 대처할 수 있을까? 자본주의가 살아남기 위해서는 기생충에 감염된 심장과 완전히 독립적인 대안적 심장을 발명하고 배치해야 한다. 외견상 불가능해 보이지만, 인간의 이성은 이런 일을 해낼 수 있다. 문명의 모든 과정은 인간의 행동에 이성을 체계적으로 적용하는 데 기반을 두고 있다. 통화의 중앙계획이 문명의 문제로 대두될수록 시장이 문제의 해결책에 대해 더 많은 인센티브를 제공할 것이다.

기술 혁신의 근원에는 자본주의의 경제적 계산이 있다. 기술이 성공하고 널리 채택될 수 있게 하는 것은 기술의 경제성, 즉 채택하는 사용자에게 긍정적인 경제적 수익을 제공하는 능력이다. 자본주의는 사람들의 문제를 해결하는 혁신을 장려하는 끝나지 않는 현상금^{bounty} 프로그램이다. 문제가 커질수록 사회에 더 큰 비용을 초래하여 해결책을 요구하는 신호가 강력해지고, 해결에 따르는 보상이 커진다. 세계의 노후한 통화 시스템의 문제가 더욱 분명해짐에 따라 가장 진보된 기술, 엔지니어, 기업가들이 문제를 해결하는 데 점점 더 끌리게 된다. 자본주의는 인류에게 이익이 되는 혁신을 위해 인간의 이성을 무기화하고, 성공하는 정도에 따라 보상한다. 법정화폐가 문명의 박동하는 심장을 정부가 장악하도록 한다면, 자본주의는 문제의 해결책을 찾는 인센티브를 이성에 제공함으로써 반격하는 두뇌다.

기술은 문명이 직면하는 문제에 맞서기 위해 인류가 고안해 낸 도구의 총합이다. 자유의 마지막 보루로 남아 있는 것은 인간의 마음이고, 자유로운 인간이 만들어 낼 수 있는 가장 진보된 기술(생산성을 기준으로 측정한다면)은 소프트웨어다. 올바른 방식으로 전달되는 문자와 숫자 형태의 정보는 전 세계의 수많은 기계가 대량의 작업을 수행하여 소유자에게 경제적 가치를 창출하도록 할 수 있다. 기계는 수백 명 인간의 일을 하지만 소프트웨어는 수천 대, 수백만 대의 기계를 움직인다. 전 세계적으로 점점 더 많은 경제 생산이 소프트웨어에 의존하고 있다. 산업과 소프트웨어의 생산성은 계속해서 증가하지만, 전 세계 자본 소유자의 의사결정에 정보를 제공하는 정확한 경제적 계산을 허용하는 자유로운 통화시장의 부재로 인해 어려움을 겪는다. 글로벌 정보가 즉각적으로 이동할 수 있는 시대에 화폐는 여전히 운영자에게 이익이 되도록 조작되는 엄청나게 비효율적인 시스템을 통해서 운영되고 있다. 소프트웨어가 세계의 대부분 산업에 진입하여 산업기계를 제어하는 역할을 함에 따라, 특히 폭력적이고 파괴적인 법정화폐 기술이 지배하는 현 상황을 고려하면 소프트웨어가 진입하여 통화시장을 정복하는 것은 필연적으로 보인다.

법정화폐 중앙금융의 소프트웨어 대안은 비트코인이다. 비트코인은 공급이 제한되는 자체적 네이티브 토큰native token을 사용하는 탈중앙화 P2P 결제 네트워크다. 비트코인의 중요성은 두 가지 주요 속성에 기인한다. 첫째, 비트코인은 국가의 경계를 넘나드는 자금 이체에 있어서 중앙은행에 대한 유일한 실용적인 대안을 제공한다. 둘째, 비트코인의 공급은 엄격하게 제한되기 때문에 어느 누구의 이익을 위해서든 기존에 공급된 비트코인의 가치를 떨어뜨릴 방법이 없다. 전 세계 모든 사람에게 평가절하될 수 없는 화폐의 형태로 저축하는 능력을 제공함으로써 비트코인은 시간 선호도가 지속적으로 상승하는 과정을 멈출 수 있다. 모든 사람에게 독점적 중앙은행에 의존할 필요 없이 국제적으로 돈을 보내고 받는 능력을 제공함으로써 비트코인은 모든 사람이 글로벌 노동 분업에 참여할 수 있게 해 준다. 글로벌 자본주의 문제의 핵심에는 바로 이 두 시장(통화와 국제 송금)의 중앙계획이 있다. 비트코인의 역사적 중요성은 중앙은행 문제에 대한 기술적 해결책이라는 것, 즉 중앙은행을 쓸모없게 만드는 매우 매력적인 기술적 대안을 제시한다는 것이다.

같은 방식으로 인간의 이성은 우리를 노예에서 말, 자동차, 정교한 초음속 제트기(그리고 인간 전령의 사용에서 전령 비둘기, 종이 우편, 이메일, 화상통화)로 이동시켰고, 이제는 독점적 중앙은행에 대한 의존에서 벗어나 신뢰할 수 있는 오픈소스 open-source 소프트웨어로 이동시키고 있다. 인간에게는 이성이 있다. 이성에 힘입은 우리는 동굴에서 벗어나 환경을 정복하고, 가장 사나운 야수를 길들임으로써 더 오래 잘살게 되었다.

현재 기생적인 정부의 금융 독점은 단지 인간의 이성이 직면했던 수많은 도전 과제의 하나일 뿐이며, 비트코인은 우리의 이성이 도전 과제를 정복하기 위해 만들어 낸 장치로 입증될 수도 있다. 전 세계 누구나 감시할 수 있는 투명한 규칙과 권위보다 전적으로 검증에 기반한 시스템을 갖춘 비트코인은 강압적인 정치적 권위 없이도 작동하는 통화시장 상품을 전 세계에 제공한다. 비트코인은 우리가 평화로운 비공격성을 경제적 상호작용의 기반으로 삼고, 시장 시스템의 생산성을 통화의 영역에 도입하고, 지난 세기의 시간 선호도가 엄청나게 높은 국가주의적 법정화폐의 우회를 되돌릴 수 있게 해 준다. 인류 문명을 국가적 법정화폐의 손아귀에서 벗어나게 할 수 있다면, 비트코인은 우리 시대의 가장 중요한 문명적 성취로 기억될 것이다.

참고문헌 Bibliography

다음의 링크를 통해서 이 책의 전체 참고문헌, 각 장별 참고문헌 목록, 추천하는 읽을거리들과 다운로드 링크, 이 책의 학습 가이드, 온라인 강좌 등을 확인할 수 있다.

saifedean.com/poe

PRINCIPLES OF ECONOMICS

부록

부록은 1장에서 논의한 인간의 행동에는 상수가 없다는 미제스의 주장을 철저하게 탐구한다. 현대 경제학의 방법론에 대한 심오한 비판인 미제스의 주장을 설명하기 위해 열역학에 나오는 이상기체 법칙^{ideal gas law}의 예를 들어 자연과학에서 정량적 관계가 어떻게 형성되는지를 살펴보자.

$$PV = nRT$$

여기서 P는 바^{bar} 단위의 압력, V는 리터 단위의 부피, n은 몰^{mole}(1몰은 $6.02214076 \times 10^{23}$개의 입자) 수, T는 절대온도이고 R은 기체상수로서 0.083145 L. bar/mol. K의 값을 갖는다.

이러한 관계를 확립할 수 있는 실제 물리 현상이 국제 단위계 ^{International Systems of Units, SI}로 명확하게 정의되는 **일정한** 단위로 측정되기 때문이다. SI는 모든 과학적 측정의 기반이 되는 초, 미터, 킬로그램, 암페어^{ampere}, 켈빈^{kelvin}, 몰, 칸델라^{candela}의 일곱 가지 기본 단위를 정의한다. 물리적 의미가 있는 다른 모든 단위는 이 일곱 가지 단위로부터 유도될 수 있다.

예를 들어, 리터는 변의 길이가 10센티미터^{cm}인 정육면체의 부피다. 현대 세계에는 길이와 부피를 확실하고 일관성 있게 측정하는 데 사용할 수 있는 측정 장치가 많이 있다. 바는 111미터의 고도와 288.15켈빈의 온도에서 지구의 대기압으로 정의되고 100,000파스칼^{pascal}의 압력으로 나뉜다. 이러한 단위를 사용하여 압력을 측정하는 신뢰할 수 있고 일관된 표준에 따라 기압계가 생산된다.

과거에는 킬로그램과 미터, 그리고 간접적으로 켈빈이 파리에 보관된 특정한 인공물을 기준으로 정의되었다. 켈빈 척도의 1도는 1.380649×10^{-23}줄^{joule}의 열에너지 변화에 해당한다. 줄은 다시 1뉴턴^{newton}의 힘이 물체가 운동하는 방향으로 1미터에 걸쳐서 작용할 때 물체에 전달되는 에너지로 정의된다. 그리고 뉴턴은 1킬로그램의 질량을 작용하는 힘의 방향으로, 초당 1미터의 속도로 가속하는 데 필요한 힘으로 정의된다.

1초는 하루의 8만 6,400분의 1로 정의되었다. 그러나 1967년에 지금까지 발견된 가장 정확하고 정밀한 시간 및 진동수의 표준으로 세슘표준$^{Cesium\ standard}$이 국제 단위계에 채택되었다. 세슘표준에 따르면 1초는 0켈빈의 온도에서 세슘-133 원자의 바닥 상태$^{ground\ state}$에 있는 두 개의 초미세 에너지 준위 사이의 천이^{transition}에 해당하는 복사선이 9,192,631,770번 진동하는 데 걸리는 시간으로 정의된다. 1983년 이후로 1미터는 빛이 진공 속에서 1/299,792,458초의 시간 동안 진행하는 거리로 정의되었다. 이런 측정은 실험을 통해서 결정, 시연, 검증될 수 있다.

킬로그램은 2019년에 미터, 초, 플랑크 상수$^{Planck\ constant}$를 기준으로 다시 정의되었다. 플랑크 상수는 광자의 에너지를 진동수로 나눈 몫으로 정의되며 $6.62607015 \times 10^{-34}$줄/초의 값을 갖는다. 킬로그램이 다시 정의됨에 따라 자연의 고정된 기본 상수를 기준으로 모든 기본 단위를 정의할 수 있게 되었다. 과학적 관계는 단순히 단위를 넘어서 자연의 상수를 찾아낼 수 있다. 국제 단위계에는 세슘의 초미세 주파수, 빛의 속도, 플랑크 상수, 기본 전하charge, 볼츠만 상수Boltzmann constant, 아보가드로 상수Avogadro constant, 540테라헤르츠 단색방사의 발광 효율luminous efficiency의 7개 SI 정의 상수가 있고, 그 값이 모든 단위를 유도하는 데 사용된다.

이상기체 법칙에는 0.083145L·bar/mol·K로 측정되는 기체상수가 있다. 이러한 관계와 상수는 반복과 입증이 가능하다. 이상기체 법칙은 누구든지 용기에 들어 있는 기체의 압력, 부피, 온도 그리고 몰 수를 측정하여 기체상수를 결정하고 관계식을 입증할 수 있다고 상정한다. 누구라도 다른 관계와 상숫값을 발견한다면 이상기체 법칙이 반증될 것이다.

측정을 위한 신뢰할 수 있는 물리적 단위가 존재하기 때문에 체계적이고 재현 가능하며 정량화할 수 있는 과학실험이 가능하다. 이들 상수의 측정을 통해서 다양한 부피, 온도, 압력의 기체에 대한 체계적인 실험을 수행할 수 있다. 이렇게 관찰된 측정으로 물리적으로 정의된 범주 간의 관계가 확립된다. 이상기체 법칙의 경우에는 압력, 부피, 온도 사이의 수학적 관계를 찾아낼 수 있다. 이러한 관계는 객관적이기 때문에 과학적이다. 어떤 특이하거나 주관적인 경험에 근거하는 관계가 아니고 누구든지 재현하고 테스트할 수 있는 관계다. 이상기체 법칙이 과학적 법칙의 지위를 얻은 것은 오직 수많은 사람이 검증하여 법칙이 성립함을 발견했기 때문이다. 1834년에 브누아 폴 에밀 클라페롱 Benoît Paul Émile Clapeyron이 처음 가설을 세운 이후로 어떤 실험도 이상기체 법칙을 반증하지 못했다.

이 모든 단위와 상수는 전 세계적으로 수용하고 비교할 수 있을 뿐만 아니라, 회의론자들도 테스트하고 검증할 수 있는 용어로 정의된다. 이러한 통일성 덕분에 사람들은 어디서나 정교한 엔지니어링 프로젝트에 참여하고 거래할 수 있다. 이들 단위의 신뢰성은 일반적으로 합의된 표준을 따르는 동일한 장비와 도구를 사용하는 근로자와 기술자의 수에 반영된다. 아르헨티나 사람이 중국에서 제조된 독일 디자인의 냉장고를 구입할 때, 냉장고의 만족스러운 생산과 배송을 보장하기 위해 전 세계 수많은 사람이 앞에서 자세히 설명한 모든 과학적 단위의 정의에 동의해야 한다.

그러나 경제과학에는 물리 현상을 측정하기 위해 명확하게 정의되고, 개인 간 및 국제적으로 합의된 단위 같은 것이 없다. 경제적 가치나 유용성을 측정하는 명확하게 정의된 단위가 존재하지 않고, 앞에서 자세히 설명한 가치, 효용, 만족도에 대한 모든 평가가 주관적이다. 경제적 가치는 재화의 가치를 다른 재화의 가치와 비교하는 방법을 통해서 서수적으로만 측정할 수 있고, 모든 재화에 수학적 가치를 할당하여 기수적으로 측정할 수 없다. 이는 이 책의 2장에서 논의한 것처럼 경제학의 원자재인 가치가 물리적으로 또는 정확하게 정의되는 양으로 측정되는 가치가 아니라 심리적 경험을 통한 판단이기 때문이다.

찾아보기

P

P2P peer-to-peer 343, 494

ㄱ

가격 price 11, 30, 39, 40, 41, 48, 52, 54, 55, 61, 64, 69, 74, 76, 79, 80, 95, 96, 98, 99, 100, 101, 134, 139, 140, 142, 156, 184, 185, 187, 199, 201, 218, 222, 232, 241, 242, 243, 249, 250, 252, 253, 254, 258, 261, 266, 272, 273, 274, 275, 276, 278, 279, 281, 282, 283, 284, 285, 286, 287, 288, 289, 290, 291, 292, 293, 294, 297, 309, 311, 313, 316, 328, 330, 331, 337, 344, 363, 374, 381, 382, 383, 384, 386, 389, 391, 395, 397, 409, 410, 411, 414, 421, 422, 424, 426, 427, 431, 441, 442, 449, 452, 474, 487, 488, 491

가치의 저장 store of value 248, 249, 260, 337, 344

간접 교환 indirect exchange 240, 241, 255, 266

건전한 화폐 sound money 99, 397

경기순환 business cycle 11, 98, 99, 322, 375, 378, 379, 380, 385, 386, 391, 397, 486

경기침체 depression 98, 379, 380, 391, 392, 394, 397

경화 hard money 74, 250, 263, 328, 333, 334, 335, 337, 345, 364, 486

고기 meat 219, 273, 274, 278, 282, 284, 487

교환 매체 medium of exchange 240, 241, 244, 245, 246, 247, 248, 255, 256, 257, 263, 305, 327, 328, 339, 373, 374, 375, 376

국가 the state 10, 24, 25, 37, 38, 41, 99, 117, 120, 128, 158, 165, 169, 195, 196, 225, 233, 234, 235, 250, 253, 255, 257, 258, 259, 299, 300, 302, 310, 322, 323, 338, 339, 344, 366, 397, 408, 414, 429, 434, 436, 437, 438, 442, 443, 444, 445, 446, 447, 448, 450, 451, 453, 454, 455, 456, 457, 458, 460, 461, 464, 465, 486, 485, 492, 494

국내총생산 GDP 33, 38, 196

금 gold 62, 74, 78, 79, 187, 246, 247, 248, 250, 251, 252, 253, 254, 255, 258, 259, 328, 333, 337, 373, 376, 395, 398, 412, 487

금본위제 gold standard 74, 79, 99, 179, 253, 259, 337, 341, 345, 376, 377, 395, 485

금화 gold coins 331, 336, 377

ㄴ

낮은 시간 선호도 low time preference 84, 325, 348, 470, 472

ㄷ

달러는 왜 비트코인을 싫어하는가The Bitcoin Standard 7, 254

대출loan 140, 334, 351, 352, 354, 357, 358, 361, 362, 363, 364, 365, 367, 370, 371, 381, 382, 385, 386, 387, 388, 390, 393, 397, 483

디지털digital 162, 375, 377, 391, 465

ㄹ

라이트닝 네트워크Lightning Network 376

로마Roman 189, 362, 412, 482, 483

로스바드, 머리Rothbard, Murray 7, 25, 114, 136, 139, 226, 227, 246, 255, 256, 261, 265, 266, 296, 307, 308, 398, 406, 407, 436, 450, 456

ㅁ

멩거, 칼Menger, Carl 9, 24, 25, 44, 45, 46, 47, 48, 49, 56, 57, 58, 59, 60, 63, 111, 114, 171, 186, 187, 241, 242, 243, 257, 258, 374

무정부주의 자본주의자anarcho capitalist 436, 450

문명civilization 9, 11, 12, 83, 84, 117, 118, 138, 140, 195, 201, 202, 235, 263, 335, 345, 359, 361, 363, 366, 398, 407, 414, 432, 449, 456, 465, 468, 469, 470, 471, 472, 473, 474, 475, 476, 477, 478, 479, 480, 481, 482, 483, 484, 490, 491, 492, 493, 495

물물교환barter 239, 240, 261, 487

미국 달러U.S. dollar 79, 255, 331, 487, 492

미국United States 35, 79, 173, 197, 199, 235, 242, 255, 302, 315, 331, 396, 398, 438, 441, 443, 455, 456, 457, 458, 483, 486, 487, 492

미제스, 루트비히 폰Mises, Ludwig von 7, 11, 24, 25, 26, 27, 29, 38, 51, 57, 62, 66, 91, 94, 96, 118, 119, 125, 126, 127, 136, 150, 159, 187, 227, 229, 258, 265, 272, 289, 290, 291, 296, 297, 299, 300, 302, 304, 306, 307, 308, 309, 310, 311, 312, 313, 350, 351, 359, 360, 363, 365, 370, 372, 373, 374, 375, 377, 378, 382, 392, 445, 464, 473, 476, 498

ㅂ

범죄crime 336, 399, 411, 451, 456, 458, 460, 461, 490

법정화폐fiat money 99, 159, 259, 338, 339, 340, 343, 344, 345, 359, 364, 375, 377, 378, 397, 484, 485, 486, 487, 488, 492, 493, 494, 495

법정화폐 체제fiat standard 345

부분지급준비fractional reserve 370

불건전한 화폐unsound money 392

불경기recession 334, 380

비교우위comparative advantage 222, 228

비축reserves 58, 126, 134, 140, 242, 243, 259, 268, 299

비트코인Bitcoin 185, 186, 254, 259, 331,

343, 344, 345, 375, 376, 377, 495

ㅅ

사업business 39, 97, 98, 136, 261, 262, 286, 287, 288, 289, 290, 291, 294, 303, 305, 330, 331, 332, 339, 341, 350, 356, 373, 383, 384, 391, 411, 439, 448, 453, 459, 475, 487

사이먼, 줄리언 Simon, Julian 66, 67, 68, 69, 70, 76, 79, 80

수요의 일치coincidence of wants 238, 239, 241, 245, 246, 247, 255, 260, 327

스위스Switzerland 99, 234, 483

시간 선호time preference 9, 11, 12, 81, 82, 83, 90, 123, 133, 138, 139, 145, 322, 323, 325, 326, 327, 329, 332, 334, 335, 343, 344, 353, 354, 360, 365, 367

시장markets 10, 11, 32, 39, 40, 41, 54, 55, 63, 84, 96, 97, 99, 132, 134, 142, 145, 157, 163, 169, 172, 186, 187, 201, 226, 227, 229, 230, 231, 232, 233, 234, 238, 241, 242, 243, 247, 249, 230, 252, 254, 255, 257, 258, 259, 260, 262, 266, 269, 271, 272, 273, 276, 279, 281, 282, 283, 284, 285, 287, 288, 289, 290, 291, 293, 297, 300, 303, 305, 306, 308, 309, 311, 312, 313, 316, 322, 323, 324, 331, 338, 345, 348, 350, 354, 355, 356, 358, 359, 365, 366, 373, 375, 383, 384, 386, 387, 393, 394, 396, 397, 404, 406, 410, 411, 412, 413, 414, 415, 416, 417, 418, 419, 420, 421, 422, 424, 429, 430, 431, 432, 433, 434, 437, 438, 439, 440, 441, 442, 446, 447, 449, 451, 453, 454, 456, 457, 460, 461, 463, 465, 474, 482, 484, 485, 486, 487, 491, 492, 493, 495

시장수요market demand 249, 258

신용credit 11, 34, 35, 98, 137, 142, 247, 349, 351, 359, 365, 370, 371, 374, 375, 381, 384, 385, 388, 394, 395, 396, 398, 412, 438, 484, 485

ㅇ

연방준비제도Federal Reserve 487, 492

영국Britain 34, 104, 150, 151, 164, 165, 166, 179, 198, 199, 200, 205, 438, 443, 483

오스트리아 경제학파 Austrian School of Economics 6, 25, 54

유동성liquidity 241, 243, 248, 249, 250, 251, 254, 264, 327, 331, 332, 355, 485

은silver 246, 251, 252, 253, 328, 337

은행bank 252, 349, 350, 351, 361, 363, 364, 370, 371, 373, 374, 377, 378, 380. 381, 382, 383, 388, 390, 391, 392, 393, 395, 396, 485, 486

은행권banknotes 373. 395

이자율interest rates 11, 139, 140, 315, 322, 334, 335, 351, 352, 353, 354, 355, 356, 357, 358, 359, 362, 363, 364, 365, 366, 367, 370, 371, 381, 383, 384, 385, 386, 387, 388, 389, 390, 391, 392, 393, 397, 412, 482, 483, 486

인간 행동human action 7, 24, 26, 28, 31,

32, 37, 38, 40, 66, 69, 80, 156, 180, 218, 227, 257, 283, 291, 292, 293, 298, 324, 360, 378, 404, 405, 409, 417, 432, 436, 450, 479

인플레이션inflation 34, 35, 36, 98, 99, 143, 200, 201, 331, 334, 339, 340, 341, 342, 344, 364, 393, 394, 410, 412, 413, 414, 439, 455, 457, 458, 484, 485, 487, 488, 489

ㅈ

자본capital 9, 10, 55, 73, 74, 80, 83, 84, 85, 94, 95, 96, 97, 105, 106, 107, 118, 119, 121, 122, 123, 124, 125, 126, 127, 128, 129, 130, 131, 132, 133, 134, 135, 136, 137, 138, 139, 140, 143, 144, 145, 148, 149, 153, 154, 155, 157, 158, 159, 161, 162, 181, 194, 202, 204, 205, 227, 228, 230, 233, 234, 249, 266, 267, 268, 287, 288, 290, 296, 297, 298, 299, 300, 301, 302, 303, 304, 305, 306, 309, 311, 312, 313, 315, 316, 326, 328, 332, 334, 335, 336, 339, 341, 348, 350, 352, 354, 355, 358, 359, 360, 361, 362, 363, 364, 365, 370, 381, 383, 384, 386, 387, 389, 390, 391, 392, 393, 394, 397, 398, 405, 408, 409, 414, 416, 421, 424, 429, 432, 439, 440, 442, 469, 470, 471, 472, 474, 478, 479, 481, 482, 484, 486, 490, 491, 493

자본재capital goods 94, 105, 113, 114, 118, 122, 123, 124, 125, 126, 127, 128, 130, 133, 134, 135, 138, 139, 140, 157, 230, 232, 252, 262, 263, 268, 296, 296, 297, 298, 299, 303, 304, 308,

309, 310, 329, 332, 353, 354, 355, 360, 372, 383, 386, 390, 391, 411, 474, 479

자본주의capitalism 9, 11, 12, 85, 104, 105, 126, 140, 143, 157, 194, 271, 295, 296, 298, 299, 300, 301, 302, 303, 304, 305, 306, 313, 315, 316, 322, 380, 387, 397, 399, 409, 414, 422, 432, 441, 449, 473, 478, 479, 480, 482, 485, 486, 489, 490, 491, 492, 493, 494

자본축적capital accumulation 84, 124, 132, 133, 134, 137, 138, 140, 143, 144, 145, 149, 158, 178, 205, 212, 216, 228, 230, 232, 260, 296, 316, 335, 341, 345, 361, 363, 364, 366, 367, 391, 440, 441, 469, 478

잘못된 투자malinvestment 389, 391

전쟁war 102, 253, 301, 302, 312, 329, 335, 344, 359, 361, 398, 440, 445, 457, 482, 491

절대우위absolute advantage 218, 219, 222

정부 통화government money 255, 258, 259

제1차 세계대전World War I 247, 301, 483, 484, 486

주화coins 258, 377, 378, 412

중앙은행central bank 252, 255, 259, 342, 364, 379, 380, 390, 391, 392, 393, 396, 397, 398, 417, 486, 487, 492, 494, 495

ㅊ

초인플레이션hyperinflation 338, 339, 486

ㅋ

케인스, 존 메이너드Keynes, John Maynard 6, 34, 35, 101, 102, 103, 104, 141, 142, 380, 417, 489

ㅌ

탄화수소hydrocarbon 157, 182, 183, 186, 187, 189, 190, 191, 193, 194, 195, 196, 197, 200, 201, 202, 203

탈중앙화decentralized 343, 433

통화수요monetary demand 249, 250, 258

통화의 확대monetary expansion 11, 389

ㅍ

파산bankruptcy 39, 98, 136, 141, 364

판매 가능성salability 241, 242, 243, 244, 246, 247, 249, 250, 254, 255, 258, 262, 264, 327, 328, 330, 331, 332, 333, 335, 343, 395, 412, 487

ㅎ

하이에크, 프리드리히Hayek, Friedrich 34, 386, 394, 398, 431, 432, 433

한계효용marginal utility 57, 58, 59, 62, 216, 217, 242, 243, 244, 276, 326, 327, 333

호페, 한스헤르만 Hoppe, Hans-Hermann 28, 84, 114, 138, 263, 325, 340, 354, 361, 362, 436, 449, 450, 453, 481, 482

희소성scarcity 45, 46, 56, 66, 67, 68, 69, 74, 76, 78, 80, 82, 90, 97, 101, 102, 110, 111, 114, 117, 133, 134, 152, 159, 169, 171, 183, 186, 187, 188, 306, 311, 312, 323, 343, 382, 437

주석

1. 미제스, 루트비히 폰. 《인간 행동(Human Action: The Scholar's Edition)》, 미제스연구소, 1998, p. 92.
2. 같은 책, 11.
3. 로스바드, 머리. 《인간 경제 국가(Man, Economy, and State with Power and Market)》 2판, 미제스연구소, 2009, p. 7.
4. 미제스, 루트비히 폰. 《인간 행동(Human Action: The Scholar's Edition)》, 미제스연구소, 1998, pp. 13-4.
5. 같은 책, 16.
6. 같은 책, 20.
7. 호페, 한스헤르만. 《경제과학과 오스트리아방식(Economic Science and the Austrian Method)》, 미제스연구소, 2007, p.63.
8. 미제스, 루트비히 폰. 《인간 행동(Human Action: The Scholar's Edition)》, 미제스연구소, 1998, p. 118.
9. 하이에크, 루트비히 폰. "지식의 가장(The Pretence of Knowledge)", 스웨덴 경제학저널, 77권, 4호, 1975. 12, pp 433-42.
10. 하이에크, 루트비히 폰. "과학주의와 사회 연구 [1부](Scientism and the study of society [Part 1]", 에코 노미카, 9권, 35호, 1942, pp 267-91.
11. Source: FRED, Federal Reserve Bank of St. Louis.
12. 로버트 슈팅거·이몬 버틀러, 《가격 통제의 40세기: 인플레이션에 대항하지 않는 법(Forty Centuries of Wage and Price Controls: How Not to Fight Inflation)》, 헤리티지재단, 1978.
13. 멩거, 칼. 《경제학 원리(Principles of Economics)》, 재판, 미제스연구소, 2007, pp. 120-1.
14. 물속으로 잠수하거나 우주로 나가면 공기가 부족하다. 따라서 그런 환경에서는 공기가 경제재가 되고 이용하려면 정교한 인프라가 필요하다.
15. 멩거, 칼. 《경제학 원리(Principles of Economics)》 재판, 미제스연구소, 2007, p. 115.
16. 같은 책, 116.
17. 멩거, 칼. 《경제학 원리(Principles of Economics)》 재판, 미제스연구소, 2007, pp. 120-1.
18. 같은 책, 120-1.
19. 같은 책, 120.
20. 미제스, 루트비히 폰. 《인간 행동(Human Action: The Scholar's Edition)》, 미제스연구소, 1998, p. 97.

21 미제스, 루트비히 폰. 《인간 행동(Human Action: The Scholar's Edition)》, 미제스연구소, 1998, p. 124.

22 미제스, 루트비히 폰. 《인간 행동(Human Action: The Scholar's Edition)》, 미제스연구소, 1998, p. 121.

23 같은 책, 123.

24 미제스, 루트비히 폰. 《인간 행동(Human Action: The Scholar's Edition)》, 미제스연구소, 1998, p. 101.

25 나중에 논의하겠지만, 비트코인은 유일한 예외다.

26 사이먼, 줄리언. 《궁극적 자원 2(The Ultimate Resource 2)》, 프린스턴대학교 출판부, 1996.

27 사이먼, 줄리언. 《궁극적 자원 2(The Ultimate Resource 2)》, 프린스턴대학교 출판부, 1996, p. 44-8.

28 맥스 로저, 한나 리치, 에스테반 오르티즈-오스피나, 루카스 로데스-기라오, "세계 인구증가(World Population Growth)", 〈데이터로 본 우리 세계〉, 2013.

29 로저, 맥스. "경제 성장(Economic Growth)", 〈데이터로 본 우리 세계〉, 2013.

30 사이먼, 줄리언. 《궁극적 자원 2(The Ultimate Resource 2)》, 프린스턴대학교 출판부, 1996, p. 45.

31 빅터 마우스 등, "광업 지역에 대한 글로벌 규모의 데이터세트(A Global-scale Data Set of Mining Areas)", 〈사이언티픽 데이터〉 7권, 289호, 2020.

32 올림픽 수영경기장의 체적은 250만 리터다. 그 0.00000528퍼센트는 0.132리터이고 한 컵은 0.25리터다.

33 게일 풀리, 마리안 투피, "사이먼 풍요지수 2021(The Simon Abundance Index 2021)", 〈인류의 진보〉, 게 스트인 게일 풀리와 함께하는 비트코인 스탠더드 팟캐스트도 참조하라.

34 BP Statistical Review of World Energy.

35 Source: U.S. Geological Survey.

36 호페, 한스헤르만. 《민주주의는 실패한 신인가(Democracy: The God Failed)》, 트랜잭션 출판사, 2001, p. 6.

37 미제스, 루트비히 폰. 《인간 행동(Human Action: The Scholar's Edition)》, 미제스연구소, 1998, p. 131.

38 같은 책.

39 미제스, 루트비히 폰. 《인간 행동(Human Action: The Scholar's Edition)》, 미제스연구소, 1998, p. 142.

40 같은 책, 131.

41 같은 책, 133.

42 "스위스의 실업률(Unemployment Rate in Switzerland)", 〈연방준비제도 경제데이터〉

43 케인스, 존 메이너드. "우리 손주들을 위한 경제적 가능성 1930(Economic Possibilities for our Grandchildren 1930)", 《설득의 경제학(Essays in Persuasion)》, 맥밀란, 1931, pp. 358-73.

44 같은 책.

45 같은 책.

46 같은 책.

47 호페, 한스헤르만. 《사회주의와 자본주의 이론(A Theory of Socialism and Capitalism)》, 미제스연구소, 2010, p.158.

48 멩거, 칼. 《경제학 원리(Principles of Economics)》 재판, 미제스연구소, 2007, p. 97.

49 같은 책. 76.

50 이아노풀로스, A. N. 《소유권(Property)》, 〈루이지애나 민법 논문집〉, 4판, 2권, 2001.

51 멩거, 칼. 《경제학 원리(Principles of Economics)》 재판, 미제스연구소, 2007, p. 109.

52 킨셀라, 스테판. "자유지상주의란 무엇인가(What Libertarianism is)", 《재산, 자유, 사회: 한스헤르만 호페를 기리며(Propery, Freedom, and Society: Essays in Honor of Hans-Hermann Hoppe)》, 미제스연구소, 2009, p. 184-5.

53 호페, 한스헤르만. 《사회주의와 자본주의 이론(A Theory of Socialism and Capitalism)》, 미제스연구소, 2010, p. 23.

54 킨셀라, 스테판. "자유지상주의란 무엇인가(What Libertarianism is)", 《재산, 자유, 사회: 한스헤르만 호페를 기리며(Propery, Freedom, and Society: Essays in Honor of Hans-Hermann Hoppe)》, 미제스연구소, 2009, p. 179-196.

55 미제스, 루트비히 폰. 《인간 행동(Human Action: The Scholar's Edition)》, 미제스연구소, 1998, p. 678.

56 같은 책. 680.

57 같은 책. 652.

58 멩거, 칼. 《경제학 원리(Principles of Economics)》, 미제스연구소, 2007, P. 79.

59 오이겐 폰 뵘바베르크 등 《자본과 이자(Capital and Interest)》, 라이브라이안 출판사, 1959.
• 오이겐 폰 뵘바베르크, 《자본의 긍정적 이론(The Positive Theory of Capital)》, 부보크 출판사, 2018.

60 미제스, 루트비히 폰. 《인간 행동(Human Action: The Scholar's Edition)》, 미제스연구소, 1998, p.487.

61 같은 책, 490.

62 같은 책.

63 오웰, 조지. 《파리와 런던의 밑바닥 생활(Down and Out in Paris and London)》, 빅터 골란츠,

1933.

64 로스바드, 머리. 《자연에 대한 반란으로서의 평등주의(Egalitarianism As a Revolt against Nature and Other Essays)》2판, 미제스연구소, 2000.

65 미제스, 루트비히 폰. 《인간 행동(Human Action: The Scholar's Edition)》, 미제스연구소, 1998, p. 308.

66 호폐, 한스헤르만. 민주주의는 실패한 신인가(Democracy: The God That Failed)》, 트랜잭션 출판사, 2001, p. 6.

67 같은 책, 3.

68 로스바드, 머리. 《인간 경제 국가(Man, Economy, and State, with Power and Market)》, 미제스연구소, 1962, p. 61.

69 《더 피아트 스탠다드》 12장 참조.

70 맨큐(Mankiw)의 《경제학 원리(Principles of Economics)》는 저축과 투자를 다음과 같이 설명한다. 다음 발췌문에서 케인스 방정식 체계가 작동하도록 하는 데 필요한 여러 범주적 오류를 확인하는 것은 독자의 연습과제로 남겨둔다.
"저축과 투자라는 용어는 때로 혼란스러울 수 있다. 사람들 대부분은 이 용어를 무심코, 때로는 서로 바꾸어 사용한다. 그에 반해 국민소득계정(national imcome accounts)을 종합하는 거시경제학자들은 용어를 신중하고 명확하게 사용한다.
한 가지 예를 생각해 보자. 래리(Larry)가 지출하는 것보다 더 많은 돈을 벌어서 사용하지 않은 소득을 은행에 예치하거나, 기업의 주식이나 채권을 구입하는 데 사용한다고 가정하자. 래리는 소득이 소비를 초과하기 때문에 국가의 저축을 늘린다. 그는 자신의 돈을 '투자'한다고 생각할지도 모르지만, 거시경제학자는 래리의 행동이 투자라기보다는 저축이라고 말할 것이다. 거시경제학에서 투자는 장비나 건물 같은 새로운 자본재를 구입하는 것을 의미한다. 모(Moe)가 새집을 짓기 위해 은행에서 돈을 빌릴 때, 그는 국가의 투자를 늘린다(새집을 구입하는 것은 소비라기보다 투자의 형태인 가계 지출이라는 것을 기억하라). 마찬가지로 컬리(Curly) 회사가 주식을 팔아서 수익금으로 새 공장을 짓는 것도 국가의 투자를 늘린다. 회계 항등식 'S=I'는 전체 경제에 대해 저축과 투자가 동일하다는 것을 보여주지만, 이것이 모든 개별 가구나 기업에 대해 사실일 필요는 없다. 래리는 저축이 투자보다 많을 수 있고, 그 초과분을 은행에 예치할 수 있다. 모는 저축이 투자보다 적을 수 있고, 부족한 돈을 은행에서 빌릴 수 있다. 은행과 다른 금융기관은 한 사람의 저축이 다른 사람의 투자 자금이 될 수 있게 함으로써 이러한 저축과 투자의 개인적 차이가 가능하도록 한다."

71 미제스, 루트비히 폰. 《인간 행동(Human Action: The Scholar's Edition)》, 미제스연구소, 1998, p. 9.

72 미제스, 루트비히 폰. 《인간 행동(Human Action: The Scholar's Edition)》, 미제스연구소, 1998, p. 136.

73 리들리, 맷. 《이성적 낙관주의자(The Rational Optimist: How Prosperity Evolves)》, 하퍼, 2010.

74 부드로, 돈. "자본주의와 노예제도(Capitalism & Slavery)", 런 리버티, 2016. 12. 15.

75 미제스, 루트비히 폰. 《인간 행동(Human Action: The Scholar's Edition)》, 미제스연구소, 1998, p. 178.

76 빌룬드, 페르. 《생산의 문제(The Problem of Production: A New Theory of the Firm)》, 루틀리지, 2016.

77 크레머, 마이클. "인구 증가와 기술의 변화: 기원전 100만 년부터 1990년까지(Population Growth and Technological Change: One Million B.C.)", 〈경제학계간지〉 108권, 3호, 1993, pp. 681-716.

78 킬리, 테렌스. 《과학연구의 경제법칙(The Economic Laws of Scientific Research)》, 맥밀란출판사, 1996. 테렌스 킬리가 게스트로 나온 '비트코인 스탠다드' 팟캐스트의 에피소드 80도 참조하라.

79 킬리, 테렌스. 《과학 연구의 경제법칙(The Economic Laws of Scientific Research)》, 맥밀란출판사, 1996.

80 사이페딘 아모스, "감속: 항공과 현대성이 상실한 역동성(Slowdown: Aviation and Modernity's Lost Dynamism)", SSRN 전자저널, 2017. 5. 25.

81 "엔진(The Engines)", 컴퓨터 역사박물관, 2021.

82 울리, 벤저민. 《과학의 신부: 로맨스, 이성, 바이런의 딸(The Bride of Science: Romance, Reason, and Byron's Daughter)》, 맥그로힐, 1999.

83 트로트먼, 페기 살츠, "50년 만에 재발견된 컴퓨터의 개척자(A Computer Pioneer Rediscovered, 50 Years On)", 〈뉴욕타임스〉, 1994. 4. 20.

84 킨셀라, 스테판. "IP의 반대 사례: 간결한 가이드(The Case Against IP: A Concise Guide)", 〈미제스 데일리 아티클〉, 미제스연구소, 2009. 9. 4.

85 킨셀라, 스테판. 《지적재산권 반대》, 크리에이트스페이스, 2001.

86 맥엘로이, 웬디. "다시 저작권 반대", 〈리버타리안 페이퍼스〉 3권, 12호, 2011.

87 맹거, 칼. 《경제학 원리(Principles of Economics)》, 미제스연구소, 2007, p. 97.

88 빌룬드, 페리. "지적재산: 혁신은 생산자가 아닌 소비자에게 봉사해야 한다(Intellectual Property: Innovation Should Serve Consumers)", 〈미제스 와이어〉, 미제스연구소, 2020. 2. 6.

89 미셸 볼드린, 데이비드 레빈, "특허에 반대하는 근거(The Case Against Patents)", 세인트루이스연방준비은행, 조사보고서 2012-035A, 2012.

90 파인만, 리처드. 《파인만의 물리학 강의(The Feynman Lectures on Physics)》, 1권, 4강, "에너지 보존", 섹션 4-1, "에너지란 무엇인가?", CIT, 1963.

91 유누스 셴겔·마이클 볼스, 《열역학: 공학적 접근(Thermodynamics: An Engineering Approach)》, 5판, 1권, 맥그로힐, 2006, p. 2.

92 엡스타인, 알렉스. 《화석연료의 도덕적 근거(The Moral Case for Fossil Fuels)》, 포트폴리오

펭귄, 2014.

93 호르레이시, 이안. "미래의 에너지 수요와 공급(Future Energy Demand and Supply)", 《21세기의 핵에너지(Nuclear Energy in the 21st Century)》, 2판, 월드뉴클리어대학교 프라이머, 2011, 1장, 6절, p. 9.

94 이 섹션은 《더 피아트 스탠더드(The Fiat Standard)》의 내용에 크게 의존한다.

95 브래들리, 로버트. 《에너지: 마스터 자원(Energy: The Master Resource: An Introduction to the History, Technology, Economics, and Public Policy of Energy)》, 켄달 헌트 출판사, 2004.

96 스밀, 바츨라프. 《에너지와 문명(Energy and Civilization: A History)》, 케임브리지, MA: MIT 출판부.

97 엡스타인, 알렉스. 《화석연료의 도덕적 근거(The Moral Case for Fossil Fuels)》, 포트폴리오 펭귄, 2014.

98 "세계의 주요 에너지 생산(World Primary Energy Production)", 《시프트 데이터포털(The Shift Data Portal)》, 시프트 프로젝트, 2020.

99 같은 책.

100 세자르 파스텐, 후안 산타마리나. "에너지와 삶의 질(Energy and Quality of Life)", 〈에너지정책〉 49권, 엘스비어, 2012, pp. 468-76.

101 리치, 한나 등 "에너지(Energy)", 《데이터로 본 우리 세계(Our World In Data)》, 2022.

102 같은 책.

103 크로스, 필립. "화석연료를 찬양하며(In Praise of Fossil Fuels)", 〈C2C 저널〉, 2015. 12. 17.

104 푸케, 로저. "에너지 및 에너지 서비스 가격의 장기적 추세 수렴(Divergences in Long Run Trends in the Prices of Energy and Energy)", 〈환경경제학 및 정책 리뷰〉 5권, 2호, 2011. pp. 196-218(모든 수치는 2000년의 영국 파운드 가치로 계산되었다).

105 미제스, 루트비히 폰. 《인간 행동(Human Action: The Scholar's Edition)》, 미제스연구소, 1998, p. 144.

106 로스바드, 머리. 《인간, 경제, 국가(Man, Economy, and State with Power and Market)》, 미제스연구소, 1962, p. 89.

107 미제스, 루트비히 폰. 《인간 행동(Human Action: The Scholar's Edition)》, 미제스연구소, 1998, p. 160.

108 리드, 레너드. "나, 연필: 레너드 리드에게 전해진 나의 가계도(I, Pencil: My Family Tree as Told to Leonard E. Read)", 〈더 프리맨〉, 1958. 12.

109 미제스, 루트비히 폰. 《인간 행동(Human Action: The Scholar's Edition)》, 미제스연구소, 1998, p. 418.

110 로스바드, 머리. 《인간, 경제, 국가(Man, Economy, and State, with Power and Market)》, 미제스연구소, 1962, p. 190.

111 런던 금속거래소, 상하이 선물거래소, COMEX의 비축량이다.

112 루터 시나, 하인츠 위르겐 뷔히너. "9월 단기 원자재 전망: 알루미늄과 아연(Short Term Commodity Outlook September: Aluminum & Zinc)", 유로구스, 뉘른베르크메세, 2022. 9. 8.

113 뉘엔휘스, 얀. "지상에는 얼마나 많은 은이 있을까?(How Much Silver Is Above Ground?)", 〈보이마 골드〉, 2019. 12. 2. 참조. 뉘엔휘스는 장신구와 산업용 은을 연간 생산량 약 2만 7,000톤에 비하여 175만 톤으로 추산한 통화 비축량의 일부로 간주한다. 그러나 장신구와 산업용 은을 제거하면 비축량이 약 10만 8,000톤으로 대폭 감소하여 재고-유입 비율이 4가 된다.

114 로스바드, 머리. 《인간, 경제, 국가(Man, Economy, and State, with Power and Market)》, 미제스연구소, 1962, p. 191.

115 멩거, 칼. 《경제학 원리(Principles of Economics)》, 미제스연구소, 2007, p. 261-2.

116 로스바드, 머리. 《인간, 경제, 국가(Man, Economy, and State, with Power and Market)》, 미제스연구소, 1962, p. 193.

117 호페, 한스헤르만. "다시 생각한 "보유 화폐의 산출물(The Yield From Money Held, Reconsidered)", 미제스연구소, 2009. 5. 14.

118 같은 논문.

119 호페, 한스헤르만. 《민주주의는 실패한 신인가(Democracy: The God That Failed)》, 트랜잭션 출판사, 2001, p. 7.

120 로스바드, 머리. 《경제 논쟁(Economic Contorversies)》, 미제스연구소, 2011, p. 698-9.

121 미제스, 루트비히 폰. 《인간 행동(Human Action: The Scholar's Edition)》, 미제스연구소, 1998, p. 418.

122 로스바드, 머리. 《경제 논쟁(Economic Contorversies)》, 미제스연구소, 2011, p. 699.

123 미제스, 루트비히 폰. 《인간 행동(Human Action: The Scholar's Edition)》, 미제스연구소, 1998, p. 258.

124 미제스, 루트비히 폰. 《인간 행동(Human Action: The Scholar's Edition)》, 미제스연구소, 1998, p. 235.

125 미제스, 루트비히 폰. 《인간 행동(Human Action: The Scholar's Edition)》, 미제스연구소, 1998, p. 259.

126 같은 책, 273-4.

127 같은 책, 271.

128 같은 책, 271-2.

129 슈팅거, 로버트 L., 이몬 버틀러. 《가격 통제의 40세기: 인플레이션에 대항하지 않는 법(Forty Centuries of Wage and Price Controls: How Not to Fight Inflation)》. 헤리티지재단, 1978.

130 미제스, 루트비히 폰. 《인간 행동(Human Action: The Scholar's Edition)》, 미제스연구소,

1998, p. 264.

131 로스바드, 머리. "사회주의의 종말과 계산 논쟁의 재검토(The End of Socialism and the Calculation Debate Revisited)", 〈오스트리아 경제학리뷰〉 5권, 2호, 1991, p. 59.

132 "프랑크푸르트 증권거래소의 역사(History of the Frankfurt Stock Exchange)", 도이치 뵈르제 그룹.

133 "About the Company", 〈GPW Main Market〉.

134 "About Us", 〈Nasdaq OMX Nordic〉.

135 미제스, 루트비히 폰. 《인간 행동(Human Action: The Scholar's Edition)》, 미제스연구소, 1998, p. 704.

136 같은 책, 705.

137 로스바드, 머리. "사회주의의 종말과 계산 논쟁의 재검토(The End of Socialism and the Calculation Debate Revisited)", 〈오스트리아 경제학리뷰〉 5권, 2호, 1991, p. 52.

138 같은 책, 52-3, 63.

139 랑게, 오스카르. "사회주의 경제 이론: 1부(On the Economic Theory of Socialism: Part One)", 〈경제학연 구저널〉 4권 1호, 옥스퍼드대학교 출판부, 1936, p. 53.

140 미제스, 루트비히 폰. 《인간 행동(Human Action: The Scholar's Edition)》, 미제스연구소, 1998, p. 701.

141 같은 책, 702-3.

142 레리, 데이비드., 샌드라 피어트. "소련의 성장과 미국의 교과서(Soviet Growth and American Textbooks: An Endogenous Past)", 〈경제적 행동 및 조직 저널〉 78권, 1-2호, 엘스비어, 2011. 4, pp. 110-25.

143 새뮤얼슨, 폴., 윌리엄 노드하우스. 《경제학(Economics)》 13판, 맥그로힐, 1989, p837.

144 맥코넬, 캠벨., 스탠리 브루, 숀 플린. 《경제학: 원리, 문제, 정책(Economics: Principles, Problems, and Policies)》, 맥그로힐, 2009.

145 This paragraph draws heavily on the text of 《The Bitcoin Standard》, p. 159.

146 호페, 한스헤르만. 《민주주의는 실패한 신인가(Democracy: The God Failed)》, 트랜잭션 출판사, 2001, p. 6.

147 호페, 한스헤르만. 《민주주의는 실패한 신인가(Democracy: The God Failed)》, 트랜잭션 출판사, 2001, pp. 4-5.

148 호머, 시드니., 리처드 실라. 《이자율의 역사(A History of Interest Rates)》, 존 와일리 앤 선즈, 2005.

149 바일런드, 페어. 《보이는 것, 보이지 않는 것, 깨닫지 못하는 것(The Seen, The Unseen, and the Unrealized: How Regulations Affect Our Everyday Lives)》, 렉싱턴 북스, 2016.

150 아모스, 사이페딘. 《더 피아트 스탠다드(The Fiat Standard: The Debt Slavery Alternative to Human Civilization)》, 사이프하우스, 2021, p. 90.

151 퍼거슨, 애덤. 《돈의 대폭락(When Money Dies: The Nightmare of Deficit Spending, Devaluation, and Hyperinflation in Weimar Germany)》, 펭귄북스, 2010.

152 호페, 한스헤르만. 《위대한 허구(The Great Fiction)》, 미제스연구소, 2021.

153 피셔, 데이비드 해킷. 1996. 《거대한 파도: 가격 혁명과 역사의 리듬(The Great Wave: Price Revolutions and the Rhythm of History)》, 옥스퍼드대학교 출판부. • 로젠펠드, 리처드. "범 국가적 관점에서의 범죄와 인 플레이션(Crime and Inflation in Cross-National Perspective)", 〈범죄와 정의〉 43권, 1호, 2014, pp. 341-66. • 탱, 초., 호이 린. "인플레이션이 범죄율을 늘릴까?: 경계와 수정된 왈드 테스트의 증거(Will Inflation Increase Crime Rate?: New Evidence From Bounds and Modified Wald Tests)", 〈글로벌크라임〉 8권, 4호, 2007. 11, pp. 311-23.

154 인플레이션의 사회적·문화적·도덕적 함의를 더 자세히 살펴보려면 조셉 살레르노의 "초인 플레이션과 인간 성격의 파괴(Hyperinflation and The Destruction of Human Personality)", 〈스튜디아 휴마나〉 2권, 1호, 2013, pp. 15-27. • 휠스만, 외르크 귀도. 《화폐 생산의 윤리(The Ethics of Money Production)》, 미제스연구소, 2008. • 휠스만, 외르크 귀도. 《디플레이션과 자유(Deflation and Liberty)》, 미제스연구소, 2008 참조.

155 그리브스, 베티나 비엔. 2010. 《루트비히 폰 미제스의 통화와 인플레이션(Ludwig von Mises on Money and Inflation: A Synthesis of Several Lectures)》, 미제스연구소.

156 미제스, 루트비히 폰. 《인간 행동(Human Action: The Scholar's Edition)》, 미제스연구소, 1998, p. 568-72.

157 미제스, 루트비히 폰. 《화폐와 신용의 이론(The Theory of Money and Credit)》, 경제교육협회, 1971, p. 363.

158 로스바드, 머리. 《인간, 경제, 국가(Man, Economy, and State, with Power and Market)》, 미제스연구소, 1962, p. 355.

159 호페, 한스헤르만. "시간 선호, 정부, 그리고 문명 퇴보의 과정(Time Preference Government, and the Process of De-Civilization - From Monarchy to Democracy)", 〈경제학자 및 인문학 연구 저널〉, 제5권 2/3호, p.320.

160 미제스, 루트비히 폰. 《인간 행동(Human Action: The Scholar's Edition)》, 미제스연구소, 1998, p. 524.

161 같은 책, 529.

162 같은 책.

163 호머, 시드니., 리차드 실라. 《이자율의 역사(A History of Interest Rates)》, 존 와일리 앤 선즈, 2005.

164 호페, 한스헤르만. 《민주주의는 실패한 신인가(Democracy: The God That Failed)》, 트랜잭션 출판사, 2001, p.63.

165 슘페터, 조지프. 《10명의 위대한 경제학자: 마르크스에서 케인스까지(Ten Great Economists: From Marx to Keynes)》, 루틀리지, 1997, p. 182.

166 미제스, 루트비히 폰. 《화폐와 신용의 이론(The Theory of Money and Credit)》 2판, 경제교육협회, 1971, p. 22.

167 같은 책, 266.

168 같은 책, 267.

169 휠스만, 외르크 귀도. 《미제스: 자유주의의 마지막 기사(Mises: The Last Knight of Liberalism)》, 미제스연구소, 2007, p. 216.

170 여기서 휠스만의 각주 전체를 인용할 가치가 있다. "유감스럽게도 그의 분석의 이러한 비교 초점이 책 제 목의 영어 번역인 '화폐와 신용의 이론(Theory of Money and Credit)'에서 사라졌다. 문자 그대로 '유통의 수단(means of circulation)'으로 번역되는 움라우프스미텔이라는 용어가 영어 텍스트에서는 '수탁 매체(fiduciary media)'로 번역되었다. 결과적으로 책의 제목이 "화폐와 수탁 매체의 이론"이 되어야 했지만, 이례적인 용어가 독자들을 짜증 나게 할 것이라고 판단한 출판사가 더 부드럽지만 맥 빠지는 '화폐와 신용의 이론'을 선택함으로써, 독일어판 원작에서도 이례적인 표현이라는 사실을 존중하지 않았다. 미제스는 이제까지 무시된 현상의 분석을 통해서 정당화되지 않은 언어의 혁신에 적대적이었다. 그러나 한편으로 화폐 증서와 다른 편으로 움라우프스미텔이 차이 나는 것은 확립된 과학적 용어조차도 차이를 표현할 수단이 부족할 정도로 무시된 현상이었다. 따라서 미제스는 확실한 목적을 가지고 움라우스미텔이라는 용어를 도입했고 중요성을 강조 하려고 책의 제목에도 사용했다.

171 미제스, 루트비히 폰. 《화폐와 신용의 이론(The Theory of Money and Credit)》 2판, 경제교육협회, 1971, p. 61.

172 @Conza의 이미지 제공, 귀도 휠스만의 해석 적용.

173 화이트, 로렌스 H. "화폐경제학 연구에 미치는 연방준비제도의 영향(The Federal Reserve System's Influence on Research in Monetary Economics)", 〈경제저널워치〉 2권, 2호, 2005, pp. 325-54

174 메이너드 케인스의 《고용, 이자, 화폐의 일반 이론(The General Theory of Employment, Interest, and Money)》에 대한 폴 크루그먼의 서문, 팰그레이브 맥밀런, 2018, p. xxxiii.

175 개리슨, 로저. 《시간과 돈: 자본 구조의 거시경제학(Time and Money: The Macroeconomics of Capital Structure)》, 루틀리지, 2001.

176 하이에크, 프리드리히 폰. 《가격과 생산, 화폐, 경기순환, 금본위제의 연구(Prices and Production and Other Works on Money, the Business Cycle, and the Gold Standard)》, 미제스연구소, 2008. • 하이에크, 프리드리 폰. 《통화이론과 경기순환(Monetary Theory and the Trade Cycle)》, 마르티노출판, 2012.

177 미제스, 루트비히 폰. 《인간 행동(Human Action: The Scholar's Edition)》, 미제스연구소, 1998, p. 574.

178 하이에크, 프리드리히 폰. 《호랑이 꼬리: 케인스주의 유산 인플레이션(A Tiger By The Tail:

The Keynesian Legacy of Inflation)》, 미제스연구소, 1972, p. 126.

179 로스바드, 머리. 《자유주의 분석: 전쟁 평화 국가(A Libertarian Analysis: War Peace and the State)》, 자유주의포럼, 1962. • 로스바드, 머리. 《자연에 대한 반란으로서의 평등주의(Egalitarianism As a Revolt against Nature and Other Essays)》 2판, 미제스연구소, 2000

180 풀러, 에드워드 W. "비공격성 원칙: 짧은 역사(The Non-Aggression Principle: A Short History)", 〈Revista Procesos de Mercado〉 16권, 1호, 2019, pp. 31-88.

181 미제스, 루트비히 폰. 《경제정책: 오늘과 내일을 위한 생각(Economic Policy: Thoughts for Today and Tomorrow)》, 프리마켓북스, 1995.

182 블록, 월터. 《디펜딩 더 언디펜더블(Defending the Undefendable)》, 미제스연구소, 2018. • 크루거, 앤 O. "개발의 정부 실패(Government Failures in Development)", 〈경제학 전망 저널〉 4권, 3호, 9-23, 1990. • 고든 털럭, 고든 브래디, 아서 셸던. 《정부의 실패: 공공 선택 입문(Government Failure: A Primer in Public Choice)》, 카토협회, 2002.

183 로스바드, 머리. 《정부는 우리의 돈에 무슨 일을 했는가? 금 100퍼센트 달러의 사례(What Has Government Done to Our Money? And the Case for a 100 Percent Gold Dollar)》, 미제스연구소, 2005. • 하이에크, 프리드리히, 《화폐의 탈국가화(Denationalisation of Money: The Argument Refined)》, 경제문제연구소, 1976.

184 라이턴, 바바라., 니콜라스 퀼러. "사람보다 빠른 동물 치료(Veterinary Care Faster Than Health Care for Humans)", 〈캐나다 백과사전〉, 2013. 12. 6, 히스토리아 캐나다

185 《더 피아트 스탠더드(The Fiat Standard)》 9장 피아트 과학 참조.

186 딜로렌조, 토마스. 《자연적 독점의 신화(The Myth of Natural Monopoly)》, 〈오스트리아 경제학리뷰〉, 1996, pp. 43-58.

187 호페, 한스헤르만. "공공재 이론과 보안 생산의 오류(Fallacies of the Public Goods Theory and the Production of Security)", 〈자유주의연구 저널〉 9권 1호, 겨울, 1989.

188 제이쿱슨, 타냐. "사설 사냥터는 보존에 필수적이다(Private Game Reserves Are Vital for Conservation)", 〈아프리카 지오그래픽〉, 2021. 7. 24.

189 코스, 로널드. "경제학의 등대(The Lighthouse in Economics)", 〈법과 경제학 저널〉 17권 2호, 1974. 10, pp. 357-76.

190 바넷, 윌리엄., 월터 블록. "코스와 반 잔트의 등대(Coase and Van Zandt on Lighthouses)", 〈공공재정리 뷰〉 35권 6호, 2016, pp. 710-33.

191 블록, 월터. 《도로와 고속도로의 민영화: 인간 및 경제적 요소(The Privatization of Roads and Highways: Human and Economic Factors)》, 미제스연구소, 2009.

192 스미스, 버넌. 《경제학의 합리성: 구조주의적 생태적 형대(Rationality in Economics: Constructivist and Ecological Forms)》, 케임브리지대학교 출판부, 2008. 스미스 교수의 오랜 경력에서 가장 중요한 발견에 대한 간략한 진술은 그의 스웨덴은행 경제학상 수상 연설을 참조하라.

193 하이에크, 프리드리히 폰. 《철학, 정치학, 경제학 연구(Studies in Philosophy, Politics and Economics)》, 시카고대학교 출판부, 1967. 5장과 6장 참조.

194 하이에크, 프리드리히 폰., 윌리엄 워렌 바틀리. 《치명적 자만심: 사회주의의 오류(The Fatal Conceit: The Errors of Socialism)》, 시카고대학교 출판부, 1988.

195 로스바드, 머리. 《자유의 윤리; 국가의 해부; 권력과 시장; 새로운 자유를 위하여(The Ethics of Liberty; Anatomy of the State; Power and Market; For A New Liberty)》

196 호페, 한스헤르만. 《방위의 민간 생산(The Private Production of Defense)》, 미제스연구소, 2009. • 호페, 한스헤르만. 《국방의 신화(The Myth of National Defense: Essays on the Theory and History of Security Production)》, 미제스연구소, 오번대학교, 2003.

197 "조사와 보안 서비스 글로벌 마켓 보고서 2022(Investigation And Security Services Global Market Report 2022 by Type, Deployment Type, Application)", 〈리서치 앤드 마켓〉, BRC, 2022. 2.

198 프로보스트, 클레어. "불평등의 산업: 세계가 사설 보안에 집착하는 이유(The Industry of Inequality: Why the World Is Obsessed with Private Security)", 〈더 가디언〉, 2017. 5. 12.

199 "100대 방위 기업(Top 100 Defense Companies)", 〈디펜스 뉴스〉, 사이트라인 미디어 그룹, 2022.

200 스트링햄, 에드워드. 《프라이빗 거버넌스: 경제·사회 생활의 질서 창조(Private Governance: Creating Order in Economic and Social Life)》, 옥스퍼드대학교 출판부, 2015.

201 아이젠버그, 테오도르., 제프리 밀러, 에밀리 셔윈. "중재의 여름 군인: 소비자 및 비소비자 계약의 중재 조항에 관한 경험적 연구(Arbitration's Summer Soldiers: An Empirical Study of Arbitration Clauses in Consumer and Nonconsumer Contracts)", 〈미시간대학교 법률개혁저널〉 41권 4호, 2008, pp. 871-96.

202 브라이언 캐플란, 에드워드 스트링햄. "분쟁 재판의 민영화(Privatizing the Adjudication of Disputes)", 〈이론적 법률탐구〉 9권 2호, 2008, pp. 503-28.

203 미제스, 루트비히 폰. 《인간 행동(Human Action: The Scholar's Edition)》, 미제스연구소, 1998, p. 714.

204 미제스, 루트비히 폰. 《자유주의: 고전적 전통(Liberalism: The Classical Tradition)》, 경제교육협회, 1996, pp. 109-10.

205 로스바드, 머리. 《새로운 자유를 위하여(For a New Liberty)》, 맥밀란, 1973.

206 호페, 한스헤르만. 《민주주의는 실패한 신인가(Democracy: The God Failed)》, 트랜잭션 출판사, 2001, p. 230.

207 호페, 한스헤르만. 《사유재산의 경제학과 윤리(The Economics and Ethics of Private Property)》, 미제스연구소, 1993, pp. 339-45.

208 바넷, 랜디. "자유사회에서 정의의 추구: 범죄예방과 법질서(Pursuing Justice in a Free Society: Crime Prevention and the Legal)", 《무정부 상태와 법: 선택의 정치경제(Anarchy

and the Law: The Political Economy of Choice)》, 에드워드 스트링햄 편집, 트랜잭션 출판사, 2007, pp. 75-106.

209 로스바드, 머리. 《새로운 자유를 위하여(For a New Liberty)》, 맥밀란, 1973, pp. 293-4.

210 "세계에서 가장 폭력적인 도시 2023(Most Violent Cities in the World 2023)", 〈세계인구리뷰〉.

211 한스 아담. 《제3천년기의 국가(The State in the Third Millennium)》, 1판, 반 에크, 2009.

212 호페, 한스헤르만. 《민주주의는 실패한 신인가(Democracy: The God That Failed)》, 트랜잭션 출판사, 2001, pp. 1-43.

213 미제스, 루트비히 폰. 《인간 행동(Human Action: The Scholar's Edition)》, 미제스연구소, 1998, p. 144.

214 호든, 데이비드., 요아킴 켐페. "시간 선호와 문명의 과정(Time Preference and the Process of Civilization)", 〈국제 사회경제학 저널〉 43권 4호, 2016. pp, 382-99.

215 미제스, 루트비히 폰. 《인간 행동(Human Action: The Scholar's Edition)》, 미제스연구소, 1998, pp. 171-2.

216 언윈, 조셉 대니얼. 《성과 문화(Sex and Culture)》, 옥스퍼드대학교 출판부, 1934.

217 미제스, 루트비히 폰. 《인간 행동(Human Action: The Scholar's Edition)》, 미제스연구소, 1998, p. 170.

218 워릴, 사이먼. "북쪽 연못의 은둔자는 왜 27년 동안 사람들을 피해 숨었을까(Why the North Pond Hermit Hid From People For 27 Years)", 〈내셔널지오그래픽〉, 2017. 4. 9.

219 호페, 한스헤르만. 《사유재산의 경제학과 윤리(The Economics and Ethics of Private Property: Studies in Political Economy and Philosophy)》, 클루어아카데미, 1993, p. 339-45.

220 같은 책. 342.

221 호페, 한스헤르만. 《민주주의는 실패한 신인가(Democracy: The God That Failed)》, 트랜잭션 출판사, 2001, p. 63.

222 같은 책. 64.

223 아모스, 사이페딘. 《달러는 왜 비트코인을 싫어하는가(The Bitcoin Standard)》, 존 와일리 앤 선즈, 2018, pp. 145-9.

224 아모스, 사이페딘. 《더 피아트 스탠더드(The Fiat Standard: The Debt Slavery Alternative to Human Civilization)》, 사이프 하우스, 2021, p. 69.

225 케인스, 존 메이너드. 《두 개의 회고록: 멜키어 박사, 패배한 적, 그리고 나의 초기 신념(Two Memoirs: Dr. Melchior, a Defeated Enemy, and My Early Beliefs)》, 루퍼트 하트-데이비스, 1949.

226 이븐 할둔, 아브드 알라흐만. 《무깟디마(Al-Muqaddima)》. • 기번, 에드워드. 《로마제국 쇠망사(The Decline and Fall of the Roman Empire)》, 알프레드 A. 크노프, 1994. • 글러브, 존. 《제국의 운명과 생존의 탐색(The Fate of Empires and Search for Survival)》, 블랙우드, 1978.

옮긴이 장영재

서울대학교에서 원자핵공학, 충남대학교에서 물리학을 공부하고 국방과학연구소 연구원으로 일했다. 글밥아카데미 수료 후에 〈바른번역〉 소속 번역가로 활동하고 있으며, 옮긴 책으로는 《한국, 한국인》, 《남자다움의 사회학》, 《신도 주사위 놀이를 한다》, 《기하학 세상을 설명하다》, 《이현서, 나의 일곱 번째 이름》, 《창발의 시대》, 《부의 세계사》 등이 있다.

사이페딘 아모스의 경제학 수업
PRINCIPLES OF ECONOMICS

1판 1쇄 발행 2025년 8월 29일

ⓒ Saifedean Ammous, 2025

지은이	사이페딘 아모스
옮긴이	장영재
펴낸곳	거인의 정원
출판등록	제2023-000080호(2023년 3월 3일)
주소	서울특별시 강남구 영동대로602, 6층 P257호
이메일	nam@giants-garden.com

* 이 책은 저작권법에 따라 보호받는 저작물이므로 무단전재와 무단복제를 금합니다. 이 책의 전부 또는 일부를 이용하려면 반드시 사전에 저작권자와 거인의 정원 출판사의 서면 동의를 받아야 합니다.
* 잘못 만든 책은 구입한 서점에서 바꿔 드립니다.